DE LA MER

ET DE LA

NAVIGATION

MARITIME

PAR

ALFRED PLOCQUE

DOCTEUR EN DROIT, AVOCAT A LA COUR IMPÉRIALE DE PARIS

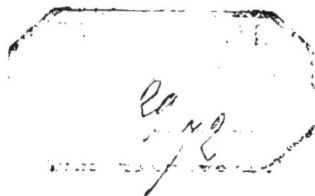

PARIS

LIBRAIRIE DE A. DURAND ET PEDONE-LAURIEL, ÉDITEURS

9, RUE CUJAS, 9

—

1870

PRÉFACE

L'ouvrage que nous offrons au public forme la première partie d'un travail qui doit comprendre l'ensemble de la législation des eaux et de la navigation. Après nous être occupé de la mer et de la navigation maritime, nous examinerons, dans un second volume, toutes les questions que soulèvent le régime des cours d'eau navigables et flottables ; la perception des droits de navigation sur les rivières et les canaux ; le partage des alluvions entre les propriétaires riverains ; les concessions accordées par l'administration sur les rivières navigables dans l'intérêt de l'irrigation et du roulement des usines, le curage, l'entretien et l'endiguement des rivières : puis, nous étudierons en détail les dispositions des lois des 15 avril 1829 et du 31 mai 1865 sur la pêche fluviale. Notre troisième partie sera consacrée spécialement aux rivières non navigables ni flottables ; nous nous attacherons surtout à délimiter les droits respectifs de l'administration et des riverains. A qui appartient la propriété de ces cours d'eau ? Dans quel sens doivent être entendues les dispositions des art. 644 et 645, autorisant les riverains à se servir de ces eaux

pour l'irrigation ? Jusqu'à quel point l'autorisation administrative est-elle nécessaire pour l'établissement des usines
sur ces cours d'eau ? Quelle est la situation légale des usines
existantes ? Quand et en quels termes peut intervenir un
réglement d'eau ? Nous nous demanderons quelles sont
les obligations auxquelles se trouvent soumis, les uns vis à
vis des autres, les propriétaires riverains des cours d'eau :
obligation de rendre à sa sortie du fond l'eau à son cours
ordinaire ; obligation de ne modifier en rien le régime de
la rivière, etc., etc. A ce point de vue, nous rechercherons
quels changements ont été apportés au système du Code
Napoléon par les lois récentes sur le drainage et les irri-
gations. Enfin, le curage des cours d'eau non navigables,
leur police, leur surveillance, leur entretien, feront l'objet
de chapitres spéciaux. Dans notre quatrième volume nous
traiterons des eaux qui peuvent constituer une propriété privée, telles que les sources, les étangs, les marais, les fossés,
les eaux minérales, les eaux pluviales, les eaux des égoûts :
nous avons à peine besoin de le dire, nous réserverons nos
développements principaux pour les lois des 16 septembre 1807 et 21 juin 1865, qui, suivant une expression bien
connue, constituent un véritable Code des Travaux publics.

Tel est le cadre que nous nous proposons de parcourir :
depuis la promulgation du Code Napoléon, deux jurisconsultes éminents nous auront précédés dans cette tâche. En
1824, M. Daviel publiait son traité de la législation et de
la pratique des cours d'eau : en 1839, paraissait le Traité
du régime des eaux de M. Garnier. Ces deux livres se com-
plétaient en quelque sorte l'un par l'autre ; M. Daviel
s'était surtout préoccupé de faire connaître l'état de la doc-

trine sur les matières qu'il traitait : il ne cite guère que la jurisprudence des tribunaux de l'ordre judiciaire. Au contraire, M. Garnier rendait un véritable service aux hommes de pratique en s'attachant surtout aux décisions émanées du Conseil d'Etat : à l'exemple de nos anciens auteurs, il exposait avec soin les circonstances particulières de chaque espèce, et les motifs des arrêts intervenus : souvent même, il reproduisait, d'après les mémoires originaux, les moyens plaidés de part et d'autre, Mais depuis l'époque où écrivaient MM. Daviel et Garnier, la législation a marché. En 1851, un grand nombre de décrets donnaient satisfaction à des plaintes qui n'avaient été que trop souvent formulées : les difficultés que soulève la domanialité maritime étaient, pour la première fois, résolues. Chaque année est marquée par de nouveaux progrès : le Gouvernement cherchait, avant tout, à améliorer le système de notre navigation antérieure : une vive impulsion était donnée aux travaux de canalisation. En même temps, l'agriculture est puissamment encouragée ; de nouvelles facilités sont accordées pour l'irrigation et le drainage ; l'endiguement des rivières est réglementé, et, pour couronner l'œuvre, la loi du 21 juin 1865 crée les associations syndicales qui se chargeront de dessécher et d'assainir de vastes espaces jusqu'à ce jour restés incultes. Aussi, en présence de ces innovations, l'insuffisance des ouvrages anciens se fait-elle aujourd'hui vivement sentir. Les recherches deviennent difficiles : à chaque instant on se trouve exposé à faire revivre des textes abrogés ; des décisions qui n'ont plus qu'un intérêt purement historique sont journellement citées devant les tribunaux : on discute encore sur des questions qu'une loi ou un décret a tranchées définitivement : nous pourrions en citer des exemples récents. Nous avons cherché, pour notre part, à combler cette lacune en publiant une étude complète sur le régime des eaux ; nous avons cru pouvoir servir, non-seulement aux hommes de loi, mais encore à tous ceux que leur situation de propriétaires riverains oblige à des rapports journaliers avec les agents de l'administration. Les documents ne nous ont pas fait défaut ; à côté des ouvrages généraux sur le droit administratif, tels que ceux de MM. Dufour et Batbie, à côté des traités plus spéciaux de MM. Proud'hon, Gaudry, Cotelle, de Serrigny, nous avons consulté la plupart des monographies qui ont paru dans les trente dernières années : nous citerons, à titre d'exemple, le Traité de l'Alluvion, par M. Chardon ; les Considérations sur la législation des cours d'eau et les frais d'ingénieur de M. R. Bordeaux ; le Traité des usines de M. Nadault de Buffon ; le Traité des établissements industriels de M. Bourguignat ; enfin, les nombreux articles épars dans les revues de législation. Notre préoccupation la plus constante a été de reproduire la jurisprudence soit des tribunaux judiciaires, soit du Conseil d'Etat; et en effet, le droit administratif est un droit coutumier qui s'accommoderait mal des spéculations de la théorie. Comment la loi est-elle entendue dans la pratique ? Quels sont les motifs de telle ou telle décision ? Voilà ce qu'il importe surtout de savoir : pour les agents actifs de l'administration, les arrêts du Conseil d'Etat ont, en quelque sorte, force de loi ; un traité sur le régime des eaux serait nécessairement incomplet, s'il se bornait à présenter sur chaque question des considérations doctrinales ou législatives. Pour les arrêts de la Cour de cassation et des Cours impériales,

nous avons cité principalement le recueil de MM. Devilleneuve et Carette. Pour les arrêts du Conseil d'Etat, nous
ne pouvions que renvoyer au recueil de M. Lebon : nous ne
nous sommes pas borné d'ailleurs à citer les décisions
émanées de cette haute juridiction ; il nous a paru intéressant de rappeler, soit les avis ministériels, soit les conclusions qui les ont préparées ; les réquisitoires de MM. les
commissaires du Gouvernement ont été mis par nous à
contribution ; et, pour faire apprécier tout le parti que
nous en avons pu tirer, il nous suffira de rappeler que
c'est grâce aux laborieux et persévérants efforts de
M. Aucoc, que le Conseil d'Etat a pu mettre fin à la longue controverse sur la question de savoir quels sont,
en matière de délimitation du domaine public maritime ou fluvial, les pouvoirs de l'administration. En dernier
lieu, nous avons mis à profit les circulaires émanées, soit
du ministère de la marine, soit du ministère des travaux
publics, soit du ministère de l'intérieur. Ces circulaires sont
importantes à plus d'un titre ; tantôt elles sont le commentaire officiel d'une loi récente, et déterminent la nature des
pouvoirs qui ont été conférés à l'administration et des obligations qui lui sont imposées ; tantôt elles complétent la loi
elle-même ; tantôt enfin elles suppléent au silence absolu
de notre législation sur certains points : le régime des
usines hydrauliques ne résulte, en définitive, que de
deux circulaires de l'an VI et de 1851. Aussi pensons-
nous que le lecteur nous saura quelque gré de lui avoir
fait connaître ces décisions enfouies dans les bulletins des
ministères, ou dans quelques recueils trop peu connus jusqu'à ce jour.

Il nous reste à faire connaître les sources spéciales dont nous nous sommes aidé pour notre premier volume. Grand a été notre embarras lorsque nous nous sommes occupés de la navigation et de l'inscription maritime. De 1665 à 1870 que de textes se sont accumulés ! Les détails de notre législation sur le recrutement de la flotte ont plus d'une fois varié ; depuis 1681, des décrets, intervenus à diverses époques, ont corrigé l'ordonnance et l'ont modifiée presque en entier ; mais, malgré tout, elle continue à former le fond de notre droit maritime. Le ministère a lui-même reconnu, dans une occasion récente, qu'il était plus que jamais indispensable de procéder à une révision totale. Le recueil de M. Blanchard, qui s'arrête à l'année 1849, forme un gros volume de plus de 700 pages : le nombre de circulaires que publie le Bulletin officiel montre quels embarras arrêtent, à chaque instant, le zèle du commissariat de la marine. C'est dans une série d'actes innombrables, dans d'anciens édits, dans d'anciens arrêts du Conseil, qu'il faut aller chercher des règles qu'il n'est pas toujours aisé de séparer de prescriptions tombées en désuétude ou formellement abolies par une nouvelle législation. Aussi, pour atténuer ces difficultés, le ministère de la marine a-t-il, en 1866, présenté à l'approbation impériale un réglement général sur l'administration des quartiers, sous-quartiers et syndicats maritimes; l'inscription maritime; le recrutement de la flotte ; la police de la navigation ; la pêche maritime. Ce réglement n'est, en réalité, qu'une collection de textes anciens, et ne peut avoir d'autre autorité que celle qui s'attache à ces textes. Mais ce que nous ne saurions trop louer, c'est l'esprit libéral dans lequel il a été conçu : en dé-

clarant avec tous les gens de mer que le maintien de l'inscription maritime est chose indispensable à la prospérité de
notre flotte, M. le ministre de la marine a voulu alléger
les charges qui pèsent sur les populations du littoral, et les
débarrasser d'une série d'entraves et de formalité. Nous
souhaitons vivement que M. le ministre ne s'arrête pas en
si bon chemin, et que le réglement de 1866 ne soit que le
prélude d'un grand travail législatif qui comprendrait à la
fois l'organisation de la marine militaire et celle de notre
marine marchande. Le règne de l'ordonnance de 1681
est désormais terminé : il est temps qu'un code nouveau
vienne en remplacer les prescriptions surannées et apporter
la lumière au milieu de ce chaos. Pour les questions domaniales, nous avons trouvé un précieux secours dans les
pages si savamment écrites que M. Paul Chalvet, lauréat
de l'académie de Toulouse, a consacrées à la législation des
bords de la mer. Nous croyons acquitter une véritable
dette en signalant les articles qu'il insérait, en 1860, dans
la Revue du Droit administratif : nous y avons trouvé bon
nombre de dépêches et de décisions inédites ; les procédures administratives y sont expliquées avec une clarté remarquable, et, en même temps, l'auteur a su faire preuve
d'un rare talent de style dans l'étude de ces matières si
neuves et si difficiles.

En terminant cette préface nous réclamons l'indulgence
du lecteur pour toutes les imperfections de notre livre.
Malgré le soin avec lequel nous avons vérifié les textes de
lois, les arrêts et les circulaires, plus d'une erreur a dû se
glisser dans nos citations, mais c'est là un écueil bien difficile
à éviter en présence de ce chaos de décisions contradictoires,

que, suivant les expressions de M. Odilon Barrot, il est impossible de rattacher à quelque idée générale et d'ensemble. Peut-être nous reprochera-t-on d'avoir traité certaines parties de notre sujet d'une manière trop sèche et parfois trop monotone ; obligé d'analyser des documents si nombreux et si variés, nous avons dû chercher, avant tout, à condenser nos idées et sacrifier l'élégance du style à la clarté. Nous avons surtout voulu être utile ; puissions-nous avoir réussi dans cette tâche ! Notre vœu le plus cher se trouverait satisfait.

CHAPITRE PREMIER

PROPRIÉTÉ DES EAUX DE LA MER

---

1. La mer est-elle susceptible d'une propriété quelconque ? Telle était la question que s'étaient déjà posée les jurisconsultes romains : « Naturali jure communia sunt omnium hæc : ær, aqua profluens, *mare* et per hoc littora maris », disent les Institutes (§ 1, de divis rerum, II, 1). Ainsi, la mer est une de ces choses communes, dont tous les hommes doivent avoir également la jouissance et sur lesquelles aucun ne peut prétendre à un droit exclusif. Cette idée si juste et si naturelle ne paraît pas avoir rencontré de contradicteurs au moyen âge. Ce n'est qu'après la découverte de l'Amérique, que des idées toutes nouvelles se firent jour pour la première fois. Les Portugais prétendaient à la propriété absolue de toutes les mers où ils avaient pénétré les premiers. L'exemple devenait contagieux : les Vénitiens

réclamaient la propriété de l'Adriatique ; le Danemark celle de la Baltique. L'Angleterre ne tarda pas à entrer dans la lice et à affirmer ses droits prétendus. En 1603, Sully, envoyé comme ambassadeur auprès du cabinet de Londres, avait été, dans la Manche, sommé d'abaisser son pavillon, « afin de rendre au pavillon du roi d'Angleterre l'honneur qui était dû au souverain des mers. » Plus tard, Cromwell signifia aux bâtiments hollandais qu'ils eussent à saluer les bâtiments anglais, disant que « l'Angleterre ayant acquis « ce droit à la pointe de l'épée sur les diverses nations, elle « ne devait pas souffrir qu'il parût sur l'Océan d'autre pa- « villon que le sien ». Et en 1674 un traité fixait les li- mites dans lesquelles ce salut pouvait être exigé. — Cette prétention était-elle fondée en raison ? Un membre de la Chambre des Communes essaya de le démontrer : en 1635, Selden publiait à Londres, en un volume in-4°, une disser- tation intitulée : « Mare clausum, seu de dominio maris libri duo. » Le publiciste anglais, prenant le contre-pied de la doctrine romaine, affirme hardiment que toute une éten- due de mer peut appartenir à un seul peuple ; hâtons-nous de dire que les preuves qu'il apporte à l'appui de son sys- tème ne sont rien moins que concluantes. Selden cherche, avant tout, à faire parade de ses connaissances littéraires : au lieu de se borner à discuter, il entasse citations sur cita- tions, pour prouver que ses idées ont été de tout temps celles de tous les peuples ; il torture à plaisir les textes si précis du droit romain, et veut trouver les jurisconsultes en contra- diction avec eux-mêmes. Il passe en revue toutes les objec- tions que ne manqueront pas de lui faire les partisans de la liberté des mers. Rien ne l'arrête : elles sont toutes exa- minées et détruites à grand renfort de textes hébreux, grecs ou latins. On lui opposera peut-être les nécessités du commerce. Tout trafic ne va-t-il pas être impossible, puis- qu'un peuple pourra arbitrairement interdire l'accès des mers qui relèvent de sa domination ? La réponse est curieuse : pour Selden, il n'y a là qu'un danger chimérique. Malgré ce principe de domination exclusive, on conservera toujours le droit de circuler librement sur mer. La raison en est que le peuple souverain de cette mer doit se montrer hospitalier pour les étrangers. « Humanitatis officia exigunt « ut hospitio excipiantur peregrini, etiam ut innoxius non « negetur transitus. » Lib. I, cap. xx, p. 83. Et quelques lignes plus bas : « Quid hoc ad dominium rei per quam tran- « seundum est sive mercatoribus, sive peregrinis ? Huic « non magis derogaret ejusmodi transeundi libertas, quam « actus, via, iter, aliæve ejusmodi servitutes in agro consti- « tutæ ejus reluctarentur dominium. Datur ex jure gentium « omnium liberum esse transitum Hispanis per Pyræneos « in Gallias, Gallis per Alpes in Italiam, Italis in Germa- « niam. Quid hoc ad Pyræneorum seu Alpium domi- « nium ? »

2. Les théories de Selden ne devaient pas faire fortune. Les Hollandais, que Colbert appelait les rouliers des mers, protestaient contre un système qui, généralisé dans la pratique, eût fatalement entraîné la ruine du commerce de transport. Dès 1609, Grotius l'avait attaqué dans son ouvrage intitulé : « Mare Liberum. » Plus tard, il revint sur cette discussion pour la résumer en quelques lignes. (De jure pacis et belli. Lib. II, cap. ii, § 3.) Les raisons qu'il donne sont décisives : 1° La cause qui rend impossible la communauté des biens ne se rencontre pas ici : la mer est d'une si grande étendue qu'elle suffit pour tous les usages que les peuples peuvent en retirer, qu'ils veuillent y puiser de l'eau, y pêcher, y naviguer. 2° Une prise de possession ne peut se concevoir que relativement aux choses bornées : or, la mer n'a point de bornes propres, bien différente en cela des lacs et des étangs, des rivières, dont les eaux sont arrêtées par leurs bords. — Grotius ajoutait qu'il était impossible de

retrouver ici le partage qui aurait été, suivant lui, l'origine de la propriété territoriale : à cette époque, la plus grande partie des mers était inconnue, et l'on ne saurait concevoir comment des peuples aussi éloignés auraient pu convenir entre eux que les uns seraient maîtres de tel espace de mer, les autres de tel autre. Ce dernier argument, il faut bien le dire, n'était guère sérieux, et Barbeyrac, qui inclinait vers les idées de Selden, le réfutait d'un mot : « Le premier partage de biens que notre auteur conçoit comme antérieur à l'acquisition par droit de premier occupant, est une chimère. »

3. Au XVIIIᵉ siècle, les travaux de Grotius avaient porté leurs fruits : le principe de la liberté des mers triompha définitivement à cette époque. Vattel examinait la question et concluait en ces termes : « Le droit de naviguer et de « pêcher en pleine mer étant un droit commun à tous les « hommes, la nation qui entreprend d'exclure une autre de « cet avantage, lui fait injure et lui donne un juste sujet de « guerre. La nature autorise une nation à repousser l'in- « jure, c'est-à-dire à opposer la force à quiconque veut la « priver de son droit. » (Droit des gens, liv. I, ch. XXIII), A la fin du siècle, ces idées avaient fait tant de progrès, que Guyot (Rep. vᵒ Mer) se contente de poser le principe comme une vérité incontestable et qu'il serait oiseux de discuter. — Liberté absolue des mers : tel est un des grands axiômes de notre droit des gens moderne. On reconnaît universellement que la mer n'est pas de nature à être occu- pée, puisque personne ne peut s'y établir de manière à em- pêcher les autres d'y passer et de s'en servir. Une nation peut bien y dominer jusqu'à un certain point ; mais, suivant l'expression énergique de M. Massé (Droit commercial, t. I, nᵒ 105), cet empire restera dans les mots, parce que la do- mination qui se manifestera par un abus de la force, s'éva- nouira partout où la force ne se trouvera plus. Tout

bâtiment navigue librement, quelle que soit sa nationalité, à condition bien entendu de se soumettre aux réglements et usages internationaux. Il y a là un droit certain et imprescriptible. On va même plus loin et l'on admet aujourd'hui qu'un peuple ne peut perdre ce droit de naviguer librement par l'abandon qu'il en ferait au profit d'un autre peuple : c'est l'application pure et simple de la règle de droit civil, que ce qui n'est pas dans le commerce ne peut faire l'objet d'un contrat valable.

4. Jusqu'ici, nous ne nous sommes occupés que de la pleine mer : en ce qui touche la *mer territoriale* les règles sont toutes différentes. Cette mer territoriale, c'est-à-dire la partie de la mer adjacente aux côtes, appartient à la nation qui occupe ces côtes, parce qu'elle en est considérée comme une dépendance. Rien de plus naturel d'ailleurs : il importe en effet à la sûreté et au bien d'un état qu'il ne soit pas libre à chacun de s'approcher du rivage, surtout avec des vaisseaux de guerre dont la présence empêcherait l'accès des navires de commerce et troublerait perpétuellement la navigation. — En second lieu, en temps de paix, la contrebande et le commerce interlope seraient exercés sur une trop large échelle : de là, nécessité de pouvoir exercer une surveillance active sur tout navire qui chercherait à aborder clandestinement. — De ce principe que la mer territoriale appartient en toute souveraineté au peuple riverain nous tirerons les conséquences suivantes : 1° Le droit de police appartient exclusivement au peuple riverain sur l'étendue de cette mer territoriale : toutes les fois qu'il voudra dans ces limites soumettre la navigation à n'importe quel réglement de haute police, il pourra le faire sans excéder en rien la limite de ses droits : dans l'intérieur de cette ligne de respect, l'étranger devra se conduire comme s'il se trouvait sur le territoire continental du pays. — 2° Un belligérant ne peut poursuivre dans les eaux ter-

ritoriales d'un état neutre les bâtiments qui s'y seraient réfugiés : par conséquent, doit être déclarée nulle et illégitime toute prise faite dans un port ami ou neutre ou sous le canon d'une puissance neutre. (Civ. cass. 14 ventôse, an VII. — Dev. C. N, 1-1-179.) — 3° Lorsque la raison d'Etat ou une autre circonstance exigent qu'un souverain interdise aux étrangers la navigation de sa mer territoriale, il peut l'interdire, sans pour cela porter atteinte au droit des gens : toute infraction à un réglement de ce genre, entraînerait la confiscation du navire : c'est en vertu de ce droit qu'antérieurement à la loi du 3 juillet 1861, la navigation entre les colonies françaises et la métropole, ainsi que la navigation de colonie à colonie, étaient exclusivement réservées au pavillon français : le marché des colonies était légalement fermé aux produits étrangers et la production métropolitaine devait seule les alimenter, sauf quelques rares exceptions.

5. Quelles sont les limites de la mer territoriale? Ici nous nous trouvons en présence d'une des questions les plus controversées du droit des gens ; chaque auteur a ses idées et son système à lui. — Les uns veulent que le domaine de chaque nation s'étende jusqu'à deux journées de chemin à partir du rivage. (V. not. Loccenius de jure maritimo, Lib. I, cap. IV, N° 6.) — Mais pourquoi deux journées, plutôt que trois, plutôt que quatre? Ce n'est donc pas là une base sérieuse. — D'autres fixent cette distance à cent milles : telle est l'opinion de Cœpolla : « habentes jurisdic-
» tionem in territorio cohœrente mari, dicuntur habere
« jurisdictionem etiam in mari et insulis quæ sunt in mari
« vicino usque ad centum miliaria, et possunt ita capere et
« punire delinquentes in mari usque ad centum miliaria
« secus in terra et in suo territorio. » — (De servit. præd. urb. c. XXVI, N° 14). — Telle fut, paraît-il, la base d'appréciation à laquelle on s'en référa lors des difficultés

que soulevèrent la capture de bâtiments génois par les galè-
res du doge Lorédano : Cæpolla nous dit qu'on s'était décidé en ce sens sur le vu d'une consultation qu'il avait donnée. — Bodin (De Republica, lib. I, ch. x) n'admet qu'une
distance de vingt milles et ajoute que telle était de son
temps l'opinion prédominante : ici encore, nous sommes
dans le domaine de l'arbitraire. — Suivant M. Gérard de
Rayneval (Inst. du droit de la nature et des gens, Liv. II,
ch. ix, § 10), il faudrait prendre pour mesure l'horizon
réel; mais comment établir *a priori* quelle sera l'étendue
de cet horizon réel qui peut varier à chaque instant suivant
le degré d'élévation de l'observateur? — Valin (Comm. de
l'ord. de 1681, t. II, pag. 687) a présenté une théorie qui,
scientifiquement, serait de toutes la plus exacte. La mer
territoriale cesse là où la sonde cesse d'atteindre le fond.
Mais, ainsi que le fait remarquer M. Ortolan, juge si compétent en ces matières, on se trouverait en présence de deux
graves inconvénients pratiques ; d'abord il existe des côtes
telles que la sonde ne rapporte rien presque à toucher terre.
— Et puis, cette méthode ne donnerait jamais une distance uniforme: la ligne de démarcation varierait à chaque instant sur la même côte, grâce aux mille et mille accidents du fond (V. Diplom. de la mer. t. I, p. 167.) —
L'opinion qui aujourd'hui est adoptée en fait, est celle que
Bynkershoeek résumait ainsi : « Terræ potestas finitur ubi
finitur armorum vis; » — en d'autres termes, la mer territoriale s'étend jusqu'à une portée de canon à partir de la
côte. — M. de Cussy (Causes célèbres du droit maritime.
t. I, p. 93) cite la plupart des réglements et traités internationaux qui ont accepté cette base d'appréciation : ainsi,
Réglement du grand-duc de Toscane au 1er août 1778 (art. 1.)
— Edit de la république de Gênes du 17 juillet 1779
(art 1.) — Edit de la république de Venise du 9 septembre
1779. — Réglement russe sur la course du 31 décembre

1787 (art. 2). — Traité de 1786 entre la France et l'Angleterre (art. 48.) — Traité de 1787 entre la France et la
Russie (art. 28.) — Traité de 1795 entre la France et la
régence de Tunis, etc.... etc.... Nous devons ajouter que
bien souvent les nations dérogent par des traités spéciaux
à cette règle universellement reçue ; les traités de 1685
et de 1767 entre la France et le Maroc portaient que les
corsaires de ce dernier Etat ne pourraient faire de prises
dans l'étendue de six lieues, en face des côtes de France,
et qu'aucun bâtiment Marocain ne pourrait croiser à moins
de 30 milles du littoral de France. — Il y a plus : en matière de douanes, une nation peut fixer à son gré le
point où s'arrête sa mer territoriale ; les nations voisines
sont réputées connaître ces réglements et, par conséquent,
sont tenues de s'y conformer. Comme exemple, nous
nous contenterons de citer la loi du 4 germinal, an II,
art. 7, tit. II. « Les capitaines et officiers et autres préposés du service des douanes, ceux du commerce ou de la marine militaire pourront visiter tous les bâtiments au-dessous
de cent tonneaux étant à l'ancre ou louvoyant dans les
quatre lieues des côtes de France, hors le cas de force majeure. Si ces bâtiments ont à bord des marchandises dont
l'entrée ou la sortie est prohibée en France, ils seront confisqués ainsi que les cargaisons, avec amende de 500 livres
contre les capitaines des bâtiments. »

6. Les mers enclavées dans des parties de continent doi-
vent-elles être considérées comme mers territoriales, et
comme appartenant en totalité aux peuples riverains? La
plupart des publicistes modernes se refusent à l'admettre :
au-delà de la portée du canon, le commerce y est absolument libre et les navires de guerre peuvent y croiser en tout
temps. — La même question s'est naturellement présentée
en ce qui touche les golfes et détroits; la solution universellement reçue est qu'aucune nation ne peut avoir droit

de souveraineté sur les passages où le navire qui se tient au centre se trouve hors la portée du canon : le passage est dans ce cas considéré comme mer libre ; on l'a dit : les détroits étant des passages qui mettent les mers en communication et permettent de naviguer de l'une à l'autre, leur usage doit être libre comme la mer elle-même, sinon la liberté des mers mises en communication par des détroits, n'existerait que de nom. Hâtons-nous de rappeler que de nombreuses exceptions ont été apportées à ces principes par la pratique internationale: 1° Certaines mers enclavées, certains détroits sont a priori assimilés à la mer territoriale : les états voisins y ont droit de souveraineté absolue. Tels sont par exemple : la mer d'Azow et la mer de Marmara, le Zuiderzée et le Dolard, les golfes de Bothnie et de Finlande, le golfe de Saint-Laurent, dans l'Amérique septentrionale, une partie du golfe du Mexique, le fond du golfe Adriatique dans les parages de Venise, Trieste, Fiume, les golfes de Naples, Salerne, Tarente, Cagliari, Salonique, Coron, Lépante ; les détroits d'Ecosse, de Messine, du Sund, du grand et du petit Belt, les passages des Dardanelles, d'Yenikalé et d'Euripe, etc.... etc.... — 2° Dans certains cas, les puissances riveraines sans prétendre à la souveraineté de la mer ou du détroit peuvent, à leur volonté en interdire l'accès aux bâtiments de guerre. C'est ce qui a lieu pour la mer Baltique ; par un traité de 1750, auquel la France a adhéré, la Russie et la Suède se sont engagées à en écarter les navires belligérants par tous les moyens possibles ; en 1780, même convention entre la Suède et la Russie ; enfin, une déclaration du 10 mai 1780, publiée par le roi de Danemark et interdisant la Baltique aux hostilités des belligérants a reçu l'adhésion formelle du cabinet français. Ajoutons qu'aux termes d'un des annexes du traité de Paris du 30 mars 1856, la Russie s'est formellement interdit de jamais fortifier les îles d'Aland. — La mer Noire se trouve

soumise à une législation toute spéciale : d'après l'art. 11
du traité de 1856, ses eaux et ses ports ouverts à la marine marchande de toutes les nations sont formellement,
et à perpétuité, interdits au pavillon de guerre soit des
puissances riveraines, soit de toute autre puissance. En
conséquence, l'art. 13 veut que, ni la Turquie ni la Russie
ne puissent conserver d'arsenaux militaires sur le littoral
de la mer Noire. Ces dispositions ont été complétées par
deux annexes qui sont réputées partie intégrante du traité.
Dans la première, le sultan se réserve de délivrer, comme
par le passé, des firmans de passage soit aux bâtiments
de guerre employés au service des légations, soit aux stationnaires chargés de la police des embouchures du Danube.
La seconde fixe le tonnage des bâtiments que la Russie et
la Turquie se réservent d'entretenir pour la surveillance
de leurs côtes. — 3° Les nations riveraines peuvent imposer
un droit de péage aux navires qui traversent certains détroits ; tels étaient par exemple les droits que le Danemarck
et la Suède ont longtemps perçus au passage du Sund :
cet impôt si onéreux pour la navigation maritime a disparu
depuis le traité du 14 mars 1857, et n'est plus réclamé
qu'aux navires des puissances n'ayant point adhéré à cette
convention.

CHAPITRE II

———

§ I

De la nationalité des navires.

§ II

De la navigation maritime.

§ III.

Des droits de navigation et des priviléges du pavillon français.

§ IV.

De la condition des gens de mer.

89. La caisse des invalides peut agir au nom et comme mandataire des gens de mer.

C

90. Division de notre territoire en arrondissements : quartiers, sous-quartiers, syndicats.
   1° Commissaires de l'inscription maritime.
   2° Syndics des gens de mer.
   3° Gardes maritimes et gendarmes de la marine.
91. — 1° Obligations des commissaires, quant à la tenue des matricules.
92. Obligations des commissaires, quant à la surveillance des bâtiments de commerce
93. Obligations des commissaires, quant à l'administration de la caisse des invalides et au service des pensions.
94. Pouvoir disciplinaire des commissaires de la marine.
95. — 2° Nomination des syndics des gens de mer. — Traitement de ces agents. — Obligations qui leur sont imposées. — Avantages qui leur sont réservés.
96. Attributions principales des syndics des gens de mer.
97. — 3° Fonctions des gardes maritimes et des gendarmes de la marine.

§ Ier.

De la nationalité des navires.

7. Un des principes les plus universellement reçus du droit des gens est que tout bâtiment continue le territoire de la nation à laquelle il appartient : c'est une portion ambulante de ce territoire et l'étranger qui met pied à bord a en quelque sorte franchi la frontière. — Il est dès lors évident qu'en temps ordinaire aucune nation ne peut prétendre à un droit quelconque de police et de surveillance sur les bâtiments étrangers qui se trouvent en pleine mer ; il n'y a d'exceptions que pour certaines hypothèses déterminées par des règlements spéciaux. En 1831 et en 1833, notamment, la France et l'Angleterre s'unissant, dans une action commune pour supprimer la traite des noirs, étaient convenues que les croiseurs anglais pourraient visiter les bâtiments de commerce français, et que réciproquement les

navires anglais pourraient être visités par les croiseurs français. Le 20 décembre 1841, un traité analogue était conclu entre la Grande-Bretagne, l'Autriche, la Russie et la Prusse. On se rappelle à quelles discussions passionnées donna lieu ce droit de visite dans les sessions législatives de 1842 à 1844 : on reprochait à M. Duchâtel, alors au pouvoir, et à M. de Broglie, signataire de la convention de 1833, d'avoir autorisé de véritables violations de notre territoire. L'opinion publique s'était émue des procédés parfois abusifs de la marine anglaise ; à la chambre des Pairs, comme à la chambre des Députés, on réclamait la dénonciation des traités existants. Le gouvernement dut céder et une nouvelle convention du 29 mars 1845 replaçait notre commerce maritime sous la surveillance exclusive du pavillon français. — Du droit de visite proprement dit nous devons distinguer avec soin ce que l'on appelle le droit d'*enquête* ou de *recherche du pavillon* : un bâtiment de guerre a droit de s'assurer de la nationalité de tout navire de commerce rencontré en pleine mer. « Le droit d'enquête du pavillon, dit M. Wheaton (*Rev. de Dr. franc. et étrang.*, t. II. p. 203), n'a qu'un but, celui de reconnaître la nationalité des pavillons, afin précisément d'accorder à ce navire tous les droits résultant de sa nationalité du moment qu'elle a été reconnue. Le droit de visite a pour but de constater à bord d'un navire même, dont la nationalité a été reconnue, certains faits relatifs à son chargement ou à tout autre objet d'intérieur. Le premier de ces droits repose sur le respect même de la nationalité et de l'indépendance des Etats souverains ; le second est une atteinte portée aux attributions de la nationalité et à l'indépendance réciproque des Etats souverains. » Dans les circonstances ordinaires, l'exercice de ce droit se bornera à obliger le bâtiment rencontré à hisser son pavillon ou à le faire raisonner, c'est-à-dire à le joindre et à exiger qu'il réponde aux questions adressées par le moyen du porte-voix. Le bâtiment de guerre ne doit pousser l'enquête plus loin que si des indices sérieux permettent de croire que l'on se trouve en présence d'un navire suspect, par exemple d'un pirate signalé dans ces parages ; dans ce cas, le commandant du navire de guerre peut y détacher une embarcation dont les officiers procèderont à une sorte de visite : rien de plus rationnel, puisqu'il s'agit de constater un fait intéressant au plus haut degré la sûreté des mers.

8. En temps de guerre, ces règles deviennent inapplicables. En effet, un belligérant peut s'opposer à ce qu'une nation neutre s'immisce dans les opérations militaires en fournissant à l'une des parties engagées des armes ou autres munitions de guerre. Il est donc naturel qu'il puisse s'assurer que les bâtiments sous pavillon neutre ne font pas le commerce de contrebande avec la nation ennemie. Par principe que tout croiseur, rencontrant en pleine mer un bâtiment en destination d'un port ennemi, peut visiter ce bâtiment et en vérifier le chargement. Ce droit de visite ne s'appliquera jamais qu'aux bâtiments de commerce. M. Hautefeuille (*Droit des Neutres*, t. III, p. 439) nous en donne les raisons : " Le respect dû aux commandants des " vaisseaux de guerre délégués directs de la puisssance sou " veraine de leur pays, exempte ces bâtiments de la visite " pour tout ce qui concerne la contrebande de guerre. " Le savant auteur ajoute que si un bâtiment de guerre se rendait à ce propos coupable d'une violation des droits de la neutralité, sa faute serait celle du souverain auquel appartient le bâtiment et que, dans ce cas, la nation lésée ne peut attaquer que ce souverain lui-même : sa seule ressource serait de lui déclarer la guerre. — Une question assez grave s'est à ce propos présentée dans la pratique : les bâtiments convoyés par un navire de guerre participent-ils de l'immunité reconnue en faveur de ce dernier ? Dès le XVIIe siè-

cle, la Suède et la Hollande prétendirent, malgré les protestations de l'Angleterre, soustraire leurs bâtiments de
commerce au droit de visite en les faisant escorter par des
convoyeurs. En 1781, la Russie reconnut les principes proclamés par la Suède et la Hollande ; enfin le traité célèbre
des 4-16 avril 1800 par lequel les cours du Nord se décla-
raient en état de neutralité armée, vint les affirmer de la
manière la plus solennelle. Postérieurement l'Angleterre
elle-même paraît y avoir adhéré, et depuis 1815 presque
tous les traités qu'elle a conclus admettent que la visite n'a
pas lieu dans ce cas spécial. L'état actuel de la doctrine sur
ce point est résumé par M. Hautefeuille avec sa netteté habituelle : « Les puissances ne utres, dit-il (*Op. cit.*, t. IV,
« p. 116), ont le droit de faire escorter par des bâtiments
« de guerre ou d'Etat les navires marchands de leurs sujets ;
« ces navires marchands ainsi placés sous la protection du
« pavillon de leur souverain sont exempts de la visite. Le
« croiseur belligérant qui désire connaître la nationalité des
« navires convoyés et, lorsqu'il y a lieu, la réalité de leur
« nationalité, c'est-à-dire les deux seuls points que la visite
« est destinée à mettre en évidence, doit s'adresser au vais-
« seau convoyeur et se contenter de la déclaration verbale
« ou tout au plus de la parole d'honneur du commandant de
« l'escorte, attestant que les navires mis sous sa protection
« sont réellement propriété des sujets de son souverain, et
« qu'ils ne portent à l'ennemi aucune contrebande de guerre :
« cette déclaration fait foi pleine et entière. Ce mode de
« procéder doit être appliqué à toutes les nations neutres
« sans exception, à moins qu'il n'existe une convention
« expresse qui ait dérogé à cet égard aux usages interna-
« tionaux. Le gouvernement neutre est directement res-
« ponsable des fraudes et violations de devoirs de neutralité
« commises par les navires convoyés et mis sous la protec-
« tion de son pavillon d'Etat, c'est à lui que le belligérant

« lésé doit s'adresser pour obtenir les réparations aux-
« quelles il peut prétendre. »

9. D'après les usages internationaux, la visite doit être
précédée d'une semonce, c'est-à-dire d'un coup de canon tiré
soit à poudre, soit à boulet perdu, qui est pour le bâtiment
neutre le signal de s'arrêter et d'attendre ; s'il néglige cet
avertissement et continue sa route, le navire visiteur peut
le contraindre de s'arrêter en mettant en œuvre son artillerie : la résistance active à l'exercice du droit de visite expose ce navire à être traité comme belligérant et à être plus
tard déclaré de bonne prise. L'ord. de 1681 (Liv. III, tit. 9,
art. 12) porte en effet : « Tout vaisseau qui refusera d'a-
mener ses voiles après la semonce qui lui en aura été faite
par nos vaisseaux ou ceux de nos sujets armés en guerre
pourra y être contraint par artillerie ou autrement et, en
cas de résistance et de combat, il sera de bonne prise. » De
même, arrêté du 2 prairial an XI, art. 57 : « Tout navire
qui refusera d'amener ses voiles après la semonce qui lui en
aura été faite pourra y être contraint et, en cas de résistance et de combat, il sera de bonne prise. » Ce sont encore
les usages internationaux qui règlent le mode d'exercice du
droit de visite. M. Ortolan (t. II, p. 220) critique avec
raison les dispositions des anciens traités exigeant que le
bâtiment visiteur se tienne tantôt hors la portée de canon, tantôt à une demi-portée seulement. Il fait observer
que dans certaines circonstances la prudence ne permettrait
pas d'aventurer à une distance aussi considérable le canot
de visite et les hommes qui en composent l'équipage. Le
bâtiment rencontré peut être ennemi, malgré l'apparence
de son pavillon : d'où la nécessité de le maintenir en respect et de le conserver pour cela, sinon sous la volée même
de ses pièces, au moins à une distance raisonnable. — L'embarcation qui accostera le navire visité doit, autant que possible, être commandée par un officier ; et cet officier, en

montant à bord, ne prend avec lui que deux hommes de son équipage. — La visite consiste ordinairement dans l'examen des papiers de bord et à la constatation de leur parfaite régularité, sauf toujours certains cas exceptionnels dont l'appréciation est laissée à l'entière latitude des commandants. Ainsi, par exemple, le capitaine du navire visité est soupçonné de s'être fait fabriquer de faux papiers, afin de déguiser sa véritable nationalité : des doutes sérieux s'élèvent sur la valeur réelle de pièces régulières en apparence. On conçoit qu'ici l'officier commandant prenne sur lui de procéder à de véritables perquisitions. Ainsi il pourra exiger que les gens du navire visité ouvrent devant lui les paquets et ballots qui composent la cargaison ; en cas de refus formel, le bâtiment serait traité comme suspect : il serait saisi provisoirement et conduit dans un port du capteur pour y être visité minutieusement.

10. Une des conséquences les plus importantes de ce principe que tout bâtiment continue le territoire de sa nation, est que les marchandises ennemies embarquées sur un bâtiment neutre ne peuvent, en aucun cas, être saisies par les belligérants ; elles sont à l'abri de toute confiscation, au même titre que les marchandises ennemies qui se trouvent sur le territoire continental d'une nation neutre ; en d'autres termes : « le pavillon couvre la marchandise. » Cette formule est considérée par tous les publicistes modernes comme incontestable, et cependant il est peu de questions qui, dans les temps anciens aient donné lieu à d'aussi vives controverses. Au moyen âge on admettait généralement que le navire neutre qui transporte la marchandise ennemie est assimilé à un navire belligérant et peut être confisqué. On interprétait en ce sens la loi 2, § 2 ff, de publicanis (xxxix, 4.) « Dominus navis si illicite aliquid in nave vel ipse vel vectores imposuerint, navis quoque fisco vindicatur. » Le Consulat de la Mer (cap. cclxxiii) consacre formellement

cette solution ; depuis nous la trouvons reproduite par l'ordonnance de 1681 (liv. III, tit. 9, art. vii), et l'on peut voir
dans le commentaire de Valin (t. II, p. 252), avec quelle
rigueur le savant jurisconsulte proposait d'interpréter cette
disposition de notre droit positif. Ce ne fut que dans les
premières années du xviie siècle, que l'on commença à réagir
contre cette doctrine désastreuse pour le commerce des
neutres. L'art. 12 du traité conclu en 1604 entre la Porte et
le roi de France était ainsi conçu : « Voulons et commandons
que les marchandises qui seront chargées à nolis sur vaisseaux français, appartenant aux ennemis de notre Porte,
ne puissent être prises sous couleur qu'elles sont de nosdits
ennemis, puisqu'ainsi est notre vouloir. » — M. Azuni
(Princ. du dr. marit., t. II, p. 166-169) résume la plupart des traités de cette époque où se rencontrent des stipulations analogues, et nous y voyons que plusieurs fois, par
des conventions spéciales, la France avait dérogé au système
de l'ord. de 1681. — Traités de 1646 avec la Hollande ;
de 1655 avec les villes hanséatiques et l'Angleterre ; de
1659 avec l'Espagne ; de 1662 et 1742 avec le Danemark ;
de 1677 et de 1713 avec l'Angleterre. — Au xviiie siècle,
les droits du pavillon neutre étaient généralement reconnus, lorsqu'éclatèrent successivement la guerre de la suc-
cession d'Autriche et la guerre de Sept-Ans. L'amirauté
anglaise, à qui la supériorité de sa marine assurait l'impu-
nité, revint à l'ancien système de s'emparer, sans égard
pour le pavillon, des marchandises ennemies chargées sur
les bâtiments neutres. En présence de cet abus de la force,
les puissances du Nord, restées neutres lors de la guerre
d'Amérique, se réunirent et proclamèrent le principe de la
neutralité armée. Une déclaration du cabinet de Saint-Pétersbourg, datée du 28 février 1780, portait que « les effets
« appartenant à des sujets d'une puissance en guerre sont li-
« bres sur navires neutres. » Le Danemark, la Suède, la Hol-

lande, la Prusse, l'Autriche, le Portugal et les Deux-Siciles y accédèrent immédiatement ; la France et l'Espagne s'engagèrent à l'observer. Lors de la seconde neutralité armée, le droit du pavillon neutre fut reconnu de nouveau par les traités des 16 et 18 décembre 1800 ; la Russie le rappela encore par sa déclaration du 16 octobre 1807. — Mais à cette époque avait déjà paru le célèbre décret de Berlin, du 21 novembre 1806, qui mettait l'Angleterre en dehors du droit des gens : les marchandises anglaises devaient être confisquées en quelque lieu qu'elles se trouvassent, sur les bâtiments neutres ou sur bâtiments ennemis. Le décret de Milan, du 17 décembre 1807, vint encore exagérer la portée de ces prohibitions. Au système du blocus continental adhérèrent, en 1807 la Prusse, le Danemark et la Russie, en 1809 et en 1810 la Suède et l'Autriche. Dans la séance du Sénat du 8 mars 1812, M. le duc de Bassano déclarait que cette dérogation aux principes du droit des gens n'avait lieu qu'à titre de représailles. La France ne répudiait pas les doctrines qu'elle avait admises en 1780 et en 1800 ; elle reconnaissait toujours que la marchandise est neutre sous pavillon neutre ; mais vis-à-vis de l'Angleterre, cette règle si rationnelle devenait inapplicable ; il fallait, par tous les moyens possibles, ruiner son commerce afin de la contraindre à une paix définitive. — En 1814, le blocus continental cessa par la chute de l'Empire ; ni le traité de Paris, ni le traité de Vienne, qui réglèrent la plupart des questions du droit international maritime, ne font allusion au point qui nous occupe. La difficulté ne devait être définitivement tranchée qu'à la suite de la guerre d'Orient ; la déclaration du 16 avril 1856, signée de tous les plénipotentiaires qui avaient pris part aux Conférences de Paris, porte que « le pavillon neutre couvre la marchandise ennemie, à l'exception de la contrebande de guerre. » Les gouvernements signataires de cette déclaration s'engageaient à la porter à la connaissance des Etats qui n'avaient pas figuré au traité de Paris et à les inviter à s'y conformer.

11. Nous supposerons maintenant qu'un fait délictueux a été commis sur un bâtiment naviguant en pleine mer ; ce fait est réputé avoir été commis sur le territoire de la nation dont ce bâtiment porte le pavillon ; donc il est exclusivement justiciable des tribunaux de cette nation : aucune autre puissance n'aura le droit de s'immiscer dans la connaissance de l'affaire. Le cas est prévu par l'art. 15 de l'ordonnance du 29 octobre 1833. Le capitaine du navire français, à bord duquel le fait se sera passé, devra remettre au consul les procès-verbaux qu'il aura dressés et les informations qu'il aura faites à l'occasion des crimes commis par des matelots ou passagers. Si la gravité du délit, ou la sûreté de l'équipage a forcé le capitaine à ne pas laisser les prévenus en état de liberté, le consul prendra telles mesures qu'il appartiendra, à l'effet de les faire traduire devant les tribunaux français. Il rendra compte de l'affaire, pour ce qui concerne les marins, au ministère de la marine, et pour ce qui concerne les passagers au ministère des affaires étrangères. Enfin, si le consul découvre qu'un capitaine a négligé de dresser acte des délits qui ont été commis à son bord, il rédigera lui-même un procès-verbal, dans lequel il relatera toutes les circonstances du fait, et dont il enverra une expédition au ministère de la marine. — La seule difficulté qui puisse se présenter est de savoir ce qui arrivera si le bâtiment aborde à un port de la nation dont sont sujets les individus qui auraient figuré dans l'affaire, soit comme délinquants, soit comme partie lésée. Le fait que la partie lésée s'est plaint devant l'autorité locale, que le délinquant s'est réclamé de cette autorité locale suffit-il pour déplacer la compétence et pour permettre à cette autorité locale de connaître de l'affaire ? Non, répond la jurisprudence, le crime a été commis en pays étranger, d'où incompétence radicale de l'autorité

locale (V. not. Bordeaux, 31 janvier 1838. Dev. 39-2-37).
Le délinquant arrêté à terre et traduit devant les tribunaux
de son pays pourrait opposer cette exception et obtenir son
renvoi des fins de la plainte ; observons toutefois qu'il en
serait autrement si le fait commis à bord était de ceux que
la loi nationale punit, alors même qu'ils ont été commis à
l'étranger. Nous faisons allusion aux hypothèses prévues
par les art. 5 à 7 du Code d'inst. crim., modifiés par la loi
du 27 juin 1866.

12. Le délit peut avoir été commis, non plus en pleine
mer, mais dans les eaux territoriales d'une puissance étrangère. Comment résoudre le conflit qui va s'élever entre les
deux puissances, celle à laquelle appartient le bâtiment, et
celle dans les eaux de laquelle il est mouillé? S'il s'agit uniquement soit de fautes de discipline, soit d'infraction à des
réglements militaires, on est d'accord pour reconnaître la
compétence exclusive de la nation à laquelle appartient le
bâtiment. « Ces faits, dit M. Ortolan (t. I, p. 287), ne résidant que dans une violation des devoirs professionnels du
marin, en tant que marin, de ses devoirs de subordination
hiérarchique envers ses supérieurs, les puissances étrangères
n'ont ni intérêt ni droit à s'en mêler. Qu'il s'agisse de bâtiments de l'Etat ou de bâtiments du commerce, que ces navires soient en pleine mer ou dans les eaux territoriales
d'un Etat étranger, peu importe. C'est le cas d'appliquer sur
chaque bord respectif les lois intérieures que possède chaque
Etat sur la discipline de sa marine militaire ou de sa marine
marchande. » En ce qui touche les délits de droit commun,
la solution du conflit devient plus délicate. La doctrine la
plus accréditée commence par établir une distinction entre
les bâtiments de guerre et les bâtiments de commerce : les
premiers seuls ne passent pas sous la juridiction du pays
dans les eaux duquel ils se trouvent et continuent à être
régis par leurs propres lois ; les seconds, au contraire, ne

peuvent invoquer la fiction aux termes de laquelle le lieu couvert par le pavillon national est considéré comme territoire de la nation ; donc, tous les faits commis à bord sont justiciables des tribunaux du pays dans les eaux duquel ils se trouvent : telle est la conséquence de la règle générale posée par l'art. 3, C. N. : « Les lois de police et de sûreté obligent ceux qui habitent le territoire. » D'un autre côté, en vertu de l'axiôme que l'intérêt est la mesure des actions, on admet qu'il doit être dérogé au principe général toutes les fois qu'il s'agit de délits commis par un homme de l'équipage, contre un individu appartenant au même équipage, et que le fait incriminé n'a troublé en rien la tranquillité du port ; ce fait sera réputé commis sur le territoire de la nation dont dépend le bâtiment, et jugé par les tribunaux de cette nation. Quant aux délits commis à terre par des matelots appartenant à l'équipage d'un navire étranger, nous avons à peine besoin de dire qu'ils relèvent essentiellement de la juridiction locale, et ce, quand même le bâtiment auquel appartiendraient les délinquants serait un bâtiment de guerre : si ces délinquants s'étaient réfugiés à leur bord, l'autorité locale pourrait, comme nous le verrons plus bas, soit réclamer leur arrestation, soit y procéder d'office.

13. Le gouvernement français s'est de tout temps conformé à ces distinctions. En 1806, notamment, la question lui était déférée : à Marseille, une rixe avait eu lieu dans le canot du navire américain *le Newton*, entre deux matelots de l'équipage ; à Anvers, le second du navire américain *la Sally*, était prévenu d'avoir fait une blessure grave à l'un des matelots placés sous ses ordres. Les consuls américains réclamèrent pour leurs tribunaux la connaissance de ces deux affaires ; c'est à ce propos qu'intervint l'avis du Conseil d'Etat du 20 novembre 1806 qui, aujourd'hui encore, règle la matière. « Un vaisseau neutre, dit-il, ne peut-être

indéfiniment considéré comme lieu neutre, et la protection qui lui est accordée dans les ports français ne saurait dessaisir la juridiction territoriale pour tout ce qui touche aux intérêts de l'Etat. Ainsi le vaisseau neutre admis dans un port de l'Etat est de pleiń droit soumis aux lois de police qui régissent le lieu où il est reçu : les gens de son équipage sont également justiciables des tribunaux du pays pour les délits qu'ils y commettraient, même à bord, envers des personnes étrangères à l'équipage, ainsi que pour les conventions civiles qu'ils pourraient faire avec elles ; mais, si jusque-là la juridiction territoriale est hors de doute, il n'en est pas ainsi à l'égard des délits qui se commettent à bord du vaisseau neutre, de 'la part d'un homme de l'équipage neutre envers un autre homme du même équipage. En ce cas, les droits de la puissance neutre doivent être respectés comme s'agissant de la discipline intérieure du vaisseau, dans laquelle l'autorité locale ne doit pas s'ingérer, toutes les fois que son secours n'est pas réclamé ou que la tranquillité du port n'est pas compromise. » L'ordonnance du 29 octobre 1833, relative aux fonctions des consuls de France à l'étranger, porte également qu'au cas ou un délit aura été commis par un matelot français, contre un étranger, le consul ne pourra réclamer pour lui le privilége de la juridiction nationale ; il devra veiller à ce qu'il soit défendu et jugé impartialement. En 1837, M. le garde des sceaux, consulté par M. le procureur général de Rennes, se prononçait dans un sens analogue : on ne peut poursuivre un matelot étranger que si le délit a troublé la tranquillité du port ou a été commis contre une personne n'appartenant pas à l'équipage. En 1858, un assassinat avait été commis à bord du navire américain *le Tempest :* en fait, la police française avait dû intervenir pour rétablir l'ordre à bord et soustraire l'assassin aux vengeances de ses compatriotes. Saisie de l'affaire, la Cour de Rouen l'avait renvoyée

devant la Cour d'assises de la Seine-Inférieure. Pourvoi contre
cette décision : dans son remarquable rapport, M. le conseiller Victor Foucher ne se contentait pas d'analyser l'avis
du Conseil d'Etat de 1806 et l'ordonn. de 1833 ; il montrait
combien la solution donnée par ces deux textes était logique
et rationnelle. Sur les conclusions conformes de M. Dupin,
la Cour suprême maintint l'arrêt de la Cour de Rouen
(Crim. Rej. 25 fév. 1859. Dev. 59, 1, 183). Cette jurisprudence est généralement adoptée à l'étranger ; cependant,
nous devons faire observer que certaines puissances regardent comme exorbitants les droits qu'elle accorde au pavillon étranger, et font prévaloir dans tous les cas le droit
de l'Etat souverain de la mer territoriale. Ainsi aux Etats-
Unis on admet, suivant les expressions de M. Wheaton
(*El. de Dr. intern.*, t. I, p. 126), que les faits délictueux
qui se sont passés à bord d'un bâtiment de commerce tombent sous la juridiction de l'Etat souverain de la mer territoriale ; peu importe que ces faits aient été commis entre
personnes du même équipage et n'aient lésé en rien l'ordre
public. Il en est de même en Angleterre, et le rapport de
M. Victor Foucher rappelait que les magistrats territoriaux
n'hésitent pas à connaître des crimes et des délits commis
à bord des navires neutres, même entre hommes de l'équipage. C'est surtout à l'égard des Etats-Unis que le droit est
exercé dans toute sa rigueur. Le *Times* du 26 janvier 1857
annonçait, par exemple, qu'un juge de paix de Liverpool venait de condamner à l'amende des marins américains
prévenus de voies de fait envers d'autres matelots du même
bâtiment. Le 3 avril 1857, la Cour d'assises de Chester
condamnait encore à la déportation, à perpétuité un matelot américain coupable de rebellion envers son capitaine.
Nous citerons en dernier lieu l'exemple de la Russie : une
dépêche de M. de Morny, en date du 14 mai 1857, rappelle
le fait d'un matelot anglais jugé en 1844, sous l'inculpation

d'assassinat dans le port de Riga, sur la personne de son timonier, également sujet anglais ; le coupable avait été traduit devant les tribunaux russes, y avait été condamné et avait subi sa peine en Russie.

14. Le droit de juridiction que possède chaque Etat sur les bâtiments mouillés dans l'étendue de sa mer territoriale lui confère un droit absolu de police et de surveillance sur ces mêmes bâtiments. Les autorités judiciaires peuvent se transporter à bord et y procéder à tous actes d'instruction qu'elles jugeront convenables ; elles agiront comme si elles se trouvaient à terre à charge de se conformer aux formalités prescrites par la loi nationale. De même l'autorité militaire ou maritime peut faire rechercher à bord les déserteurs qui s'y seraient réfugiés. L'art. 136 du règlement de 1866 est ainsi conçu : « Les déserteurs peuvent être recherchés à bord des navires étrangers du commerce qui se trouvent dans les rades, ou dans les ports de France, ou dans les colonies françaises, en observant les règles prescrites. » On comprend à quels embarras un gouvernement s'exposerait s'il venait à abuser de ce droit incontestable ; d'où la nécessité de réglementer la matière et d'indiquer nettement aux officiers chargés de semblables missions quelle conduite ils doivent tenir. Deux circulaires du ministère de la marine, en date des 26 juillet 1832 et 24 juin 1856, sont venues dissiper les doutes qui s'étaient élevés sur les moyens à employer pour obtenir la remise des déserteurs embarqués sur les bâtiments étrangers. En 1832, on prescrivait à l'autorité maritime d'adresser avant tout une demande officielle au capitaine étranger ; en cas de refus elle devait en référer au consul de la nation à laquelle appartenait le bâtiment ; enfin, si le consul se refusait d'acquiescer à sa demande, elle pouvait requérir l'intervention d'un officier de police judiciaire pour se transporter à bord et se faire remettre le déserteur. Les inconvénients de cette

manière d'agir n'avaient pas tardé à se manifester. Suivant la remarque de M. le ministre de la marine, la nécessité d'obtenir, avant de faire visiter un navire, le visa du consul rendait toute perquisition illusoire. Les démarches qu'entraînerait l'accomplissement de cette formalité sont en effet de nature à donner l'éveil aux capitaines étrangers et à leur permettre de prendre les mesures nécessaires pour dissimuler la présence des déserteurs. Aussi la circulaire de 1856 déclare-t-elle que l'autorité maritime pourra désormais agir sans réclamer à l'avance ce visa du consul : son droit de police et de surveillance s'exercera sans qu'il y ait besoin d'obtenir une autorisation préalable ; que si par hasard elle croyait devoir informer les consuls des perquisitions qu'elle se propose de faire, il n'y aurait là qu'un acte de pure courtoisie et sans conséquence pour l'avenir. On réserve, bien entendu, les exceptions résultant du traité du 2 janvier 1768, art. 6, en faveur de l'Espagne, et de la déclaration du 18 décembre 1852, en faveur de la Suède et de la Norwége. Les consuls de ces deux puissances doivent être prévenus de toute visite ou descente de justice qui pourrait avoir lieu à bord des navires marchands de leur nation, afin de pouvoir y assister en personne, ou s'y faire représenter par leurs vice-consuls ou chanceliers ; mais ils ne pourront jamais s'opposer à la visite, ni se plaindre, si, ne s'étant pas rendus à l'avertissement qui leur a été donné, il était passé outre hors de leur présence.

15. Dans certaines hypothèses tout à fait extraordinaires, les principes que nous venons d'exposer sont inapplicables. Ainsi, par exemple, il est possible qu'un Etat n'ait pas droit de juridiction sur les navires mouillés dans ses eaux et ne puisse connaître des délits commis contre ses nationaux ou intéressant la tranquillité publique. Tel serait le cas où ces eaux territoriales relèveraient d'un pays barbare étranger aux principes du droit des gens, et mé-

connaissant les obligations qui en dérivent. La jurisprudence est constante sur ce point (Crim. Rej. 17 mai 1839; Pal. 43, 2, 285). Une question analogue se présenterait au cas où le crime aurait été commis dans les eaux d'un pays occupé par une armée française. Le fait seul de cette occupation a-t-il pour conséquence de supprimer la juridiction territoriale et de rendre nos nationaux exclusivement justiciables des tribunaux français? La plupart des auteurs ne l'admettent pas ; cette juridiction territoriale ne pourrait cesser que par l'incorporation du pays à la France. On comprend quelle différence il y a entre cette occupation purement temporaire et une incorporation définitive (Crim. cass., 22 janvier 1818; Dev. C. N. 5, 1, 406). Mais il faudrait, suivant nous, décider autrement au cas où, par suite de cette occupation, les autorités locales auraient cessé d'exercer leurs fonctions et où la juridiction des conseils de guerre français serait la seule juridiction régulièrement organisée. (Crim. Rej. 24 août 1865 ; Dev. 65, 1, 466.) — En sens inverse, les franchises reconnues par le droit des gens aux navires mouillés dans les eaux territoriales étrangères peuvent disparaître dans certaines hypothèses exceptionnelles. Ainsi , par exemple, lorsqu'un navire vient précisément commettre des actes d'hostilité dans les eaux étrangères, le gouvernement étranger se trouve autorisé, *ipso facto*, à repousser ses attaques par tous les moyens possibles, et les prisonniers arrêtés à bord sont justiciables des tribunaux institués par ce gouvernement étranger et non de leurs tribunaux nationaux. Ce point de droit est désormais certain depuis l'arrêt célèbre qui déclarait justiciables des tribunaux français les compagnons de la duchesse de Berry arrêtés en 1832, à la Ciotat, sur le brick sarde le *Carlo-Alberto*. (Crim. cass., 7 déc. 1832; Dev. 32, 1, 577.) Les considérants portent « que le privilége établi par le droit des gens en faveur « des navires amis ou neutres, cesse dès que ces navires,

« au mépris de l'alliance ou de la neutralité du pavillon
« qu'ils portent, commettent des actes d'hostilité ; que,
« dans ce cas, ils deviennent ennemis et doivent subir
« toutes les conséquences de l'état d'agression dans lequel ils
« se sont placés. » Quelques lignes plus bas l'arrêt apprécie
à ce point de vue les faits qui avaient motivé l'arrestation
du *Carlo-Alberto* : « Il résulte des faits posés par la cham-
« bre d'accusation que le bateau à vapeur, le *Carlo-Alberto*,
« est parti de Livourne pour une destination supposée,
« avec des personnes dont les noms étaient aussi supposés,
« et par conséquent avec de fausses pièces à bord. Sa des-
« tination réelle était de servir d'instrument au complot
« qu'avaient formé ces passagers contre le gouvernement
« français : il a été nolisé à cet effet et a servi à l'exécu-
« tion de ce complot. On ne peut donc invoquer, en faveur
« de ce navire et de ses passagers, le privilége du droit
« des gens qui, ainsi qu'il est dit ci-dessus, n'est établi
« qu'en faveur des alliés et des neutres..... »

16. Reste à savoir dans quels cas un navire peut être
considéré comme français et comme jouissant de tous les
avantages attachés à ce titre. Tout d'abord deux conditions essentielles sont exigées : 1° Le navire doit appartenir au moins pour moitié à des Français, nous ajoutons
ou à des étrangers admis en France à l'exercice des droits
civils ; c'est ce qui résulte de l'art. 11 de la loi du 9 juin
1845. Le législateur moderne a abandonné la règle posée
par la loi du 21 septembre 1793, et d'après laquelle
aucun bâtiment ne pouvait être réputé français, s'il
n'appartenait en entier à des Français. De même, il n'y
a plus à se préoccuper aujourd'hui de l'article 12 du décret du 27 vendémiaire an II, déclarant qu'un Français,
résidant en pays étranger, ne pourrait être propriétaire
en totalité ou en partie d'un navire jouissant des avantages attribués aux bâtiments français, s'il n'était asso-

.. française faisant le commerce en France,
prouvait, par le certificat du consul en fonction
..ns le pays où il résidait, qu'il n'avait pas prêté serment
au gouvernement de ce pays ; 2º Les officiers et les trois
quarts de l'équipage doivent être français (loi du 21 septembre 1793, art. 2). — Ces dispositions se trouvent reproduites par l'art. 141 du règlement général approuvé par le
décret impérial du 7 novembre 1866.

17. D'après ce règlement, le bénéfice de la nationalité
française est reconnu à sept catégories de navires : 1º *Navires construits en France et dans les colonies ou autres possessions françaises.* Cette origine se justifiera tout naturellement par le certificat du constructeur du navire : que si
postérieurement le navire construit en France et devenu
ensuite étranger, venait plus tard à être acheté par un propriétaire français, nous pensons qu'il aurait recouvré *ipso
facto* sa qualité de Français ; c'est ce qui aura lieu notamment pour les navires capturés en temps de guerre et ra-
chetés lors de la conclusion de la paix par des armateurs
français. 2º *Navires déclarés de bonne prise ou confisqués pour
contravention aux lois de l'Empire* : Ce qui, d'après une décision du ministre des finances, en date du 11 février 1835,
s'appliquera aux navires confisqués pour contravention aux
lois de douanes. La preuve qui devra être fournie résultera,
au cas de prise, de la production du jugement qui aura statué
sur la validité de la prise et de l'acte d'adjudication ; au cas
de confiscation, de la production du jugement prononçant la
dite confiscation. 3º *Navires échoués sur les côtes de France
ou d'une possession française, et qui ont reçu en France ou
dans une possession française des réparations s'élevant au quadruple du prix de la vente* Décret du 27 vendémiaire an II :
« Un bâtiment étranger jeté sur les côtes de France ou
possessions françaises, et tellement endommagé que le propriétaire ou assureur ait préféré de le vendre, sera, en de-

venant entièrement propriété française, et après radoub ou réparation dont le montant sera quadruple du prix de vente et étant monté par des Français, réputé bâtiment français. » D'où nécessité de produire une expédition du procès-verbal de vente constatant le naufrage et les comptes justificatifs des réparations : au cas où une difficulté viendrait à surgir sur le point de savoir si les réparations ont bien atteint le quadruple du prix de vente, le litige serait tranché par une expertise faite devant les officiers du port. 4° *Navires trouvés épaves en pleine mer dont le sauvetage donne aux inventeurs droit à la délivrance du tiers en nature ou en argent conformément à l'ordonnance de 1681, et qui sont vendus publiquement par l'administration de la marine, à défaut de réclamation présentée en temps utile par les propriétaires.* On peut consulter en ce sens la décision ministérielle du 1er juin 1832. 5° *Bâtiments étrangers à voiles ou à vapeur qui se soumettent au paiement d'un droit spécial, dit droit de francisation.* C'est là une des innovations les plus graves de la loi du 3 mai 1866 ; auparavant un bâtiment construit à l'étranger ne pouvait en aucun cas être naturalisé français. A peine pouvait-on signaler quelques rares exceptions. Ainsi les traités internationaux avaient établi que les navires construits en Belgique ou en Angleterre seraient admis à la francisation moyennant le paiement de droits spéciaux. Un décret du 25 août 1861 appliquait ces dispositions aux bâtiments de mer construits dans les Etats-Unis d'Amérique ou naviguant sous pavillon américain. Ce décret fixait les droits de francisation à 25 francs par tonneau de jauge pour les bâtiments en bois, et à 70 francs pour ceux en fer ; à 15 fr. pour la coque des premiers, à 50 francs pour celle des seconds. Le bénéfice de cette législation avait été encore étendu aux navires canadiens par un décret du 5 février 1862, fixant également la quotité des droits qui devraient être acquittés. Pour l'Algérie, on trouvait des lois tout à

fait spéciales. L'art. 1er du décret du 7 septembre 1856 portait : « Les bâtiments étrangers de 80 tonneaux et au-
dessus pourront être admis en Algérie à une francisation
spéciale qui leur permettra de naviguer exclusivement dans
les eaux de cette colonie sous pavillon français et en franchise de droits. » Le privilége établi par ce dernier décret
ne devait subsister que jusqu'au 1er janvier 1866, et les navires francisés, dans les conditions qu'il indiquait, auraient
alors repris leur nationalité première ; mais un second
décret du 2 décembre 1865 l'avait prorogé jusqu'au 1er juillet 1867 pour les navires qui se seraient trouvés en jouir
à la date du 31 décembre 1865. — La loi du 19 mai 1866
a fait disparaître ces règlements particuliers : son art. 3
est ainsi conçu : « Six mois après la promulgation de la
présente loi, les bâtiments de mer à voiles, ou à vapeur,
gréés ou armés, seront admis à la francisation, moyennant
le paiement d'un droit de 10 francs par tonneau de jauge.
Le même droit sera appliqué aux coques de navires en bois
ou en fer. » Nous aurons bientôt à revenir sur cette loi de
1866 qui appliquait à notre marine marchande les principes
du libre-échange et de la libre concurrence. Nous ne pouvons nous défendre de craindre que ce régime nouveau,
substitué à l'ancien système de protection absolue, n'ait
porté le dernier coup aux constructeurs français. Nos chantiers du littoral seront-ils en état de lutter contre ceux de
Glasgow et de Liverpool? Et bientôt même ne sera-t-il pas
à craindre que la marine ne se trouve dans l'impossibilité de recruter les ouvriers spéciaux destinés à la construction et à la réparation des navires de la flotte?

18. La nationalité du navire est constatée par l'acte de
francisation : d'après l'art. 145 du réglement de 1866,
« l'acte de francisation est la pièce qui constate le droit du
navire à porter le pavillon français et qui lui assure les
avantages réservés à la navigation nationale. » Cet acte est

délivré au nom de l'empereur et signé par le ministre des finances : conformément à l'art. 10 du décret du 27 vendémiaire an II, la délivrance en doit avoir lieu au bureau des douanes du port auquel appartient le bâtiment. L'art. 39 du même décret ajoute qu'il devra être extrait du registre où sont inscrites les déclarations de construction, mesurage et propriété. Préalablement à la délivrance de l'acte, le propriétaire affirmera par serment sa propriété ; ce serment sera reçu soit par le juge de paix, soit par les tribunaux de première instance ou de commerce. La formule fixée par l'art. 13 du décret de vendémiaire a dû être modifiée pour se trouver en harmonie avec les dispositions de la loi du 9 juin 1845 ; aujourd'hui, l'art. 146 du réglement de 1866 porte que le serment sera prêté de la manière suivante : « *(Nom, état et domicile)* jure et affirme que (*le nom du bâtiment ou embarcation et le port auquel il appartient*) est un (*espèce, tonnage et description suivant le certificat du vérificateur des douanes*), a été construit à (*lieu de construction*), en (*année de la construction*) (*s'il a été pris ou confisqué, ou perdu sur la côte, ou sauvé en mer, exprimer le lieu et le temps des jugements et ventes*), que je suis seul propriétaire du bâtiment ou conjointement avec (*noms, état, domicile des intéressés*), et qu'aucune autre personne n'y a droit, titre, intérêt, portion ou propriété. » L'acte constatant la prestation de serment sera remis à la douane par le propriétaire qui, suivant les dispositions de l'article 11 du décret de Vendémiaire, doit donner une soumission et caution de 20 fr. par tonneau, si le bâtiment est au-dessous de 200 tonneaux, — de 30 fr. par tonneau, pour les bâtiments de 200 à 400 tonneaux ; — enfin de 40 fr. par tonneau, pour les bâtiments de 400 tonneaux et au-dessus. — Les art. 15 et 16 du même décret contiennent une série de dispositions pénales destinées à assurer la sincérité de l'acte de francisation. Tous ceux qui prêteront leur nom à la francisation de bâtiments étrangers, qui concourront comme officiers publics ou témoins aux ventes simulées ; tout préposé dans les bureaux, consignataire, agent des bâtiments et cargaison, capitaine et lieutenant du bâtiment, qui, connaissant la francisation frauduleuse, n'empêcheront pas la sortie du bâtiment, disposeront de la cargaison d'entrée ou en formeront une de sortie, auront commandé ou commandent le bâtiment, seront condamnés solidairement et par corps en six mille francs d'amende et déclarés incapables d'aucun emploi et de commander un bâtiment français ; de plus, le jugement de condamnation sera publié et affiché. — En second lieu, on veut prévenir l'abus qui pourrait être fait d'un acte de francisation légalement obtenu ; les propriétaires du bâtiment doivent se soumettre, par le cautionnement qu'ils sont tenus de donner, sous peine de confiscation du montant des sommes énoncées audit cautionnement, à ne point vendre, donner, prêter, ni autrement disposer de l'acte de francisation, à n'en faire usage que pour le service du bâtiment auquel il est accordé, à le rapporter au même bureau si le bâtiment est pris par l'ennemi, brûlé ou perdu de quelque autre manière, vendu en partie ou en totalité à un étranger, et ce, dans un mois, si la perte ou la vente de la totalité ou partie du bâtiment a eu lieu en France ou sur les côtes de France, et dans trois, six ou neuf mois, suivant la distance des autres lieux de perte ou de vente.

19. Les bâtiments ou embarcations qui vont en mer sont tenus, quel que soit leur tonnage, d'être munis d'un acte de francisation. L'art. 151 du réglement de 1866 cite, comme faisant exception : 1° Les canots et chaloupes dépendant de navires français, dans l'inventaire desquels ces canots et chaloupes sont mentionnés ; suivant la jurisprudence, il en sera ainsi, alors même que les canots ou les chaloupes ne seraient pas marqués du nom du navire dont ils forment

l'un des apparaux ; leur nationalité résultera de ce fait seul qu'ils se trouvaient sur le navire au moment du départ (Rej. Req. 28 Fév. 1844. Dev. 44, 1, 463). — 2° Les embarcations qui naviguent dans l'intérieur d'une même rade. — 3° Les embarcations de deux tonneaux et au-dessous, employées à la pêche du poisson frais ou à la récolte des amendements marins. — 4° Les embarcations de deux tonneaux et au-dessous, appartenant à des habitants voisins de la côte, qui ne s'en servent que pour leur usage personnel, à l'exclusion de tout transport de marchandises. — 5° Les embarcations de tout tonnage qui naviguent en rivière, en-deçà du dernier port situé à l'embouchure dans la mer. — 6° Les bateaux dragueurs et les bateaux vasiers, qui en sont les accessoires. — 7° Les bateaux de plaisance de 10 tonneanx et au-dessous. Une circulaire ministérielle du 13 mars 1863 contient formellement, pour les yachts et autres bateaux de plaisance, cette dispense d'un acte de francisation ; ils sont seulement obligés de se pourvoir d'un congé annuel, et, pour que les autorités maritimes puissent reconnaître à une marque particulière les congés destinés à ces navires, les mots « bateaux de plaisance » doivent être écrits à la main et en gros caractères en tête des formules ordinaires.

20. Il est bien évident que les déclarations contenues dans l'acte de francisation sont simplement indicatives et non translatives de propriété : ainsi, par exemple, celui qui est indiqué par l'acte de francisation comme propriétaire du navire, ne peut se prévaloir de cette désignation contre ceux qui prétendraient avoir sur le même navire un droit soit antérieur à l'acte de francisation, soit résultant d'une cession postérieure (Rennes, 21 avril 1816. Dev. C. N., 5, 2, 128). D'un autre côté, la personne qui est désignée par l'acte de francisation, comme propriétaire du navire, se trouve-t-elle, *ipso facto*, engagée en cette qualité vis-à-vis des tiers ? La question, dans la pratique, présente un intérêt con-

sidérable ; un navire ne pouvant être utilement l'objet d'un droit de gage que s'il est détenu matériellement par le créancier gagiste, il s'ensuit que le gage d'un navire est presque toujours constitué sous forme de vente fictive du navire : le créancier gagiste, propriétaire fictif, figure dans l'acte de francisation comme acquéreur, et sa véritable qualité n'est constatée que par une contre-lettre que lui a remise son débiteur. La jurisprudence décide que ce propriétaire fictif n'en demeure pas moins tenu de toutes les dettes contractées par le navire ; ce qui a été admis, notamment, pour le loyer et les frais de rapatriement des matelots (Rennes, 30 août 1866, Dev., 67, 2, 156). « Sans doute, disait dans une consultation délibérée à ce sujet notre savant confrère M. Ald. Caumont, la contre-lettre a pu produire son effet entre l'armateur et ses créanciers ; ils ont pu, entre eux, restrictivement dénaturer l'attestation authentique de l'acte de francisation et reconnaître entre eux seuls que l'acte de francisation proclamait au public et aux tiers un véritable mensonge, en signalant les créanciers gagistes comme propriétaires légaux. Mais cette convention secrète et particulière n'a aucune force contre les tiers. La loi le défend tant expressément que généralement (C. N., art. 1165 et 1321). Donc, puisque la contre-lettre n'a aucun effet vis-à-vis des tiers, c'est comme si elle n'existait pas. Si, dans l'état de la législation sur le nantissement des navires, la loi est dure pour les propriétaires fictifs, simples bailleurs de fonds, l'équité serait encore plus profondément blessée, s'il était permis aux propriétaires fictifs d'évincer les marins de leurs droits, lorsqu'ils sont en possession d'un titre indiscutable et supérieur à tous autres : la loi. » — Ajoutons toutefois, à titre de restriction, que si les tiers avaient traité avec le propriétaire réel du navire, en parfaite connaissance de la situation, ils devraient plus tard être déclarés non recevables dans leur action contre le propriétaire fictif inscrit sur l'acte de francisation.

21. L'art. 18 du décret de Vendémiaire veut que toute vente de bâtiment ou de partie de bâtiment contienne la copie de l'acte de francisation. D'un autre côté, aux termes de l'art. 17, la vente de tout ou partie du bâtiment est inscrite au dos de l'acte de francisation par le chef du bureau des douanes qui en tient registre. Quel est au juste le sens précis de ce dernier texte ? La transcription en douane est-elle une formalité substantielle au point que sans elle la vente ne soit point parfaite ? Entre les parties contractantes, aucun doute : la propriété a été définitivement transférée quand même il n'y aurait pas eu transcription ; mais que décider à l'égard des tiers ? Ce seront, par exemple, des créanciers du vendeur qui viendront pratiquer une saisie sur le navire et qui soutiendront que vis-à-vis d'eux il n'y a pas eu vente, parce qu'il n'y a pas eu transcription. La jurisprudence a longtemps hésité sur la solution à donner dans l'espèce : ainsi, les cours impériales admettaient volontiers que la vente parfaite entre les parties était également parfaite à l'égard des créanciers. Le décret de vendémiaire, dit-on en ce sens, n'a eu qu'un seul but, assurer aux Français les avantages réservés au pavillon national et empêcher toute usurpation de ces privilèges par un étranger. Le législateur veut encourager la marine marchande, pépinière de la marine militaire ; c'est à ce résultat seul que tendent les dispositions qu'il édicte. On ne se préoccupe donc pas de sauvegarder des intérêts particuliers et d'empêcher les fraudes possibles lors de la vente des navires ; la seule fraude qu'il s'agisse de prévenir, c'est celle qui permettrait à un étranger de naviguer sous pavillon Français. La preuve que l'on ne songeait aucunement à notre hypothèse, c'est qu'aucune amende n'est prononcée pour ce fait spécial, alors, que toutes les prohibitions résultant du décret de vendémiaire sont sanctionnées par une pénalité

quelconque : la vente frauduleuse au profit d'un étranger est punie d'une amende de 6,000 francs alors qu'aucune peine n'est prononcée contre la vente frauduleuse au profit d'un Français. Enfin, si le législateur eût réellement voulu que la vente d'un navire ne pût être opposée aux tiers faute d'inscription dans l'acte de francisation, il n'eût pas manqué de s'en expliquer formellement lors de la rédaction du Code de commerce ; un article spécial est consacré aux règles sur la vente des navires ; or, cet article 195 se borne à dire que cette vente doit être faite par écrit, et qu'elle peut avoir lieu par acte public ou par acte sous signature privée, aucune autre formalité n'est exigée pour l'efficacité de cette vente à l'égard des tiers. Les tiers d'ailleurs ne seront en aucune manière désarmés au cas où la vente dissimulée aurait été faite en fraude de leurs droits ; l'art. 1167 n'est-il pas là pour les protéger ? Donc, ils n'ont en réalité aucun intérêt à s'attacher à une question de forme, puisque dans aucun cas leur droit ne sera méconnu. La Cour de Bordeaux s'était deux fois prononcée en ce sens les 26 juillet 1858 et 22 août 1860 (Dev. 59, 2, 300 ; ibid., 61, 2, 49) ; mais la Cour suprême à laquelle la question avait été déférée, a refusé de s'associer à sa doctrine. (Civ. Cass. 3 juin 1863. Dev. 63, 1, 287. — Civ. Cass. 16 mars 1864. Dev. 64, 1, 110). Que le décret de vendémiaire ait été, en principe, une loi de police, une loi politique, on ne le nie pas ; mais s'ensuit-il de là qu'on ne se soit, à cette époque, aucunement préoccupé des intérêts privés ? Bien au contraire, la transcription en douane n'a pas été prescrite uniquement. pour empêcher un étranger d'arriver à la propriété d'un bâtiment Français : on a voulu en même temps organiser le crédit maritime, et suivant une expression bien souvent employée, créer dans chaque port un grand livre de la propriété des navires constatant pour tous les intéressés, pour le public comme pour le gouvernement, les mutations qui

les affectent. Le doute n'est guère possible, quand on voit
que sous l'empire de l'ordonnance de 1681, déclaration devait être faite au greffe de l'amirauté en cas de changement
de propriétaire du navire, faute de laquelle la vente était
réputée nulle à l'égard des intéressés ; c'est cette disposition qu'a voulu reproduire le législateur de l'an II. Quant à
l'argument tiré du défaut de sanction pénale, il ne prouve-
rait qu'une seule chose, que l'on ne doit pas considérer comme un délit, la vente d'un navire sans transcription en
douane ; mais il n'en résulte pas qu'une vente accomplie dans
une telle condition soit, par suite de l'absence de sanction pénale, réputée parfaite à l'égard des tiers. Nous, ne
comprenons guère d'ailleurs comment on a pu arriver à dire
que si le décret de l'an II eût entendu frapper de nullité une
semblable vente, il eût nécessairement prononcé une sanction pénale contre le vendeur ; l'intérêt privé seul est en jeu
dans notre hypothèse ; il n'y a eu au pis aller, qu'un simple
délit civil ; donc une sanction civile était seule possible. On
objecte encore le silence de l'art. 195 du Code de commerce ;
mais l'art. 195 n'avait pas besoin d'une disposition spéciale
relativement à la transcription en douane, puisque la matière était déjà réglée par une loi que la promulgation du
Code de commerce devait laisser en vigueur. En réalité
le but de cet article était d'abroger les anciennes règles
interdisant la vente des navires par acte sous seing privé :
c'est là le seul point auquel ont songé les rédacteurs
du Code de commerce, et il est bien naturel, dès lors,
qu'ils ne soient point venus parler de la transcription en
douane et de son absolue nécessité au point de vue de
la transmission effective de la propriété. — Ainsi, suivant
nous, sans avoir besoin d'invoquer l'action Paulienne et de
faire une preuve souvent bien difficile, les créanciers du
vendeur n'auront qu'à invoquer le silence de l'acte de francisation sur la vente prétendue ; comme le dit la Cour de

cassation, le navire est resté leur gage puis qu'il n'a pas cessé pour eux d'appartenir à l'ancien propriétaire avec lequel ils ont traité.

22. L'acte de francisation doit être renouvelé dans deux circonstances spéciales. 1° *Cas de perte ou de vétusté*. Si l'acte de francisation est perdu, le propriétaire en affirmant la sincérité de cette perte, en obtient un nouveau après avoir rempli les mêmes formalités, à la charge des mêmes cautionnement, soumission et déclaration que pour l'obtention du premier (Décret du 27 vend. an II, art. 20). Que si l'acte doit être renouvelé pour cause de vétusté, ou parce qu'il n'offre plus de place suffisante pour y inscrire les mutations de propriété, l'administration d'après les circulaires des 25 octobre 1826 et 24 novembre 1854, ne doit percevoir que le prix du parchemin et du timbre; 2° *Cas de modifications apportées au navire*. Si postérieurement à la délivrance de l'acte de francisation, le bâtiment est changé dans sa forme, dans son tonnage ou de toute autre manière, le propriétaire est tenu d'en obtenir un nouvel acte, faute de quoi le bâtiment est réputé étranger. (Décret du 27 vendémiaire an II, art. 21.) Les circulaires des 30 juin 1828 et 23 septembre 1832 portent que le renouvellement de l'acte de francisation ne donne également lieu qu'au remboursement du nouveau parchemin et du timbre.

23. Les art. 7 et 8 de l'arrêté du 13 prairial an XI supposent qu'un bâtiment, à la suite de fortune de mer, n'a pu être ramené dans un port français : cette impossibilité doit être légalement justifiée pour obtenir la radiation des soumissions souscrites lors de sa francisation. D'après le réglement de 1866 (art. 159), les pièces à produire dans ce cas sont : si le navire a fait naufrage, le rapport circonstancié que le capitaine, ou à son défaut les gens de l'équipage échappés au naufrage, ont dû faire, en France au bureau des douanes de l'inscription maritime, à l'étranger,

devant le consul de France, et, à défaut de consul, devant le magistrat du lieu. — S'il s'agit de perte corps et biens, l'acte de notoriété attestant la perte (la notoriété s'établit après l'an et jour, par un acte authentique du tribunal de commerce), et si le bâtiment est assuré, la police d'assurance biffée et les autres pièces qui sont de nature à attester l'événement. — Si le navire a été pris par l'ennemi, une expédition authentique du jugement validant la prise : les pièces produites par les armateurs sont communiquées au chef du service des douanes et au commissaire de l'inscription maritime, pour avoir leur avis par écrit. Une décision du ministre des Finances, du 9 juin 1828, ajoute que l'intervention de la marine n'est pas nécessaire, au cas où la douane croit pouvoir admettre comme suffisantes les preuves fournies du naufrage, de la prise ou du dépècement à l'étranger, ce qui doit être observé, surtout quand un naufrage a eu lieu en vue des côtes. Une circulaire de l'administration des douanes, en date du 24 février 1809, prévoit le cas où, par suite de son état de vétusté, un bâtiment doit être dépecé dans un port français : le propriétaire est tenu d'en faire la déclaration au service des douanes, qui procède au jaugeage et constate que les dimensions du bâtiment sont celles énoncées dans l'acte de francisation, ainsi que dans le congé de douane. L'identité reconnue, la douane s'assurera postérieurement de la démolition effective, et dressera un procès-verbal dont il sera remis copie au propriétaire, afin qu'il puisse poursuivre la radiation sur la matricule de l'inscription maritime et faire annuler les soumissions relatives au bâtiment dépecé.

devant les tribunaux : il s'agissait de savoir si le voyag
Hâvre à Saint-Pétersbourg constituait un voyage de long
cours ; l'arrêt intervenu, s'en tenant aux termes mêmes de
l'art. 377, se fonde, pour adopter la négative, sur cette
considération unique, que Saint-Pétersbourg n'est pas situé
au-delà du Sund, et qu'un usage commercial, quelque ancien qu'il puisse être, ne saurait prévaloir contre la volonté
formelle de la loi (Civ. Rej., 23 mai 1826. Dev. C. N., 8,
1, 136). — Quoiqu'il en soit, des plaintes nombreuses s'élevaient chaque jour contre la disposition même du Code de
commerce que l'on s'accordait à considérer comme surannée ;
l'impossibilité de trouver des capitaines au long cours pour
quelques-uns des voyages qu'elle énumérait était une véritable entrave au développement de notre commerce maritime. Dès le 18 octobre 1827, une dépêche ministérielle
autorisait l'emploi exceptionnel de maîtres au cabotage
pour les voyages de la Méditerranée et de la Baltique,
toutes les fois que les armateurs seraient amenés à en faire
la demande par le défaut ou le refus de capitaines au long
cours : cette faculté fut étendue peu à peu aux armements
pour les côtes de Norvége, fréquentées presqu'uniquement
par des bateaux-pêcheurs. Plus tard enfin, les maîtres au
cabotage purent commander les bâtiments destinés aux
côtes du Maroc, situées au-delà de Gibraltar. De là, nécessité d'une révision totale de l'art. 377, qui consacrât législativement la jurisprudence du ministère de la Marine. La loi
du 14 juin 1854 est venue en conséquence reculer les limites de la navigation au cabotage. « Sont réputés voyages
de long cours ceux qui se font au-delà des limites ci-après
déterminées : au S. le 30e degré de latitude nord ; au N. le
72e degré de latitude nord; à l'O. le 15e degré de longitude du
méridien de Paris ; à l'E. le 44e degré de longitude du méridien de Paris. » « Ces limites, tracées au moyen de degrés de
« latitude et de longitude, disait le rapport de M. Conseil,

« seront parfaitement comprises par les marins qui ne se-
« ront plus autorisés à les enfreindre, et qui seront d'au-
« tant moins disposés à le faire, qu'ils s'exposeraient à se
« faire retirer leurs lettres de commandement, s'ils enfrei-
« gnaient la loi par ignorance, ce qui est inadmissible. En
« effet, le capitaine qui s'excuserait d'avoir enfreint les
« limites réglementaires par la raison qu'il n'a pu calculer
« la latitude et la longitude de sa position, accuserait une
« ignorance profonde des connaissances obligatoires qui lui
« sont imposées pour la sécurité des hommes qu'il com-
« mande, aussi bien que des marchandises qui lui sont
« confiées, et provoquerait de la part de l'administration de
« la marine la nécessité impérieuse de le démonter de son
« commandement. »

A. l'ormation de l'équipage du navire.
B. Commandement du navire.
c. Règles générales sur la police de la navigation maritime.
D. Rapports des navires du commerce avec les consulats et la marine
militaire.

A

25. Les armateurs ont une entière liberté pour la composition de leurs équipages : le principe est proclamé par
l'art. 5 de l'ordonnance du 27 juillet 1784. L'art. 223 du
Code de Commerce reproduisant ici la doctrine de l'ord. de
1681 ajoute qu'il appartient spécialement au capitaine de
former l'équipage du vaisseau, de choisir et louer les matelots et gens de l'équipage. D'après la jurisprudence, le capitaine agit comme mandataire de l'armateur et ce dernier
est responsable des délits commis à bord par les matelots
qui sont engagés par son capitaine et non par lui directement. (Rouen, 8 avril 1864, Dev. 64, 2, 93). — Le droit que
la loi reconnaît au capitaine ne cesse que dans le cas où les

armateurs se trouvent sur les lieux ; l'art. 223 in fine lui impose alors la nécessité de se concerter avec eux. Dans cette dernière hypothèse, les matelots sont réputés avoir traité directement avec l'armateur ; il est tenu vis-à-vis d'eux en son nom propre et personnel, et non pas seulement comme responsable des faits de son capitaine : d'où la conséquence qu'il ne pourrait se libérer à leur égard par l'abandon du navire et du fret : il n'y aurait pas lieu à appliquer l'art. 216 C. Co. (Bordeaux, 22 juin 1863. Dev. 64,2,164). — Les engagements et leurs conditions seront débattues librement entre les gens de mer et l'armateur ou son représentant ; chacune des parties pourra stipuler les clauses qu'elle jugera utiles à ses intérêts : ainsi, par exemple, il pourra être convenu qu'au cas de désertion du matelot, tous les salaires qui lui étaient dus appartiendront de plein droit à l'armateur (Civ. Cass. 20 nov. 1860. Dev. 61,1,345), etc., etc. — L'armateur est libre d'engager qui il veut sauf deux restrictions : 1° les marins étrangers ne peuvent être engagés que dans la proportion fixée par la loi, c'est-à-dire ne doivent pas composer plus du quart de l'équipage (Décret du 21 novembre 1793, art. 2). L'usage s'était même introduit dans certains ports de restreindre dans une proportion plus considérable le nombre de marins étrangers qui pouvaient être embarqués sur les navires de commerce ; une circulaire ministérielle du 4 avril 1862 est venue rappeler les agents de l'administration à la stricte application du décret de 1793 : aucune entrave ne doit être apportée au droit légitime des capitaines et armateurs. 2° Aucun marin ne doit être engagé si le capitaine ne s'est assuré préalablement que ce marin a été congédié du dernier navire sur lequel il était embarqué (Ord. du 31 octobre 1784, tit. xiv, art. 6.), et, suivant l'art. 221 du règlement de 1866, le fait d'avoir sciemment et volontairement embauché un homme appartenant à l'équipage d'un autre navire, constitue le délit de complicité de désertion prévu par l'art. 70 du décret du 24 mars 1852. — L'armateur est en core seul juge du nombre d'hommes qu'il doit embarquer pour les besoins de la navigation ; toutefois, le décret du 23 mars 1852 (art. 2) décide qu'il sera nécessairement embarqué un mousse à bord de tout bâtiment ayant plus de deux hommes d'équipage : l'embarquement d'un second mousse est obligatoire à bord de tout bâtiment ayant vingt hommes d'équipage non compris le premier mousse : il en sera embarqué un troisième à bord de tout bâtiment ayant trente hommes d'équipage, non compris les deux premiers mousses, et ainsi de suite par chaque dizaine d'hommes com- plète. L'art. 3 permettait de remplacer les mousses par des novices ayant acquis dix-huit mois de navigation avant l'âge de seize ans. Un décret postérieur du 15 mars 1862 est venu modifier cette disposition en décidant que les novices de- vraient simplement être âgés de dix-huit ans, et ne seraient plus astreints à justifier d'aucune condition de navigation. Enfin un décret du 17 septembre 1864 veut que les bâti- ments de commerce armés au long cours soient tenus d'a- voir un chirurgien s'ils reçoivent à bord cent personnes tant hommes d'équipage que passagers.

26. L'engagement des matelots est constaté par le rôle d'équipage (art. 250 C. c.) Le décret du 19 mars 1852, art. 1, dispose que le rôle d'équipage est exigé pour tout bâtiment exerçant la navigation maritime; la na- vigation est dite maritime sur la mer, dans les ports, sur les étangs ou canaux dont les eaux sont salées, et jus- qu'aux limites de l'inscription maritime. Un second décret du 25 octobre 1863 exempte seulement de cette obligation : 1° les bateaux et chalands uniquement employés à l'exploi- tation des propriétés rurales, fabriques, usines et biens de toute nature, situés dans les îles et sur les rives de fleuves ou rivières dans leur partie maritime. On ajoute que tout

propriétaire qui emploierait ces bateaux et chalands à une autre destination ou qui les louerait à fret serait privé du bénéfice de cette exemption. 2° Les yachts et bateaux uniquement affectés à une navigation de plaisance. Leurs propriétaires sont simplement tenus de se pourvoir d'un permis de navigation délivré par le ministre de la marine et de remettre au commissaire de l'inscription maritime, lorsqu'ils entreprennent un voyage de quelque durée, une liste des personnes embarquées sur le yacht ou bateau. Toute opération de commerce est bien entendu interdite aux bâtiments de cette nature. En même temps, une circulaire ministérielle du 30 juin 1843 décide que l'on n'a entendu accorder aux propriétaires de yachts qu'une simple faveur à laquelle ils sont absolument libres de renoncer; ils peuvent, dans l'intérêt des gens de mer qu'ils emploient, demander qu'il leur soit délivré un rôle d'équipage; le temps d'embarquement des hommes qu'ils emploient pourra ainsi être compris dans les 300 mois de navigation exigés pour ouvrir des droits à la pension dite de demi-solde. — L'art. 191 du règlement de 1866 ajoute encore aux exemptions prononcées par le décret de 1863 : « Les embarcations attachées comme annexes à un autre bâtiment sont exemptes de tout rôle ou permis. »

27. Le rôle d'équipage doit énoncer le nom du navire, le port auquel il est attaché, ses folio et numéro d'enregistrement, son tonnage, le lieu et l'époque de sa construction, le nom du propriétaire et celui de l'armateur, le genre de navigation qu'il doit effectuer ; les noms et prénoms, la filiation, le lieu et l'époque de la naissance, le domicile, le signalement, le quartier, les folio et numéro d'inscription, le grade au service, la qualité à bord du bâtiment et les conditions d'engagement de toutes les personnes composant l'équipage. Au cas où les commissaires de l'inscription maritime ne pourraient relater sommairement, en raison de leur nature ou de leur étendue, les conditions d'engagement sur le rôle

d'équipage, une circulaire du 22 novembre 1827 veut que ces conditions y soient annexées au moyen de feuilles spéciales qu'ils signent, et sur lesquelles ils apposent leur cachet. L'art 4 du décret du 19 mars 1852 contient la sanction des règles que nous venons d'étudier : « L'embarquement de tout individu qui ne figure pas sur le rôle d'équipage est punissable, par chaque individu embarqué, d'une amende de 300 fr., si ce bâtiment est armé au long cours ; de 50 à 100 fr. si le bâtiment ou embarcation est armé au cabotage ; de 25 à 50 fr. s'il est armé à la petite pêche. » Ce qui, suivant la jurisprudence, s'applique même au cas où un passager aurait été embarqué sans mention sur le rôle d'équipage. (Rej. Crim., 25 mars 1854, Dev. 54,1,409) : toutefois exception est faite pour les bâtiments affectés à des transports réguliers ; les passagers sont inscrits sur une simple liste d'embarquement qui doit être déposée au bureau de l'inscription maritime vingt-quatre heures au plus tard après le départ du navire. En sens inverse, art. 5 : « Est punissable des peines portées à l'art. 4, et sous les mêmes conditions, le débarquement sans l'intervention de l'autorité maritime ou consulaire, de tout individu porté à un titre quelconque sur le rôle d'équipage. » L'Ord. du 31 octobre 1784, art. 13, tit. XIV, prévoit le cas où il serait nécessaire en cours de voyage, soit de débarquer des matelots, soit d'en engager d'autres pour le service du navire. Les commisaires de l'inscription maritime en France, les consuls à l'étranger, doivent constater ce fait sur les rôles par des apostilles soigneusement écrites sans abréviation, et dûment signées des individus qui y sont inscrits. Que s'il ne se trouvait dans le port étranger, ni consul, ni vice-consul, le capitaine devrait faire faire l'apostille dans le premier port de relâche du bâtiment où résidera une autorité française, soit maritime, soit consulaire. En second lieu, les commissaires de l'inscription maritime ou les consuls doivent apostiller sur les rôles de l'équipage les avances ou à-comptes payés aux matelots en cours de voyage ; l'arrêt du Conseil du 19 janvier 1734 et la déclaration du 1er novembre 1745 exigent que le paiement de ces à-comptes soit autorisé par le commissaire ou le conseil, et ait lieu en leur présence ; au cas ou les à-comptes seraient payés dans un lieu où il n'existe aucune autorité française, soit maritime, soit consulaire, la circulaire du 12 août 1836 décide que mention en sera faite sur le livre de bord, avec la signature du marin ou, à défaut, avec celle des deux principaux de l'équipage. Au désarmement, les commissaires de l'inscription maritime ne devront admettre que les sommes régulièrement apostillées dans les termes ci-dessus.

28. L'art. 3 du décret du 19 mars 1852 s'occupe du renouvellement du rôle d'équipage. Pour les bâtiments armés au long cours, le renouvellement n'a lieu qu'au retour du bâtiment en France, quelle que puisse être la durée du voyage. La circulaire ministérielle du 29 mars 1862 décide dans ce sens, que les navires de commerce arrivés dans un port étranger et réexpédiés immédiatement pour un autre port étranger n'ont pas besoin d'être réarmés administrativement et de remplacer leur rôle d'équipage : 1º les consuls sont autorisés à réexpédier le navire sans autre formalité que le simple visa du rôle. Une seconde circulaire du 29 mai 1862 suppose qu'un navire armé au long cours rentre en France dans un port autre que celui d'armement. Si ce navire veut faire retour au port d'armement, il n'est pas tenu de se munir d'un rôle nouveau et un simple visa lui suffira pour se rendre dans ce dernier port. — Nous ne connaissons qu'une seule exception à la disposition du décret de 1852; d'après une instruction du mois de décembre 1859, les rôles des paquebots transatlantiques peuvent n'être renouvelés que tous les six mois ; mais il doit être

stipulé que l'équipage recevra un mois d'avance sur ses salaires, lesquels seront réglés au retour de chaque voyage. — En ce qui touche les bâtiments et embarcations, servant au cabotage, le décret de 1852 exige que leur rôle soit renouvelé tous les ans; l'art. 202 du réglement de 1866 contient la même règle pour les permis de navigation qui, dans certains cas, remplacent le rôle d'équipage. Toutefois si un navire, muni d'un rôle d'équipage, ayant plus d'un an de durée, fait relâche dans un port français, le ministère de la Marine admet que ce navire n'a pas besoin de renouveler son rôle, s'il se rend directement ensuite à son port d'armement. L'art. 203 ajoute que si un navire, armé au cabotage, relève d'un port étranger pour un voyage au long cours, l'expédition est faite par le consul, au moyen d'un visa sur le rôle d'équipage, à la charge, pour les intéressés, de remplir toutes les formalités voulues pour la navigation au long cours; dans les ports de France cette transformation peut également être opérée par un simple visa des commissaires de l'inscription maritime, apposé sur le rôle du bâtiment.

B

29. Nul ne peut commander un navire au long cours s'il n'est porteur de son brevet de capitaine, sauf la dérogation introduite par la loi du 21 juin 1836, en faveur des maîtres au cabotage, autorisés à commander concurremment avec les capitaines au long cours les bâtiments armés pour la pêche de la morue à Terre-Neuve. Cette règle est absolue, et du jour où un bâtiment, armé antérieurement pour le cabotage, est réarmé pour un voyage au long cours, le maître au cabotage qui le commandait doit, par le fait même, se considérer comme congédié. (Rej. Req., 8 avril 1865. Dev. 63, 2, 200.) L'Ordonnance de 1681

.indiquait déjà quelles conditions étaient imposées pour l'obtention du brevet de capitaine au long cours : obligation d'avoir navigué pendant un certain nombre de mois : obligation de subir un examen. Plus tard, l'Ordonnance du 8 juillet 1825 vint réglementer la matière : ce texte a été remplacé par le décret du 26 janvier 1857 sur l'admission au commandement des bâtiments de commerce, et qui, malgré quelques modifications de détail, est encore en vigueur aujourd'hui. D'après l'art. 4 de ce décret, nul ne peut être admis à subir les examens pour l'obtention du brevet de capitaine au long cours : 1° s'il n'est âgé de vingt-quatre ans accomplis avant le 1er juillet de l'année ; 2° s'il ne justifie de soixante mois de navigation effective sur des bâtiments français. L'art. 4 ajoutait : « dont douze au moins à bord des bâtiments de l'Etat, autres que les stationnaires et -bâtiments de service, employés dans l'intérieur des ports et des rades. » Le décret du 12 octobre 1863 a supprimé cette nécessité d'avoir servi à bord des bâtiments de l'Etat : comme le disait dans son rapport M. le Ministre de la Marine, elle n'avait réellement plus d'intérêt en présence des dispositions nouvelles qui réglaient définitivement les sursis de levée et donnaient aux marins la faculté de se faire remplacer. — L'examen, auquel doivent satisfaire les aspirants au brevet, se divise en deux parties : examen de pratique confié à un officier supérieur de la marine ; examen de théorie confié à un examinateur d'hydrographie. L'art. 2 du décret de 1857 veut que, chaque année, le ministre de la Marine désigne, pour cet objet, deux officiers supérieurs et indique la tournée que chacun de ces officiers doit faire dans les ports de l'Empire pour procéder à l'examen sur la pratique. Chacun des deux examinateurs d'hydrographie, établis par l'art 1er de l'Ord. de 1825, reçoit également une indication semblable, à l'effet de procéder à l'examen sur la théorie. L'examen de pratique porte : 1° sur le gréement ;

2° sur la manœuvre des bâtiments à voiles et à vapeur ; 3° sur le canonnage (art. 7). Cet examen doit précéder l'examen de théorie, et les candidats, qui l'ont subi avec succès, reçoivent un certificat d'aptitude pratique qui leur permet de se présenter à l'examen de théorie pendant trois tournées, à partir de la date de ce certificat. Toutefois l'art. 8 consacre une faveur spéciale au profit du marin qui, depuis son examen, aura navigué pendant six mois soit sur un navire au long cours, soit sur un bâtiment de la marine militaire ; le délai, qui lui est accordé par la loi, se trouve prorogé de deux années. L'art. 12 dit que l'examen de théorie se composera d'épreuves orales et d'épreuves écrites. — Epreuves orales : 1° éléments d'arithmétique et notions élémentaires d'algèbre ; 2° géométrie élémentaire ; 3° trigonométrie ; 4° notions élémentaires d'astronomie et navigation ; 5° usage des instruments nautiques ; 6° notions élémentaires sur les machines à vapeur, et leur application à la navigation. — Epreuves écrites : 1° deux séries de calculs conformes aux types adoptés ; 2° une série de questions portant sur les connaissances exigées ; 3° une composition française. Toutes les parties de ce programme sont également obligatoires, et les candidats, qui ont satisfait aux conditions qu'il exige, peuvent seuls recevoir du ministre de la Marine le brevet de capitaine au long cours. Quant aux officiers et aspirants de première classe de la marine impériale retraités, réformés ou démissionnaires, l'art. 15 in fine leur reconnaît le droit d'obtenir le brevet de capitaine au long cours sans subir aucun examen, pourvu qu'ils justifient des conditions d'âge et de navigation exigées par l'art. 4.

30. L'ordonnance du 7 août 1825 distinguait encore la navigation au cabotage en grand et petit cabotage. Le brevet de maître au petit cabotage ne conférait au titulaire que des droits extrêmement restreints ; ainsi, d'après

l'art. 32, ce brevet devait indiquer pour laquelle des deux mers, soit de l'Océan, soit de la Méditerranée, il aurait été délivré ; interdiction était faite aux maîtres de commander à la fois dans l'une et dans l'autre des deux mers. L'art. 24 prescrivait en conséquence que l'examen ne porterait que sur les connaissances nécessaires pour la navigation dans les limites assignées au petit cabotage, soit sur les côtes de l'Océan, soit sur celles de la Méditerranée. Ces deux dispositions ont été abrogées par ordonnance du 25 nov. 1827, décidant que les maîtres au petit cabotage seraient désormais considérés comme maîtres au grand cabotage et pourraient insdistinctement commander au grand et au petit cabotage. Suivant les dispositions du décret du 26 janv. 1857, les maîtres au cabotage sont reçus dans la même forme et par les mêmes examinateurs que les capitaines au long cours ; les conditions d'âge et de navigation antérieure sont absolument les mêmes. L'examen de pratique porte : 1° sur le gréement ; 2° sur la manœuvre des bâtiments à voiles et à vapeur et des embarcations ; 3° sur les sondes ; 4° sur la connaissance des fonds ; 5° sur le gisement des terres et écueils, les courants et les marées dans les limites assignées au cabotage et plus particulièrement en ce qui concerne les côtes de France. L'examen de théorie comprend : Epreuves orales : 1° Eléments d'arithmétique pratique ; 2° notions élémentaires de géométrie ; 3° éléments de navigation pratique. — Epreuves écrites : 1° Deux séries de calculs conformes au type adopté ; 2° une réponse écrite à l'une des questions de l'examen.

31. La sévérité de ces dispositions avait produit ce résultat que le nombre des maîtres au cabotage devenait de plus en plus restreint et insuffisant. Dès 1815, l'intendant de la marine du port de Rochefort signalait au ministère l'absence de maîtres brevetés dans les quartiers du quatrième arrondissement maritime : les besoins de l'approvi-

sionnement des îles voisines en bois de chauffage et denrées de première nécessité, le refus par les maîtres au cabotage de prendre des commandements d'une importance aussi minime, enfin la crainte de compromettre les intérêts de la population du littoral et de l'inscription maritime empêchaient une application rigoureuse des réglements qui eût amené le désarmement de plus de quatre-vingts bâtiments employés à ces sortes d'expéditions. Aussi une décision ministérielle vint-elle autoriser l'intendant de Rochefort à user, dans son arrondissement, d'une certaine tolérance pour la navigation dite au bornage, c'est-à-dire pour une navigation inférieure encore au petit cabotage ; postérieurement d'autres décisions généralisèrent la mesure en accordant toute latitude aux préfets maritimes. Dans un rapport présenté en 1852 au Président de la République, M. le ministre de la marine demandait que cette navigation au bornage fût l'objet d'une réglementation spéciale. Les commandements de cette nature s'élevaient dès cette époque à huit cents environ, répartis dans les divers quartiers maritimes ; d'un autre côté, l'accroissement des autorisations exceptionnelles auxquelles on accordait généralement une étendue de parcours trop considérable, donnait lieu à de vives réclamations de la part des capitaines du commerce : à cela s'ajoutait la divergence des dispositions adoptées par les diverses autorités maritimes, et qui faisait sentir vivement le besoin d'une législation uniforme. Le décret du 20 mars 1852 a donné une légitime satisfaction aux nécessités locales sans atteindre sérieusement les droits des capitaines et maîtres brevetés. L'art. 2 définit la navigation au bornage : « On entend par bornage la navigation faite par une embarcation jaugeant 25 tonneaux au plus, avec faculté d'escales intermédiaires entre son port d'attache et un autre point déterminé qui n'en doit pas être distant de plus de quinze lieues marines. Les chiffres de tonnage et de limite de parcours

peuvent toutefois être élevés, mais seulement pour les chalands, alléges, penelles et autres bâtiments naviguant sur
les fleuves et rivières au moyen du remorquage. » Pour
commander au bornage, il suffit, suivant l'art. 1er, d'avoir
vingt-quatre ans au moins, et de réunir soixante mois de
navigation, dont douze sur les bâtiments de l'Etat. Cette
dernière condition de service dans la marine militaire a été
supprimée par le décret du 22 octobre 1863. Enfin nous citerons la disposition de l'art. 5, qui punit tout individu non
autorisé qui aura exercé le commandement au bornage
d'une amende de 100 fr. : doit être puni de la même peine
tout patron au bornage qui aura exercé le commandement
d'une embarcation de plus de 25 tonneaux ou qui aura franchi la limite de parcours indiqué sur le rôle d'équipage.

32. Une ordonnance du 31 août 1828 avait déterminé
quelles étaient aux colonies les limites du grand et du petit
cabotage ; elle soumettait à des règles uniformes la réception des capitaines, maîtres et patrons, autorisés à commander les bâtiments pour l'une ou l'autre de ces deux navigations. A la suite du décret du 26 janvier 1857, qui venait de modifier dans la métropole les conditions dans lesquelles s'exerçait la navigation au cabotage, le ministère
de la marine proposa d'apporter au réglement colonial des
modifications analogues, en tenant compte toutefois des
usages de chaque localité, et des difficultés résultant de
la pénurie de sujets en état de subir les examens de
théôrie. Le décret du 13 février 1863 commence par fixer
pour chaque colonie les limites du grand cabotage. La
navigation au grand cabotage est celle qui s'exerce dans les
limites suivantes : pour la Martinique, la Guadeloupe et la
Guyane française, sur toute l'étendue des îles situées entre
le cap Saint-Roch, sur la côte orientale de l'Amérique du
Sud, et la partie septentrionale de l'île de Terre-Neuve —
pour le Sénégal, entre les îles Canaries au Nord, le Gabon

au Sud et les îles du cap Vert à l'Ouest ; — pour la Réunion et les établissements de l'Inde, sur les côtes et îles situées dans les mers qui s'étendent du cap de Bonne-Espérance jusques et y compris les îles de la Sonde. La navigation au petit cabotage comprend (art. 3), pour la Martinique et la Guadeloupe, l'espace situé entre le 8e et 19e degré de latitude nord, et depuis le 61e degré de longitude occidentale du méridien de Paris, jusqu'à une ligne partant de l'extrémité ouest de l'île de Porto-Rico et dirigée sur le cap Chichibaco, dans l'Amérique méridionale ; — pour la Guyane française, l'espace entre le fleuve des Amazones et celui de l'Orénoque ; — pour le Sénégal, le banc d'Arguin et le parcours entre ce point et Sierra-Leone ; — pour la Réunion, les côtes de l'île et les voyages entre ces côtes et l'île Maurice ; dans l'Inde, pour Mahé, la côte de Malabar depuis Surate jusques au cap Comorin ; — et pour les établissements situés sur la partie orientale de la presqu'île, la côte de Coromandel depuis le Gange jusqu'à la pointe de Galles. Enfin (art. 14), la navigation au bornage est celle faite d'un point à un autre de la colonie ou entre la colonie et celles de ses dépendances, qui sont situées à vue d'œil du rivage, par une embarcation jaugeant au plus 55 tonneaux, avec faculté d'escales sur la côte desdites terres seulement. Les examens pour les maîtres au grand cabotage comprennent le même programme que dans la métropole ; pour les maîtres au petit cabotage, l'art. 13 n'exige qu'un seul examen, comprenant à la fois la théorie et la pratique, et portant : 1° sur le gréement ; 2° sur la manœuvre des bâtiments à voiles et des embarcations ; 3° sur l'usage de la boussole et de la carte réduite ; 4° sur les sondes, sur les connaissances des fonds, le gisement des terres et écueils, la direction des courants, des marées et des vents, sur l'entrée des principaux ports et rades, le tout dans les limites assignées à la navigation au petit cabotage ; 5° sur la lecture, l'écriture et les éléments d'arithmétique et de navigation pratique. Des examens spéciaux sur les machines à vapeur et leur application à la navigation devront être subis, en outre, par les candidats se destinant au commandement des navires à vapeur. Les conditions d'âge et de navigation antérieure sont les mêmes que celles déterminées par le décret de 1857, et, depuis le décret du 22 octobre 1863, il n'est plus nécessaire de justifier d'un service de douze mois à bord des bâtiments de l'Etat. La commission d'examen doit, conformément à l'art. 6, être composée d'un officier supérieur de la marine impériale en activité de service, du capitaine du port, de deux capitaines au long cours, et, à défaut de professeur d'hydrographie, d'un professeur de mathématiques, désigné par le gouverneur. La présidence appartient à l'officier de vaisseau ou au capitaine du port, suivant la priorité de grade ou d'ancienneté, si ce dernier appartient au corps de la marine impériale et se trouve en activité de service. Quant au commandement des navires au bornage, il peut être exercé par tout marin définitivement inscrit et réunissant trente-six mois de navigation (art. 19) ; nous trouvons ici reproduites les autres dispositions du décret du 19 mars 1852.

53. Le règlement du 1er janvier 1786 (art. 43 et 44) s'occupait spécialement des officiers subalternes qui peuvent être embarqués à bord des bâtiments destinés à la navigation au long cours. Aucun examen spécial n'est exigé par ce texte ; on se contente de dire que les armateurs et capitaines ne pourront embarquer comme seconds que des marins âgés d'au moins vingt-un ans et ayant quarante-huit mois de navigation. Les lieutenants doivent être âgés de dix-huit ans au moins et avoir douze mois de navigation. — Un décret du 21 septembre 1864 règle la position des mécaniciens embarqués sur les bâtiments à vapeur du commerce ; d'après l'art. 1er, ont rang d'of-

ficier : 1° le mécanicien en chef ; 2° les mécaniciens chargés en sous-ordre de la direction du navire. Les aides mécaniciens et les premiers chauffeurs ont simplement rang de quartier-maître. L'art 2 dispose que les chefs de la machine ne peuvent en aucun cas exercer le commandement du navire et doivent obéissance à toute personne qui, remplaçant le capitaine, en a les pouvoirs et la responsabilité. Ces mécaniciens doivent être munis de certificats de capacité spéciaux ; l'art. 12 de la loi du 21 juillet 1856 porte en effet : « Est puni d'une amende de 200 à 2,000 francs, tout propriétaire de bateau à vapeur ou chef d'entreprise, qui a confié la conduite du bateau et de l'appareil moteur à un capitaine ou à un mécanicien non pourvu des certificats de capacité exigés par les réglements d'administration publique, » et il a été jugé que la responsabilité pénale du propriétaire s'étendait même au cas où le mécanicien aurait été engagé en son absence par le capitaine, conformément à l'art. 225, C. Co. (Rej. Crim., 14 mai 1864. Dev. 64, 1, 298.)

C

1. Réglements relatifs au matricule des navires de commerce.
2. Visite des navires du commerce.
3. Du congé de douane.
5. Des navires et médicaments qui doivent être embarqués. — Armes et munitions de guerre.

34. 1° Tout bâtiment destiné à naviguer avec un rôle d'équipage doit se trouver porté sur les matricules tenues dans les quartiers ou sous-quartiers maritimes. L'Ord. du 31 octobre 1784 est ainsi conçue : tit. VII, art. 7. « Ils (les commissaires des classes) tiendront des états des bâtiments de commerce appartenant aux ports de leur quartier, en désignant leurs espèces, noms et port en tonneaux, et y

feront mention de tous leurs armements et désarmements,
ainsi que de leur état et des changements de propriétaires
et capitaines en suivant lesdits navires depuis leur construction ou leur première entrée dans les ports du quartier
jusqu'à leur naufrage, prise ou destruction, ou jusqu'à ce
qu'ils aient cessé d'appartenir à ces ports. » Et plus bas,
art. 11 : « Ils enverront tous les trois mois, en temps de
paix, et tous les mois, en temps de guerre, au secrétaire
d'Etat ayant le département de la marine, un extrait de
l'état des vaisseaux et autres bâtiments de leurs quartiers,
dans lequel ils noteront s'ils sont en construction, désarmés, en radoub, en armement ou à la mer, et ils y joindront des observations sur l'état de ces navires. » Aujour-
d'hui, selon l'art. 169 du réglement de 1866, qui a modifié
ce dernier texte, dans les premiers jours du mois de janvier
et du mois de juillet de chaque année, les commissaires de
l'inscription maritime établissent l'état des mouvements
survenus pendant le semestre parmi les bâtiments et embarcations naviguant avec rôle d'équipage. Cet état est
adressé au port chef-lieu pour être transmis au ministre,
sous le timbre de la direction des Invalides. — Le quartier
ou sous-quartier, sur les registres duquel le navire est
immatriculé, est dit *port d'attache* de ce navire. Le décret
du 19 mars 1852 veut que le nom et le port d'attache de
tout bâtiment ou embarcation maritime soient marqués à la
poupe en lettres blanches de huit centimètres au moins de
hauteur, sur fond noir, sous peine d'une amende de 100 à
300 francs, s'il est armé au long cours ; de 50 à 100 francs,
s'il est armé au cabotage ; de 10 à 50, s'il est armé à la
petite pêche. Défense est faite, sous les mêmes peines, d'effa-
cer, couvrir, altérer ou masquer lesdites marques (art. 6).
L'art. 172 du réglement de 1866 prévoit le cas où un bâtiment viendrait à changer de port d'attache : le propriétaire
doit en faire la déclaration à la douane du port auquel son

36. La loi de 1791 détermine les mentions que doivent contenir les certificats de visite délivrés au capitaine ; dans le premier de ces certificats, les officiers visiteurs expriment brièvement les travaux dont le navire leur aura paru avoir besoin pour être en état de prendre la mer ; tout naturellement il y aura faute de la part de l'armateur, s'il ne tient aucun compte des indications qui lui auront été données à ce moment ; on a jugé par exemple que lorsqu'une voie d'eau déclarée antérieurement au certificat de visite est reconnue et n'a pas été réparée, la perte doit être attribuée au vice propre du navire et non à la fortune de mer. (Rouen, 15 juin 1866, J. du Hàvre, 66, 2, 204). Le second certificat, délivré postérieurement à l'armement, devra exprimer le bon état dans lequel se trouve alors le navire : ce certificat fera naturellement présumer qu'au moment du départ le navire était assez solide dans toutes ses parties pour pouvoir tenir la mer et supporter toutes les fatigues du voyage ; les dégradations que feraient reconnaître des visites ultérieures seront réputées provenir de fortune de mer et non du vice propre du bâtiment (v. not. Bordeaux, 19 août 1862. Dev. 62, 2, 572). On admet du reste que les tribunaux ne sont pas liés par la production de ce certificat ; il n'existe en faveur de l'armateur qu'une présomption *juris tontum* contre laquelle la preuve contraire peut être fournie dans les termes du droit commun. Le plus souvent il s'agira de vices cachés que la visite ne pouvait faire découvrir ; ainsi lorsqu'il est constant que la membrure du navire n'a pas été mise à découvert devant les experts, et que les dégradations constatées plus tard ne peuvent s'expliquer par les accidents de la navigation, on sera naturellement porté à les considérer comme provenant d'un vice propre (Bordeaux, 4 juillet 1859. Dev. 60, 2, 13). Dans d'autres hypothèses, l'application du principe donne lieu à des difficultés incessantes ; à la sortie du port

une voie d'eau se déclare à bord du navire et nécessite sa relâche : ce fait seul fera-t-il preuve contre les énonciations du certificat de visite ? La jurisprudence tend généralement à se prononcer en sens contraire : mais on comprend facilement quelle influence doivent avoir sur ses décisions les circonstances de chaque affaire : les énonciations du certificat demeureraient entières, par exemple au cas où le rapport de mer constaterait que « le vent était fort, la mer très-grosse, le navire fatiguait dans toutes ses parties, et le pont était submergé de l'avant à l'arrière. » (Aix, 2 mars 1865. J. de Marseille, 43, 1, 69). La décision serait toute autre si la voie d'eau s'était déclarée après six heures de navigation, et par un temps calme : l'accident serait matériellement inexplicable si l'on ne considérait le navire comme atteint d'un vice propre, et dès lors il n'y a aucune importance à attacher au certificat de visite (Trib. comm. de Marseille, 19 février 1863. J. de Marseille, 41, 1, 77) etc., etc... L'absence de ces certificats de visite fera tout naturellement présumer l'innavigabilité du navire ; et l'art. 228, C. Co. porte que dans ce cas le capitaine sera responsable de tous les événements envers les intéressés au navire et au chargement. Ici encore il ne s'agit que d'une présomption *juris tantum* ; la Cour de cassation autorise l'armateur à prouver que le navire a péri, non par suite d'un vice propre, mais par suite de fortune de mer. « L'art. 228 du code de commerce, dit-elle, en cas de contravention à l'obligation imposée au capitaine par l'art. 225 de faire visiter son navire avant de prendre charge, n'annule aucun acte, ni ne dénie aucune action en justice ; mais seulement, en présumant le mauvais état du navire, il rend le capitaine responsable de tous les événements envers les intéressés au navire et au chargement, et il n'élève par là qu'une simple présomption de la loi *juris* contre le capitaine dont, par conséquent, la responsabilité cesse par la preuve d'événements de force majeure. » (Req. Rej. 17 avril 1834. Dalloz, v° Droit Maritime, n° 390).

37. 3° Le décret du 27 vendémiaire an II porte qu'aucun bâtiment français ne peut sortir du port auquel il appartiendra, sans un congé régulièrement délivré (art. 22). Le congé est défini par l'art. 161 du réglement de 1866, l'acte délivré par la douane, pour établir que le navire est toujours en droit de se prévaloir de la francisation qu'il a obtenue ; il affirme l'identité du navire auquel il est délivré avec celui qui a fait l'objet de la francisation. Quant aux bâtiments qui régulièrement sont affranchis de l'acte de francisation, l'art. 162 ajoute qu'il leur sera également délivré un congé, mais seulement comme moyen de police pour la douane, et que ce congé ne donnera lieu qu'au paiement du timbre. Le décret de vendémiaire a indiqué toutes les mentions que doit contenir le congé de douane ; nous citerons les termes de l'art. 9 : « Les bâtiments de 30 tonneaux et au-dessus auront un congé où seront la date et le numéro de l'acte de francisation, qui exprimera le nom, état :et domicile du propriétaire, et son affirmation qu'il est seul propriétaire (ou conjointement avec des Français dont il indiquera les noms, état et domicile), le nom du bâtiment, du port auquel il appartient, le temps et le lieu où le bâtiment a été construit, ou condamné ou adjugé, le nom du vérificateur qui certifiera que le bâtiment est de construction......., qu'il a........ mâts........., ponts ; que sa longueur de l'éperon à l'étambot est de..... pieds..... pouces, que sa plus grande largeur est de..... pieds..... pouces (s'il n'y a qu'un pont) ; que la profondeur de la cale est de....... pieds....... pouces ; qu'il mesure..... tonneaux ; qu'il est un brick ou navire, ou bateau ; qu'il a ou qu'il n'a pas de galerie ou de tête. » L'arrêté du ministre des finances du 30 juin 1829 ajoute que le congé doit être délivré au nom de l'empereur et porter le timbre du ministère des finances. Il est signé

par le receveur des douanes du port de délivrance et contre-
signé par le commis principal à la navigation et par l'employé qui a vérifié le tonnage du navire. La durée du congé
est fixée à une année par l'art 5 du décret de vendémiaire : le réglement de 1866 veut seulement dans son
art. 154, que le congé soit valable pour toute la durée du
voyage entrepris, qui se prolongerait jusqu'au-delà de ce
terme.

38. 4° Le décret du 27 vendémiaire an II imposait avant
tout au capitaine d'avoir à son bord les papiers qui justifient de la nationalité du navire, et peuvent lui assurer à
l'étranger les avantages réservés aux bâtiments français,
c'est-à-dire l'acte de francisation et le congé de douane. Le
décret du 4 mars 1852 y joint le rôle d'équipage qui établira
l'identité des matelots et des passagers embarqués : au cas
où il s'agirait d'un bâtiment affecté à des transports périodiques de voyageurs, le capitaine doit avoir, outre le rôle
d'équipage, la liste des passagers dressée conformément à
la circulaire du 20 décembre 1865. Viennent ensuite les
papiers relatifs, soit à la propriété et à l'état du navire,
acte de vente, procès-verbaux de visite, soit à ses opérations commerciales, connaissements et charte-partie, manifeste ou état de la cargaison. Ces pièces, en cas de guerre
maritime, prouveront la neutralité du bâtiment et des marchandises ; en leur absence, les croiseurs des belligérants
seraient autorisés à le traiter comme bâtiment suspect. La
simple irrégularité de ces pièces les empêcherait de faire
preuve de la neutralité du bâtiment (Civ. cass. 29 brumaire
an VII ; Dev. C. N. 1, 1,121). De plus, aux termes de l'art. 3
du règlement de 1778, l'irrégularité des papiers du bord
sera présumée lorsqu'il sera constant que des papiers
auront été jetés à la mer, distraits ou supprimés d'une manière quelconque : le navire arrêté pourra, en raison de ce
fait seul, être déclaré de bonne prise. — Il nous reste à énu-

mérer un assez grand nombre de textes qui enjoignent au capitaine de se munir de certaines pièces spéciales. — Loi du 9 août 1791 (tit. II, art. 4): « Les commandants des bâtiments de commerce au long cours, *tiendront un journal de voyage*, chiffré et paraphé par le chef des classes du lieu de leur départ, et ils seront tenus, en faisant leur déclaration, de représenter leur journal, qui sera arrêté et visé par le préposé du bureau des classes, et ces commandants seront tenus de les représenter au besoin. » — Arrêté du 19 germinal an X, art. 4 : « Il est expressément défendu à tout capitaine de navire d'appareiller d'aucun port de la République pour quelque colonie, soit française, soit étrangère, ou autre Etat d'outre-mer que ce soit, avant d'être *muni d'un certificat du directeur* ou préposé des postes de l'endroit qui constate la remise de la malle des dépêches adressées au lieu de destination de son bâtiment, et de la quantité des lettres et paquets y contenus, ou constatant qu'on n'a pas à lui en remettre. » — Décret du 24 mars 1852, art. 25 : Le capitaine doit avoir un livre spécial, dit livre de punition, sur lequel sont relatées toutes les fautes de discipline commises par les marins dans le cours de la traversée. — Décret du 18 avril 1855 : obligation pour le capitaine de conserver à bord un exemplaire du commentaire du décret du 24 mars 1852. — Décret du 30 octobre 1858 : obligation d'être muni d'un exemplaire de l'instruction sur les feux, etc.

39. 5° Le propriétaire du navire est tenu d'embarquer à son bord des vivres en quantité suffisante pour assurer la subsistance de l'équipage ; la composition des rations sera naturellement fixée par les conventions intervenues entre lui et les matelots qu'il a engagés. L'administration ne peut intervenir que dans certains cas spéciaux. Ainsi l'art. 4 du décret du 20 août 1851 exige qu'une visite spéciale ait lieu à bord des bâtiments destinés à la pêche de la baleine et du cachalot, pour constater si leur armement contient des

vivres en nombre suffisant eu égard à la durée du voyage et au nombre des hommes embarqués : disposition analogue dans un décret du 15 mai 1861, pour les voyages aux côtes occidentales d'Afrique. Hors ces deux hypothèses, la plus entière liberté est laissée aux transactions des armateurs et des matelots. Dans sa circulaire du 20 novembre 1865, M. le ministre de la marine avait soin de rappeler qu'il n'existait sur ce point aucune prescription réglementaire ; que si aucune convention n'est intervenue, le décret du 24 mars 1852 (art. 76) attribue aux marins du commerce une ration équivalente à celle que reçoivent les marins de la flotte. Toutefois, la circulaire de 1865 fait remarquer qu'il y aurait lieu de tenir compte des circonstances spéciales où se serait trouvé le navire : « Il appartient, dit-elle, aux tribunaux maritimes commerciaux d'apprécier d'une manière souveraine, d'après la base donnée, toutes les questions de vivres que peuvent soulever les réclamations d'un équipage. Bien que quelques objets, tels que le vin, par exemple, fassent partie de la ration à bord des bâtiments de l'Etat, ces tribunaux seraient fondés à tenir compte, soit des usages du pays, soit des nécessités de la navigation qui justifieraient le remplacement de ces denrées par tout ce qui pourrait légitimement être considéré comme équivalent dans les circonstances où s'est trouvé le navire. » L'inobservation des conventions passées entre l'équipage et l'armateur ne donnerait pas seulement lieu à une responsabilité civile. L'art. 76 du décret de 1852, après avoir fixé les dommages-intérêts dus aux matelots à la somme de 0,50 par jour, ajoute que le capitaine pourra être puni d'une amende de 50 à 500 francs. Il n'y a d'exception que pour le cas de force majeure ; la loi exige que ce cas soit constaté par procès-verbaux signés du capitaine et des principaux de l'équipage, et ajoute que même alors, il est dû à chaque homme une indemnité représentative du retranchement auquel il a été soumis. Remarquons que le *quantum* des dommages-intérêts n'est plus déterminé à l'avance, et qu'à ce point de vue nous rentrons sous l'empire du droit commun. — L'Ord. de 1681 interdit formellement au capitaine de vendre les vivres de son bâtiment, « à peine de punition corporelle, » disait l'art. 32, liv. II, tit. I. Ce fait tomberait aujourd'hui sous l'application de l'art. 74 du décret de 1852, et entraînerait pour le capitaine une peine de 15 jours à 3 mois de prison. L'art. 33 de l'ordonnance déclarait seulement que cette disposition ne s'appliquerait pas au capitaine qui, en pleine mer, céderait des vivres aux bâtiments qu'il rencontrerait dans un état de disette absolue. C'est ce que reproduit l'art. 179 du règlement de 1866 : le capitaine ne peut agir ainsi que sur avis conforme de l'équipage, et que s'il lui reste assez de vivres pour continuer son propre voyage. L'art. 75 du décret de 1852 punit également d'un emprisonnement de quinze jours à trois mois tout capitaine, maître, patron ou officier qui aura volontairement altéré les vivres, boissons et autres objets de consommation destinés aux passagers et à l'équipage ; lorsqu'il n'y a pas eu mélange de substances malfaisantes, une amende de 16 à 300 francs pourra en outre être prononcée. D'après l'art. 92, la destruction ou le jet à la mer dans une intention criminelle de tout ou partie des vivres embarqués entraînerait la peine des travaux forcés à temps. Enfin, l'article 94 punit de la réclusion toutes personnes embarquées à quelque titre que ce soit, qui altèrent volontairement les vivres, boissons et autres objets de consommation par le mélange de substances malfaisantes.

40. Nous avons déjà vu que le décret du 17 septembre 1864 imposait à tout bâtiment armé au long cours, ayant plus de 30 hommes d'équipage, d'embarquer à bord un chirurgien, sauf exception pour les bâtiments destinés à la pêche de la baleine, de la morue et du cachalot. L'ordon-

nance du 4 août 1819, qui régit encore l'organisation du service médical à bord des navires de commerce, veut, dans son art. 9, que tout bâtiment sur lequel se trouve embarqué un chirurgien soit pourvu d'un coffre de médicaments. La composition de ce coffre est réglée par des instructions spéciales émanées du ministère de la marine. En outre, chaque chirurgien de navire doit, indépendamment de sa trousse, avoir avec lui une caisse d'instruments : le tout lui sera naturellement fourni aux frais de l'armateur. Pour assurer la stricte exécution de ces mesnres, l'ordonnance de 1819 décide que la commission, chargée de vérifier les titres du chirurgien, vérifiera également la composition du coffre de médicaments et de la caisse d'instruments ; elle peut apporter aux prescriptions réglementaires toutes les modifications qu'exigent la force de l'équipage et la nature du voyage entrepris. L'art. 10 règle les détails de cette inspection : le coffre de médicaments et la caisse d'instruments doivent être déposés trois jours au moins avant le départ du navire au bureau du commissaire de l'inscription maritime ; ils sont visités par les examinateurs en présence du capitaine et du chirurgien du navire. Le pharmacien qui participe à la visite du coffre ne peut être celui qui aura fourni les médicaments ; et dans le cas où il n'y aurait point dans le port d'autre pharmacien, la visite sera faite par le médecin et le chirurgien examinateurs seulement. La vacation due à la commission pour cet examen est fixée, par l'art. 11, à la somme de 15 fr. — Le procès-verbal est remis au commissaire de l'inscription maritime et demeure annexé à la minute du rôle d'équipage. Le coffre et la caisse sont scellés par le commissaire et restent déposés dans son bureau jusqu'à ce qu'ils soient transportés à bord ; les clefs demeurent entre les mains du capitaine jusqu'au départ du navire. Le chirurgien n'est responsable qu'à partir du moment où le capitaine a levé les scellés et lui a remis le coffre en mains propres (art. 12). L'art. 14 oblige le chirurgien à tenir un journal constatant l'usage qu'il a pu faire des médicaments qu'il a employés ; cette pièce sera plus tard remise au commissaire de l'inscription maritime et examinée par la commission dont nous avons déjà parlé. Quant aux bâtiments armés au long cours, à bord desquels ne doit pas se trouver de chirurgien, l'ord. de 1819 exige l'embarquement d'un coffre de médicaments lorsque l'équipage est de huit hommes y compris les mousses. La commission d'examen détermine alors sa composition d'après la force de l'équipage et la durée présumée de la navigation. Ce coffre ne doit être délivré au capitaine qu'avant son départ, et la commission lui remettra en même temps une instruction sur l'usage à faire des remèdes qu'il contient (art. 13). Des précautions spéciales sont en outre prescrites pour les navires allant à la côte occidentale d'Afrique : leurs capitaines doivent être pourvus du guide hygiénique médical spécial pour la navigation dans ces parages : on peut consulter sur ce point les circulaires ministérielles des 11 février et 16 octobre 1851.

41. En principe, aucun bâtiment du commerce ne doit avoir à bord d'armes ou de munitions de guerre ; l'art. 60 du décret du 24 mars 1852 punit l'embarquement clandestin par les gens de l'équipage d'armes à feu, d'armes blanches et de poudre à tirer ; ces objets seront saisis par le capitaine qui peut soit les détruire, soit les séquestrer dans sa chambre pour être, dans ce dernier cas, confisqués au profit de la caisse des Invalides de la marine à l'expiration du voyage. Une ordonnance du 12 juillet 1847 a prévu le cas où, à raison de circonstances spéciales, il serait dérogé à cette prohibition. L'art. 10 est ainsi conçu : « Aucune arme de guerre ne pourra être embarquée sur les navires de commerce qu'en vertu d'une autorisation du chef du service de la marine du port d'armement, laquelle déterminera aussi,

en raison de la nature et de la durée présumée du voyage, les quantités de munitions qui pourront être embarquées. » Art. 11 : « Le chef du service de la marine veillera à ce qu'il ne soit embarqué sur chaque navire que le nombre d'armes de guerre que comporteront sa force et celle de l'équipage et à ce que les pièces soient réellement mises en batterie. » D'après l'art. 8, pour que les armes de guerre puissent être extraites du magasin ou dépôt qui leur est affecté, il est nécessaire de produire une autorisation du chef du service de la marine, à qui le fabricant ou son représentant doit préalablement déclarer les noms des armateurs auxquels lesdites armes sont destinées. Une expédition de cette autorisation sera immédiatement transmise par le chef du service de la marine au receveur des douanes du port d'armement. Les cartouches et munitions proprement dites ne devront être retirées du dépôt qu'au départ même du navire (art. 9). — L'art. 12 impose aux armateurs l'obligation de souscrire entre les mains du receveur des douanes du port d'embarquement l'engagement cautionné de rapporter et de représenter les armes et munitions de guerre qu'ils auront été autorisés à embarquer, sauf par eux à justifier au moyen de procès-verbaux signés par les officiers et au moins par trois des principaux marins du bord, de la perte de tout ou partie des armes ou de l'emploi de tout ou partie des munitions embarquées. L'accomplissement de cette dernière obligation sera constaté au moyen d'une vérification faite par les soins des agents de la marine concurremment avec ceux des douanes au retour du navire ; à cet effet, le rôle d'équipage devra toujours mentionner exactement le nombre, l'espèce, le calibre et la valeur des armes, ainsi que la quantité, l'espèce et la valeur des munitions qui auront été embarquées à l'armement. En dernier lieu, lors du désarmement du navire, les armes et munitions de guerre existant à bord rentreront au dépôt de la marine ; toutefois, l'art. 13 permet au chef de

service d'autoriser l'armateur à conserver l'artillerie à bord
du bâtiment. Les infractions à ces dispositions de l'art. 12
seront poursuivies conformément aux lois sur l'exportation
des armes et munitions de guerre et ce à la diligence de l'administration des douanes : les autres infractions conformément à la loi du 24 mai 1834.

42. 6° Le décret du 25 octobre 1862, dont les termes sont
reproduits presque textuellement par le règlement de 1866,
expose en détail les mesures que les bâtiments de mer sont
tenus d'observer en vue d'éviter les abordages. Les art. 2 à
10 déterminent les feux réglementaires qu'ils porteront entre le coucher et le lever du soleil. L'art. 10 indique en outre les signaux à faire en temps de brume. Les règles relatives à la route que suivront les navires sont précisées dans
les art. 11 à 18. L'art. 19 ajoute seulement qu'en s'y con-
formant, les capitaines doivent dans chaque cas tenir compte
des dangers de la navigation et avoir égard aux circonstances particulières qui pourraient commander une dérogation
afin de parer à un péril immédiat. Le rapport sur lequel a
été rendu ce décret explique quelle en est la véritable portée.
Après avoir rappelé que l'ancien règlement du 28 mai 1858
sur les feux et signaux des bâtiments avait été adopté par
la plupart de puissances maritimes, M. le ministre se plaignait de l'insuffisance de ses dispositions : cette insuffisance,
disait-il, était démontrée par les nombreux abordages qui
avaient eu lieu depuis cette époque, et que le développement
de la navigation maritime paraissait avoir augmenté dans
une grande preportion. Déjà de nouveaux projets avaient
été élaborés à plusieurs reprises ; en 1852, notamment, une
commission avait été nommée parmi les commandants des
bâtiments de l'escadre d'évolution. D'autre part, le conseil
d'amirauté s'opposait à toute réforme estimant qu'une règle
destinée à prévenir les abordages devait en quelque sorte
être adoptée par toutes les nations : il émettait l'avis qu'a-

vant de rien changer à nos usages il était indispensable de s'entendre avec les principales puissances maritimes. Le ministère des affaires étrangères avait d'abord été chargé de négocier ce point et l'on se proposait de provoquer la réunion d'une conférence internationale chargée de dicter les règles qui devraient être définitivement observées. Le projet qu'elle avait présenté fut avant tout communiqué au gouvernement Britannique et accepté sauf quelques modifications consenties de part et d'autre. En présence de ce résultat, on renonça aux lenteurs de la conférence projetée, et on résolut de promulguer de suite le nouvel acte de navigation. On se contenta donc de faire remettre aux puissances maritimes, simultanément et par l'intermédiaire des agents diplomatiques de France et d'Angleterre accrédités près d'elles, une note identique pour leur faire connaître le texte de ce règlement et leur demander leur adhésion. En attendant, d'après le texte même du décret, ce règlement a dû être observé par tous les bâtiments français dès le 1er mars 1863, époque à laquelle il entrait également en vigueur dans la marine britannique.

43. En principe, tout bâtiment est tenu de porter les feux réglementaires fixés par le décret de 1862. Il n'y a d'exception que pour les bateaux-pilotes à voiles et pour les bateaux non pontés; les art. 8 et 9 leur imposent un système de signaux beaucoup moins compliqué, mais qui suffit néanmoins à faire connaître leur route et leur direction. Le fait d'avoir contrevenu aux prescriptions du décret n'est ni prévu ni réprimé par une disposition pénale quelconque; seulement une circulaire du 30 octobre 1857 porte que le capitaine qui néglige l'éclairage de son bâtiment s'expose au retrait de son brevet. Au point de vue civil il est bien évident que cette faute du capitaine entraînerait, au premier chef, sa responsabilité pour tous les accidents qui résulteraient de l'absence de feux. L'art. 20 du décret

débute ainsi : « Rien, dans les règles ci-dessus, ne saurait affranchir un navire quel qu'il soit, ses armateurs, son capitaine ou son équipage, des conséquences d'une omission de porter des feux ou signaux. » De nombreuses décisions judiciaires en ont conclu que le navire, non porteur de ses feux réglementaires, est seul responsable des conséquences de l'abordage. (Trib. Comm. du Hâvre, 2 février 1857. J; du Hâvre, 57, 1, 299 ; Trib. Comm. Nantes, 15 avril 1863 ; J. de Nantes, 63, 1, 115 ; Trib. Comm. Marseille, 7 avril 1865; J. du Hâvre, 65, 2, 174.) Peu importerait, du reste, que le capitaine, en diminuant le nombre de ses feux, n'eût fait qu'obéir à des usages locaux. Ces usages ne sauraient remplacer les dispositions formelles du décret de 1862. (Trib. Comm. Nantes, 13 octobre 1860 ; J. de Nantes, 60, 1, 336.) Il peut arriver que l'abordage ait eu lieu avec un bâtiment d'une nation n'ayant point adhéré au décret de 1862, et chez laquelle aucun réglement ne prescrit le port de feux ou de signaux quelconques ; cette dernière circonstance suffit-elle pour détruire la présomption de responsabilité du capitaine, qui n'a fait, après tout, que se conformer aux réglements de son pays ? La jurisprudence se refuse à l'admettre. « L'événement qu'il s'agit d'apprécier, dit un arrêt, a eu lieu en pleine mer, c'est-à-dire dans un lieu insusceptible, par sa nature, d'être placé dans la propriété ou dans la souveraineté exclusive d'un Etat, et dont l'usage commun à toutes les nations n'appartient exclusivement à aucunes d'elles. Cet événement a eu lieu entre navires ne portant pas le même pavillon ; dès lors, ce n'est point aux règles de police, édictées dans les réglements particuliers d'un Etat, qu'il y a lieu de recourir pour apprécier, au point de vue juridique, si l'un des capitaines a fait faute. Si le principe de la liberté des mers est incontestable, l'application de ce principe conduit à cette règle, que les capitaines, dont les navires sillonnent les mers, doivent prendre toutes les précautions nécessaires pour ne point gêner l'usage public et libre de ces mers, ne point entraver la navigation et ne pas nuire aux navigateurs ; la plus indispensable de ces précautions, lorsqu'on navigue la nuit par un temps brumeux, est de signaler sa marche ; peu importe, à défaut de réglements nationaux ou d'insuffisance de ces réglements, les moyens que l'on emploiera à cet effet; mais il faut que la présence et la marche d'un navire soient suffisamment signalées. Cette règle est d'autant plus respectable que, se rattachant à un principe admis par toutes les nations, elle est la sauvegarde du commerce maritime. Par suite de son oubli, les sinistres se multiplient, et il est d'un intérêt d'humanité et d'un intérêt international, autant que d'un intérêt purement privé, que les tribunaux des divers Etats ramènent à son observation ceux qui s'en écartent. » (Aix, 23 décembre 1857, J. du Pal., 1858-155.) D'un autre côté, le capitaine, qui n'avait pas à son bord les feux réglementaires, pourra se défendre utilement, en alléguant qu'il y a eu également faute de son adversaire ; que même, dans le cas qui nous occupe, ce dernier pouvait, avec plus de surveillance, éviter l'abordage ; c'est ce que reconnaît formellement l'art. 20 *in fine* du décret de 1852. Ainsi, pour ne citer qu'un exemple, s'il était constaté, en fait, que le temps était clair, que le navire abordé avait parfaitement pu se rendre compte de la présence et de la route de l'autre navire, que l'accident est dû uniquement à une fausse manœuvre du navire abordé, le défaut de feux réglementaires n'entraînerait pour le capitaine aucune responsabilité. (Trib. Comm. Marseille, 25 février 1859. J. de Marseille, 50,1, 133.) Le plus souvent on jugera qu'il y a eu faute commune de la part des deux capitaines ; les conséquences de l'abordage seront supportées par chacun d'eux, proportionnellement à la gravité des fautes qu'il a commises ; nous ne nous trouvons pas en effet dans le cas d'abordage dou-

teux, prévu par l'art. 407, § 3, C. Co. « Attendu que
l'art. 407-4, § 4 C. Co. statue pour le cas où il y a doute
dans les causes de l'abordage, mais que loin qu'il en soit
ainsi dans l'espèce, l'arrêt établit avec précision les causes
qui ont provoqué l'abordage des deux navires et déterminé
la mesure d'imputabilité et la part de responsabilité qui incombe à chacun des deux capitaines. » (Req. Rej. 11 mai
1865; Rouen, 3 mai 1864; J. de Marseille, 64, 2, 67.)

Le ministère de la Marine ne s'est pas préoccupé seulement
des signaux qui pouvaient renseigner les bâtiments sur leur
position et leur route respective; il a depuis longtemps étudié
les moyens qui pourraient leur permettre de correspondre
soit entre eux, soit avec des postes spéciaux établis sur le
littoral. Dès le commencement du siècle, de nombreux
codes de signaux avaient paru en France et en Angleterre;
en 1817 et 1820, ceux de Tynn et de Squirre; en 1834,
celui du capitaine Marryat; en 1836, celui de Philipp. Plus
tard une circulaire ministérielle du 25 juin 1855 imposait à
tous les bâtiments français d'avoir à bord le code Reynold,
devenu ainsi le code officiel de notre marine nationale. En
même temps, de nombreux sémaphores, reliés par des fils
spéciaux aux lignes télégraphiques de l'intérieur, s'élevaient
sur les parties les plus fréquentées de nos côtes; un décret
du 17 mai 1852 voulait que les capitaines fussent à même
de comprendre leurs signaux et d'y répondre le cas
échéant. Les art. 43-45 de l'instruction de 1861 avaient
déterminé à nouveau les signaux spéciaux des sémaphores
et les signaux à faire aux sémaphores par les bâtiments en
détresse. Enfin un décret du 17 mai 1862, comprenant
cinquante-six articles, réglait, jusque dans ses moindres
détails, le service électro-sémaphorique. Tout y était prévu,
depuis les examens et conditions à exiger des simples
guetteurs jusqu'à l'organisation d'un service d'inspection
permanente. Un progrès décisif a été réalisé par le décret

du 25 juin 1864 : désormais les communications seront possibles, non-seulement entre navires français, mais encore entre navires de diverses nations. L'initiative de cette mesure appartient à l'amirauté anglaise ; en 1855, le Board of Trade désignait un comité, composé de sommités commerciales et d'officiers de la marine royale, chargés d'examiner la question ; en 1856, ce comité où figuraient des noms considérables dans la science, ceux des amiraux Beechey et Fitz-Roy, formulait un code de signaux universel, édité depuis, à la suite d'un examen de treize livres de signaux appartenant à diverses nations et par les soins de M. Larkins, secrétaire du comité. C'est ce Code qu'une commission internationale a adopté, sauf quelques modifications nécessaires pour que les navires pussent communiquer à grande distance, et se mettre en rapport avec les sémaphores. D'après le rapport ministériel, « au moyen de
« dix-huit pavillons combinés deux à deux, trois à trois et
« quatre à quatre, on obtient soixante-dix-huit mille com-
« binaisons, nombre plus que suffisant pour exprimer
« toutes les communications nécessaires à la mer, et pour
« signaler le nom des bâtiments de guerre et de commerce
« des diverses nations ; enfin, pour les signaux de grande
« distance, un nombre également suffisant de combinaisons
« est obtenu par l'emploi de trois boules et de deux pavil-
« lons. Ainsi tous les navires, munis du matériel néces-
« saire, et dont le prix est fort modique, pourront, lorsque
« le Code des signaux et la liste des navires des divers
« pays auront été traduits, communiquer entre eux sur
« toutes les mers du globe. » L'art. 1er du décret de 1864 veut que le Code nouveau soit désormais seul employé par les bâtiments français pour les signaux à faire, soit entre eux, soit avec les postes sémaphoriques ; le code Reynold avait déjà cessé d'être obligatoire depuis l'arrêté ministériel du 30 avril 1863. L'art. 2 porte, en conséquence, que tout

bâtiment de la marine impériale et tout sémaphore des côtes de France devront être munis du dictionnaire des pavillons et autres objets nécessaires pour l'échange des communications avec les navires de commerce français et étrangers. Toutefois, aux termes de l'art. 3, les bâtiments de la marine impériale pourront, comme par le passé, communiquer entre eux au moyen d'un répertoire spécial de signaux. Le décret annonçait en outre : 1° que les détails de la transmission télégraphique des dépêches commerciales reçues des bâtiments ou transmises par les sémaphores, seraient réglés ultérieurement ; on peut consulter sur ce point le décret du 23 octobre 1866, fixant la taxe des dépêches télégraphiques privées, échangées entre les navires et les postes électro-sémaphoriques du littoral ; 2° que des exemplaires du Code commercial des signaux et de la carte des sémaphores français seraient envoyés aux Chambres de commerce des ports, ainsi que les modèles de la série des pavillons et des boules noires employées pour les signaux à grande distance. Cet envoi a été réalisé par la circulaire du .31 mars 1866, portant que le décret serait exécutoire à partir du 1er mai 1866. Elle annonçait que le ministère de la Marine s'était imposé tous les sacrifices nécessaires pour que l'édition du Code pût être achetée à un prix peu élevé par les armateurs et les capitaines. Elle ajoutait que la liste des bâtiments français, au-dessous de 50 tonneaux, avec leurs signaux distinctifs, était déjà publiée, et que le Board of Trade avait fait paraître une semblable liste pour les navires anglais. Suivaient quelques détails relatifs aux sémaphores ; les installations, nécessitées par les changements introduits, étaient déjà terminées sur les côtes de la Manche et allaient être incessamment achevées sur celles de l'Océan.

D

45. La police et la surveillance des bâtiments du commerce appartiennent en première ligne aux officiers de la marine impériale. D'après l'art. 106 du décret du 15 août 1851, le commandant en chef, soit d'une escadre, soit d'un navire isolé, a droit de visite sur tout navire de commerce ou bâtiment de pêche français. Dans les rades étrangères, les capitaines du commerce doivent le prévenir de leur arrivée ou de leur départ et lui communiquer les avis qui peuvent intéresser le service. Il punit d'un à huit jours d'arrêts à leur bord, les capitaines de commerce qui se refuseraient à remplir ces devoirs ; toutefois, si les intérêts qui sont confiés à ces capitaines ne permettent pas l'application immédiate de cette punition, elle ne leur sera infligée qu'à l'époque de leur retour en France ; dans ce cas, la condamnation sera inscrite sur le rôle d'équipage. Le commandant rend compte de la conduite des capitaines au ministre de la marine, qui prononce les peines plus graves qu'ils auraient pu encourir. Il prend connaissance, en ce qui lui appartient, des plaintes portées par les capitaines ou par leurs équipages, et il fait rendre justice à qui de droit, sans préjudice de la juridiction des agents du ministère des affaires étrangères. Il fait rechercher et arrêter les déserteurs des bâtiments de l'Etat qui se trouvent sur les navires de commerce français ; il peut également y faire rechercher et arrêter tout autre marin dont l'embarquement n'aurait pas été autorisé légalement. Si parmi les hommes de l'équipage il s'en trouve qui sont prévenus de crimes, il les fait détenir à son bord jusqu'à ce qu'il puisse les débarquer dans un port français, ou les traduire devant les autorités compétentes. Enfin, il nous suffira d'indiquer d'autres dispositions d'un intérêt secondaire et

relatives : 1° à la fourniture d'armes et munitions par les bâtiments de la marine impériale aux bâtiments du commerce (art. 106); 2° au droit des commandants de requérir en cas de nécessité absolue les remorqueurs et autres bâtiments du commerce et de pouvoir mettre l'embargo sur tout navire français (art. 108 et 117) ; 3° à l'interdiction de communiquer avec la terre ou avec les autres bâtiments mouillés sur la rade, qui peut être prononcée par les commandants des navires de guerre (art. 112); 4° à la protection des bâtiments escortés et naviguant en convoi (art. 132, 142), etc., etc.

46. Vis-à-vis des bâtiments du commerce, les consuls établis dans les ports étrangers jouent un double rôle : 1° Au cas d'absence d'un bâtiment de guerre, ils exercent la police sur les bâtiments, en tout ce qui pourra se concilier avec les droits de l'autorité locale et en se dirigeant soit d'après les traités, conventions et usages, soit d'après le principe de la réciprocité. C'est ce qui résulte de l'art. 19 de l'ordonnance réglementaire du 29 octobre 1833. Ainsi, ils interviendront dans les difficultés pendantes entre le capitaine d'une part et les matelots ou passagers de l'autre (art. 20-1°); de même aux termes de l'art. 24, ils tiendront la main à la stricte exécution de l'art. 270 C. Co., interdisant au capitaine de congédier les marins en pays étranger, excepté toutefois certains cas spéciaux où ils sont autorisés à déroger au droit commun, sous condition de rendre compte de leur conduite au ministre de la marine. Les art. 38 à 40 s'occupent spécialement du cas où un matelot serait venu à décéder en cours de route, et les chargent de prendre les mesures convenables pour qu'il soit fait dépôt en chancellerie des objets appartenant au décédé et qui devront être réclamés par la famille dans le délai d'un an. — Les consuls reçoivent les plaintes que les passagers auraient à faire contre les capitaines et équipages

et les font parvenir au ministre de la marine. L'art. 21 leur donne également le droit de signaler au ministre les capitaines qui par inconduite, imprévoyance ou ignorance, auraient notoirement compromis la sûreté de leurs équipages. Mais leurs attributions les plus importantes sont relatives à la constatation des délits commis par les matelots et autres gens de l'équipage. Ainsi, fait de désertion : art. 25 : « Lorsqu'un homme de l'équipage désertera, le capitaine devra remettre au consul une dénonciation indiquant les noms, prénoms et signalement du déserteur ; cette dénonciation sera certifiée par trois des principaux de l'équipage. » Sur le vu de cette dénonciation, le consul doit réclamer auprès des autorités locales l'arrestation et la remise des déserteurs, et s'ils ne lui sont pas remis avant le départ du navire, il donnera au capitaine tous les certificats nécessaires et signalera les coupables à l'administration de la marine du port d'armement. Que si le consul éprouvait des refus ou des difficultés de la part des autorités locales, il ferait les représentations ou protestations convenables et il en rendrait compte aux ministres des affaires étrangères et de la marine (art. 26). Les art. 22 à 23 règlent les rapports du consul et des autorités locales à l'occasion des crimes ou délits commis par des hommes appartenant à un équipage français. Lorsque les crimes ou délits ont été commis à bord d'un navire français, en rade ou dans le port, par un homme de l'équipage envers un homme du même équipage ou d'un autre navire français, il doit s'opposer à toute tentative que pourrait faire l'autorité locale d'en connaître, hors le cas où, par cet événement, la tranquillité du port aurait été compromise ; il fait également les démarches nécessaires pour que la connaissance de l'affaire lui soit remise et que le délinquant soit ultérieuremeut jugé d'après les lois françaises. Lorsque les hommes d'un équipage français se seront rendus coupables de quelques voies de fait, délits ou crimes hors du navire ou même à bord, mais envers des personnes étrangères à l'équipage, si l'autorité locale les arrête ou procède contre eux, il fera toutes les démarches nécessaires pour que ces Français ainsi arrêtés soient traités avec humanité, défendus et jugés impartialement. L'art. 27 suppose qu'un gouvernement étranger a retenu ou sequestré un bâtiment français : le consul agira énergiquement pour obtenir la relaxation de ce bâtiment ; il informera du fait l'ambassadeur ou chef de mission accrédité près du souverain territorial et en rendra compte aux ministres de la marine et des affaires étrangères. Dans le même ordre d'idées, le consul doit protection efficace aux bâtiments français naufragés ; le titre cinquième de l'ordonnance de 1833, comprenant les art. 55 à 78, indique minutieusement la conduite qu'il doit tenir en pareille circonstance et lui prescrit les diverses mesures à prendre dans l'intérêt soit de l'équipage, soit des armateurs du bâtiment.

47. 2° En leur qualité d'agents commerciaux, les consuls se trouvent chargés de surveiller toutes les opérations des bâtiments dans le port où ils résident. Ils sont obligés de tenir registre exact des mouvements d'entrée et de sortie des navires français qui y abordent et d'adresser tous les trois mois le relevé de ce registre au ministre de la marine (Ord. du 29 octobre 1833, art. 7). L'art. 8 leur enjoint de prendre les mesures nécessaires pour être instruits promptement de l'arrivée des navires français dans les ports et rades de leur arrondissement ; d'après l'art. 9, si quelque maladie contagieuse ou épidémique règne dans le pays, ils auront soin d'en faire avertir le capitaine. De son côté, le capitaine est tenu par les lois commerciales, d'adresser au consul un rapport détaillé sur le voyage qu'il vient d'accomplir ; les art. 10 et 11 de l'ordonnance ont sur ce point notablement ajouté aux prescriptions de l'art. 242 C. Co ; ce rapport, après avoir été affirmé par le capitaine, sera signé

de lui, du chancelier et du consul. Au cas de simple relâche, le capitaine ne remet au consul qu'une déclaration lui faisant connaître les causes de sa relâche ; il lui remet en outre
son rôle d'équipage lorsque la durée de cette relâche doit
excéder vingt-quatre heures. Puis nous rencontrons des dispositions prévoyant des circonstances tout à fait exceptionnelles. — Art. 13 : lorsque dans le port il n'existe pas d'autorité sanitaire, le capitaine doit remettre sa patente de santé
au consul chargé de faire sur ce point une sorte d'enquête.
— Art. 16 : Remise par le capitaine au consul des actes de
l'état civil, dressés à bord pendant la traversée. — Art. 17 :
Remise des rapports dressés par le capitaine en cas de capture par un navire de guerre ou de pillage par un pirate, etc.
Les art. 43 à 45 indiquent les formalités qui doivent être
remplies par devant le consul avant le départ du navire.
L'art. 42 suppose qu'il y a lieu de pourvoir au remplacement du capitaine pour cause de maladie ou autre, et décide
que le consul statuera sur requête à lui présentée par le
consignataire ou par l'équipage et après avoir pris tous les
renseignements qu'il jugera convenable : l'ordonnance veut
que le capitaine remplaçant soit pris, autant que possible,
parmi les gens de mer ayant la capacité requise pour commander soit au long cours, soit au cabotage. Il peut encore
être nécessaire d'engager des matelots, afin de compléter
l'équipage. — Art. 40, 41 : les engagements seront inscrits
sur le rôle d'équipage par le consul qui, du reste, doit laisser aux parties toute liberté, quant à leurs conventions
réciproques. Les marins atteints de maladie ne pourront être
débarqués qu'avec l'autorisation consulaire (art. 50). Le
consul peut, en outre, imposer au capitaine de recevoir à
son bord soit les marins à rapatrier, soit les dépêches adressées aux ambassadeurs, consuls et autres agents diplomatiques (art. 51-54). La remise des papiers du navire ne doit
avoir lieu qu'après l'accomplissement de toutes ces prescrip-

tions réglementaires. — L'ordonnance veut, en outre, 1° que le navire ait été visité (art. 43) ; 2° que le capitaine ait remis à la chancellerie du consulat un état exact des marchandises composant la cargaison exacte de son navire (art. 44) ; 3° que le capitaine ait pris un certificat du consul, constatant l'époque de son arrivée et celle de son départ, ainsi que la nature et l'état de son chargement (art. 45).

§ III

Des droits de navigation et des priviléges du pavillon français.

48. La législation qui, jusqu'à ces dernières années, a régi les droits de notre pavillon national, datait en grande partie de la seconde moitié du xviie siècle. Dès 1664, date de son entrée au conseil, Colbert, préoccupé de l'infériorité relative de notre marine marchande, remettait en vigueur d'anciens réglements qui frappaient d'un droit de péage les bâtiments étrangers abordant sur les côtes de France ; partisan convaincu du système protecteur, il voulait avant tout assurer à la marine française le privilége exclusif du commerce dans les ports de France. En même temps que les taxes douanières encourageaient à l'intérieur nos manufactures naissantes, d'autres taxes, habilement combinées, devaient assurer à nos armateurs une égale prospérité ; Colbert avait conservé le droit de 50 sous par tonneau sur tous les navires hollandais ; en 1669, il établissait les surtaxes d'entrepôt qui devaient faire obstacle aux courtes navigations et pousser les armateurs aux voyages de long cours. D'un autre côté, le commerce des colonies était absolument interdit au pavillon étranger. La colonie qui ne pouvait vendre ses produits qu'à la métropole, acheter des objets

manufacturiers que ceux venant de la métropole, ne devait, pour l'enlèvement de ses produits, avoir recours qu'aux navires de la métropole. Les résultats de ce système n'avaient pas tardé à se faire sentir : en 1664, nous avions à peine dans nos ports 200 bâtiments en état de tenir la mer ; en 1669 nous n'en comptions guères que 600 ; en 1683, le pavillon français couvrait toutes les mers. — L'œuvre de Colbert devait traverser sans modification le xviiie siècle et la première moitié du xixe. La Convention avait même exagéré la rigueur des institutions qui lui venaient de l'ancien régime : les décrets de 1793 et de l'an II poussaient jusqu'à l'abus les réserves en faveur de notre pavillon national ; plus tard, en 1816, les bâtiments étrangers étaient assujettis aux surtaxes de pavillon, en 1841 au droit de tonnage. Ce n'est qu'en 1860, au lendemain des traités de commerce si violemment attaqués aujourd'hui, que le gouvernement se décida à entrer dans une autre voie ; le régime du libre échange devait être appliqué à la marine comme à l'industrie. En 1860, les surtaxes de pavillon sont notablement réduites : en 1861, le commerce colonial devient accessible aux étrangers ; enfin, la loi du 10 mai 1866 veut que, dans les ports de France, le pavillon étranger soit traité sur le même pied que le pavillon national. Quels ont été les fruits de cette législation nouvelle ? Il nous est permis d'en juger par les discussions qui, récemment, occupaient deux séances du Corps législatif. Les traités de 1860 ont compromis l'avenir de nos industries manufacturières ; la loi de 1866 réserve à nos armateurs des épreuves tout aussi cruelles. Les chiffres et les documents de la statistique officielle sont là pour démontrer que notre marine marchande, abandonnée à ses seules forces, ne peut lutter contre la concurrence étrangère ; que peut devenir l'industrie privée, alors que nos grandes entreprises de transports maritimes ne vivent que par les subventions que leur accorde le gouvernement ? La

Chambre de commerce de Nantes indiquait récemment les causes véritables d'un état de choses si désastreux ; soumise à la concurrence libre et absolue des marines étrangères, notre marine est restée gênée, entravée, surchargée de frais, de réglements vexatoires, dont ces marines sont généralement exemptes. En imposant à nos armateurs le principe de la liberté commerciale, la loi de 1866 eût dû, pour être logique, leur rendre la liberté d'action, dont les prive la législation actuelle. En 1860, notre marine marchande jaugeait 859,000 tonneaux ; en 1868, elle n'en comptait plus que 750,000 : diminution sur l'ensemble, plus de 150,000 tonneaux. Le développement de notre personnel maritime s'est arrêté tout à coup ; de 1848 à 1853 l'augmentation moyenne du nombre des gens de mer dépassait le chiffre annuel de 3,000 ; loin de persister dans cette voie d'accroissement, le nombre des marins inscrits tend à diminuer : 31,000 matelots ont disparu de l'inscription maritime depuis le traité de 1860 et la loi de 1866. Les navires qui nous arrivent tout armés de l'étranger pouvant aujourd'hui être admis à la francisation, le mal rejaillit sur les industries qui se rattachent à la construction des navires ; l'activité qui règne dans les chantiers de construction des ports d'Angleterre, d'Italie, de la Confédération de l'Allemagne du Nord, contraste d'une manière significative avec l'abandon de nos chantiers, et la Chambre de commerce de Marseille allait jusqu'à dire que dans deux ou trois ans notre marine marchande descendrait du troisième au cinquième rang. Grâce à l'initiative de M. Desseaux, la révision de cette loi de 1866 est aujourd'hui l'objet d'une enquête parlementaire ; qu'il nous soit permis d'espérer que le ministère de la marine saisira l'occasion de réformer les anciens réglements qui entravent l'activité de nos armateurs et ont paralysé les résultats que l'on eût pu attendre du régime nouveau.

Nous nous proposons de résumer les règlements antérieurs à 1860, et de les comparer avec les institutions actuelles.

A. Réserve de la navigation au petit cabotage en faveur du pavillon
français.
B. Réserve du commerce colonial en faveur du pavillon français.
C. Droits perçus dans nos ports sur les navires étrangers.

A

49. Le petit cabotage, c'est-à-dire la navigation d'un
port de France à un autre port de France, est exclusivement
réservé au pavillon français. Décret du 21 septembre 1793.
—Art. 4. « Les bâtiments étrangers ne pourront transporter d'un port français à un autre port français aucune denrée, productions ou marchandises des crû, produits ou manufactures, colonies ou possessions de France, sous les peines
portées par l'art. 3 » : En d'autres termes, confiscation de
la cargaison et amende de trois mille livres prononcée solidairement, contre les propriétaires, consignataires, agents
des bâtiments et cargaison, capitaine et lieutenant. La convention ne faisait qu'en emprunter à l'acte de navigation
promulgué en 1651 par Cromwell, une de ses dispositions
essentielles. Le rapport de Barère montrait quelle était
l'urgence d'une semblable mesure : alors que nos ports de la
Manche et de l'Océan ne correspondaient plus entre eux
qu'au moyen de caboteurs étrangers, la législation d'Outre-
mer interdissait à la marine française tout voyage d'un
port d'Angleterre à un autre port d'Angleterre. N'était-il
pas juste d'user de représailles vis à vis du pavillon anglais?
« Faire nous-même notre cabotage, s'écriait Barère, c'est
« concentrer parmi nous des bénéfices : c'est employer des
« voitures nationales, c'est forcer à la construction, c'est for-

« mer des matelots ; voilà le produit de l'acte de navigation.
« Rendre plus florissante la seule marine utile, celle qui
« mérite plus l'attention d'une république et qui fait la force
« réelle, la marine de cabotage, qui porte sans bruit la
« nourriture et la vie d'une côte à une autre, et qui, mo-
« deste comme la bienfaisance, n'expose pas la vie des
« hommes qu'elle emploie, et ne connaît d'autres ennemis
« que la rapacité financière que vous avez détruite. Favo-
« riser le cabotage, voilà le produit de l'acte de naviga-
« tion. » Le principe posé par le décret de 1793, n'a reçu
que de fort rares exceptions. Elles concernent 1° les bâtiments étrangers fretés pour le compte du gouvernement. (Décret du 27 vend. an II, art. 2). 2° les bâtiments
espagnols, lorsqu'il ne s'élève aucun doute sur leur nationalité. (Traité de 1768 et circulaire du 10 janv. 1827). 3° les
bâtiments liguriens qui veulent faire tonnage pour se rendre
des ports de Cette et d'Agde jusqu'à Toulouse par les canaux. (Décision ministérielle du 27 floréal an IV). — Le législateur de 1866 n'a pas osé proclamer la liberté absolue du
petit cabotage et revenir à l'état de choses qui existait avant
la révolution ; le droit exclusif du pavillon français a été
maintenu ; mais M. Thiers faisait remarquer à la Chambre
que cette concession aux idées protectionistes était en réalité illusoire : l'achèvement de nos grandes lignes de navigation intérieure et de nos réseaux de chemins de fer, a
supprimé la raison d'être du petit cabotage ; grâce à des
tarifs habilement combinés, les compagnies ont pu confisquer à leur profit les transports sur lesquels il devait
compter et cette industrie sur laquelle on avait fondé tant
d'espérances, est destinée à disparaître dans un avenir prochain. — Nous n'avons à signaler, dans la loi du 10 mai 1866,
que l'art. 9 in fine relatif à nos possessions d'Algérie et qui
maintient les dispositions de l'ordonnance du 28 fév. 1837;
le cabotage peut être fait même par bâtiments étrangers

d'un port à l'autre de l'Algérie ; on exige seulement que ces bâtiments étrangers soient munis d'une autorisation du gouverneur général ; cette réserve, porte l'exposé des motifs, n'a été établie que dans un intérêt politique et pour assurer dans toutes les éventualités la sécurité de la colonie. Le droit commun est maintenu dans ce qui touche nos pauvres possessions coloniales ; là, comme en France, le commerce d'un port à un autre ne peut avoir lieu que par le moyen de caboteurs français.

B

50. Dans le rapport présenté au Corps législatif le 19 juin 1861, M. Granier de Cassagnac analysait les quatre principes fondamentaux sur lesquels reposait le pacte colonial, c'est-à-dire l'ensemble des règlements régissant les rapports commerciaux de la colonie et de la métropole : 1° *Les produits des colonies ne peuvent être transportés que sur le marché métropolitain*. C'est ce qui résultait notamment de l'arrêt du Conseil du 24 juillet 1708 et de l'art. 26 de l'édit d'avril 1717. A peine pouvait-on citer quelques dérogations ; ainsi, d'après l'arrêt du Conseil du 30 août 1764 et l'ordonnance du 5 fév. 1826 (art. 12) les sirops et tafias pouvaient être exportés des Antilles à toute destination. De même à la Réunion l'Ord. du 18 octobre 1846 (art. 5.) autorisait l'exportation de tous produits autres que le sucre, le café et le coton. 2° *La navigation outre les colonies et la métropole ainsi que la navigation de colonie à colonie est réservée à la marine française*. Nous lisons dans des lettres patentes datées de 1727 : Art. 3, tit. I : Les étrangers ne pourront aborder avec leurs vaisseaux ou autres bâtiments dans les ports anses et rades des îles et colonies françaises, ni naviguer à une lieue autour desdites îles et colonies, à peine de confiscation de leurs bâtiments, ensemble du chargement et de

4,000 fr. d'amende payables solidairement par le capitaine et les gens de son équipage. » Toutefois, après la guerre de Sept Ans, une lettre du roi adressée le 16 déc. 1765 aux commandants et magistrats des Antilles, avait constaté qu'en raison de la cession faite à l'Angleterre de Tabago, de la Grenade, de Saint-Vincent et de la Dominique, les bâtiments anglais en destination de ces îles étaient souvent obligés de raser de très-près les côtes des colonies restées à la France ; elle déclarait, en conséquence, que ces bâtiments ne devaient point jusqu'à nouvel ordre être inquiétés quand même ils navigueraient à moins d'une lieue autour des îles françaises. Ce privilège accordé au pavillon anglais, a subsisté jusqu'à la promulgation de la loi de 1861, et l'on jugeait uniformément qu'aucun acte postérieur n'était venu y déroger. (Crim.-Cass. 16 avril 1828. Dev. C. N, 9, 1, 87).

3° *Le marché colonial est fermé aux produits étrangers et la production métropolitaine peut seule l'alimenter.* Ce principe était de tous celui qui avait subi le plus d'échecs avant les innovations de 1861. Ainsi les Antilles se trouvaient régies par la loi du 29 avril 1845, autorisant l'importation de certaines marchandises étrangères au nombre de 61, divisées en deux classes dont l'une comprenait les marchandises usuelles de grande consommation, ayant presque toutes leurs similaires dans les produits français ; l'autre les marchandises d'un moindre usage, n'ayant pas leurs similaires dans les produits français ; les premières frappées de droits sensiblement protecteurs, les secondes d'un simple droit de balance. Pour la Réunion, l'ordonnance du 18 octobre 1846 autorisait également l'introduction de 216 sortes de marchandises parmi lesquelles les produits de l'Inde admis pour la plupart en franchise. Nous citerons encore le décret du 31 janvier 1855, relative à l'introduction des vins étrangers dans les colonies ; le décret du 10 mars 1855 autorisant l'importation des viandes salées de toutes sortes ; le décret du 30 janvier 1856 et la loi du 18 avril 1857 accordant au commerce étranger des priviléges analogues pour l'importation des animaux propres à la reproduction, du tabac et de la vanille ; le décret du 16 août 1856 sur l'importation des mules et mulets aux Antilles ; les lois du 24 juillet 1860 autorisant aux Antilles et à la Réunion les importations de froment, maïs, légumes et riz ; enfin le décret du 29 septembre 1860 soumettant l'importation des machines étrangères propres à l'exploitation des sucreries, aux mêmes droits et aux mêmes conditions qu'en France. 4° *Les produits coloniaux ont un privilège ou traitement de faveur sur le marché métropolitain ; des droits protecteurs garantissent un débouché certain à la production des colonies.* Pour ne citer qu'un exemple, sur les cafés la protection était de 12 francs ; la vanille et le tafia étaient complètement exempts du droit sur le marché métropolitain, alors que les productions étrangères supportaient, la première un droit de 250 francs, la seconde un droit de 25 fr. par hectolitre.

51. La loi du 3 juillet 1861, rompant avec les anciennes traditions, émancipe définitivement nos colonies ; leurs ports, comme ceux de la métropole, sont désormais accessibles à tous les pavillons ; le marché colonial peut être exploité par tout commerçant quelle que soit sa nationalité. Depuis longtemps les colons s'étaient plaints de l'asservissement où les tenait la métropole et en avaient fait ressortir les conséquences désastreuses. L'obligation imposée aux colonies, d'apporter tous leurs produits en France, avait cet effet que la concurrence en abaissait le prix ; en sens inverse, l'obligation de tirer tous les objets de consommation de France, où la concurrence en exagérait les prix, était pour elles une cause de ruine ; enfin, l'obligation d'employer, soit pour l'importation, soit pour l'exportation, les bâtiments français, rendait le fret cher et irrégulier sur le marché colonial. La loi nouvelle, votée à la presque una-

nimité, après avis favorable des chambres de commerce, est
venue donner satisfaction à leurs réclamations incessantes.
Tout d'abord les articles 1 et 2 autorisent l'importation des
marchandises étrangères : Art. 1er : « Toutes les marchandises étrangères, dont l'importation est autorisée en France,
peuvent être importées dans les colonies de la Martinique, de
la Guadeloupe et de la Réunion. » Ces marchandises étrangères seront assujetties à leur importation aux colonies aux
mêmes droits de douane qui leur sont imposés à leur importation en France. L'art. 2 in fine ajoute seulement qu'un
décret rendu dans la forme des règlements d'administration publique, et qui sera soumis au Corps législatif dans la
session qui suivra sa promulgation, pourra convertir en
droits spécifiques les droits ad valorem, pour lesquels cette
conversion sera jugée nécessaire. L'exposé des motifs justifie cette disposition exceptionnelle par des nécessités de
pratique : le tarif de France contient des droits ad valorem,
dont l'application offre plus d'une difficulté, et pourrait prêter à la fraude, avec un service de douanes qui ne serait
pas suffisamment organisé. Depuis le traité de commerce,
le gouvernement ne s'en rapporte point, dans certains cas,
aux services locaux, et s'est réservé le droit de concentrer
ces vérifications à Paris. Or, les douanes coloniales, par
leur composition restreinte et leur éloignement des centres
de consommation, seraient évidemment peu habiles à faire
application des tarifs compliqués sur les tissus de coton et
la plupart des autres produits taxés ad valorem. Les objets
de manufacture étrangère pourraient donc, par des déclarations inexactes d'une vérification impossible, être importés aux colonies moyennant des droits tout différents par le
fait de ceux qui seraient perçus en France. L'art. 4 s'occupe des marchandises étrangères dont l'introduction était
auparavant autorisée dans les colonies, sauf paiement de
certains droits : « Les marchandises étrangères actuellement

admises aux colonies, continueront à être régies par les tarifs résultant des lois, ordonnances et décrets qui en ont autorisé l'importation dans tous les cas où les droits de douane,
ou les surtaxes de pavillon établies par les dispositions qui précèdent, seraient supérieurs à ceux qui ont été fixés par les
tarifs existants. » Enfin, nous citerons l'art. 5 relatif à une
hypothèse tout à fait spéciale : « Les produits étrangers dont
les similaires français sont soumis actuellement à un droit
de douane à leur entrée aux colonies, acquittent le même
droit, augmenté de celui fixé par le tarif de France. » Comme
commentaire de ce texte, nous ne pouvons mieux faire que de
nous référer à l'exemple donné par l'exposé des motifs et qui
en précise la portée : « Les eaux-de-vie françaises, les seules admissibles, sont assujetties, à la Réunion, à un droit de
douane de 50 fr. par hectolitre, qui a pour objet de protéger
une industrie locale importante. Les eaux-de-vie étrangères,
ne payant l'entrée en France que 25 fr. par hectolitre, il ar-
riverait que les eaux-de-vie françaises, par l'effet de l'article 2, qui applique aux colonies le tarif de France, seraient
soumises aux colonies à un droit double de celui que paieraient les eaux-de-vie étrangères. Pour conserver à la fois
à l'industrie locale et à l'industrie métropolitaine la protection jugée nécessaire pour chacune d'elles par les tarifs
existants, la logique exige que les deux droits soient annulés : tel est l'objet de l'art. 5, qui statue sur l'espèce par
une disposition générale, afin que tous cas particuliers de
même nature qui pourraient se présenter dans l'avenir
soient, sous ce rapport, réglementés d'avance. »

52. Les droits que la nouvelle loi confère aux pavillons
étrangers sont inscrits dans les art. 3, 6, 7, 8 et 9 : 1° Les
marchandises étrangères peuvent être importées aux colonies sous tous pavillons, mais ce principe, une fois admis,
ne convenait-il pas d'accorder à notre marine marchande
une protection efficace, et d'empêcher que le commerce de

nos colonies ne devînt exclusivement le privilége du pavillon étranger? On pouvait craindre notamment que nos colonies des Antilles n'allassent de préférence s'approvisionner aux États-Unis, et par le moyen de navires américains. L'art. 3 établit en conséquence une surtaxe de pavillon sur tous les bâtiments étrangers; et, chose remarquable, ces surtaxes ne sont point calculées, comme elles l'étaient dans la métropole, par chaque fraction de 100 kilogr. La loi crée une unité nouvelle, le tonneau d'affrétement; les droits varient suivant les colonies et la distance que les bâtiments étrangers ont eu à parcourir, entre 30 et 10 fr. par tonneau d'affrétement. Restait à savoir quelle devait être la composition normale du tonneau d'affrétement; en fait, cette composition variait, non-seulement de pays à pays, de port à port; de plus, elle était loin d'être la même pour les diverses espèces de marchandises. Au Havre, le tonneau d'affrétement équivalait, pour le coton, à 500 kilogr.; à Nantes, il comprenait jusqu'à 600 kilogr., tandis qu'à Bordeaux il n'était que de 400. Pour les sucres raffinés à Nantes et à Bordeaux, le tonneau était de 700 kilogr.; au Havre il n'était que de 600. L'art. 9 a voulu mettre fin à cette incertitude, en décidant que la composition du tonneau d'affrétement serait uniformément réglée par un règlement d'administration publique. Un décret du 25 août 1861 indique en conséquence, pour chaque marchandise, la composition du tonneau d'affrétement, et une note émanée du ministère de la marine est venue prévenir toutes les difficultés de détail qui auraient pu se présenter en pratique. 2° Les produits des colonies à destination de la France, et les produits de la France à destination des colonies peuvent être transportés par tous pavillons. Ici encore la loi veut protéger notre marine nationale; elle décide qu'au cas où les transports sont effectués sous pavillon étranger, il sera perçu une taxe de 30 francs par tonneau d'affrétement sur

les produits à destination ou en provenance de la Réunion,
de 20 francs sur les produits à destination ou en provenance de la Martinique et de la Guadeloupe. Puis, aux
termes de l'art. 9, les produits des colonies importés dans
la métropole par navire français, sont admis en franchise
de droits de douane, sauf certaines exceptions limitativement déterminées par la loi. 3° Les colonies peuvent ex-
porter sous tous pavillons leurs produits, soit pour l'étranger, soit pour toute autre colonie française, pourvu que
cette colonie se trouve située en dehors des limites assignées au cabotage. Cette disposition de l'art. 7 donna lieu
à une discussion assez vive au sein de la commission du
Corps législatif. Dans le but d'assurer au pavillon français
une faveur nouvelle, M. Arman proposait de frapper à
leur sortie les bâtiments étrangers d'un droit de 30 francs
par tonneau sur les produits de la Réunion, et de 20 francs
sur ceux de la Martinique et de la Guadeloupe. On répondit que les droits de douane à la sortie instituaient un
principe commercial aujourd'hui en discrédit et en désuétude ; et que, loin d'être disposé à en établir de nouveaux,
le gouvernement était résolu à faire disparaître ceux qui
pouvaient subsister encore. Ce qui était plus grave et mo-
tiva le rejet de l'amendement, c'est qu'en fait cette mesure
rétrograde n'eût pas atteint le but que l'on espérait ; les
articles 1 et 2 additionnels au traité de navigation conclu
en 1826, entre la France et l'Angleterre, n'auraient pas
permis que le pavillon anglais fût frappé d'un droit à la
sortie dans la navigation d'intercourse avec les colonies :
le droit n'eût frappé dès lors que les pavillons étrangers
autres que le pavillon anglais ; autrement dit, on eût donné
immunité complète au concurrent le plus sérieux.

C

53. Antérieurement à la loi du 10 mai 1866, trois sortes de droits étaient perçus sur les navires étrangers abordant dans un port étranger. 1° *Droits de tonnage :* leur origine, nous le rappelons, remontait au ministère de Colbert et aux édits qui assujettissaient à un droit de cinquante sous par tonneau les bâtiments hollandais. Toutefois, à certaines époques, ces droits ont eu un caractère à la fois fiscal et protecteur. On voyait là un moyen, non-seulement d'encourager notre marine marchande, mais encore de subvenir aux dépenses qu'exigeait l'entretien de certains ports ; ainsi le décret du 27 vendémiaire an II (art. 31 et 32), assujettissait nos caboteurs à un droit de tonnage fixé à trois sous par tonneau pour le cabotage de port à port ; à quatre sous pour le cabotage d'une mer à l'autre : les bâtiments français, venant des colonies et comptoirs français, en Asie, Afrique et Amérique, devaient également supporter un droit de six sous par tonneau : il n'y avait donc exemption complète qu'en faveur des bâtiments de commerce venant de la pêche, de la course ou d'un port étranger. Plus tard, la loi du 14 floréal an X fixa définitivement le *quantum* du droit imposé aux navires étrangers à 3 fr. 75 par tonneau, ce qui, avec ses décimes, équivalait à 4 fr. 50. Sous la monarchie de Juillet, on revint aux principes antérieurs à la révolution : le droit de tonnage fut considéré à nouveau comme un droit purement protecteur. L'art. 20 de la loi de douanes du 3 mai 1841 décida que désormais les bâtiments français n'auraient à supporter aucun droit de tonnage ; on abrogeait les dispositions du décret de vendémiaire. En 1866, ce droit de tonnage produisait environ une somme de trois millions de francs : mais en réalité, la protection qu'il assurait au pavillon

français avait singulièrement diminué d'importance ; d'abord certains ports avaient obtenu, que les navires étrangers y pourraient aborder en toute franchise : ce privilège avait notamment été accordé à la ville de Marseille, par ordonnance royale du 19 septembre 1817. Puis, une série de traités successivement intervenus entre la France et les principales puissances maritimes, assimilaient les pavillons de ces puissances au pavillon français, pour la navigation directe : ces pavillons, à leur arrivée dans nos ports, n'étaient soumis qu'à une taxe égale à celle perçue sur les navires français dans les ports de leurs pays respectifs. Comme le faisait remarquer l'exposé des motifs de la loi de 1866, malgré le régime protecteur, le principe de la réciprocité en matière de navigation directe était devenu la loi commune. 2° *Surtaxes de pavillon* : Ces droits avaient été pour la première fois appliqués en 1669 ; plus tard, la Convention ne les avait pas considérés comme offrant à notre pavillon une protection suffisante et y avait substitué l'interdiction absolue de tout transport par navire étranger (Décret du 21 septembre 1793, art. 2). La loi du 17 décembre 1814, rendue à une époque où notre matériel naval était insuffisant pour répondre aux besoins qui se manifestaient, rétablissait l'ancien système ; elle se préoccupait surtout des marchandises encombrantes, telles que les sucres et les cafés soumis à une surtaxe, les premiers de 5 francs, les seconds de 8 francs. Les surtaxes de pavillon n'avaient pas tardé à être généralisées par la loi du 28 avril 1816. L'art. 7 porte que les marchandises importées par navires étrangers seront soumises à un droit supplémentaire en sus du droit de douane ; le droit principal de douane fixé au poids, sera augmenté du dixième, depuis la somme de un jusqu'à celle de cinquante francs, — du vingtième depuis la somme de cinquante jusqu'à celle de trois cents francs : nulle augmentation n'affectera le surplus. En même temps, l'article 22 interdisait absolu-

ment l'importation par la frontière de terre des denrées
tropicales et des marchandises de grand encombrement.
Ici encore, le législateur n'avait pu atteindre le but qu'il
se proposait : en organisant sur nos frontières les restrictions les plus rigoureuses, nous nous exposions à des
représailles; les bâtiments français, obligés à leur tour
d'aller chercher la marchandise étrangère au dehors, devaient compter avec la puissance qui produisait cette marchandise et la détenait. L'exposé des motifs de la loi de
1866 rappelait la guerre de tarifs qui suivit les années
1816 et 1817 : les Etats-Unis d'Amérique répondirent à
nos surtaxes de pavillon par des taxes prohibitives de
sortie établies par un acte du congrès du 15 mai 1820;
les relations directes devinrent impossibles entre les deux
pays et l'industrie française fut obligée d'aller prendre,
dans les entrepôts étrangers, les cotons dont elle avait besoin. Aussi un traité du 24 juin 1822 vint-il bientôt rapprocher les deux puissances, en proclamant le principe de
la réciprocité dans l'intercourse directe. Ce principe fut
encore appliqué à l'Angleterre en 1826, à la Hollande en
1840, au Danemarck en 1842, à la Russie en 1845; vingt-
six traités de commerce l'avaient consacré depuis, et
avaient ainsi supprimé presque toute l'efficacité pratique
des surtaxes de pavillon. 3° *Surtaxes d'entrepôts* : Pour favoriser les relations directes de nos ports avec les marchés
du Levant, un édit de 1669 avait frappé d'un droit calculé à
20 p. % de leur valeur les marchandises provenant des
entrepôts de Gènes, Livourne et autres villes des pays
étrangers. Telle fut l'origine des surtaxes d'entrepôt orga-
nisées depuis par les lois de 1814 et de 1816 ; mais, comme
toujours , les traités de navigation , conclus avec les puissances maritimes, avaient presque annihilé la portée de ces
dispositions législatives : ces traités stipulaient que les
marchandises extraites des entrepôts seraient reçues en

France aux mêmes conditions, que le transport fut fait par bâtiments français ou par bâtiments étrangers : il en résultait que la surtaxe d'entrepôt grevait, dans la même proportion, le pavillon français et le pavillon étranger. Le traité de commerce de 1860 avait déjà supprimé les surtaxes d'entrepôt sur les jutes, les cotons de l'Inde et pour les laines d'Australie : aussi n'y a-t-il pas lieu de s'étonner de ce que les perceptions procurées au trésor par ces surtaxes n'aient guère dépassé, par année, la somme de deux millions.

54. La loi du 10 mai 1866 ouvre une ère nouvelle dans l'histoire de notre législation maritime, en substituant au régime séculaire de la protection, le régime de la liberté absolue. En premier lieu, suppression des droits de tonnage. — Art. 4. « Les droits de tonnage établis sur les bâtiments étrangers, entrant dans les ports de l'Empire, seront supprimés à partir du 1er janvier 1867. » — Le projet primitif ne fixait la date de cette suppression qu'au 1er janvier 1868 ; une difficulté ne tarda pas à être soulevée au sein de la commission : plusieurs députés demandaient que, dès la promulgation de la loi, le port de Marseille, exempt jusque-là de tout droit de tonnage, ne fût pas le seul à profiter d'une semblable franchise ; on voulait que le bénéfice de l'ordonnance de 1817 fût étendu à tous les ports français de la Méditerranée, y compris l'Algérie. Sur quoi M. le ministre d'Etat faisait observer que si la situation de Marseille était aussi illégale qu'on le prétendait, l'amendement présenté n'aurait d'autre effet que d'étendre cette illégalité à tous les ports de la Méditerranée, aux dépens des ports de l'Océan ; si l'on accordait au port de Cette l'exemption des droits de tonnage, n'était-il pas logique de l'accorder également au port du Havre ? Aussi, pensa-t-on qu'au lieu d'établir une nouvelle législation provisoire, mieux valait rapprocher le moment où la législation définitive pour-

rait être appliquée. Donc, à partir du 1er janvier 1867, plus de droits de tonnage frappant sur les bâtiments étrangers ; mais restait à savoir ce que deviendraient certains droits de tonnage perçus à titre d'exception sur des bâtiments français ; nous faisons allusion à l'art. 5 de la loi du 2 juillet 1836, qui soumet à un droit de un franc par tonneau les navires français arrivant des ports d'Angleterre. M. Lanjuinais souleva la question et demanda si ce droit continuerait à être perçu. — Oui, répondit M. de Forcade la Roquette, commissaire du gouvernement ; et, en effet, ce droit de tonnage ne résulte pas, à proprement parler, d'une disposition de notre législation intérieure, mais d'une convention internationale, la loi de 1836 n'ayant fait qu'homologuer une convention intervenue en 1834 entre la France et l'Angleterre. Les bâtiments anglais, arrivant de France, sont soumis, dans les ports d'Angleterre, à une taxe analogue ; et cette perception, stipulée d'accord entre les deux gouvernements pour l'intercourse directe, ne peut être détruite par le seul effet de la volonté d'une des parties contractantes. M. de Forcade la Roquette expliquait d'ailleurs que l'Angleterre et la France étaient disposées à supprimer ces droits réciproques ; que des négociations avaient même été ouvertes ; mais que, jusqu'à ce jour, elles n'avaient pu réussir : le droit de tonnage en Angleterre est maintenu dans certains ports, non pas en vertu du droit commun et au profit du Trésor public, mais en vertu de dispositions spéciales et au profit de certaines corporations qui résistent à toutes les innovations réclamées dans l'intérêt du commerce.

55. Les surtaxes de pavillon sont comme les droits de tonnage, supprimées par la loi de 1866 ; bien que la plupart des Chambres de commerce, notamment celle du Havre, se fussent énergiquement prononcées pour leur maintien, la résolution contraire avait été presque sars discussion

acceptée par le Corps législatif ; mais à partir de quel moment cette suppression devait-elle avoir son effet ? Le projet fixait le délai de trois années. Ce laps de temps ne paraissait guère suffisant pour que notre marine marchande pût se mettre en mesure de soutenir la concurrence étrangère ; les bons effets que l'on attendait de la loi nouvelle ne seraient-ils pas lents à se produire, et dès lors ne fallait-il pas laisser au commerce français le temps de se reconnaître ? Aussi, les amendements proposés furent-ils nombreux. Dès l'enquête qui précéda la loi, on avait demandé qu'un délai de cinq ou six ans fût accordé à nos armateurs avant de mettre en pratique le principe de l'égalité des pavillons. Au Corps législatif, M. Ancel se fit l'écho de ces réclamations ; il voulait qu'au bout de trois années les surtaxes de pavillon fussent simplement diminuées de 50 pour cent, et qu'elles ne fussent définitivement supprimées qu'au bout d'un délai de cinq ans. L'on faisait observer quel avantage il y aurait à maintenir les surtaxes de pavillon jusqu'en 1870, c'est-à-dire jusqu'au moment où le traité de commerce avec l'Angleterre pourrait être dénoncé ; si, à cette époque, le gouvernement voulait entamer des négociations nouvelles, ne serait-il pas indispensable que notre marine marchande fût entière ? Sinon, nous nous trouverions abandonnés à la discrétion du gouvernement anglais. M. Rouher défendit le projet, en soutenant que l'art. 5, en fixant le délai de trois années, établissait une sorte de solidarité avec les articles déjà votés ; dès à présent, les matières premières nécessaires à nos constructions maritimes, allaient entrer en franchise : dans un délai de six mois, les navires étrangers pourraient être francisés, et les armateurs viendraient dire que trois années ne leur suffiraient pas pour acquérir un matériel suffisant et se préparer à lutter contre la concurrence étrangère ! On ne leur venait pas en aide pour qu'ils perpétuassent la situation actuelle : un véritable contrat synallagmatique était passé avec eux dans l'intérêt de tous ; l'assimilation de pavillon devait être votée par le Corps législatif corrélativement à l'entrée en franchise des matières premières et à la fabrication ; autrement la loi proposée ne pourrait donner à l'industrie de nos constructeurs une impulsion énergique et amener une amélioration quelconque. Telles furent les raisons qui décidèrent la Chambre à admettre l'art. 5 tel qu'il lui était présenté : les surtaxes de pavillon ont cessé le 10 mai 1869. La commission avait appelé l'attention du gouvernement sur la nécessité de mesures transitoires destinées à préparer le régime nouveau ; le gouvernement, persitant dans ses idées, a préféré appliquer dans toute sa latitude le système de libre concurrence : désormais, il ne subsiste plus rien de cette législation compliquée, que M. Piccioni appelait à la tribune le dernier débris de la féodalité maritime.

56. L'art. 7 prévoit une hypothèse exceptionnelle : dans un pays étranger, des bâtiments français sont, en vertu de la législation locale, soumis à des droits de tonnage ou à des surtaxes de pavillon ; le principe de réciprocité exige que les bâtiments appartenant à ce pays étranger soient frappés dans nos ports de taxes analogués. C'est ce qu'explique très-nettement l'exposé des motifs : « Le Corps législatif comprendra sans peine la nécessité de maintenir au gouvernement la faculté qu'il demande ; car en accordant aux navires étrangers en France un traitement plus libéral que par le passé ; il n'a pas entendu accorder des faveurs à tel ou tel pavillon ; il a en vue les intérêts généraux du commerce français ; il offre aux autres nations maritimes d'entrer comme il en donne l'exemple lui-même dans un système de libre concurrence favorable aux relations internationales, mais il doit conserver toute sa liberté d'action vis à vis des puissances qui persisteraient dans un système restrictif ; il doit pouvoir réagir au besoin, contre

des actes qui seraient contraires à nos intérêts. » La rédaction actuelle de l'art. 7 est due à la commission du Corps législatif, qui en amendant le projet primitif, a cherché à comprendre dans ses termes généraux tous les cas divers qui pourraient se présenter. « Dans le cas où le pavillon français serait dans un pays étranger, soumis au profit du gouvernement des villes ou des corporations, soit directement, soit indirectement, pour la navigation, l'importation ou l'exportation des marchandises à des droits ou des charges quelconques, dont les bâtiments dudit pays seraient exempts, des décrets impériaux pourront établir sur les bâtiments de ladite nation entrant dans les ports de l'Empire, d'une colonie ou d'une possession française et sur les marchandises qu'ils ont à bord, tels droits ou surtaxes qui seraient jugés nécessaires pour compenser les désavantages dont le pavillon français serait frappé. » Ainsi, possibilité de décrets impériaux établissant vis à vis de telle ou telle nation des droits de tonnage ou surtaxes de pavillon ; ces décrets devraient nécessairement être applicables à tous les ports de l'Empire : aucune exception ne pourrait être apportée à cette mesure générale, et sur une interpellation de M. Pagézy, M. le ministre d'État déclarait que la ville de Marseille ne pourrait invoquer à son profit l'Ordonnance de 1817 définitivement abrogée. Le décret sera exécutoire dans les délais de droit commun ; mais ici surgissait une question assez délicate : un négociant français charge un bâtiment étranger de telle ou telle opération commerciale : durant le voyage, des droits sont établis sur le pavillon auquel appartient ce bâtiment ; y aura-t-il lieu au retour de ce bâtiment à percevoir un droit quelconque ? M. le ministre d'Etat faisait fort bien remarquer qu'il serait peut être trop sévère de faire supporter au négociant des frais qu'il n'avait pu prévoir et de le priver ainsi de tout ou partie de son bénéfice. Il ajoutait que toutes les fois qu'une situation semblable s'était présentée, exemption avait été accordée aux bâtiments en cours de navigation ; ainsi, en 1859, lorsque la loi sur l'échelle mobile fut remise en vigueur après avoir été momentanément suspendue, on décida que les navires en cours de voyage ne paieraient pas la surtaxe stipulée par la loi générale : de même, lors des modifications récentes aux surtaxes des sucres, il avait été admis que les bâtiments en cours de voyage ne seraient pas atteints par la nouvelle législation douanière; ces précédents dictaient au gouvernement la conduite qu'il devrait suivre au cas où il userait du pouvoir que lui confère l'art. 7.

57. Les surtaxes d'entrepôt donnèrent lieu à de longues et intéressantes discussions au sein du Corps législatif. L'article 6 du projet présenté par le gouvernement était ainsi rédigé : « Six ans après la promulgation de la présente loi, les surtaxes qui atteignaient aujourd'hui les marchandises importées des entrepôts d'Europe seront supprimées. » L'exposé de motif regardait les surtaxes d'entrepôt comme une charge onéreuse pour le commerce en général, pour l'industrie qui a besoin de se procurer les matières premières aux meilleures conditions possibles, enfin pour le consommateur qui a intérêt à payer les marchandises suivant leur valeur réelle et non suivant leur origine. On espérait en outre, que les nations maritimes consentiraient au profit de notre pavillon une faveur analogue à celle que leur accordait l'article proposé ; que dès lors, la France beaucoup mieux placée que l'Angleterre pour approvisionner le continent serait un vaste marché où toutes les nations voisines viendraient chercher leurs objets de consommation. Les marchandises provenant des entrepôts anglais, subissent nécessairement des frais accessoires de débarquement, de magasinage, de réembarquement et d'assurances qui en surélèvent le prix ; au contraire, les marchandises sortiraient des en-

trepôts de France pour être dirigées sur toutes les grandes
villes de l'Europe par la voie rapide et sûre des chemins de
fer. Néanmoins une vive opposition se manifestait contre cette
partie du projet ; la Chambre de commerce de Bordeaux déclarait l'art. 6 ruineux pour nos marchés ; le gouvernement,
disait-elle, ne peut donner au commerce français le passé du
commerce anglais, sa puissante organisation, son immense
capital ; l'appel immédiat adressé aux marchés anglais en
1861, dès la suppression de quelques taxes, était une preuve
évidente qu'il était inutile de tenter de sauver la marine
dans la concurrence directe, si l'entrepôt anglais pouvait
jamais offrir d'une manière continue tous les produits, toutes
les qualités, tous les prix, et si une différence quelconque ne
venait compenser les avantages que possède le commerce
anglais, et que ne peut obtenir de longtemps encore le commerce français. Les négociants de Marseille allaient plus
loin encore et voulaient une augmentation des surtaxes d'entrepôt. La commission législative partagea ces appréhen-
sions et refusa de suivre le gouvernement dans la voie où il
s'engageait : l'art. 6 disparut définitivement. Les documents
statistiques groupés dans le rapport démontrent jusqu'à quel
point étaient bien fondées les craintes du haut commerce
français. Ainsi, par exemple, pour les jutes ou chanvres de
l'Inde, on constatait le résultat suivant :

	Importation directe.	Importation des entrepôts anglais.
1862	1,631,000	4,527,000
1863	652,000	6,349,000
1864	2,038,000	10,689,000

—L'importation des laines d'Australie n'avait déjà plus lieu
par voie directe, mais les entrepôts anglais nous en avaient
envoyé en 1862, 11.094.000 kil.; en 1863, 17.306.000 k.;

en 1864, 18.136.000 kil. Pour les cafés de l'Inde, les transports directs avaient diminué dans une proportion encore plus alarmante ; en 1864, les entrepôts anglais ne nous avaient pas expédié moins de 5.207.000 kilogr., et ceux de la Hollande et de la Belgique, 1.832.000 kilogr.; or, pendant la même période, la consommation totale de la France ne s'était pas élevée à plus de 5.900.000 kil., d'où il résultait que les entrepôts étrangers fournissaient non-seulement à toute notre consommation, mais encore aux besoins de nos exportations.

58. Les dernières dispositions de la loi de 1866 sont relatives à l'Algérie, qu'elles placent sous le même régime que la métropole. D'après l'exposé des motifs, la liberté de la navigation et du commerce maritime y était impatiemment attendue ; aucune réclamation ne s'était produite lors de l'enquête à laquelle avait procédé le gouvernement ; tous les déposants s'accordaient à demander la suppression des surtaxes et la concurrence des pavillons, comme le régime le plus favorable à la prospérité de la colonie. Le droit de tonnage y était considéré comme un obstacle qui écartait des ports algériens les grands navires étrangers et notamment les paquebots anglais ; aussi, la loi du 29 mai 1863 avait-elle quelques années auparavant, allégé ce droit, en décidant qu'il serait perçu, non plus sur la coque entière du navire, mais seulement sur les marchandises débarquées ou embarquées, et proportionnellement au nombre de tonneaux qu'elles représenteraient. L'art. 8 se contente de déclarer exécutoire l'art. 4, abolissant dans la métropole tous droits de tonnage à partir du 1er janvier 1868. Quant aux surtaxes de pavillon, elles devaient disparaître en Algérie avant de disparaître dans la métropole ; les raisons qui avaient déterminé le gouvernement à fixer un délai de trois années avant leur suppression définitive, ne se rencontraient pas au même degré dans une possession nouvelle où n'é-

taient point engagés des intérêts anciens et respectables. L'art. 10 dit, en conséquence, que les surtaxes de navigation, établies en Algérie, cesseront immédiatement d'être perçues. « Ces facilités nouvelles accordées à l'Algérie, lisons-nous dans l'exposé des motifs, permettront à ses exportations de se développer plus librement ; la France ne peut que profiter à tout ce qui contribuera à la prospérité de sa colonie. » Et quelques lignes plus bas : « Déjà le mouvement de notre commerce et de notre navigation avec l'Algérie a fait de sensibles progrès depuis trente ans. En 1837, les importations de la France et les exportations de la colonie ne présentaient qu'une importance de 20 millions ; elles ont atteint 237 millions en 1861. Le mouvement de la navigation, qui n'était que de 36,000 tonnes dans les premières années de l'occupation, a décuplé et dépasse aujourd'hui 380,000 tonnes. Une législation plus libérale que celle du passé ne peut manquer de produire bientôt des résultats encore plus remarquables. »

§ IV.

De la condition des gens de mer.

59. L'ordonnance du 17 décembre 1665 marque le point de départ de l'organisation de notre marine militaire ; l'inscription maritime était établie pour la première fois dans les provinces de l'Aunis, du Poitou et de Saintonge, et l'opération était confiée à M. Colbert du Terron, intendant de la marine. Ce premier essai réussit au-delà de toute espérance : comme le constatait le préambule de l'édit d'août 1673, le service des vaisseaux de guerre se trouvait dès lors assuré, sans qu'il fût nécessaire de fermer les ports et d'inter-

rompre le commerce. Aussi la mesure ne tarda-t-elle pas à être généralisée ; l'ordonnance du 22 septembre 1668 applique à toutes les provinces du royaume les dispositions édictées en 1665 ; elles sont de nouveau confirmées par les ordonnances de 1669 et 1670, par l'édit de 1673 et enfin par le livre VIII de l'ordonnance du 15 avril 1689. D'après ces dispositions législatives, tout marin doit être inscrit sur un rôle spécial ; ce rôle, une fois dressé, est divisé en trois classes : chaque classe est tenue de servir une année sur les vaisseaux du roi et peut ensuite servir pendant deux années sur les vaisseaux marchands. Ce roulement se répétait tant que durait l'inscription du marin sur les rôles. Des commissaires spéciaux étaient institués pour surveiller la rédaction des rôles et tenir la main à ce que les prescriptions des ordonnances fussent strictement observées. En compensation des charges imposées aux inscrits maritimes, le gouvernement de Louis XIV leur assurait des avantages considérables. M. Ald. Caumont (v° Inscription maritime, n° 3, p. 709) résume, avec son érudition habituelle, la plupart des textes intervenus à ce sujet. A terre, les marins non employés percevaient la moitié de leur solde (édit de janv. 1670), plus un mois de gage en cas de congédiement (édit d'août 1673). Leurs familles touchaient déjà, au moyen de retenues sur la solde acquise, les délégations qui les faisaient vivre en l'absence de leurs soutiens naturels (ord. 7 août 1675). Les marins blessés devaient être soignésdans les hôpitaux des villes les plus proches ; s'ils rentraient plus tard au service, ils avaient droit à une haute paie, sinon ils devaient être nourris et entretenus dans les hôpitaux leur vie durant (ord. du 19 avril 1670 et régl. du 16 oct. 1674); ceux qui préféraient se retirer chez eux recevaient, sur les fonds des hôpitaux de quoi subsister pendant trois années. Enfin, des pensions et des demi-soldes étaient accordées aux marins de l'Etat et du commerce ; des secours étaient alloués aux veuves et aux enfants des marins morts au service du roi.

60. La législation inaugurée en 1665 avait donné lieu à des critiques assez vives ; on se plaignait de l'obscurité et du peu de précision des règlements sur le classement﹅ des gens de mer ; on critiquait surtout la disposition qui astreignait les matelots à servir de trois années l'une, sur les bâtiments de l'Etat : on faisait ressortir combien elle était onéreuse pour le commerce maritime, dont elle limitait forcément les opérations : on ajoutait que dans certaines provinces, elle était regardée comme inexécutable. Dans la Bretagne, la Guyenne, la Normandie et la Picardie, le service de l'Etat n'était que d'une année sur quatre ; quelques années plus tard, les anciens réglements finirent par tomber totalement en désuétude : le recrutement de la flotte avait toujours lieu parmi les marins inscrits ; mais aucune règle ne présidait aux levées qui avaient lieu aux époques, et suivant les formes déterminées arbitrairement par le ministère de la marine. Un pareil état de choses ne pouvait subsister longtemps : aussi, le 27 septembre 1776, une ordonnance royale vint-elle réorganiser le commissariat et le syndicat des classes : bientôt une seconde ordonnance du 31 octobre 1784, réglementa jusque dans ses moindres détails, le services des gens de mer sur les bâtiments de l'Etat. Le titre X est relatif au classement, le tit. XI aux devoirs des gens classés et à la police des classes ; interdiction est faite aux inscrits maritimes de s'absenter de leur quartier pendant plus de huit jours sans permission expresse. (Art. 1). Les gens de mer non commandés pour le service du roi, peuvent s'embarquer sur les bâtiments du commerce, sauf à demander une permission spéciale, si le bâtiment appartient à un quartier autre que le leur (art. 2 et 3). Suivent des prescriptions spéciales, au cas où un inscrit voudrait changer

de quartier maritime ou transporter son domicile d'un syndicat dans une autre du même quartier ; nous nous contenterons de renvoyer aux art. 11 et 12. Les principales innovations de l'ord. de 1784, se trouvent dans le titre XII. Tout d'abord l'art. 1er déclare abrogé le système des classes tel qu'il avait été établi en 1689 ; désormais chaque syndicat devra, lors des levées, fournir un nombre de marins proportionnel au nombre des inscrits maritimes qu'il renferme. Ces levées auront lieu d'après un rôle nominatif des gens de mer dressé par les syndics et les commissaires des classes ; chacun de ces rôles sera divisé en deux colonnes, comprenant, la première les célibataires, la seconde les gens mariés et les soutiens de famille (art. 2). L'art. 3 prescrivait de régler le rapport suivant lequel chaque colonne fournirait aux levées, de manière que le tour des célibataires venant plus fréquemment, ces derniers fussent au service un tiers de temps de plus que les gens mariés. Les art. 13 et suiv. indiquaient la manière dont il devait être procédé aux opérations de la levée : les ordres étaient expédiés par le secrétaire d'Etat du département de la marine où le commandant du port et adressés aux inspecteurs et ordonnateurs des départements, qui les faisaient passer aux chefs des classes et aux commissaires. Les états nominatifs de levées étaient immédiatement dressés, en suivant la proportion des colonnes et l'ordre des rôles depuis les derniers commandés lors des levées précédentes, et en recommençant par la tête de la colonne, lorsqu'elle avait été parcourue en entier. Quant aux réclamations et aux demandes de dispenses que les inscrits pouvaient présenter : elles étaient d'après l'art. 22, jugées provisoirement par le syndic des classes, sauf à en rendre compte à l'inspecteur, si elles venaient à être admises, les inscrits qui suivaient immédiatement dans l'ordre du rôle étaient appelés au service (art. 22). Les art. 22 et 24 autorisaient les substitutions entre matelots de la même qualité portés sur le même rôle : seulement les mêmes matelots ne pouvaient se faire substituer dans deux levées consécutives. Des facilités spéciales étaient accordées aux pères de famille qui voulaient se faire remplacer par leurs enfants : il suffisait que ces derniers fussent classés comme matelots, et consentissent librement à la substitution.

61. La Révolution conserva l'inscription maritime, qui pouvait seule lui permettre de lutter contre la marine anglaise. Par un décret du 31 décembre 1790, l'Assemblée nationale déclarait que tout citoyen français pouvait embrasser les professions maritimes ; que tous les citoyens, exerçant ces professions, seraient obligés au service public sur mer ou dans les arsenaux ; qu'ils seraient classés et, dès lors, dispensés de tout autre service public. Un second décret du 29 avril 1791, organisant l'état-major de la flotte, répétait encore que la marine française est composée de tous les citoyens soumis à l'inscription maritime. Enfin, un décret du 30 avril 1791 relatif à la caisse des Invalides, maintenait en faveur des inscrits maritimes les avantages que leur avait assurés l'ancien régime. Le décret du 3 brumaire an IV vint bientôt remplacer tous les réglements antérieurs et réorganiser le recrutement de la flotte : ce texte est encore la base de la législation actuelle. La plupart des décrets et ordonnances intervenus depuis cette époque n'en ont pas altéré le caractère essentiel ; l'administration, en tranchant la plupart des questions de détail qu'a soulevées son application, se préoccupe avant tout de l'intérêt de nos populations du littoral ; elle cherche à diminuer les charges qu'entraînerait une application par trop rigoureuse de l'inscription maritime et à combiner, autant que possible, les intérêts du commerce avec les nécessités du service militaire. C'est surtout depuis 1852 que se sont produites la plupart de ces améliorations ; ainsi, nous verrons qu'après un délai de six

années, à compter du jour où il a fait sa déclaration, l'inscrit maritime, qu'il ait ou non servi sur les bâtiments de l'Etat, est désormais dégagé de toute obligation ; il ne pourra être requis qu'en cas d'armement extraordinaire et en vertu d'un décret impérial ; il ne sera plus rappelé par ces secondes levées qui autrefois l'atteignaient lorsqu'il était marié et avait formé quelque établissement. En même temps les engagements volontaires, autorisés dans une plus large mesure, viennent diminuer le nombre des hommes à demander à l'inscription ; les réadmissions, les rengagements encouragés par de sérieux avantages, amènent un plus grand nombre de marins à servir volontairement ; le développement de l'école des mousses, la création des écoles de mécaniciens, l'institution des pupilles de la marine attachent au service de l'Etat des hommes expérimentés et habitués au service des bâtiments de guerre. D'un autre côté, la charge de l'inscription maritime n'est pas imposée aux gens de mer sans de nombreuses compensations. L'administration s'intéresse à l'inscrit maritime qui a satisfait au service et navigue sur les bâtiments du commerce. En France, les commissaires de l'inscription l'éclairent sur ses intérêts lors des conventions qu'il passe avec les capitaines et armateurs ; les agents de la marine tiennent la main à ce que ces conventions soient exécutées à la lettre. A l'étranger, les consuls de France lui assurent une protection efficace, et veillent à son rapatriement. Pendant la durée de la navigation, l'Etat perçoit pour lui la partie de la solde qu'il a déléguée à sa famille ; la caisse de la marine paiera à la famille le montant des délégations. A terre, des cours d'hydrographie permettent au matelot de se perfectionner dans les connaissances nécessaires à sa profession ; plus tard, des pensions de retraite lui sont assurées dans les proportions que nous déterminerons ; sa veuve et ses orphelins, jusqu'à l'âge de quatorze ans, se trouvent à l'abri du besoin, etc., etc.

62. En présence d'un semblable état de choses, on comprend facilement que le principe de l'inscription maritime soit accepté sans répugnance par la presque universalité des gens de mer ; les statistiques constatent que sur 150,000 inscrits, on ne compte guère par année que 500 renonciations, soit une renonciation sur 300 inscrits ; aussi, en 1849, la commission d'enquête nommée par l'Assemblée nationale déclarait-elle que le recrutement de la flotte, par la voie de l'inscription maritime, devait être conservé, de même que devaient être maintenus les avantages et les priviléges attachés à la profession de marin. En 1866, la question de savoir si l'inscription maritime serait maintenue fut à nouveau soulevée devant le Corps législatif ; la commission chargée d'examiner le projet de loi sur la marine marchande proposait au gouvernement certaines réformes qui permettraient à notre commerce de supporter l'épreuve de la concurrence des pavillons. En première ligne, elle demandait que la profession de marin fût déclarée libre ; que l'homme de mer atteint par le sort, lorsqu'il aurait fait ses sept ans, soit dans le service actif, soit dans la réserve, fût comme le soldat entièrement libéré de sa dette envers l'Etat. Dans le système qu'elle proposait, il eût suffi, au moment de la conscription, de diriger vers les contingents maritimes ou de maintenir dans une réserve de même nature que celle de l'armée, tous les jeunes gens ayant servi, soit à la mer, soit à l'intérieur, sur les rivières et canaux, enfin tous ceux qui appartenaient aux professions maritimes ; en distrayant du contingent annuel 15,000 hommes et en y joignant l'effectif des engagements volontaires évalué de 2,500 à 3,000 hommes par an, on eût obtenu une armée navale de 125,000 hommes, chiffre bien supérieur à tous nos besoins. La commission proposait, en conséquence, un article ainsi conçu :
« Avant l'expiration du délai de trois ans, les rapports de la marine marchande avec l'inscription maritime seront fixés

par une loi. » Cet amendement dut disparaître devant l'opposition du Conseil d'Etat ; et lors de la discussion de la loi, l'inscription maritime fut énergiquement défendue. Toutes les Chambres de commerce, tous les ports en réclamaient la conservation pure et simple ; dès lors, quel besoin de tenter une innovation qui pouvait devenir si fatale à la marine militaire ? M. Dupuy de Lôme, notamment, démontra le peu d'intérêt que présentaient les réformes. On voulait que la durée du service maritime ne pût dépasser celle du service militaire ; mais, en fait, le service maritime n'était-il pas réduit depuis longtemps à une durée de six années ? Et, quoi que parût craindre la commission, la possibilité d'un rappel au service ne saurait en rien entraver la carrière du matelot une fois libéré ; ce rappel ne peut avoir lieu qu'en cas de circonstances extraordinaires, et encore faudrait-il non plus un simple ordre ministériel, mais un décret impérial, pour effectuer une seconde levée. M. Dupuy de Lôme citait l'exemple de l'Angleterre, arrêtée au début de la campagne d'Orient, par le manque d'équipages, et aujourd'hui obligée d'entretenir une armée de 29,000 marins, qui coûtent à son budget une somme de 23,700,000 fr. par an. « Je ne dis pas, ajoutait-il, que nous ne puissions pas encore améliorer nos institutions dans l'avenir, je ne dis pas que nous ne puissions pas encore nous efforcer de les rapprocher du droit commun ; mais enfin, quand les plaintes n'existent pas, je me demande si ce n'est pas avec une extrême réserve, avec une grande prudence qu'il faut toucher à une institution qui aujourd'hui assure, dans de très-bonnes conditions, le recrutement de l'armée maritime. Craignons, si nous allions d'une manière hâtive, peu prudente, substituer la loi du recrutement à l'inscription maritime, craignons, dis-je, de nous exposer à d'amers regrets, quand nous reconnaîtrions trop tard que nous aurions compromis à la fois les intérêts de nos populations maritimes et la puissance de la France. »

A. *Du recrutement de la flotte.*
B. *Avantages assurés aux gens de mer par des textes spéciaux.*
C. *Des agents préposés à la surveillance et à la police de l'inscription maritime.*

A

1° Inscription maritime.
2° Engagements volontaires. — Affectation d'une partie du contingent annuel au service de la flotte.

I

64. L'art. 1 du décret du 3 brumaire an IV est conçu dans les termes suivants : « Il y aura une inscription particulière des citoyens français qui se destineront à la navigation. » L'art. 2 détermine immédiatement quelles personnes sont comprises dans l'inscription maritime : 1° Marins de tout grade et de toute profession, naviguant dans l'armée navale ou sur les bâtiments du commerce ; 2° Marins faisant la navigation ou la pêche de mer sur les côtes, et dans les rivières, jusqu'où remonte la marée, —pour celles où il n'y a pas de marée, jusqu'où les bâtiments de mer peuvent remonter ; 3° Marins naviguant sur les pataches, allèges, bateaux et chaloupes, dans les rades et dans les rivières, jusqu'aux limites ci-dessus indiquées. Un décret du 28 janvier 1857 a plus tard assimilé aux marins les mécaniciens et chauffeurs embarqués sur les navires de l'Etat ou sur ceux du commerce. A côté des marins proprement dits, l'art 44 de la loi de brumaire assujettissait à une inscription spéciale, les ouvriers propres aux travaux des ports : le gouvernement pouvait les appeler au service en cas de guerre, de préparatifs de guerre, ou de travaux extraordinaires et considérables. Ce texte énumère huit professions soumises à la formalité de l'inscription : charpentiers, perceurs, cal-

fâts, voiliers, poulieurs, tonneliers, cordiers et scieurs de long. Comme compensation, la loi les déclarait exonérés de toute réquisition et de tout service militaire. Un décret du 19 mars 1808 vint réduire de huit à quatre les professions sur lesquelles pouvaient s'exercer l'action des levées, ce qui entraînait de *plano* l'exemption du service militaire. Ce privilége se maintint jusqu'à la loi du 4 juin 1864, qui fit rentrer tous les ouvriers des ports sous l'empire du droit commun : les charpentiers de navires, les perceurs, les voiliers et les calfâts ne sont plus aujourd'hui compris dans l'inscription maritime, et sont assujettis au tirage au sort. L'exposé des motifs insistait sur ce fait que, pour les ouvriers résidant, non plus dans les ports de guerre, mais dans les ports de commerce, l'immatriculation était une des charges les plus lourdes ; la crainte des appels arrêtant le développement de la population ouvrière , il était indispensable de donner des garanties sérieuses aux constructeurs de navires qui, désormais, n'auraient plus à redouter des chômages imposés, en quelque sorte, par l'administration de la marine. Le gouvernement revenait à l'idée de créer des compagnies d'ouvriers militaires, idée préconisée par la commission parlementaire de 1849. — Le réglement de 1866 dispense de l'inscription maritime certaines classes d'individus qu'elle eût pu atteindre à la rigueur ; l'art. 38 mentionne : 1° les propriétaires de yachts et de bateaux de plaisance ; 2° les propriétaires de bateaux et chalands, servant uniquement à l'exploitation de propriétés rurales, fabriques, usines, ou biens de toute nature situés dans les îles et sur les rives des fleuves et rivières, dans leur partie maritime, et même en dehors des embouchures, lorsque des arrêtés spéciaux des préfets maritimes ont étendu l'exception à ce dernier cas ; 3° les hommes employés sur les yachts, bateaux et chalands ci-dessus désignés. — Quant aux marins qui naviguent sur les fleuves et sur les lacs, la loi des 31 décembre 1790-7 janvier 1791 les avait, pour la première fois, assimilés aux inscrits maritimes. Le décret de brumaire revient, au contraire, à l'ancienne législation, et les exempte de tout service sur les bâtiments de guerre. « Nous ne voyons pas, disait le rapport de la commission, qu'on doive comprendre dans l'inscription ceux qui font la pêche ou la navigation dans les lacs, étangs, rivières, en deçà des limites indiquées. Laissons ces citoyens à leurs travaux ; un tel déplacement, toujours onéreux, contrarie leurs goûts, leurs habitudes. On ne peut se dissimuler que leur profession n'a qu'un rapport fort éloigné avec ce qu'on doit appeler l'homme de mer ; d'ailleurs n'est-il pas dangereux d'arrêter les moyens de circulation dans les canaux vivifiants qui doivent porter l'abondance du Nord au Sud, de l'Est à l'Ouest de la France ? Etendons, au contraire, encourageons la navigation intérieure, et gardons-nous de la sacrifier à un avantage presque nul pour la marine. »

65. Les art. 3 et suiv. de la loi de brumaire distinguent deux sortes d'inscription : 1° inscription provisoire comprenant les *mousses*, c'est-à-dire les individus âgés de dix à seize ans ; les *novices*, c'est-à-dire les majeurs de seize ans qui ne réunissent pas les conditions d'âge et de navigation exigées pour être inscrits définitivement. Les dispositions de la loi de brumaire se trouvent ici légèrement modifiées par le décret du 23 mars 1852 : Les individus qui requièrent leur inscription provisoire doivent se présenter au commissaire et à l'administrateur de l'inscription maritime du quartier ou sous-quartier de leur résidence, munis de leur acte de naissance ou de toute autre pièce en tenant lieu. En cas de minorité, le commissaire ou l'administrateur de l'inscription maritime exigera la présence ou le consentement de leur père, mère ou tuteur, et, à défaut, la présence ou le consentement du juge de paix (art. 374 et

450 C. N.). 2ᵒ Inscription définitive, comprenant tout citoyen âgé de plus de dix-huit ans révolus et de moins de cinquante ans, qui fait de la navigation ou de la pêche sa profession habituelle. — D'après l'art. 5 de la loi de brumaire,
ne peuvent être compris dans l'inscription que les marins
remplissant l'une des conditions suivantes : avoir fait deux
voyages de long cours ; avoir fait la navigation pendant dix-
huit mois ; avoir fait la petite pêche pendant deux ans ; avoir
servi pendant deux ans en qualité d'apprenti marin. Le marin susceptible d'être inscrit devra se présenter, accompagné
de son père ou de deux de ses plus proches parents ou voisins, au bureau de l'inscription de son quartier, où il lui sera
donné connaissance des lois et règlements qui déterminent
les obligations et les droits des citoyens inscrits. — L'art. 193
du décret du 5 juin 1856 s'occupe spécialement des inscrits
provisoires qui sont au service en qualité de novices ; dès
qu'ils remplissent les conditions légales, ils doivent être mis
en demeure de se prononcer sur la question de savoir si,
oui ou non, ils entendent continuer la navigation. En cas
de réponse affirmative, le conseil d'administration de la division du bâtiment dresse un acte de cette déclaration, lequel est signé par l'intéressé. Une expédition dudit acte
demeure annexée au rôle d'équipage, sur lequel une apostille énonce le passage du novice au grade de matelot ; une
autre expédition est transmise par la plus prochaine occasion et par l'intermédiaire du commissaire aux armements,
au commissaire du quartier où le novice avait été enregistré, pour servir à son inscription définitive sur les matricules des gens de mer, à la date de ces déclarations. L'article 150 du même décret règle la position des marins
provenant du recrutement ou de l'inscription volontaire, et
qui, après leur libération du service, veulent continuer la
navigation ou la pêche maritime ; leur déclaration doit être
signée d'eux ou, s'ils ne savent signer, mention en est faite

et signée en leur présence par le commissaire du quartier où ils sont immatriculés. L'ordonnance de 1784 supposait déjà le cas où des marins auraient négligé de faire les déclarations prescrites par la loi et décidait qu'ils seraient inscrits d'office. L'art. 6 de la loi de brumaire porte également : « Celui qui ayant atteint l'âge et rempli une des conditions exigées par l'article précédent continue la navigation ou la pêche sans se faire inscrire au bureau de son quartier, ainsi qu'il est prescrit, sera compris dans l'inscription maritime, étant censé y avoir consenti par le fait seul qu'il continue à naviguer. » Nous nous bornerons à faire remarquer qu'aucune sanction pénale n'est prononcée contre le marin qui aura négligé la déclaration prescrite par la loi et aura ainsi cherché à se soustraire aux exigences du service public.

66. L'inscrit maritime peut renoncer à la pêche ou à la navigation : par le fait seul de cette renonciation, et un an après qu'elle aura été faite devant les autorités compétentes, il cesse de faire partie de l'inscription maritime et doit être rayé des matricules (Loi du 3 brum. an IV, art. 25). Désormais il se trouve libre de tout engagement envers l'Etat ; toutefois, s'il appartenait au contingent d'une classe non encore libérée du service militaire, il se trouverait assimilé aux jeunes soldats de cette classe affectés au service de l'armée de mer ; ce qui résulte de la circulaire ministérielle du 27 septembre 1841. Les art. 45 et 46 du règlement de 1866 règlent les détails des renonciations ; les inscrits qui ne sont pas en activité de service, sont tenus de déclarer leur intention au commissaire de l'inscription maritime de leur quartier ; cette déclaration est consignée sur la matricule par le commissaire lui-même, en présence du renonciataire. Les marins en activité de service doivent se présenter devant le conseil d'administration du bâtiment sur lequel ils sont embarqués, ou devant le conseil d'administration de la division où ils se trouvent ; la renonciation

est aussitôt consignée sur les livrets des marins et sur le rôle d'équipage du bâtiment ou de la division ; les déclarations sont transmises aux commissaires des quartiers respectifs afin que les hommes qui les ont faites soient compris dans les états généraux à adresser au ministre. Suivant l'ordonnance du 31 octobre 1784 (Tit. X, art. 15), les mousses ou novices sont immédiatement congédiés sans autre formalité du jour où leur déclaration sera parvenue au quartier ; ils n'ont qu'à demander leur radiation pour qu'elle leur soit accordée sur le champ. A l'expiration du délai d'un an fixé par la loi, les renonciataires embarqués sur un bâtiment de l'Etat présent dans un port ou sur une rade de France, sont congédiés ; leur renonciation est mentionnée sur leur feuille de route, ils sont rayés de la matricule de leur quartier et reçoivent un certificat de radiation. Quant aux renonciataires embarqués sur des bâtiments en cours de voyage, la ciculaire du 18 mars 1864, décide qu'ils ne seront congédiés qu'autant que les circonstances le permettront. L'art. 26 de la loi de Brumaire dispose, à un dernier point de vue, que les marins renonciataires se déterminant à reprendre la navigation ou la pêche, seront rétablis sur les matricules dans la même situation qu'ils avaient lors de leur radiation et conserveront le bénéfice de leurs services antérieurs ; nous ajouterons, avec l'ordonnance de 1784, qu'en tous les cas, la renonciation du marin serait de plano considérée comme nulle et non avenue si après l'avoir faite, le renonciataire continuait à se livrer à la navigation ou à la pêche.

67. Des instructions spéciales du ministère de la marine, résumées en grande partie par le règlement de 1866, déterminent la manière dont sont tenues les matricules de l'inscription maritime. Ces matricules sont au nombre de six : 1° Matricule des inscrits provisoires. 2° Matricule des inscrits définitifs ; d'après une circulaire du 26 avril

1849, les marins du recrutement ou les engagés volontaires renvoyés dans leurs foyers par anticipation qui veulent se livrer, soit à la navigation sur les bâtiment du commerce, soit à la pêche, doivent être portés pour mémoire sur cette matricule jusqu'à l'époque de leur congédiement. 3° Matricule des maîtres au cabotage. 4° Matricule des capitaines au long cours. 5° Matricule des pilotes et aspirants pilotes. 6° Matricule des hors de service, comprenant les officiers mariniers, matelots et novices ayant cinquante ans révolus ou se trouvant dans un état d'invalidité constaté. Les mutations qui s'opèrent dans le personnel de chaque quartier sont consignées successivement et par ordre de date sur les matricules, soit d'après les rôles d'armement ou de désarmement, soit d'après les états fournis par les maires pour les mouvements survenus dans l'état civil de leurs communes respectives. Les mutations opérées en dehors du quartier, sont portées à la connaissance des commissaires et administrateurs de l'inscription maritime : 1° pour les hommes au service, par le renvoi qui doit leur être fait d'une expédition des rôles de levée indiquant la date de l'arrivée des marins et leur destination ; par les états de mouvements que fournissent les divisions et les commissaires d'armement ; par les extraits des procès-verbaux et états d'avancement ; par les jugements ou extraits des condamnations prononcées par les conseils de justice, conseils de guerre et tribunaux maritimes ; enfin, pour les hommes congédiés par les congés et autres titres dont ils sont porteurs ; 2° pour les hommes embarqués au commerce qui sont munis d'un titre de congé, par un avis du commissaire de l'inscription maritime qui procède à l'embarquement ; — pour ceux qui ne sont pas pourvus de ce titre par le renvoi après apostille de papiers dont ils sont porteurs, ou par les extraits des jugements de condamnation prononcés par les tribunaux maritimes commerciaux et notifiés par les présidents. Des me-

sures exceptionnelles sont prises vis à vis des absents sans
nouvelles ; chaque année, les commissaires de l'inscription
maritime dressent un état des marins dont la disparition par
suite de sinistres de mer a été constatée, ou dont on n'a
pas eu de nouvelles depuis deux années ; les individus
compris dans cet état sont rayés des matricules, mais
à titre provisoire seulement, de manière à y être réinscrits
immédiatement s'ils viennent à reparaître : du reste, le règlement de 1866 enjoint aux commissaires de l'inscription
de faire toutes les démarches nécessaires pour connaître le
sort des marins avant de les porter sur ledit état, et de conserver avec soin les pièces relatives à ces démarches, afin
de pouvoir les produire à toute réquisition.

68. Le titre II du décret du 22 octobre 1863 règle l'appel
des inscrits maritimes au service de la flotte. Nous trouvons
d'abord dans l'art. 7 que tout marin inscrit doit être appelé
au service lorsqu'il a atteint l'âge de vingt ans révolus. A
moins d'empêchements dont il doit justifier, il est tenu de
se présenter devant un commissaire de l'inscription maritime dans le mois pendant lequel il a accompli sa vingtième
année ou dans le mois qui suivra son retour en France,
s'il a accompli cet âge en pays étranger. L'article continuait
en disant que le marin serait immédiatement levé, dirigé
sur un port chef-lieu et incorporé à la division ; cette disposition a été modifiée par le décret postérieur du 27 février 1866 : le marin n'est plus levé que si les besoins du
service l'exigent ; dans le cas contraire, il reçoit du commissaire de l'inscription maritime un certificat contenant la
date de sa déclaration, et en même temps, il lui est accordé
un congé renouvelable qui lui permet de se livrer à la pêche
et à toute espèce de navigation. Le service devient obligatoire pour le marin appelé, à dater des 1er janvier, 1er avril,
1er juillet et 1er octobre qui suivent l'arrivée au port. — Le
marin peut devancer l'époque légale où il sera appelé sur

les bâtiments de la flotte ; il suffit qu'il soit âgé de plus de 18 ans et reconnu apte à un bon service ; le décret de 1866 exige, en outre, qu'il satisfasse à certaines conditions de taille. — L'art. 8 du décret de 1863 porte qu'après six années révolues depuis le jour de son incorporation, tout marin inscrit ne peut plus être requis pour le service de la flotte qu'en cas d'armements extraordinaires et en vertu d'un décret impérial : en un mot, l'Etat renonce à ces secondes levées si fatales au commerce maritime. — Le service à bord des bâtiments de la flotte est divisé en deux périodes de trois années ; durant la seconde période, ceux des marins qui n'ont pas reçu de congé ont droit à une haute paye de 0,20 par jour : au bout de six ans, ils se trouvent congédiés de droit et reçoivent un certificat énonçant qu'ils ont satisfait à l'appel et constatant la manière dont ils ont servi. Quant aux marins qui, pendant l'une ou l'autre des deux périodes, ont reçu un congé sans solde, ils sont libres de se livrer à toute espèce de navigation. Le temps passé dans cette situation est compté comme service à l'Etat pour ceux d'entre eux qui, au moment de la délivrance de ces congés, s'engagent à ne naviguer qu'au cabotage ou à la petite pêche pendant la durée desdits congés. Si ces marins viennent postérieurement à renoncer aux congés qui leur ont été délivrés, ils auront droit à la haute paye à dater du jour où ils compteront trois ans de service ; ils pourront en outre obtenir un congé temporaire de deux mois avec solde (art. 17 et 18). L'art. 12 du décret contient la sanction de toutes les formalités que nous venons d'énumérer ; tout marin qui n'aurait pas satisfait aux prescriptions légales en ce qui touche les appels se trouve déchu du bénéfice des art. 17 et 18 : il n'aura droit dans aucun cas, ni aux congés, ni à la haute paie mentionnée par ce dernier article.

69. Les inscrits maritimes ne sont dispensés du service que dans deux cas exceptionnels : 1° *S'ils se font rempla-*

cer, c'est là la principale innovation du décret de 1863 ; le ministère de la marine cédait devant le vœu unanime des populations du littoral ; mais, en même temps, il circonscrivait cette mesure dans les limites où elle pouvait être logiquement admise, en exigeant des remplaçants certaines conditions d'âge et de service. Conformément aux art. 11 à 13 de ce décret, modifiés en 1866, le remplaçant doit : 1° être libre de tout service public ou, s'il est inscrit maritime, avoir accompli les six années de service réglementaire ; 2° avoir la taille d'au moins 1 mètre 56 ; 3° avoir déjà servi dans les équipages de la flotte au moins pendant quatre ans comme engagé novice ou en avoir été congédié à tout autre titre ; 4° avoir moins de trente-cinq ans ; 5° être congédié par l'autorité maritime. Les actes de remplacement sont reçus par les commissaires de l'inscription maritime ; mais ces actes ne deviennent définitifs qu'après l'admission du remplaçant à la division. Le remplacé est, pour le cas de désertion, responsable du remplaçant pendant un an à compter de la date de l'acte de remplacement : cette responsabilité cesse si le remplaçant meurt au service, ou si, au cas de désertion, il est arrêté pendant l'année. Ces dispositions sont identiques à celles qui avaient été consacrées pour le recrutement dans l'armée de terre par l'art. 21 de la loi du 21 mars 1832. — *2° S'ils ont obtenu un sursis de levée :* ces sursis correspondent aux exemptions admises en matière de recrutement militaire. L'art. 9 indique comme ayant droit à un sursis l'aîné d'orphelins de père et de mère ; le marin ayant un frère au service par suite d'appel : le sursis, dans cette hypothèse, est accordé dans la même famille autant de fois que les mêmes droits s'y reproduisent ; le fils unique ou l'aîné des fils ou, à défaut de fils et de gendre, le petit-fils unique ou l'aîné des petits-fils d'une femme actuellement veuve, ou d'un père aveugle ou entré dans sa soixante-dixième année. Dans le cas ci-dessus, le frère puîné obtient le sursis si le frère aîné est aveugle ou atteint de toute autre infirmité qui le rende impotent. Le sursis peut en outre être demandé dans certains cas exceptionnels qui sont laissés à la disposition de l'administration supérieure ; mais suivant l'art. 10, ces sursis ne seront jamais accordés que par une décision ministérielle intervenant sur la proposition motivée des préfets maritimes ou des chefs de service de la marine : sauf les cas d'urgence, les inscrits pour lesquels ces sursis sont réclamés doivent être mis en route et attendre la décision ministérielle au chef-lieu de la division. — Si les causes qui ont motivé le sursis subsistent pendant les six années que l'inscrit devait passer sur les bâtiments de l'Etat, il est réputé avoir entièrement satisfait aux obligations résultant du service. Si ces causes venaient à cesser, il serait tenu d'en faire la déclaration au commissaire de l'inscription maritime ; et si cette cessation avait eu lieu deux ans avant le congédiement de la classe à laquelle il appartient, il pourrait être appelé au service pour un temps égal à celui qui reste encore à faire à cette classe (art. 11).

II

70. Le décret de 1863 ouvre une large porte aux engagements volontaires. « Sans doute, disait le rapport de M. le ministre de la marine, mieux vaut pour le service des hommes tout formés que des hommes qui ont à apprendre le métier de la mer ; mais, lorsque des jeunes gens demandent à suivre une vocation, lorsqu'ils se présentent de bonne volonté, il ne peut qu'être profitable au développement de notre population maritime de les accueillir, de les encourager même, dut leur instruction coûter un peu de temps. » Le titre Ier du décret distingue deux sortes d'engagés volontaires : 1° *Novices.* Tout individu âgé de seize ans et de moins de vingt et un ans accomplis peut, s'il est

reconnu propre au service, être admis à contracter un engagement de novice : la durée de cet engagement est de quatre années. Sont admis de préférence : 1° Les jeunes gens provenant des services de la marine ; 2° les jeunes gens ayant navigué pendant six mois au moins soit comme mousses, soit comme novices à bord des bâtiments de commerce ou des bateaux de pêche (art. 1er). Le novice âgé de dix-huit ans est, au bout d'un an d'embarquement, assimilé de plein droit aux matelots de troisième classe, sans toutefois être considéré comme inscrit à titre définitif ; l'art. 2 in fine veut en effet que, si après le temps de son engagement, il déclare renoncer à la navigation, sa radiation soit effectuée sans délai. L'art. 3 suppose qu'un novice est appelé par le sort à servir dans l'armée : il est dès lors placé dans la même position que les jeunes soldats de sa classe affectés au service de la flotte ; d'un autre côté, le décret lui donne le moyen de se soustraire aux inconvénients de cette situation : il peut, avant le tirage au sort, se faire porter à titre définitif sur les matricules de l'inscription : dès lors il est censé avoir satisfait à l'appel et bénéficie en conséquence du privilége établi par l'art. 14 de la loi du 21 mai 1832. 2° *Apprentis marins*. Tout individu âgé de plus de seize ans et de moins de vingt-trois ans accomplis peut, s'il est reconnu propre au service, contracter à ce titre un engagement de sept ans pour servir dans la marine ; au bout d'une année et s'il a atteint dix-huit ans révolus, il est porté à la troisième classe des matelots (art. 4). L'art. 5 indique les formalités que doivent remplir les engagés volontaires : les engagements à titre de novice sont reçus par les commissaires de l'inscription, dans les quartiers maritimes et par les intendants maritimes dans les villes de l'intérieur. Les engagements à titre d'apprenti marin sont contractés par-devant les maires des chefs-lieux de canton, avec le concours des commandants de dépôts de recrutement dans les villes de l'intérieur, avec le concours des commissaires de l'inscription dans les quartiers maritimes. Enfin l'art. 8 prescrivait la formation de compagnies de novices et d'apprentis marins dans les divisions des ports que désignerait le ministère de la marine ; les novices et apprentis marins ne pouvaient recevoir de destination à la mer qu'après avoir acquis dans ces compagnies l'instruction pratique nécessaire pour servir utilement à bord des bâtiments armés. Le décret de 1866 est venu laisser une plus grande part à l'initiative ministérielle : un simple arrêté détermine l'instruction que recevront les apprentis marins et les novices, ainsi que les conditions dans lesquelles ils seront placés soit à la terre, soit à bord avant d'être embarqués sur les bâtiments armés. Ceux d'entre eux qui auront été jugés impropres au service de la mer seront renvoyés dans leurs foyers avec un acte constatant qu'ils sont libérés de leur engagement, à moins qu'ils ne fassent partie d'un contingent du recrutement, auquel cas ils seront mis à la disposition du ministère de la guerre.

71. Un chapitre spécial du décret de 1863 est consacré aux réengagements et admissions, aux primes et aux congés qui en sont la conséquence. Tout d'abord l'art. 16 traite des novices qui, parvenus à l'époque où ils auraient droit à leur congédiement, demandent à rester au service de l'Etat ; ils sont admis à contracter l'engagement de compléter six années de service, à compter du jour où ils touchent la solde de matelots ou à souscrire un engagement de sept ans ; il leur est alloué, dès lors, une prime journalière de 25 cent., dont la première annuité leur est payée de suite. Cet engagement, dit la circulaire du 9 mai 1866, n'est définitivement accepté que lorsque le marin a été jugé apte à faire un bon service par une commission spéciale, dont la composition est déterminée par un arrêté ministériel et qui est formée dans chacune des divisions des cinq ports militaires, ou, s'il

en est besoin, dans les chefs-lieux des sous-arrondissements maritimes. On s'occupe ensuite des inscrits maritimes qui, à l'expiration de leur sixième année de service, demandent leur réadmission dans les cadres de l'armée de mer : sauf le cas où ils serviraient à titre de remplaçants, ils bénéficient d'une prime journalière (50 cent. pour les quartiers-maîtres, 40 cent. pour les hommes non brevetés), et dont la première annuité est immédiatement exigible. En outre, ils peuvent obtenir un congé temporaire de deux mois, avec demi-solde ; des frais de route leur sont alloués pour se rendre dans leurs foyers et en revenir. Ces réengagements sont assimilés aux engagements contractés par les novices, en ce sens qu'ils n'ont jamais lieu en cours de campagne ou dans les quartiers d'inscription, qu'à titre provisoire ; ils ne deviennent définitifs qu'à partir du jour où l'aptitude de l'inscrit maritime à continuer son service aura été constatée par la commission d'examen ; d'un autre côté, la décision de cette commission aura effet rétroactif, et le réengagement datera du jour où le marin aura été reçu à titre provisoire. Enfin, le ministre de la marine peut limiter les choix de cette commission, en fixant à l'avance le nombre des marins qui seront admis, soit à l'engagement, soit au réengagement. Aucune difficulté ne s'élève sur ces points si nettement précisés dans les art. 21 à 24 du décret de 1866.

72. Les contingents levés annuellement pour le service militaire ne contribuent que pour une portion minime au recrutement des équipages de la flotte ; aussi nous contenterons-nous de transcrire l'art. 104 du réglement général de 1866, qui résume sur ce point la plupart des instructions émanées du ministère de la guerre : « Le nombre des jeunes soldats à affecter à l'armée de mer est annuellement déterminé par le ministre de la marine et des colonies et mis à sa disposition par le ministre de la guerre. Les hommes de cette provenance sont fournis par les cantons littoraux, pro-

portionnellement à la force de leur contingent, ou, à leur défaut, par les cantons limitrophes. Ils doivent n'être pas âgés de plus de 23 ans, et avoir au moins la taille de 1 m. 620. Un sixième d'entre eux doit avoir au moins la taille de 1 m. 700 pour le canonnage. »

B

Avantages assurés aux gens de mer par les lois et réglements spéciaux.

73. Les gens de mer, appelés par l'inscription maritime à servir sur les bâtiments de l'Etat, se trouvent par ce fait même dispensés de tout service public. Art. 7 de la loi du 3 brumaire an IV : « Tout citoyen français, compris dans l'inscription maritime, est dispensé de tout service public autre que ceux de l'armée navale, des arsenaux de la marine et de la garde nationale dans l'arrondissement de son quartier. » En conséquence, l'art. 14 de la loi du 21 mars 1832 considère comme ayant satisfait aux appels pour le recrutement de l'armée, et comme devant être comptés en déduction du contingent à former les jeunes marins portés sur les matricules et qui se trouveraient appelés par leur numéro à faire partie d'un contingent ; on leur assimilait, conformément au système de la loi de brumaire, les ouvriers maritimes immatriculés ; nous rappelons que cette disposition a été abrogée par la loi du 4 juin 1864, et que les ouvriers maritimes sont désormais soumis aux charges du recrutement ; nous avons vu qu'ils se trouvaient assimilés aux jeunes soldats de leur classe affectés au service de l'armée de mer. De même, dispense expresse du service de la garde nationale mobile, formellement reconnue par la loi du 1er février 1868 ; quant au service de la garde nationale sédentaire, les marins rentrent dans le droit commun ; lors-

qu'ils ne sont plus en activité de service, c'est-à-dire lorsqu'ils ont achevé les six années qu'ils doivent passer réglementairement à bord des bâtiments de l'Etat, ils peuvent
être appelés à faire partie de la garde nationale dans les
communes où elle est organisée conformément à l'art. 3 du
décret du 11 janvier 1852. Encore des décisions ministérielles sont-elles venues postérieurement à la loi de brumaire, diminuer les charges que ce service pouvait faire
peser sur les inscrits maritimes ; ainsi, d'après une circulaire
du 14 décembre 1816, ils en sont dispensés lorsqu'ils sont
embarqués sur les bâtiments du commerce ou les bateaux
de pêche. Une seconde circulaire, en date du 5 octobre 1848,
décide qu'ils ne pourront être mobilisés avec les gardes nationales sédentaires lorsqu'elles sortent de leur quartier.
De plus, les marins se trouvent pendant un certain temps
dégrevés de toute réquisition, relativement au logement des
troupes : l'art. 1 de la déclaration du 21 mars 1778 porte :
« Nos officiers mariniers, matelots et autres gens de mer
classés jouiront, pendant qu'ils seront employés à notre
service et à notre solde, soit sur nos vaisseaux, soit sur nos
arsenaux et pendant quatre mois, après la cessation dudit
service, de l'exemption du logement des gens de guerre. »
Les exemptions de service militaire peuvent dans certains
cas, s'étendre aux frères non marins des inscrits maritimes ;
l'inscrit maritime est traité comme militaire en activité de
service et, dès lors, son frère appelé au service peut invoquer la disposition de l'art. 13, 6° et 7° de la loi du 21 mars
1832. D'après les instructions du ministre de la guerre, les
marins confèrent ce bénéfice à leurs frères dans quatre hypothèses : 1° Lorsqu'ils ont été déduits à titre d'inscrits maritimes du contingent de leur classe, mais seulement pendant
le temps qui s'écoule depuis le jour où ils ont été déduits du
contingent jusqu'à celui de la libération de la classe à laquelle ils appartiennent ; 2° Lorsque, sans même avoir été

déduits du contingent de leur classe, ils sont embarqués sur un bâtiment de l'Etat en temps de guerre ; 3° Lorsque, déduits ou non déduits du contingent de leur classe, inscrits à titre provisoire ou à titre définitif, ils sont décédés en activité de service ; 4° Lorsqu'ils ont été réformés ou admis à la retraite soit pour blessures reçues dans un service commandé, soit pour infirmités contractées dans l'armée de mer.

74. La déclaration du 21 mars 1778 énumérait la plupart des charges et services publics auxquels les gens de mer ne pouvaient être assujettis. En première ligne, l'art. 2 portait qu'ils ne pourraient être commandés pour les réparations, entretiens et constructions des chemins publics ou vicinaux dans les provinces où ils seraient domiciliés, ni pour autre ouvrage de même nature. Exception était faite, par l'art. 3, vis-à-vis des officiers mariniers ou matelots qui feraient trafic, tiendraient boutique, ou exploiteraient le bien d'autrui. Aucune disposition postérieure n'a dérogé à ce texte ; aujourd'hui encore, les marins en activité de service ne sont point soumis aux prestations en nature pour l'entretien des chemins vicinaux dans la commune où ils sont domiciliés ; ils jouissent d'un droit analogue à celui que la loi du 21 mai 1836 confère aux militaires de l'armée de terre. Nous avons à peine besoin d'ajouter que les inscrits maritimes qui ne pourraient être considérés comme étant actuellement en activité de service, ne bénéficieront à aucun point de vue de ces art. 2 et 3 ; la jurisprudence a formellement reconnu qu'un marin ne doit pas être exempté des prestations, par ce seul motif qu'il figure sur les listes de l'inscription maritime (Conseil d'Etat , 7 avril 1866. Lebon, 66, 318 — ibid., 27 février 1867. Lebon, 67, 218.) D'après l'art. 6, les gens de mer nommés tuteurs ou curateurs avant d'être appelés au service, devaient être déchargés desdites tutelles ou curatelles, et il était nommé sur avis

de parents un autre tuteur ou curateur en leur lieu et place, suivant la formule accoutumée. Cette exemption a été maintenue par l'art. 428 C. N., aux termes duquel les militaires peuvent se faire excuser de toute tutelle, curatelle ou conseil de famille. L'art. 7 consacrait en leur faveur un privilége important ; pendant le temps de leur service, les gens de mer devaient jouir de la surséance et suspensions de toute poursuite dans leurs procès et différends civils, de toute contrainte en leur personne et biens, sans qu'ils fussent obligés d'obtenir des lettres de relief ; la déclaration de 1778 ne faisait qu'appliquer un des principes de notre ancien droit constaté par Pothier (Prescr., n° 23), à savoir que « le temps de la prescription ne court pas contre le « propriétaire pendant qu'il est absent pour le service de « l'Etat, s'il n'y a personne chargé de ses affaires. » Les gens de mer ne figurent pas parmi les personnes en faveur desquelles les art. 2252 et sq. C. N. déclarent la prescription interrompue ; nous en concluons, conformément à l'art. 2251, qu'ils se trouvent, dans l'état actuel de notre législation, soumis à l'application des règles ordinaires. Les art. 4 et 5 contiennent une série de dispositions dont la plupart n'ont plus pour nous qu'un intérêt historique ; ainsi, interdiction aux gens de mer d'être nommés collecteurs des tailles ou de l'impôt du sel ; d'être séquestres ou administrateurs de biens ecclésiastiques, etc., etc. Tout ce que nous retiendrons de cette énumération, c'est qu'actuellement les marins en activité de service ne pourraient ni accepter aucune charge municipale, ni faire partie d'un conseil de fabrique, ni devenir administrateurs soit des hospices, soit des bureaux de bienfaisance ; ce ne sont là, au surplus, que des questions d'un intérêt secondaire et sur lesquels nous ne croyons pas devoir insister plus longuement.

73. En temps de paix, les inscrits maritimes sont admis

à suivre gratuitement les cours d'hydrographie ; l'art. 14
de l'ord. du 8 août 1825 ne fait que confirmer les dispositions
de l'ord. de 1681. En temps de guerre, ils ont droit à une
part proportionnelle dans le produit des prises faites par
l'équipage auquel ils appartiennent. Loi du 3 brumaire an
IV, art. 36 : « Le produit net des prises faites par les bâtiments de la République appartiendra aux équipages pre-
neurs et sera réparti suivant le réglement. » L'art. 9 de
l'arrêté du 9 ventôse an IX, qui fixe cette répartition, attribue le tiers de la prise aux officiers et à l'état-major, et les
deux tiers restants aux équipages. — Les salaires et parts de
prises des marins sont insaisissables ; une ordonnance du
1er novembre 1745 interdisait à tous particuliers et habitants des villes maritimes, qui se prétendaient créanciers
des matelots, de former, à raison desdites créances, aucune
action ni demande sur le produit de la solde que les matelots auraient gagnée sur les bâtiments marchands. Suivant
Merlin (Quest. de droit, V° gens de mer, § 7), cette ordonnance n'ayant jamais été enregistrée en Parlement, n'aurait point eu force exécutoire ; cette objection n'a plus
de portée depuis le décret-loi du 24 mars 1852, qui range
ses dispositions parmi les règles d'ordre public, auxquelles
les marins ne peuvent déroger conventionnellement. Le
principe d'insaisissabilité n'a reçu depuis que quelques rares
exceptions ; d'après l'art. 37 du réglement du 10 juillet 1816,
les parts de prises des marins, comme leurs salaires, sont
saisissables pour dettes contractées par eux ou leurs familles
à titre de loyers, substances et vêtements, et ce, du consentement du commissaire des classes, qui en aura fait préalablement apostille sur les matricules des gens de mer. —
Disposition analogue dans les art. 250 à 252 du décret du
11 août 1856, en ce qui touche les dettes alimentaires résultant des art. 203, 205, 214 C. N. Hors ces hypothèses extraordinaires, l'ordonnance de 1745 doit s'appliquer dans toute sa

rigueur, quelle que soit la cause et la nature de la créance
alléguée. Elle peut, avons-nous vu plus haut, être invoquée
contre tous habitants des villes maritimes : d'après l'opinion
commune, on doit considérer comme habitant une ville maritime, toute personne habitant une localité située dans un
arrondissement maritime, que cette localité soit ou non riveraine de la mer (Civ. Cass., 27 déc. 1854. Dev. 55, 1,
288). Elle déclare insaisissables toutes les parts de prise et
tous les salaires des matelots, c'est-à-dire tous les bénéfices
qu'ils auront recueillis dans la navigation ou la pêche maritime, que leur engagement ait eu lieu au mois ou à la part.
Nous dirons encore que cette insaisissabilité est absolue,
qu'elle survit au décès du marin, qu'elle survit même à sa
désertion ; un créancier ne pourrait avoir un droit quelconque sur les salaires du marin déserteur, qui sont attribués à la caisse des Invalides (Civ. Rej., 1866. Dev. 66,
1, 331). Une question plus délicate est celle de savoir si le
bénéfice de l'ordonnance de 1745 est réservé aux matelots proprement dits, ou bien à toute personne vivant de la
navigation maritime, quels que soient son rang et ses fonctions ; la difficulté se présente notamment vis-à-vis des officiers et des pilotes-côtiers. D'après une jurisprudence
bien constante, qui peut s'appuyer en outre sur l'opinion de
Merlin (Quest. de Dr. loc. cit.), les salaires des officiers et
des pilotes répondent des dettes par eux contractées (Req.
Rej., 11 vent. an IX. Dev. C. N., 1, 1, 430 ; Aix, 3 juin
1829. Dev. C. N., 9, 2, 279 ; Rouen, 25 mars 1859. Dev.,
60, 2, 135). Tous ces arrêts se fondent sur cette considération, que les priviléges sont de droit étroit ; or, l'ordonnance n'a parlé que des matelots proprement dits et non
des personnes appartenant à un autre titre à l'équipage.
Ajoutons que l'intitulé même de l'ordonnance ne nous paraît
laisser place à aucun doute ; il annonce deux séries de dispositions relatives les unes à « tous officiers mariniers et

gens des équipages, » les autres spéciales aux « matelots ».
L'antithèse est frappante et nous indique nettement la véritable pensée du législateur.

76. Un des priviléges les plus importants des gens de
mer, qu'ils soient ou non compris dans l'inscription maritime, est de pouvoir exiger leur rapatriement, au cas où ils
seraient délaissés, soit à l'étranger, soit dans les possessions françaises d'outre-mer. Cette obligation incombe à
l'armateur, comme conséquence du contrat intervenu entre
lui et les matelots, et de l'embarquement qui a eu lieu ;
conséquence tellement nécessaire, que le décret-loi du
4 mars 1852 interdit aux matelots d'y déroger conventionnellement : si l'armateur ne pourvoit pas lui-même au
rapatriement, l'Etat doit se substituer à lui, sauf à exiger
plus tard le remboursement des sommes qu'il aura avancées. Un arrêté du 5 germinal an XII et un décret du
7 avril 1860 ont réglementé cette matière en résumant une
série de textes législatifs pour la plupart antérieurs à la
Révolution. Tout d'abord, dans quels cas les frais de rapatriement devront-ils incomber à la charge de l'armateur?
L'art. 253, C. Co. nous parle d'un voyage commencé, qui
aura été rompu par le fait des armateurs, officiers ou capitaines ; c'est l'application la plus logique et la plus naturelle au
principe que nous avons posé plus haut. En sens inverse, il
est possible que l'engagement soit rompu par le fait même
du matelot, art. 2 de l'arrêté du 5 germinal an XII : « La
conduite sera pareillement payée auxdits gens de mer qui
seront débarqués pendant le cours des voyages, par ordre
des commissaires des relations commerciales, et autres
agents établis par le gouvernement dans les pays étrangers, ou des officiers d'administration préposés à l'inscription maritime dans les ports de la République, pour faire
cesser les troubles que leur présence aurait occasionnés ou
pourrait faire naître dans les navires, ou pour d'autres

causes particulières qui auraient fait juger ce débarquement nécessaire ; suivant les motifs qui y auront donné lieu et dont il devra être fait mention sur le rôle d'équipage, l'ordre de débarquement statuera si la conduite sera déduite sur les gages des marins, ou si elle sera payée en sus au compte des armateurs et chargeurs. » L'art. 3 s'occupe spécialement des marins délaissés pour cause de maladie, et enjoint aux capitaines de pourvoir à la dépense que lesdits marins pourraient faire dans les hôpitaux, d'avancer une somme suffisante pour leur retour, ou pour fournir, en cas de mort, à leur sépulture. Les capitaines sont, au surplus, autorisés, à défaut de sommes suffisantes, à présenter une caution solvable qui devra faire sa soumission aux bureaux de l'inscription maritime ou dans la chancellerie consulaire. L'art. 7 autorisait, sauf certaines restrictions, les marins naufragés à réclamer leur rapatriement aux frais de l'armateur : « En cas de naufrage des navires, le produit des débris, agrès et apparaux, et le fret sur les marchandises sauvées étant spécialement affectés aux gages des équipages, et aux frais de leur retour, les officiers mariniers, matelots et autres gens de mer, seront traités, pour la conduite dont ils auront besoin, conformément aux dispositions dn présent arrêté, tant qu'il y aura des fonds provenant desdits navires, ce qui sera exactement vérifié par les officiers ou fonctionnaires publics qui auront fait procéder au sauvetage et réglé le compte du produit des effets sauvés. » Le décret du 7 avril 1860 est venu généraliser les prescriptions du Code de Commerce et de l'arrêté de germinal. Désormais le rapatriement aura lieu aux frais de l'armateur, quelle que soit la cause qui ait motivé le délaissement du matelot ; sont seuls exceptés les matelots déserteurs ou ceux qui auraient été débarqués, soit pour passer en jugement, soit pour subir une peine quelconque. Les frais de rapatriement incombent alors à la charge de l'Etat, à moins d'une décision spéciale de l'autorité compétente qui les ferait peser sur les hommes débarqués (art. 15). Nous avons à peine besoin de faire remarquer qu'en dehors de ces deux exceptions, l'obligation au rapatriement sera toujours imposée à l'armateur, qu'il s'agisse d'un voyage au long cours ou d'un voyage au cabotage : » *Ubi eadem ratio, ibi idem jus.* » (Civ. Cass. 28 novembre 1866. Dev. 67, 1, 37.)

77. Le rapatriement est dû par l'armateur vis à vis de tout marin faisant partie de l'équipage à quelque titre que ce soit; il ne pourrait y avoir de doute que si l'individu rapatrié était le capitaine du bâtiment, et en effet, l'art. 218 C. Co. accorde à l'armateur le droit de congédier sans indemnité le capitaine, lorsqu'il n'y a pas de convention contraire constatée par écrit; or, en obligeant l'armateur à supporter les frais de rapatriement, ne l'oblige-t-on pas par voie indirecte à payer une sorte d'indemnité? La jurisprudence ne s'est point arrêtée à cette objection; pour elle le rapatriement ne peut être considéré comme une indemnité; c'est, nous le répétons, une conséquence du contrat intervenu entre le capitaine et l'armateur, conséquence à laquelle ce dernier ne peut sous aucun prétexte se soustraire. (Rej. Req. 8 mars 1832. Dev. 32, 1, 256). Le mode suivant lequel sera effectué le rapatriement des marins délaissés est minutieusement déterminé par le décret du 7 avril 1860. D'après l'art. 5, ces marins doivent être renvoyés en France par la voie de mer plutôt que par la voie de terre, par bâtiments de l'Etat plutôt que par bâtiments du commerce, par navires français plutôt que par navires étrangers ; le règlement de 1866 ajoute : par bâtiments à voiles plutôt que par bâtiments à vapeur. Ils sont embarqués à titre de remplaçants, de passagers gagnant leur passage ou enfin de simples passagers ; le premier mode de rapatriement doit être préféré au second, et le second au

troisième. Viennent ensuite des dispositions relatives au nombre de remplaçants qui peut être imposé à chaque capitaine et à la fixation des salaires alloués éventuellement aux remplaçants (art. 5 in fine et 6). L'art. 7 règle tout ce qui a trait aux prix du passage et aux indemnités que peuvent réclamer les capitaines du commerce. « A bord des bâtiments de l'Etat, le passage est gratuit pour les hommes provenant des navires du commerce. A bord des navires du commerce français, le prix du passage est fixé conformément au tarif de l'art. 9 ci-après, mais seulement dans la proportion ci-dessus indiquée d'un rapatrié par cinquante tonneaux. Cette proportion dépassée, et elle ne doit l'être qu'en cas d'urgence, le prix du passage est débattu de gré à gré pour les hommes embarqués en excédant. A bord des navires du commerce étranger, le prix du passage est réglé de gré à gré avec le capitaine du navire par l'autorité coloniale ou consulaire. Ce prix doit être l'objet d'un contrat fait en double, dont une expédition est remise à chacune des parties contractantes. A son arrivée à destination, le capitaine français est payé par les soins de l'administration de la marine du port où il aborde sur le vu de son rôle d'équipage ; le capitaine étranger est payé sur le vu du contrat dont il est porteur. Lorsque le capitaine étranger l'exige, le prix du passage peut lui être payé d'avance, soit en totalité. Le prix du passage doit être réglé au point de départ du navire, et dans aucun cas, le soin de le stipuler n'est laissé à l'administration du port d'arrivée. » Les capitaines au long cours sont assimilés quant au traitement, aux officiers de la marine impériale : à bord des bâtiments de l'Etat, ils sont admis à la table de l'état major ; à bord des navires du commerce, ils sont admis à la table du capitaine. Le décret ne s'explique pas sur le cas où le rapatriement aurait lieu par la voie de paquebots affectés à des transports périodiques de voyageurs ; à quelle classe de passagers sont assimilés, soit les matelots, soit les officiers des navires de commerce ? Une jurisprudence, que nous approuvons sans réserve, accorde toute latitude au consul ou à l'agent chargé de discuter les conditions du transport ; libre à lui de faire rentrer les gens de mer rapatriés dans telle ou telle catégorie et d'apprécier la position qui doit leur être donnée à bord. (Bordeaux, 31 juillet 1865. Dev. 66, 2, 159).

78. Outre le rapatriement, les matelots ont droit à la conduite de retour, c'est-à-dire à une indemnité de route pour se rendre dans leurs quartiers du port de France où ils ont été débarqués. L'art. 11 du décret du 7 avril 1860 est ainsi conçu « Les gens de mer naviguant pour le commerce ont droit à une indemnité de route pour se rendre dans leurs quartiers, s'ils ne sont pas ramenés dans le port d'armement du navire à bord duquel ils étaient embarqués. Les gens de mer débarqués hors de France et rapatriés et ceux qui ont été embarqués en cours de voyage peuvent exiger l'indemnité de route pour regagner leurs quartiers, lors même qu'ils sont ramenés au port d'armement du navire. Les chirurgiens, subrécargues, cuisiniers, domestiques et autres personnes ou agents non inscrits, faisant partie de l'équipage d'un navire du commerce ont droit à une indemnité de route si le navire ne les ramène pas au port d'armement, ou s'ils sont débarqués en cours de voyage par une cause indépendante de leur volonté. » Joignons l'art. 9 accordant cette indemnité de conduite aux marins rapatriés par la voie de terre. « Quand le rapatriement des hommes délaissés à l'étranger a lieu par voie de terre, ils reçoivent les indemnités de route fixées par l'art. 12. » Le taux de l'indemnité se trouvait déterminé par l'art. 12 ; pour les capitaines au long cours, elle était de 0,20 sur les voies ordinaires, de 0,11 sur les voies ferrées ; pour les matelots et autres gens du bord,

de 0,15 sur les voies ordinaires, de 0,085 sur les voies ferrées. Aucune autre allocation n'était due règlementairement
pour logement, nourriture, transport de bagages, etc., etc.
Ces dispositions ont été modifiées par un décret du 14 septembre 1864 ; l'indemnité de route est fixée à la somme strictement nécessaire pour que le marin débarqué puisse se rendre
dans son quartier ou regagner le port d'armement du navire par la voie régulière la moins coûteuse ; elle comprend
en outre le prix du transport des bagages et les frais de
nourriture calculés à raison de six francs par vingt-quatre
heures de route pour les capitaines au long cours et de
trois francs pour toute autre personne. Les capitaines au
long cours ont droit au prix des places de seconde classe
sur les chemins de fer, et au prix des places de première
classe dans les voitures et à bord des bateaux à vapeur.
Toute autre personne n'a droit qu'au prix des places de
dernière classe. En cas de contestation entre les armateurs
et les personnes réclamant la conduite, les commissaires
de l'inscription maritime détermineront le chiffre de l'indemnité à allouer conformément aux indications ci-dessus
(art. 1 à 3). Le décret-loi du 4 mars 1852 assimile les frais
de conduite aux frais de rapatriement proprement dits en
ce sens que le matelot ne peut y renoncer à l'avance ; mais
d'un autre côté, on admet parfaitement que des conventions
spéciales peuvent lors de l'engagement intervenir entre le
matelot et l'armateur pour en modifier le taux légal ; les
tarifs de 1864 ne s'appliqueront donc qu'au cas où une dérogation spéciale n'aurait pas été stipulée par contrat. C'est
ce qui résulte d'un rapport ministériel approuvé par décision impériale en date du 22 mars 1862. « Les dispositions
« de l'art. 12 ont, en ce qui concerne les gens de mer se
« rendant dans leurs quartiers, donné naissance à des ré-
« clamations assez vives, fondées sur ce que, dans bien des
« cas, les marins débarqués dans un port autre que celui

« où le navire avait été armé trouvaient à se rengager dans
« ce port ou dans un port voisin, et qu'ainsi l'armateur
« était grevé de frais de conduite qui n'étaient nulle-
» ment motivés. Présentées d'une manière générale, .ces
« prescriptions peuvent, en effet, entraîner des abus et
« imposer à notre marine marchande une charge assez
« lourde et qui n'est pas justifiée. Je crois donc que ces
« frais de conduite peuvent, comme d'autres conditions de
« l'engagement, être laissés à la liberté des stipulations
« entre les armateurs et les gens de mer, et que pour
« sauvegarder les intérêts sur lesquels l'Etat doit étendre
« le plus particulièrement sa sollicitude, il suffit de décla-
« rer qu'en l'absence de toute stipulation spéciale, les dis-
« positions du décret du 7 avril continueront à être ap-
« pliquées. »

79. L'art. 13 du décret de 1860 veut assurer aux gens
de mer le paiement effectif des frais de conduite et de rapatriement; il décide en conséquence que les sommes dues à
ce titre aux gens de mer ne pourront être atténuées ou com-
pensées par celles qu'ils doivent à l'armement. L'art. 14
énumère les choses sur lesquelles peut être poursuivi le
remboursement de ces frais. « Les frais de subsistance,
d'entretien, de rapatriement et de retour au quartier des
individus provenant de l'équipage d'un navire de commerce
sont à la charge de l'armement au même titre que les loyers
de l'équipage, quel que soit le mode d'engagement des hommes. Ces frais, de même que les loyers des gens de mer,
sont imputés sur le navire et subsidiairement sur l'ensemble des frets gagnés depuis que le navire a quitté son port
d'armement et n'incombent au trésor qu'après l'épuisement
de cette double garantie. Dans les armements au fret ou à
la part, les dépenses occasionnées par la subsistance, l'entretien et le rapatriement de l'équipage, ainsi que par le
renvoi dans leur quartier des hommes qui le composent, sont

supportées par le navire et subsidiairement par les portions de fret ou par les parts afférentes à l'armateur, les portions de fret et parts attribuées à l'équipage étant considérées comme salaires et ne pouvant dès lors être affectées à ces sortes de dépenses. » La légalité de ce texte a été dans la doctrine comme dans la jurisprudence l'objet des plus vives controverses ; en effet, il commence par poser en principe que les frais de conduite et de rapatriement sont à la charge de l'armateur au même titre que les loyers de l'équipage. Or supposons le cas de rapatriement à la suite de naufrage : d'après l'art. 259 C. Co., les frais de rapatriement ne pourraient être réclamés que sur les débris du navire et subsidiairement sur le fret afférent au voyage pendant lequel le naufrage a eu lieu. Et, voici que le décret de 1860 accorde aux gens de mer ou au trésor qui leur est substitué la faculté d'agir non-seulement sur le fret spécial à ce voyage, mais sur tous les frets gagnés depuis que le navire a quitté son port d'armement. Un simple décret a-t-il pu outre-passer les termes de la loi commerciale et imposer une charge aussi grave à toute une catégorie de citoyens ? La plupart des chambres de commerce en ont énergiquement repoussé l'application, rappelant que le seul domaine d'un décret peut être soit de développer, soit d'interpréter une loi antérieure. La Cour suprème ne s'est point arrêtée devant ces protestations ; elle applique l'art. 14 de la manière la plus rigoureuse (Req. Rej. 28 nov. 1865. D. P. 67, 1, 224 ; Civ, Cass. 27 et 28 nov. 1866. Dev. 67, 1, 37 ; Civ. Cass. 27 février 1867. Dev. 67, 1, 100). Quelques Cours impériales s'associent à ce système (Montpellier, 22 mai 1867. D. P. 67, 2, 91 ; Rennes, 30 août 1866. D. P. 68, 2, 25). Mais la Cour d'Aix se refuse, de son côté, à reconnaître force exécutoire au décret : deux arrêts des 16 juillet 1867 et 24 juin 1869 (Droit du 16 septembre 1869) ont déclaré non-recevables les actions intentées par les commissaires de la marine dans les termes de cet art. 14. En ce qui touche les inscrits maritimes, dont nous nous occupons spécialement, la discussion n'offre qu'un bien moindre intérêt : ces marins se trouvent dans une position à part qui peut jusqu'à un certain point légitimer les prétentions soutenues contre les armateurs. L'Etat, dit notre savant confrère M. Debacq dans la note qui accompagne l'arrêt de Rennes, prête à la marine marchande les hommes dont celle-ci a besoin ; mais il ne les lui prête qu'à la condition que la marine marchande les lui rende au lieu où elle les a pris. Il peut, pour assurer l'acquittement de cette dette, imposer aux armateurs toutes les conditions qu'il jugera nécessaires ; en un mot, le décret du 7 avril 1860 se borne à appliquer les lois sur l'inscription maritime, à faciliter l'exécution de ces lois en réglant les conditions et le mode suivant lesquels les gens de mer momentanément engagés au service du commerce doivent être ramenés à leur quartier d'inscription et y être remis à la disposition de l'Etat.

80. Les marins qui ont avancé de leurs deniers les frais de rapatriement ou de conduite ont action directe contre l'armateur : cette action appartiendra également à l'administration de la marine, lorsque les avances auront été faites par les commissaires de l'inscription ou les agents consulaires. (Bordeaux, 22 juin 1863. Dev. 64, 1, 64 ; Civ. Cass. 26 et 27 novembre 1866. Dev. 67, 1, 37.) L'Etat peut poursuivre ce remboursement par tous les moyens, soit judiciaires, soit extrajudiciaires. Ainsi, par exemple, on a admis qu'au cas où un armateur n'aurait pas rempli ses obligations envers l'Etat, et où la formation d'un nouveau rôle d'équipage lui aurait été refusée pour ce motif, cet armateur ne pourrait prétendre qu'il y a eu retard imputable à l'administration de la marine, et réclamer contre elle des dommages-intérêts. (C. d'Etat., 15 août 1834. — Lebon, 34, 561.) Reste à savoir dans quel délai l'action

devra être intentée par les gens de mer ou par l'Etat. On a proposé d'appliquer ici la prescription annale. Le décret de 1860, dit-on, assimile, quant à leur recouvrement, les frais de conduite et de rapatriement aux loyers des matelots ; or, d'après l'art. 443, C. Co., les actions concernant le fret, les gages ou les salaires, la nourriture des gens de mer, l'équipement du navire, la délivrance des marchandises se prescrivent par un an : pourquoi, dans l'espèce, ne pas appliquer le principe que toutes les contestations relatives aux voyages maritimes doivent être tranchées dans le plus bref délai ? Nous répondrons que l'on s'est mépris sur la portée véritable du décret de 1860 : l'assimilation des frais de rapatriement et des loyers n'a lieu que lorsqu'il s'agit de déterminer le gage du créancier ; tel est le sens le plus logique de l'art. 14. Dès lors nous nous trouvons obligés d'appliquer le droit commun, c'est-à-dire d'accorder un délai de trente ans pour poursuivre l'armateur. (Civ. Cass. 27 juin 1829 ; Dev. C. N. 9, 1, 302. — Angers, 29 janvier 1830 ; Dev. C. N. 9, 2, 386.) La fixation du point de départ de cette prescription donne également lieu, dans la pratique, à de nombreuses difficultés : les arrêts décident généralement qu'elle a commencé à courir du jour où l'administration a été officiellement informée du rapatriement ; au cas de naufrage, par exemple, à partir du jour où le consul aura reçu les pièces constatant le sinistre, où les marins naufragés seront rentrés en France ; en un mot application de l'adage : « Contra non valentem agere, non currit præscriptio. » (Req. Rej. 16 juillet, 1860 ; Dev. 60, 1, 839 ; Rennes, 30 août 1866. D. P. 68, 2, 25.) M. Debacq propose, au contraire, de décider que la prescription ne courra qu'à compter du jour où aura eu lieu le désarmement administratif ; c'est à cette époque seulement que la dette du marin sera devenue liquide et exigible. En ce sens, on invoque la déclaration du 18 décembre

1728, et l'arrêt du conseil du 29 janvier 1754, fixant le point de départ de la prescription, en ce qui touche le loyer des matelots. Mais, nous le répétons, il nous paraît impossible d'assimiler au point de vue qui nous occupe le loyer des matelots et les frais de rapatriement. Nous reconnaissons volontiers que le système des arrêts a cet immense désavantage de ne point donner au délai de la prescription un point de départ certain pour toutes les hypothèses ; mais, dans le silence du législateur, nous ne pouvons que nous référer aux règles ordinaires : la prescription courra du moment où l'administration s'est trouvée en mesure d'agir utilement contre son débiteur.

81. Les délégations de solde permettent aux inscrits maritimes en cours de campagne, de subvenir aux besoins de leurs familles. D'après l'art. 75 du décret du 11 août 1856, les officiers mariniers, quartiers-maîtres et matelots, en activité de service, ont la faculté de déléguer à leur famille ou à des tiers une portion de leur solde, dont la quotité est déterminée par les règlements. Ces délégations doivent être faites devant le commissaire de l'inscription maritime. Le tarif n° 4, annexé à ce décret, fixe le montant desdites délégations, et une dépêche ministérielle du 8 juin 1864 rappelle à l'administration des ports que toute demande de délégation excédant les fixations du tarif devra être écartée ; que ces fixations constituent un minimum qui ne pourra être dépassé en aucun cas. D'autre part, l'art. 78 du décret établit que des délégations ou retenues pour cause d'aliments pourront être inscrites d'office dans les cas prévus par les art. 203, 205, 214, C. N. Cette inscription d'office aura lieu, en vertu d'une décision prise par le préfet maritime, d'après le résultat d'une enquête faite par le commissaire de l'inscription maritime, s'il s'agit de marins inscrits ; par le commissaire aux armements, s'il s'agit d'hommes du recrutement, d'engagés volontaires

ou surnuméraires. Le décret n'a pas fixé à l'avance le montant légal de ces délégations ; il se contente seulement de
dire que, dans aucun cas, elles ne pourront excéder le tiers
de la solde allouée aux marins en service. Les délégations
souscrites par les gens de mer continuent d'avoir leur effet
pendant toute la durée du service, à moins qu'elles ne
soient formellement révoquées. La révocation des délégations consenties volontairement ne peut être refusée en aucun cas ; quant à la révocation des délégations obligatoires,
elle peut être accordée exceptionnellement par le préfet
maritime sous condition d'une enquête : bien entendu, elle
n'est admissible que s'il est justifié, par le marin, d'une
cause qui légitime la perception de sa solde entière. L'article 134 de l'Ordonnance du 11 octobre 1836 supposait
qu'un bâtiment avait disparu en pleine mer, et prescrivait
que les portions de solde déléguées aux parents et alliés
continuassent à être versées entre les mains des délégataires, pendant un laps de temps qui variait de un an à
trois, suivant la destination pour laquelle le bâtiment aurait été expédié. L'art. 25 du décret du 11 août 1856 est
conçu dans des termes beaucoup moins larges : les délégations consenties par les marins embarqués, au profit de
leurs femmes, ascendants ou descendants, continueront
seules à être payées au cas de disparition d'un bâtiment de
l'Etat ; et ce, jusqu'à l'expiration des délais suivants : six mois
pour les bâtiments destinés à naviguer dans les mers d'Europe ou de la Méditerranée ; un an pour les bâtiments destinés à naviguer au delà du cap Horn et du cap de Bonne-
Espérance, et dans les mers polaires du Nord et du Sud.
Dans l'hypothèse où aucune délégation de solde n'aurait été
souscrite par les matelots, le décret de 1856, reproduisant
à peu près les art. 135 et 136 de l'Ordonnance de 1836, al-
loue aux femmes et enfants des marins des secours représentant la portion de solde, que ceux-ci auraient été auto-

risés à déléguer : la durée de ces secours est réglée conformément aux distinctions que nous venons d'établir ; en
outre, les ascendants des marins inscrits auront droit à une
indemnité équivalente à deux mois de solde.

82. Les délégations de solde n'ont été autorisées en faveur
des marins du commerce qu'à une époque toute récente ;
d'après l'usage ancien, elles étaient remplacées par des
avances délivrées à ces marins avant le départ du navire.
La jurisprudence décidait que cet usage avait force de loi
et devait être observé par les armateurs et capitaines s'il n'y
avait dérogation formelle (Trib. Comm. de Marseille, 9 janvier 1835. Dalloz, V° Dr. maritime, n° 680.) En 1858, les
Chambres de commerce furent consultées sur la question
de savoir s'il convenait ou non de le maintenir ; quelques-
unes d'entre elles proposèrent de permettre aux marins embarqués sur les bâtiments du commerce d'abandonner à leur
famille une portion de leurs loyers que les armateurs ver-
seraient dans la caisse des gens de mer ; le paiement de
ces sommes serait fait aux ayant droit par les soins de
l'administration. Malgré l'opposition de la plupart des armateurs, le ministère de la marine résolut de donner satisfaction à ce vœu. D'après l'art. 1er de l'arrêté du 22 mars 1862,
à la revue de départ des navires du commerce, le commissaire de l'inscription maritime invitera les hommes de l'équipage à faire connaître la portion de leurs salaires qu'ils
entendent déléguer. L'art. 2 autorise les capitaines à déléguer telle portion de salaires qu'il leur conviendra ; pour les
autres officiers du bord, le maximum des délégations est fixé
à la moitié de leurs salaires ; pour les simples matelots au tiers
seulement : toutefois, il sera facultatif de dépasser ces limites, avec l'assentiment des armateurs. On prescrit, en outre,
de faire immédiatement mention sur le rôle d'équipage, à
l'article de chacun des déléguants, de la quotité des délégations autorisées. Quant aux délégations d'office, elles peu-

vent être imposées aux marins du commerce comme à ceux
de l'Etat, dans les hypothèses des art. 203, 205, 214 C. N.
(art. 3). L'arrêté fixe ensuite la manière suivant laquelle
sera acquitté le montant de ces délégations. On se trouvait
ici en présence d'un embarras assez sérieux et que les armateurs avaient eu soin de signaler au ministère de la marine.
D'après l'art. 258 C. Co., disaient-ils, aucun salaire n'est
dû à l'équipage en cas de naufrage du navire ; or, en les
obligeant à verser, à certaines époques déterminées, une
somme fixe entre les mains des délégataires, ne les expose-
rait-on pas à payer à des gens insolvables une portion
de salaires qui, par suite d'un événement postérieur, pourrait n'avoir jamais été due aux matelots ? L'art. 4 concilie
les intérêts des armateurs et ceux des délégataires. Chaque
traversée heureusement accomplie peut être considérée
comme un voyage distinct et le marin, à l'issue de chaque
traversée, a définitivement droit à une portion du salaire
stipulé ; aussi, à partir de ce moment, l'armateur peut-il
être obligé à faire remettre aux délégataires la portion de
salaires spécialement afférente à cette traversée. « Lorsqu'il sera parvenu dans une colonie française ou dans un
port étranger, tout capitaine qui voudra se faire réexpédier
pour une colonie française ou pour un port étranger, devra
faire régler par l'autorité compétente les salaires des hommes
composant son équipage, jusqu'au jour où il réclamera son
rôle pour reprendre la mer. Il sera tenu de remettre le
montant de ces salaires entre les mains du commissaire de
l'inscription maritime, du consul ou du vice-consul, au moyen
d'une traite tirée sur son armateur, à l'ordre du trésorier
des Invalides de la marine du port d'armement du navire.
Cette traite, accompagnée d'un état nominatif indiquant la
répartition à faire des sommes qu'elle représentera, sera
directement adressée au ministre ; les paiements partiels,
ainsi effectués, seront mentionnés à l'article de chacun des

hommes de l'équipage...» L'art. 5 enjoint aux commissaires de l'inscription maritime du port d'armement d'assurer à qui de droit le paiement des sommes déléguées, aussitôt que les armateurs auront acquitté les traites tirées sur eux par leurs capitaines ; le restant des salaires demeurera déposé dans la caisse des gens de mer, pour être remis aux marins à leur rentrée en France, et à défaut, à leurs héritiers ou ayant droit.

83. L'art. 28 de la loi du 3 brumaire an IV est conçu en ces termes : « Il sera accordé aux marins inscrits des pensions suivant leur grade, âge, blessures ou infirmités ; ces pensions seront réglées sur la durée de leurs services à bord des bâtiments et dans les arsenaux de la République, et sur les navires du commerce. » Ainsi, l'Etat ne se borne pas à accorder des secours aux inscrits maritimes qui, pendant toute leur carrière, sont restés à son service ; les marins du commerce sont l'objet de sa sollicitude : il veut qu'à l'âge où les infirmités les condamneront au repos, ils soient assurés de trouver un moyen de subsistance. La seule différence entre les marins de l'Etat et ceux du commerce consiste dans le taux de la pension qui leur est allouée. 1° *Pensions de retraites proprement dites*. D'après les art. 1 et 2 de la loi du 18 août 1831, le droit à la pension est acquis pour les marins de tous grades à vingt-cinq ans accomplis de service effectif ; les années de service effectif se compteront de l'âge de 16 ans. Aux marins, la loi du 28 juin 1862 assimile les contre-maîtres, aides-contre-maîtres, ouvriers, apprentis et journaliers des professions maritimes et autres agents du département de la marine, énumérés par les tarifs annexés à ladite loi ; ici encore, vingt-cinq années de service suffisent pour que la pension puisse être accordée. L'art. 12 de la loi de 1831 dispose que les blessures donnent droit également à la retraite lorsqu'elles sont graves et incurables, et qu'elles proviennent d'événements de guerre

ou d'accidents éprouvés dans un service commandé ; il en est de même des infirmités provenant de fatigues ou d'accidents survenus au cours du service. Les causes, la nature et la suite des blessures ou infirmités devaient être justifiées dans les formes et les délais qui auraient été-déterminés par un réglement d'administration publique ; on peut consulter sur ce point les ord. royales des 26 janv. et 11 sept. 1832. Enfin, les art. 13 et 14 fixent l'époque à partir de laquelle la pension pour blessures ou infirmités devient exigible ; droit immédiat si les blessures ou infirmités ont occasionné la cécité, l'amputation, la perte absolue de l'usage d'un ou de plusieurs membres : dans les cas moins graves, la pension ne sera servie que du jour où le marin sera hors d'état de servir et de pourvoir à sa subsistance. La quotité des pensions est encore calculée d'après les tarifs annexés à la loi de 1832 ; chaque année de service, au-delà du terme de vingt-cinq ans, ajoute à la pension un vingtième de la différence du minimum au maximum ; le maximum sera atteint après quarante-cinq années de service effectifs. De plus, les marins ayant le temps de service exigé pour la pension d'ancienneté·sont admis à compter en sus les bénéfices de campagne, d'après les règles inscrites en l'art. 7. Est compté pour le double de sa durée effective le service qui aura été fait : en temps de guerre maritime à bord d'un bâtiment de l'Etat; à terre, en temps de guerre, soit dans les colonies françaises, soit sur d'autres points, hors d'Europe, pour les individus envoyés d'Europe ; le temps de captivité des marins faits prisonniers sur les bâtiments de l'Etat; le temps de navigation des voyages de découverte ordonnés par le gouvernement. Est compté pour moitié en sus de sa durée effective : le service en temps de paix maritime à bord d'un bâtiment de l'Etat ; le service en temps de paix, soit dans les colonies françaises, soit hors d'Europe, pour les individus envoyés d'Europe. 2° *Pensions de demi-solde*. Loi du 28 juin 1862, art. 4 : « La pension dite demi-solde des marins réunissant vingt-cinq ans accomplis, soit de service pour le compte de l'Etat, soit de navigation sur les bâtiments du commerce, est fixée conformément au tarif n° 2, annexé à la présente loi. Cette pension ne peut être réclamée par l'ayant droit avant l'âge de cinquante ans accomplis, à moins qu'il ne justifie d'infirmités contractées au service de l'Etat et qui le mettent dans l'impossibilité de continuer la navigation. » La circulaire ministérielle du 2 juillet 1862 veut que cette impossibilité de continuer la navigation soit justifiée par la production du certificat qui aurait motivé le congédiement ou la réforme, et par la déclaration d'officiers de santé portant que l'état actuel du malade se rattache à l'infirmité constatée dans le temps. En outre de ces pensions, le ministère de la marine peut accorder certains secours extraordinaires, soit aux marins obligés, par suite d'infirmités, d'abandonner leur profession avant l'époque où ils auraient eu droit à une pension, soit aux anciens pensionnaires aveugles, mutilés, ou tombés dans l'indigence. De plus, les marins peuvent réclamer une allocation extraordinaire de deux ou trois francs par mois pour chacun de leurs enfants âgés de moins de dix ans. L'art. 7 de la loi du 28 juin 1862 maintient ce subside, créé par le réglement du 13 mai 1791, à l'effet d'aider les demi-soldiers à élever des enfants qu'ils destinent le plus souvent à la navigation.

84. Le titre III de la loi du 18 avril 1831 permet d'attribuer dans certains cas une pension aux veuves des gens de mer. Art. 19 : « Ont droit à une pension : 1° les veuves d'officiers marins ou autres qui ont péri dans un combat ou qui ont péri dans un service commandé ou requis ; 2° les veuves d'officiers marins ou autres, qui ont péri sur les bâtiments de l'Etat ou dans les colonies, et dont la mort a été causée soit par des événements de guerre, soit par des maladies contagieuses et endémiques, aux influences desquelles ils ont

été soumis pour les obligations de leur service ; 3° Les veuves d'officiers marins ou autres, qui sont morts de blessures reçues, soit dans un combat, soit dans un service commandé ou requis, pourvu que le mariage soit antérieur à ces blessures. » La jurisprudence reconnaît également le droit à la pension lorsque les blessures proviennent d'un accident survenu à bord du bâtiment où se trouvait embarqué le marin (C. d'Etat, 4 août 1864. Lebon, 64, 730). « 4° Les veuves d'officiers marins ou autres personnes mentionnées dans le tarif, morts en jouissance de la pension de retraite ou en possession de droits à cette pension, pourvu que le mariage ait été contracté deux ans avant la cessation de l'activité du mari, ou qu'il y ait eu un ou plusieurs enfants issus du mariage antérieur à cette cessation. Dans les cas prévus par le présent article, le mariage contracté par les officiers et autres en activité de service, n'ouvrira de droit à la pension aux veuves et aux enfants qu'autant qu'il aura été autorisé dans les formes prescrites par les décrets des 16 juin et 3 août 1808. » Ainsi deux conditions : d'abord le mari devait jouir de sa pension de retraite, d'où question de savoir si la condition légale se trouve remplie alors que le droit à cette pension était incontestablement ouvert en faveur du mari, mais que la liquidation n'en avait pas encore eu lieu. Un avis du Conseil d'Etat du 6 mai 1856 se prononçait dans le sens de la négative ; même solution dans l'arrêt du 7 mars 1857 (Lebon, 57, 372). Cette doctrine nous paraît beaucoup trop rigoureuse ; pour nous, du moment où la demande en liquidation est formée par le mari et appuyée sur les faits réels, l'Etat est débiteur de la pension de retraite ; nous ne comprenons guère comment, en bonne logique, on peut faire tourner contre la veuve les délais de l'instruction, délais pendant lesquels le mari est mort avant d'avoir obtenu sa pension. — En second lieu, le mariage doit avoir été contracté deux ans avant que le mari cessât ses fonctions actives. Ici

se présente une hypothèse assez délicate : un officier général vient à contracter mariage alors qu'il se trouve placé
dans le cadre de réserve ; doit-il être considéré comme
étant encore à ce moment en activité de service, et sa veuve
pourra-elle réclamer la pension dans les termes du 4° de
notre article ? En 1839, la commission de la Chambre des
députés examinant le projet de loi sur l'état-major de l'armée disait formellement, des officiers généraux de l'armée
de terre placés dans le cadre de réserve, qu'ils se trouvaient
en activité de service, puisqu'ils pouvaient être pourvus de
commandements. Il en doit être de même des officiers généraux de l'armée de mer : l'officier général, disait M. le commissaire du gouvernement L'Hopital, rentre nécessairement
dans l'une des quatre catégories établies par la loi du 19 mai
1834. Or, peut-on dire qu'il soit en retraite, en réforme, en
non-activité ? Evidemment non ; et pour le démontrer, il
suffit de se référer aux énonciations mêmes de la loi de
1834, limitant strictement les circonstances où un officier
peut être placé dans l'une ou l'autre de ces catégories ; donc
le droit à la pension est incontestable (C. d'Etat, 21 août
1863. Lebon, 63, 711). La pension ne peut être refusée à
la veuve du marin que dans une seule hypothèse : Art. 20 :
« En cas de séparation de corps, la veuve d'un officier, marin ou autre, ne peut prétendre à aucune pension. » Remarquons que la loi ne fait ici aucune différence entre la séparation de corps prononcée à la requête du mari et celle
prononcée à la requête de la femme ; il n'y a pas à se préoccuper des causes qui auront amené cette séparation. D'un
autre côté, aucune déchéance n'est prononcée pour le cas
où la veuve d'un marin viendrait à contracter un nouveau
mariage ; il serait à désirer qu'une loi nouvelle transportât
dans notre matière les dispositions de la loi sur les pensions
civiles. Quant au taux de la pension, l'art. 5 de la loi du
28 juin 1862 le fixe au tiers du maximum de la pension at-

tribuée au mari suivant son grade et ses services ; il est dès lors facile de la calculer, d'après les tarifs annexés à ladite loi.

85. La pension allouée aux veuves des marins est, en cas de décès de la mère ou de séparation de corps, reversible sur la tête des enfants ; c'est ce qui résulte de l'art. 6 de la loi du 28 juin 1862 reproduisant à peu près les termes de la loi de 1831 : « Après le décès de la mère, ou lorsqu'elle se trouvera déchue de sa pension, l'enfant ou les enfants mineurs du marin mort en jouissance de la demi-solde ou en possession de droits à cette demi-solde reçoivent, quel que soit leur nombre, un secours annuel égal à la pension que leur mère aurait obtenue ou aurait été susceptible d'obtenir. Ce secours est payé jusqu'à ce que le plus jeune d'entre eux ait atteint l'âge de vingt et un ans accomplis, mais dans ce cas, la part des majeurs est reversible sur les mineurs. » Les enfants des inscrits maritimes morts ou blessés au service jouissent en outre d'un privilége considérable, celui de pouvoir perfectionner leur instruction nautique aux frais de l'Etat. Le décret du 15 novembre 1862 a créé au port de Brest un établissement dit *des Pupilles de la Marine*, et dépendant du préfet maritime qui se trouve chargé d'y surveiller la discipline et l'instruction. Peuvent y être admis : 1° les orphelins de père et de mère, fils d'officiers mariniers et de marins morts au service ou morts en jouissance soit d'une pension de retraite, soit d'une pension dite demi-solde; 2° les enfants des officiers mariniers et marins mentionnés ci-dessus et dont les mères existent encore ; 3° les orphelins ou enfants de marins victimes d'événements de mer, à bord des navires du commerce ou des bateaux de pêche. A ces trois catégories, l'art. 2 assimile les enfants qui ont perdu leurs mères et dont les pères, officiers mariniers ou marins, sont en activité de service. Un arrêté ministériel du 1er février 1863 réglemente les admissions à l'établissement des pupilles de la

marine ; une commission est nommée pour examiner les candidats et vérifier s'ils satisfont aux conditions prescrites. Un second arrêté du 8 avril 1863 veut que l'admission ne soit définitivement prononcée que par le ministre de la marine sur le rapport de cette commission. L'art. 3 du décret de 1862 détermine l'ordre de préférence d'après lequel les orphelins doivent être admis : enfants de matelots morts au service de l'Etat ; enfants de matelots ayant servi six années dans la flotte et morts en jouissance d'une demi-solde ; enfants de marins morts par suite d'accidents à bord des bâtiments de pêche ou du commerce, etc., etc... Les conditions d'âge sont fixées par l'art. 4 : « Les orphelins de père et de mère pourront être admis à l'établissement des pupilles dès l'âge de sept ans ; les enfants compris dans les autres catégories ci-dessus indiquées, ne pourront être reçus qu'à partir de neuf ans révolus. » Les pupilles de la marine ne restent à l'établissement que jusqu'à l'âge de treize ans ; ils sont alors admis à l'école des mousses conjointement avec les autres enfants de marins. Ceux qui ne seraient pas jugés aptes au service ou qui refuseraient de continuer la navigation et d'entrer à l'école des mousses seraient rayés des contrôles et rendus à leurs familles (art. 5 et 6). Les ressources de l'établissement consistent, d'après l'arrêté du 8 avril 1863, 1° dans les dons et legs qui pourraient lui être faits ; l'article 2 du décret du 8 avril 1863 autorise le ministre à les accepter, conformément au droit commun ; 2° dans les secours donnés par la caisse des Invalides de la marine aux enfants et orphelins qui sont admis dans l'établissement ; 3° dans les subventions accordées par les départements et les communes. Depuis cette époque, une circulaire ministérielle du 11 septembre 1863 a appelé les populations maritimes des colonies à profiter, au même titre que celle de la métropole, des bénéfices de cette institution ; les conditions à exiger, les préférences sont les mêmes ; l'admission ne peut être prononcée que par le ministre, etc., etc...

86. Les pensions attribuées aux marins leur sont servies par la Caisse des Invalides de la marine. « Les fonds de la caisse des Invalides, porte la loi du 13 mai 1791 (Tit. III, art. 1), sont destinés au soulagement des officiers militaires et d'administration, officiers mariniers, matelots, novices, mousses, sous-officiers, soldats et autres employés du département de la marine, et à celui de leurs veuves et de leurs enfants, même de leurs pères et mères ; ils ne pourront, sous aucun prétexte, être détournés de leur destination. » La création de cette caisse des Invalides remonte à l'ordonnance du 23 septembre 1673, autorisant une retenue de six sous par livre sur les appointements et solde de tous les matelots, servant sur les bâtiments de l'Etat ou sur ceux du commerce ; ces fonds étaient destinés à la création de deux hôpitaux dans les ports de Toulon et de Rochefort. En 1689, la caisse proprement dite fut organisée et l'on modifia les termes de l'Ord. de 1673 ; les secours furent distribués désormais sous forme de pensions. En 1697, on établit une retenue de 3 deniers par livre sur le produit des prises amenées par les corsaires français dans les ports de la Bretagne. L'édit de 1709 appela les marins du commerce à bénéficier des pensions que la législation antérieure réservait exclusivement aux marins de l'Etat : la retenue sur les prises faites par les corsaires fut portée en même temps à quatre deniers par livre ; la retenue sur les salaires des marins de l'Etat fut fixée à 4 deniers au lieu de 6 exigés précédemment ; enfin les marins du commerce furent eux-mêmes soumis à une taxe fixe représentant la retenue sur les salaires. L'ordonnance de 1712 attribua à la caisse les 2/3 des soldes, parts de prises, successions des marins décédés en pleine mer et qui n'auraient pas été réclamés dans un délai de deux ans. Tous ces règlements divers furent codifiés par un édit de 1720 enregistré le 18 janvier 1721. En 1778, le

principe de la retenue sur les parts de prises fut appliqué aux prises opérées par les bâtiments de l'Etat ; la caisse percevait un tiers sur le produit de la vente du bâtiment ennemi et en outre 6 deniers par livre sur la part revenant à l'équipage. Quatre années plus tard, l'Ord. de 1782 vint centraliser tout le service des pensions entre les mains des trésoriers des Invalides chargés désormais de toute la comptabilité de la marine. La Constituante laissa subsister la caisse de Invalides ; une loi du 13 mai 1791, rendue sur le rapport du député Bégouen, et encore en vigueur dans la plupart de ses dispositions, ne fit qu'appliquer les règlements anciens. La Convention s'était montrée moins favorable à l'institution et avait diminué les ressources de la caisse, en la réunissant à la trésorerie nationale et en supprimant le prélèvement de 4 sous par livre sur le salaire des gens de mer ; mais bientôt la loi du 9 messidor an III, revint à l'ancien état de choses et rendit à la caisse son existence indépendante : puis un arrêté du comité de salut public, en date du 18 thermidor an III, organisa la caisse des prises qui en relève directement. Les arrêtés des 13 frim. an XI et 11 ventôse an XII, le décret du 13 février 1810 chargent à nouveau la caisse des Invalides du service des pensions de la marine ; à la même époque, sa comptabilité est soumise à la surveillance de la Cour de comptes. Un décret du 1er janvier 1811 en plaçait la gestion dans les attributions des ministres de la marine et du trésor ; l'ord. du 22 mai 1816 la fit rentrer dans les attributions exclusives du ministère de la marine. Depuis cette époque, aucun changement important n'est intervenu dans sa législation ; nous nous bornerons à dire qu'à plusieurs reprises la Cour des comptes a réclamé sa suppression en demandant que l'on confiât au trésor public le service des pensions maritimes. En 1832, M. Allier reprenait cette proposition à la tribune de la Chambre des députés, mais le projet qu'il présentait

ne fut pas appuyé, et en conséquence ne put être discuté.
Du reste, cette innovation rencontrait une opposition énergique de la part de nos populations du littoral ; les délégués
des ports furent unanimes pour le maintien de la caisse des
Invalides et de la règlementation actuellement en vigueur.
La statistique est là pour démontrer les avantages qu'elle
assure aux gens de mer ; dans le remarquable article dont
nous avons extrait la plupart des documents qui précèdent[1],
M. Ch. Duverdy cite à titre d'exemple le mouvement de
fonds de la caisse pendant l'année 1852. Les recettes pendant
cet exercice s'étaient élevées à 9.479.612 fr. 77, les dépenses à 9.368.393 f. Elle avait payé 30.222 pension ssur
lesquelles 1.568 dépassaient la somme de 1000 fr ; 2.791
enfants en bas âge avaient été secourus par elle ; les secours qu'elle avait distribués aux marins ou veuves de marins s'étaient élevés au nombre de 4.567.

87. Ainsi que nous l'avons dit, la caisse des Invalides est
encore régie par l'ordonnance du 26 mai 1816. Cette caisse
comprend trois subdivisions : 1° *Caisse des Invalides proprement dite*. D'après l'art. 7, elle forme de ses revenus un
fonds de pension en faveur des gens de mer et des employés
du ministère de la marine et des colonies ; elle doit subvenir aux pensions de retraite, aux pensions demi-solde, aux
secours, aux gratifications qui pourraient être accordées, à
quelque titre que ce soit. En outre, elle est chargée de subvenir à l'entretien de cent marins admis aux Invalides, et
de fournir une somme annuelle de 6,000 fr., attribuée à
l'hospice de Rochefort, pour la subsistance et l'entretien de
douze veuves infirmes et de quarante orphelines de marins,
ouvriers et militaires de la marine. 2° *Caisse des gens de
mer*. Elle reçoit, pour les marins absents et leurs familles,
les valeurs, objets et produits auxquels ils ont droit, et con-

---

[1] *V.* Dictionnaire d'administration, de M. Maurice Block. *V.* Caisse
des invalides, p. 273.

serve les dépôts qui lui ont été faits jusqu'à l'expiration des délais réglementaires. Chaque année, au courant du mois de février, elle verse à la caisse des Invalides les objets qui n'ont pas été réclamés antérieurement au 31 décembre précédent, sans toutefois qu'il résulte de là aucune déchéance à l'encontre des déposants. 3° *Caisse des prises*. Elle reçoit en dépôt le produit de toutes les prises faites par la marine, en attendant leur liquidation ; elle les remet à qui de droit, quand la prise a été validée, sous déduction des frais alloués en taxe. Les art. 11 et 12 ont trait à l'administration de la caisse des Invalides : à Paris réside un trésorier général et des trésoriers particuliers peuvent être institués dans tous les ports où il sera nécessaire. Le réglement du 18 juillet 1816, (art. 29), confie en outre la surveillance et la comptabilité de la caisse aux intendants de la marine, commissaires généraux et commissaires principaux des arrondissements et sous-arrondissements maritimes sous leurs ordres, aux commissaires et officiers d'administration chargés du service des classes. En fait, l'administration générale se trouve concentrée à Paris, entre les mains d'un fonctionnaire spécial, ayant rang de directeur au ministère de la marine. Une ordonnance du 2 octobre 1825 a créé une commission supérieure de cinq membres, chargés de surveiller les administrateurs des Invalides, et à laquelle doivent être présentés, chaque année, les documents destinés à la cour des Comptes ; le rapport annuel de cette commission est soumis à l'empereur par les soins du ministre de la marine, et annexé aux comptes qui sont soumis aux Chambres. En ce qui touche la comptabilité de la caisse, nous citerons l'art. 16 de l'ordonnance de 1816 : « Tous les ans, au 1er du mois de mai, chacun des trésoriers particuliers fermera son compte de l'année précédente, dûment visé et certifié par l'administration de la marine, et l'adressera au trésorier-général, à Paris. Le trésorier-général réunira tous ces comptes à celui qu'il doit fournir pour sa propre gestion, et en dressera un compte général qui sera soumis, dans le cours de l'année, à l'examen et au jugement de notre cour des Comptes. » Les questions de détail sont tranchées par les art. 580 à 618 de l'ordonnance générale du 31 mai 1838, auquel nous nous contenterons de renvoyer le lecteur ; nous dirons seulement, avec l'art. 580, que le budget et le compte détaillé de ce service sont portés pour ordre dans les tableaux du budget général de l'Etat, et annexés au budget et au compte général du département de la marine.

88. Quelles sont les ressources de la caisse des Invalides ? L'énumération que contenait l'ordonnance de 1816 est aujourd'hui encore parfaitement exacte : 1° Retenue de 8 cent. par franc sur toutes les dépenses du ministère de la marine et des colonies ; 2° Droits établis sur les armements du commerce et de la pêche : le montant de ces droits a été fixé in terminis par le tableau annexé à l'art. 3 de l'ordonnance du 9 octobre 1837 ; 3° Solde entière des déserteurs de la marine militaire et moitié de la solde des déserteurs des bâtiments de commerce : joignons l'art. 13 de l'arrêté du 3 prairial an XI, qui a assimilé à la solde des matelots déserteurs les parts de prises qui pourraient leur être attribuées ; 4° Produit non réclamé des successions des marins et autres personnes mortes en mer, des parts de prises, gratifications, salaires, journées d'ouvriers et autres objets concernant le service de la marine ; 5° Objets non réclamés provenant des bris et des naufrages ; les art. 24 à 27 du réglement du 27 juillet 1816 règlent la manière dont doit avoir lieu leur attribution en faveur du ministère de la marine ; 6° Droits sur le produit des prises maritimes faites par les bâtiments de l'Etat ou les navires pourvus de lettres de marque ; 7° Plus-value des feuilles des rôles délivrées pour les armements et désarmements des bâtiments du commerce ; 8° Produit des amendes et confiscations légalement

prononcées pour contraventions aux lois et réglements maritimes ; 9° Produit des prises non répartissables ; 10° Arrérages des rentes, appartenant à la caisse, sur le Grand-Livre de la dette publique, et revenu des autres placements provenant de ces économies. — A cette énumération, nous ajouterons : 11° Droits attribués à la caisse des Invalides sur les extractions de marchandises, de munitions, de débris de navires depuis longtemps coulés à fond, soit sur les côtes, soit dans les rades et rivières (Déclarat. du 15 juin 1735) ; 12° Prélèvement de 1 cent. par franc pour le transport des fonds privés, dont le versement en numéraire aurait lieu chez le trésorier-général ou chez les trésoriers particuliers des ports, en échange de traites fournies sur les trésoriers des autres résidences ou sur les trésoriers des colonies (Ord. du 21 déc. 1833, art. 1) ; 13° Retenue de cinq centimes par franc sur les appointements des chefs et employés du ministère de la marine (Ord. du 21 Déc. 1833, art. 1er) ; 14° Retenues faites aux employés de l'administration centrale de la marine, savoir : retenue du premier mois des appointements accordés aux surnuméraires admis en pied, retenue pendant le premier mois de la portion de traitement accordée à titre d'augmentation, retenues déterminées sur les appointements des employés en congé (Ibid., art. 2) ; 15° Retenues exercées en cas de congé sur la solde de tous les officiers civils et militaires, du département de la marine (Ord. du 12 novembre 1835, art. 1).

89. L'art. 15 de l'ordonnance de 1816 considère la caisse des Invalides comme un être moral ayant droit et capacité pour ester en justice : « L'administration de la marine est chargée des poursuites à faire pour la rentrée des sommes dues à l'établissement, à quelque titre que ce soit : » elle peut donc agir pour recouvrer les loyers qui pourraient être dus aux matelots et sur lesquels elle aurait à exercer les retenues dont nous avons parlé. Ce droit dé-

rive de l'art. 1166 C. N.; elle se substitue à son débiteur; elle prend sa place et par conséquent sa demande sera combattue par les moyens opposables au débiteur; ainsi, par exemple, elle peut être repoussée par l'exception tirée de l'art. 433 C. Co.; la prescription annale acquise contre les gens de mer s'applique de même au droit des Invalides, qui n'est qu'une retenue sur les salaires et loyers, et par conséquent doit suivre leur sort (Douai, 18 août 1865. Dev., 67, 2, 192). — Non-seulement l'administration peut poursuivre par voie d'action directe le recouvrement de ce qui lui est dû; mais elle peut encore intervenir pour sauvegarder ses propres intérêts dans toutes les demandes intentées à la requête des matelots et gens de mer, pour le paiement de leurs frais et salaires; c'est qui résulte d'une jurisprudence constante (Civ. Rej., 20 mai 1857. Dev. 59, 1, 170; ibid., 20 nov. 1860. Dev., 61, 1, 345; Civ. Cass., 27 et 28 novemb. 1867. Dev., 67, 1, 391). Le droit de l'administration d'interjeter appel des jugements rendus, de se pourvoir en cassation, ne nous paraît pas susceptible de contestation : d'après l'ord. de 1816, la caisse des Invalides avancera les fonds nécessaires pour subvenir aux frais qu'entraîneront ces procédures.

C

90. L'art. 8 de la loi du 3 brumaire an IV divisait le littoral de la France en arrondissements maritimes, quartiers, syndicats et communes. L'ordonnance royale du 14 juin 1844 dispose, en outre, que les arrondissements maritimes seront au nombre de cinq : 1er arrondissement, comprenant les côtes et ports de la Manche, depuis la frontière belge jusqu'à Cherbourg inclusivement, ayant pour chef-lieu Cherbourg, et subdivisé en trois sous-arrondissements; 2e arrondissement, comprenant toutes les côtes de l'Océan, depuis Cherbourg jusqu'à Quimper, ayant pour chef-lieu Brest, et subdivisé en deux sous-arrondissements;

3ᵉ arrondissement, comprenant les côtes et ports de l'Océan, depuis Quimper jusqu'à la rive de la Loire et aux îles adjacentes, ayant le port de Lorient pour chef-lieu, et subdivisé en deux sous-arrondissements ; 4ᵉ arrondissement, comprenant les côtes de l'Océan et les îles adjacentes, depuis la rive gauche de la Loire jusqu'à la frontière d'Espagne, ayant le port de Rochefort pour chef-lieu, et subdivisé en trois sous-arrondissements ; 5ᵉ arrondissement, comprenant toutes les côtes de la Méditerranée et de la Corse, ayant le port de Toulon pour chef-lieu, et subdivisé en trois sous-arrondissements. A la tête de chaque arrondissement se trouve un préfet maritime, ayant la direction supérieure de tous les services et établissements de la marine, et par conséquent des opérations relatives à l'inscription maritime. D'après l'art. 9 de la loi de Brumaire, dans chaque quartier devait se trouver un administrateur de l'inscription maritime : cette dénomination n'est plus applicable aujourd'hui qu'aux fonctionnaires placés à la tête des sous-quartiers maritimes : le fonctionnaire placé à la tête du quartier principal est le commissaire de l'inscription maritime. (Décret du 14 mars 1853, art. 3.) Les syndicats sont administrés par des syndics des gens de mer : le titre de préposé à l'inscription maritime peut être accordé aux agents établis dans les syndicats les plus importants. En outre, sont spécialement attachés au service des quartiers, les gardes maritimes et gendarmes de la marine.

1. Attributions des commissaires de l'inscription maritime.
2. Attributions des syndics des gens de mer.
3. Attributions des gardes maritimes et gendarmes de la marine.

I

91. Les commissaires de l'inscription maritime sont principalement chargés de tout ce qui concerne la tenue

des matricules. L'Ord. du 21 octobre 1784 (tit. VII, art. 2) veut qu'ils les tiennent eux-mêmes conformément aux instructions du ministère de la marine. Dans la pratique actuelle, les commissaires ne tiennent seuls les matricules que si le quartier qu'ils administrent ne contient pas de sous-quartiers ; au contraire, dans les quartiers qui comprennent un ou plusieurs sous quartiers, ils ne tiennent eux-mêmes que les matricules relevant directement du chef-lieu de quartier. Les administrateurs de l'inscription maritime se trouvent substitués à eux pour la tenue des matricules des gens de mer appartenant à leurs sous-quartiers ; ces matricules sont seulement inspectées par le commissaire dans la quinzaine qui suit l'envoi de l'état de situation des gens de mer. L'Ord. de 1784 (tit. VII, art. 5 et 19) prescrit ensuite aux commissaires de tenir « des états contenant les noms, âges, demeures et signalements de ceux qui commencent à naviguer ou à exercer des professions relatives à la marine dans l'étendue de leur quartier, conformément à ce qui est prescrit au titre du classement ; » de prendre des informations sur les gens classés qui se seront absentés des quartiers sans permission, ou qui auront déserté, et de se concerter avec les chefs des classes sur les moyens de les faire rentrer dans leurs quartiers. Enfin, suivant l'art. 13 de la loi du 7 janvier 1791, les commissaires reçoivent les ordres de l'administration sur l'époque des levées et le nombre des hommes dont elles doivent être composées ; ils font la répartition du nombre d'hommes nécessaires entre les différents syndicats de leur quartier, et adressent les ordres particuliers aux syndics chargés de leur exécution : en cas de résistance, l'art. 23 de la loi du 3 brumaire an II les autorise, conjointement avec les administrateurs de l'inscription maritime et les syndics des gens de mer, à requérir directement la force armée pour assurer le service des appels.

92. L'ordonnance de 1784 investit les commissaires de l'inscription maritime de la surveillance des bâtiments de commerce. On les oblige à tenir les matricules de ces navires et des bateaux de pêche. Art. 7, tit. VII : « Ils tiendront des états des bâtiments de commerce appartenant aux ports de leur quartier, en désignant leurs espèces, noms et ports en tonneaux, et y feront mention de tous leurs armements et désarmements, ainsi que de leur état et des changements de propriétaires et de capitaines, en suivant lesdits navires depuis leur construction ou leur première entrée dans les ports du quartier jusques à leur naufrage, prise ou destruction, ou jusqu'à ce qu'ils aient cessé d'appartenir à ces ports. » Art. 11 : « Ils enverront aussi tous les trois mois, en temps de paix, et tous les mois, en temps de guerre, au secrétaire d'Etat ayant le département de la marine, un extrait de l'état des vaisseaux et autres bâtiments de leurs quartiers, dans lequel ils noteront s'ils sont en construction , désarmés, en radoub, en armement ou à la mer, et ils y joindront des observations sur l'état de ces navires. » D'après la circulaire du 10 décembre 1839, ces extraits ne devront plus être envoyés au ministère que deux fois par année, au commencement des mois de janvier et de juillet. Les commissaires expédieront les rôles d'armement et de désarmement : les art. 20 et 21 de l'ordonnance prescrivaient ici d'assez nombreuses formalités : ainsi ils exigeaient qu'il y eût quatre expéditions des rôles d'armement, et deux expéditions des rôles de désarmement, dont l'une devait être remise au trésorier des Invalides, et l'autre au bureau de l'inscription maritime. Un décret du 4 novembre 1865 supprime les rôles de désarmement proprement dits : désormais le désarmement des rôles d'équipages des navires du commerce aura lieu au moyen de décomptes établis sur les rôles mêmes d'armement : copie de ces décomptes sera remise au trésorier des Invalides pour ap-

puyer son compte de gestion (art. 1 et 2). Le rapport ministériel faisait observer que ces simplifications ne pouvaient amener aucun inconvénient, le rôle d'équipage devant, dans tous les cas, être remis aux bureaux de l'inscription maritime dès qu'il cesse d'être valable. L'art. 3 suppose que le désarmement a lieu dans un port autre que celui d'armement ; dans ce cas, un avis sommaire de l'opération doit être transmis au commissaire de l'inscription maritime du port d'armement. Les commissaires passeront la revue des équipages des bâtiments du commerce et des bateaux de pêche ; ils tiendront la main à ce que les prescriptions de la loi relatives à leur commandement soient rigoureusement observées (ord. du 31 octobre 1784, tit. XIV, art. 7); ils veilleront à ce que les rôles d'équipage soient déposés à leur bureau dans les vingt-quatre heures de l'arrivée des bâtiments (décret du 24 mars 1852, art. 83), etc., etc. A un autre point de vue, la loi civile charge les commissaires de l'inscription maritime d'un rôle tout spécial relativement aux actes dressés en pleine mer. L'instruction générale du 2 juillet 1828 développe la plupart des prescriptions du Code Napoléon. Art. 60 et 61 : au cas où un acte de naissance aura été dressé en pleine mer et inscrit à la suite du rôle d'équipage, le commissaire de l'inscription maritime est tenu d'en envoyer une expédition, de lui signée, à l'officier de l'état civil du domicile du père, ou du domicile de la mère si le père est inconnu. — Art. 993 et sq. : Les commissaires de l'inscription maritime reçoivent les originaux clos et cachetés des testaments faits en pleine mer, et les transmettent au ministre de la marine qui en ordonnera le dépôt au greffe de la justice de paix du domicile du testateur.

93. Le service des pensions maritimes a été centralisé entre les mains des commissaires de l'inscription. D'après la loi du 13 mai 1791 et le règlement du 18 juillet 1816, ils sont chargés de tous les mémoires de proposition relati-

vement aux pensions de demi-solde, aux gratifications à accorder aux matelots et aux pensions que pourraient réclamer les veuves des gens de mer. Les demandes doivent être adressées aux syndics qui forment un état contenant les motifs allégués à l'appui de chacune d'elles, font certifier les faits par la mairie du syndicat, et adressent au commissaire un double de cet état avec les pièces au soutien. Les commissaires, aux termes de l'art. 129 du réglement, recueillent les pièces et états qui leur sont adressés par les syndics, vérifient les faits qui y sont contenus et forment l'état général de propositions du quartier divisé par syndicats ; joignant leurs observations à chaque demande, ils font passer le tout à l'administrateur supérieur de l'arrondissement ou du sous-arrondissement, pour que ces pièces soient hiérarchiquement transmises au ministre de la marine. « Les commissaires des classes, porte le réglement, doivent par tous les moyens possibles éclairer les syndics sur l'exécution des règlements qui concernent cette partie du service et stimuler leur activité pour la formation des états de propositions à établir chaque année. Ils doivent exiger des syndics, qui n'ont point de proposition à faire, un état négatif afin de garantir au ministre qu'on a conservé à ces syndics l'initiative qui leur est dévolue par la loi et qu'il n'y a point d'omissions au préjudice des gens de mer. » L'art. 94 du même réglement enjoint aux commissaires de tenir une matricule contenant le nom des pensionnaires payés dans leur quartier. Cette matricule est divisée en quatre parties : un registre pour les demi-soldiers, un pour les pensionnaires, un pour les retraités, un pour les officiers militaires, civils et autres entretenus jouissant d'un traitement de réforme ; sur chacun de ces registres sont annotés les mouvements occasionnés par mort ou par changement de domicile, avec indication à l'article de chaque individu de la date des décès et mutations ; de plus, d'après l'art. 3, tit. II de la loi du 13 mai 1791, il est dressé au commencement de chaque année une liste des pensionnaires décédés dans le courant de l'année précédente. Nous avons déjà signalé les dispositions législatives qui remettent entre les mains des commissaires de l'inscription l'administration de la caisse des Invalides de la marine comprenant celle des prises et des gens de mer : une circulaire ministérielle du 18 janvier 1862 leur prescrit spécialement de rechercher les marins créanciers, soit de la caisse des gens de mer, soit de celle des Invalides. Dans les premiers mois de chaque année, ils recevront, en quadruple expédition, un état récapitulatif des articles les plus importants que comprennent les états de versements à la caisse des Invalides envoyés par les ports : deux exemplaires de cet état récapitulatif resteront affichés au bureau du commissariat ; les deux autres seront renvoyés à la date des 30 septembre et 31 décembre de chaque année, avec indication dans la colonne d'observations des sommes payées et des mesures prises pour arriver à faire effectuer le paiement de celles qui restent disponibles. En second lieu, les bulletins d'avertissement seront expédiés par les commissaires aux ayant-droit qui se trouveront ainsi prévenus de l'arrivée au quartier des sommes versées à leur profit : la circulaire termine en recommandant aux commissaires de rechercher les marins créanciers de la marine avec la même vigilance qu'ils mettent à rechercher les débiteurs de l'Etat.

94. Les commissaires de l'inscription maritime sont investis vis à vis des gens de mer d'un pouvoir disciplinaire assez étendu. L'art. 5 du décret du 24 mars 1852 leur attribue la connaissance de toutes les fautes de discipline commises à bord des navires du commerce ; l'art. 6 ajoute que ce droit s'exerce de la manière suivante : « Lorsque le navire se trouve dans un port ou sur une rade de France, ou dans un port d'une colonie française, le droit de discipline

appartient au commissaire de l'inscription maritime, à qui
la plainte est adressée par le capitaine. Sur les rades d'une
colonie française, le droit de discipline appartient au commandant du bâtiment de l'Etat présent sur les lieux, ou en
l'absence de celui-ci, au commissaire de l'inscription maritime ; le capitaine du navire adresse sa plainte à l'un ou à
l'autre suivant le cas. Les gouverneurs des colonies françaises détermineront, par un arrêté, les limites entre la rade
et le port ; cet arrêté sera soumis à l'approbation du ministre
de la marine. » L'art. 3 ajoute que le commissaire statue définitivement, sans appel ni recours possible en révision ou
en cassation. L'art. 58 fixe le infractions qui doivent être
considérées comme faute de discipline, et limite à ce point
de vue la compétence des commissaires de l'inscription maritime. Une difficulté devait surgir dans la pratique : le
pouvoir disciplinaire reconnu aux commissaires proprement
dits appartient-il également aux administrateurs des sous-
quartiers maritimes ? La circulaire du 21 octobre 1853, a
tranché la question : les administrateurs ne peuvent prononcer de peines disciplinaires qu'en cas d'urgence absolue
et qu'en usant de ce droit avec la plus extrême réserve : ils
doivent rendre compte sur le champ, de la mesure et de ses
motifs au commissaire de l'inscription maritime, appelé à
déterminer la durée de la peine et à couvrir par sa décision
la mesure qu'a prise provisoirement l'administrateur du
sous-quartier maritime. Dans d'autres circonstances, les
commissaires de l'inscription maritime remplissent les fonctions d'officiers de police judiciaire ; ils constatent, par
exemple, toutes les contraventions au décret-loi du 19 mars
1852 qui exige que tout bâtiment soit muni d'un rôle d'é-
quipage et porte en lieu apparent certaines marques indicatives. Ils peuvent directement citer les contrevenants devant les tribunaux ; ils ont droit d'exposer eux-mêmes
l'affaire et d'être entendus en leurs conclusions. Les art.

26 et 50 du décret du 24 mars 1852, les chargent de recevoir toutes les déclarations de fautes, délits ou crimes commis à bord des bâtiments de l'Etat, ainsi que de donner à
ces déclarations toute la suite qu'elles comportent. Enfin,
nous voyons dans l'Ordonnance de 1784 qu'ils font rechercher les déserteurs des navires marchands et peuvent procéder à leur arrestation, ce qui se trouve maintenu dans
les art. 66 et suiv. du décret du 24 mars 1852.

II

95. L'art. 9 de la loi du 3 Brumaire an IV voulait que
les fonctions de syndics des gens de mer fussent confiés à
d'anciens marins ; l'art. 5 de l'arrêté réglementaire du
25 Ventôse an IV exige en outre que les syndics soient
âgés au moins de quarante ans, et qu'ils sachent lire 'et
écrire, en un mot, qu'ils soient aptes à tenir les matricules. — A défaut d'anciens marins, offrant les garanties
désirables, les syndics peuvent être choisis parmi les agents
retraités ou parmi les militaires libérés des différents corps
de la marine. D'après l'art. 16 du réglement de 1866, ils
sont nommés par le ministre sur la proposition du préfet
maritime ou des chefs de service, et sur la présentation du
commissaire de l'inscription maritime, qui doit s'assurer
préalablement de leur capacité. Conformément à la circulaire du 5 août 1853, toute proposition à l'emploi de syndic
doit être accompagnée de l'acte de naissance et des états
de service du candidat. — Avant d'entrer en fonctions, les
syndics des gens de mer sont soumis à la prestation de serment devant le tribunal du lieu de leur résidence : dans l'état
actuel de la législation, leur commission n'est passible, au
point de vue fiscal, que des droits de timbre et d'enregistrement. L'art. 4 de l'arrêté du 21 Ventôse an IV autorise
les syndics à cumuler leur traitement avec les pensions de

retraite ou de demi-solde dont ils seraient titulaires ; ce n'est que l'application d'un principe général consacré par la loi du 17 mars 1817 (art. 27) et le décret du 31 mai 1862 (art. 271), à savoir que toute pension, allouée pour service militaire, peut se cumuler avec un traitement d'activité, sauf toutefois le cas où des services civils auraient été admis comme complément du droit à ces pensions. En leur qualité de fonctionnaires publics, les syndics des gens de mer jouissent de la prérogative établie par l'art. 75 de la Constitution du 22 Frimaire an VIII, et ne peuvent être poursuivis qu'en vertu d'une autorisation du Conseil d'Etat. De même, l'arrêté de Ventôse les dispense du service de la garde nationale : là s'arrêtent leurs priviléges et immunités, et l'on ne peut les assimiler d'une manière générale aux inscrits en activité de service ; ainsi, pour ne citer qu'un exemple, ils ne pourraient invoquer les termes de la déclaration du 21 mars 1778, et se soustraire aux prestations en nature pour l'entretien des chemins vicinaux. (C. d'Etat, 20 janvier 1869. Lebon 69, 56.) Les syndics sont tenus de résider dans l'étendue de leur syndicat ; l'Ord. du 31 octobre 1784 (art. 1, titre VIII) leur interdit de s'en absenter sans autorisation du commissaire de l'inscription maritime. Enfin l'art. 12 de la même ordonnance leur fait défense : « de prendre ou de recevoir directement ou indirectement, de quelque manière et sous quelque prétexte que ce soit, aucun présent soit en argent ou en denrées comestibles, ou autre chose quelconque des gens de mer et ouvriers, à peine de concussion : enjoint aux chefs des classes, officiers attachés aux arrondissements et commissaires des classes, d'y tenir exactement la main. » Ajoutons que par la nature même de leurs fonctions, tout négoce, tout trafic sujet à patente, leur est formellement interdit ; de même, interdiction leur est faite de se livrer à l'industrie de la pêche ou d'accepter une fonction quelconque dans une administration qui ne relèverait pas du ministère de la marine.

96. Les syndics des gens de mer sont placés sous les ordres immédiats des commissaires de l'inscription maritime et des administrateurs des sous-quartiers : l'art. 5 de l'arrêté du 21 Ventôse an IV le déclare en termes formels. Leurs attributions les plus importantes sont relatives à la préparation des listes et matricules de l'inscription maritime ; l'art. 8, tit. VIII de l'Ordonnance de 1784 veut qu'ils prennent les informations nécessaires pour rechercher ceux des habitants des paroisses comprises dans le district de leur syndicat, qui commenceraient à exercer des professions relatives à la marine ; ils en instruiront le commissaire de l'inscription maritime. En un mot, comme le dit l'art. 2 : « Ils s'occuperont particulièrement à connaître les gens de mer de leur syndicat, afin de pouvoir donner au chef des classes et au commissaire toutes les notes et renseignements qui leur seront demandés. » D'après l'art. 16 de la loi du 7 janvier 1791, ils tiennent pour leur syndicat un extrait de la matricule générale de leur quartier maritime. Les art. 3, 5 et 6, titre VIII, de l'Ord. de 1784, portent qu'ils doivent tenir cet état au courant de toutes les mutations qui surviendront dans l'étendue de leur syndicat tels que des changements de domicile, absence, arrivées ou retours. Cet état doit être représenté par eux au commissaire de l'inscription maritime lorsqu'il fera sa tournée ou lorsqu'il le demandera ; en outre, le relevé de ces changements devait lui être envoyé régulièrement tous les deux mois. L'art. 19 du réglement de 1866 aggrave encore cette obligation en leur imposant l'envoi mensuel de ce relevé. — Lorsque l'appel des marins inscrits doit avoir lieu, le syndic exécute les ordres qui lui sont transmis par le commissaire ou l'administrateur ; il dresse, d'après l'extrait des matricules, l'état nominatif des

marins qui sont appelés au service ; en cas de refus ou
de retardement à l'exécution de ces ordres de la part des
marins, l'administration municipale est tenue de prêter
main-forte à la première réquisition qu'il lui aura adressée. (Loi du 3 Brumaire an IV, art. 20 et 23.) En
second lieu les syndics des gens de mer sont chargés,
concurremment avec les commissaires de l'inscription,
de constater par procès-verbaux les contraventions à
la police de la navigation et de la pêche ; leurs procès-verbaux, dûment affirmés, sont remis au commissaire de l'inscription maritime qui en saisira, s'il y a lieu,
le ministère public. (Décret du 29 mars 1852, art. 7 à 10.)
L'Ordonnance de 1784 (Tit. VIII, art. 8.) les autorise
dans les localités, autres que les chefs-lieux de quartiers et
sous-quartiers, à suppléer les commissaires de l'inscription
maritime pour les visa des rôles d'équipage, et à y faire
les mutations d'embarquement et de débarquement. A un
dernier point de vue, les syndics doivent faciliter aux commissaires de l'inscription l'administration de la caisse des invalides de la marine : nous rappellerons qu'aux termes du
réglement de 1816, c'est à eux que les marins adressent
toutes demandes pour l'obtention de demi-soldes, de secours ou de gratifications ; ces pièces seront soumises au
commissariat avec les documents à l'appui. D'après la circulaire du 18 juin 1862, ils recherchent également les
créanciers de la caisse des invalides, et préviennent les
ayant-droit des versements effectués. Au cas où des pensions, n'excédant pas 150 francs, sont allouées aux héritiers de pensionnaires ou de demi-soldiers, ils délivrent les
certificats de notoriété, constatant les noms et qualités de
ces héritiers ; ils reçoivent, lorsque les sommes dont s'agit
ne dépassent pas 150 francs, les déclarations tenant lieu de
procuration pour les payements à faire par l'établissement
des invalides ; ils délivrent les autorisations nécessaires

pour toucher les délégations faites au profit des personnes ne pouvant, pour infirmité ou autre cause, se présenter elles-mêmes.

III

97. La gendarmerie maritime et les gardes maritimes spéciaux sont chargés d'assurer l'exécution des lois et des règlements sur la police de l'inscription maritime. L'ordonnance du 29 octobre 1820 (art. 228 et suiv.) règle l'organisation et le service de la gendarmerie maritime ; quant aux gardes maritimes, aucun texte législatif n'est venu jusqu'à ce jour déterminer la nature de leurs fonctions. Celte lacune a été comblée par une série de circulaires et d'instructions ministérielles, analysées dans le règlement de 1866. Les gardes maritimes sont choisis de préférence parmi les officiers mariniers ou marins ayant accompli six ans de service à bord des bâtiments de l'Etat ; à défaut, parmi les militaires libérés de l'un des corps de la marine ; ils doivent être âgés de 25 ans et réunir toutes les conditions d'aptitude nécessaires pour le service actif auquel ils sont destinés ; ils doivent également être en état de rédiger un procès-verbal : ils sont nommés par le ministre de la marine, suivant les mêmes formes et conditions que les syndics des gens de mer. Comme ces derniers, ils sont agents civils du ministère de la marine, soumis à une prestation de serment, protégés par l'art. 75 de la Constitution de l'an VIII et dispensés du service de la garde nationale ; de même, ils sont obligés de résider dans l'étendue de la station à laquelle ils sont attachés ; on leur interdit toute profession, tout trafic sujet à patente. Les gardes maritimes relèvent directement des syndics des gens de mer ; toutefois, les commissaires de l'inscription maritime règlent, quand il y a lieu, dans l'intérêt du service et sous l'approbation de

l'autorité supérieure, les rapports des gardes, soit avec les syndics, soit avec les administrateurs des sous-quartiers. En leur qualité d'agents assermentés, les gardes peuvent constater les contraventions qui viendraient à être commises : leurs procès-verbaux sont remis, après la formalité de l'affirmation, au commissaire de l'inscription maritime qui y donne telle suite que de droit.

―――――――――

CHAPITRE III

DE LA PÊCHE MARITIME.

———

§ Ier.

De la pêche côtière.

§ Ier.

De la pêche côtière.

98. Justinien disait : « Jus piscandi commune est omnibus in portu fluminibusque. » (Inst. § 2, de rerum divis. II, 1.) L'Ord. de 1681 (liv. V, tit. I, art. 1) proclame à nouveau ce grand principe : « La pêche de la mer 'est libre à tous les Français, et ils peuvent la faire, tant en pleine mer que sur les grèves, avec les filets et engins permis par les lois. » La règle une fois posée, le législateur avait cherché à en prévenir les abus : le titre II détermine la dimension des rets et filets : le titre III a pour but de réglementer les parcs et pêcheries : suit une série de dispositions sur la pêche du hareng et de la morue, sur les poissons royaux : puis on traite des pêcheurs, et enfin de l'institution des prudhommes. De nombreux édits, ordonnances et déclarations royales étaient venus compléter les prescriptions édictées en 1681 : nous citerons notamment les déclarations des 23 avril, 2 septembre, 24 décembre 1726 et 23 mars 1728 qui ne présentent plus aujourd'hui qu'un intérêt purement historique. Durant la période révolutionnaire, nous trouvons : 1° un décret des 8-12 décembre 1790, relatif aux pêcheurs dans les ports et notamment à ceux de Marseille ; 2° un décret des 9-15 avril 1791 relatif à la pêche à la traîne dans les provinces de Languedoc et de Roussillon ; 3° un décret du 2 octobre 1793, aux termes duquel les engagements qui pourraient être pris par les maîtres pêcheurs des différents ports de la République et les armateurs ou propriétaires des bateaux de pêche ne devront pas excéder une année. Nous y joindrons l'arrêté consulaire du 9 germinal an IX qui s'occupait spécialement des

pêcheries et madragues. A côté de ces textes législatifs, la pêche côtière se trouvait régie par un grand nombre d'arrêtés locaux qui souvent entraient dans les détails les plus minutieux sur la vente de chaque espèce de poissons : mais la plupart de ces arrêtés 'étaient impuissants à prévenir et à réprimer les contraventions, soit parce que les pénalités qu'ils édictaient avaient disparu de nos Codes, soit même parce que leur validité était contestée : aussi sentait-on de plus en plus le besoin d'un règlement général qui vînt réunir et coordonner toutes les dispositions désormais applicables à la pêche côtière. Dès 1790, la Constituante avait préparé une refonte complète de la législation. En 1806, un nouveau projet était élaboré : mais alors la pêche côtière était fréquemment troublée par les croiseurs ennemis ; la plupart des pêcheurs servaient, comme matelots, sur les bâtiments de la marine impériale : l'époque était bien mal choisie pour essayer de donner un nouvel essor à l'industrie de la pêche côtière. Les études furent reprises successivement en 1816, en 1821, en 1846 ; le travail, confié à une commission spéciale, approuvé par le conseil d'amirauté et par le conseil d'Etat, venait d'être présenté à l'assemblée législative, lorsque survinrent les évènements du 2 décembre. Le ministre de la marine, M. Ducos, profita de la concentration de tous les pouvoirs entre les mains du président de la République, pour soumettre à sa signature un décret-loi qui porte la date du 9 janvier 1852. Il y avait urgence : « La prospérité de la pêche côtière, disait-il dans « son rapport, est d'une importance d'autant plus grande « aujourd'hui, pour l'alimentation publique, que les che- « mins de fer permettent de faire parvenir ses produits « dans des centres de consommation où ils ne pouvaient « arriver assez promptement par les anciens moyens de « transport. D'un autre côté, cette industrie fournit aux « populations riveraines de la mer leur principal travail,

« et elle constitue, pour l'inscription maritime, un élément
« considérable de recrutement. » Quatre décrets des 4 et
6 juillet 1853, régissant les arrondissements de Cherbourg,
de Brest, de Lorient et de Rochefort vinrent développer
le décret organique de 1852; le décret spécial à l'arrondissement de Toulon, n'a paru que le 19 décembre 1859.
Depuis ce temps, le ministère de la marine a marché ré-
solument dans la voie du progrès, en faisant disparaître de ces décrets de nombreuses prescriptions qui pouvaient paraître trop onéreuses pour les populations du littoral. Une décision impériale du 20 mars 1861 vint créer
une commission spéciale des pêches et de la domanialité
maritime. Quelque temps après, une circulaire ministérielle du 25 mars 1861 annonçait la révision prochaine
des décrets de 1853 et de 1859. Les commissaires de l'inscription maritime reçurent une série de questions auxquelles ils dûrent répondre, après avoir pris, dans l'étendue
de leurs quartiers, tous les renseignements nécessaires. Le
décret du 10 mai 1862 apporta en conséquence au régime
de la pêche de nouvelles modifications : les engins et appâts
défendus y sont nettement indiqués; la pêche des huîtres
s'y trouve réglementée; enfin, les préfets maritimes sont
autorisés à prendre, suivant l'usage des lieux, les mesures
qui garantiront aux marins le libre exercice de la pêche. La
circulaire du 12 mars 1862 invitait les chefs de service de
la marine à se pénétrer de l'esprit qui avait présidé à la
rédaction du décret : « Ses dispositions, vous le voyez,
ont pour objet d'affranchir nos pêcheurs d'une réglementation qui n'avait vraiment plus sa raison d'être. Je désire
que vous vous pénétriez complètement de la pensée libérale qui a inspiré cet acte, et je ne doute pas qu'avec votre
concours, le nouveau régime, dans lequel nous sommes en-
trés, n'exerce une influence favorable sur la condition de
nos pêcheurs et le développement de la pêche côtière. C'est

un résultat si important à atteindre, que chacun de vous, j'en suis convaincu à l'avance, le poursuivra sans relâche avec autant de dévouement que de persévérance. »

A. *Limites de la pêche maritime.*
B. *Réglements généraux sur la police de la pêche côtière.*
C. *Réglements particuliers à certaines pêches spéciales.*
D. *Constatation, poursuite et répression des contraventions en matière de pêche côtière.*

A

99. Les limites de la pêche maritime sont fixées par l'art. 3-2° de la loi du 15 avril 1829 : « De semblables ordonnances fixeront les limites entre la pêche fluviale et la pêche maritime dans les fleuves et rivières affluant à la mer ; ces limites seront les mêmes que celles de l'inscription maritime. » Ainsi, on veut favoriser les matelots soumis aux lois de l'inscription maritime et leur assurer, dans une certaine mesure, une compensation pour la nécessité où ils se trouvent de servir à bord des navires de l'Etat. Cette disposition fut adoptée sans discussion par la Chambre des députés ; mais, d'un autre côté, M. le ministre des finances fit observer que, d'après la législation en vigueur, les limites de l'inscription maritime étaient fixées pour les fleuves et rivières de l'Océan, à l'endroit où cesse le flot d'équinoxe ; pour les ports de la Méditerranée, à l'endroit où cesse la remonte des bâtiments allant à la voile ; or, n'était-il pas à craindre que, la pêche étant réputée maritime jusqu'à des points souvent éloignés de trente ou quarante lieues du rivage de la mer, les pêcheurs ne se prétendissent assujettis jusqu'à ces limites à aucune surveillance ? M. Mestadier, rapporteur de la commission, reconnaissait qu'il y aurait là un véritable abus et que l'extension exagérée des immunités de la pêche maritime, aurait l'effet le plus dé-

plorable pour la conservation du poisson ; aussi proposait-
il un moyen terme, auquel la Chambre se hâta d'accéder :
un paragraphe ajouté à l'art. 3 décida que la pêche qui se
ferait au-delà du point où les eaux cessent d'être salées,
serait libre en tant que pêche maritime, mais n'en demeurerait pas moins soumise à tous les réglements de police qui
régissent la pêche fluviale. L'ordonnance du 10 juillet 1835,
rendue en exécution de la loi de 1829, porte : Art. 2. « Les
limites entre la pêche fluviale et la pêche maritime demeurent fixées conformément aux indications portées dans la
cinquième colonne du même tableau. » Des modifications
graves ont été apportées à ce tableau par les décrets de
1853 et de 1859 : dans l'état actuel des choses, la pêche est
réputée maritime, pour la Seine, depuis Poses, un peu au-
dessus de Pont-de-l'Arche ; pour la Loire, depuis Thouaré ;
pour la Dordogne, depuis Castillon ; pour la Garonne, depuis Saint-Macaire ; pour le Rhône, depuis la pointe N. de
l'île de Valabrègue. Nous ajouterons que, d'après un avis
du Conseil d'Etat du 15 septembre 1837, confirmé par le
décret du 21 février 1852, la pêche est libre jusqu'aux limites de l'inscription maritime, non-seulement dans les rivières qui se jettent directement dans la mer, mais encore
dans celles qui n'y affluent qu'après avoir mêlé leurs eaux
avec celle d'un fleuve plus considérable. — Restait à déterminer à partir de quel point précis les eaux cesseraient d'être
salées dans chaque rivière ; ici, la loi de 1829 n'imposait
pas au gouvernement l'obligation de statuer par voie réglementaire ; aussi, en l'absence d'un texte ayant force légale,
des contestations nombreuses surgissaient-elles entre les
pêcheurs et l'administration chargée de réprimer les contraventions. Cette lacune ne fut comblée que par le décret
du 1er février 1851 : « des décrets rendus sur la proposition
du ministre et insérés au Bulletin des Lois, dit l'art. 1er,
fixeront désormais, pour chaque rivière, le point de cessa-

tion de la salure des eaux » ces décrets devaient, suivant le rapport ministériel, être préparés conjointement par l'administration de la marine et par celle des eaux et forêts. Le tableau qui, dans les décrets de 1853 et 1859, établit les limites de l'inscription maritime, contient en même temps une colonne spéciale ou sont indiquées les limites de la salure des eaux. En consultant ce tableau, nous voyons que les réglements sur la police de la pêche fluviale sont applicables, pour la Seine, depuis Duclair ; pour la Loire, depuis le Migron, commune de Frossay ; pour la Gironde, depuis Saint-Julien, à quatre kilomètres au-dessus de Pauillac ; pour le Rhône, depuis les cabanes dites du Levant et l'écluse du canal Sylvéréal.

B

100. Nous avons dit plus haut que la pêche maritime était absolument libre ; l'Etat ne peut exiger des pêcheurs aucune redevance, sous quelque forme que ce soit ; il ne peut les soumettre à la nécessité de se pourvoir d'une autorisation quelconque, même dans la partie des cours d'eau ou la pêche maritime est soumise aux règles de police et de conservation établies pour la pêche fluviale (Crim., Cass., 29 mai 1869. Journ. du Dr. crim., 70, 23). De même tout individu peut équiper un bâtiment destiné à la pêche côtière : toutefois on a admis, dans certaines circonstances, que l'administration pouvait suspendre l'exercice de ce droit, ou le soumettre à une autorisation spéciale ; c'est ce qui a eu lieu notamment à l'époque du blocus continental, où l'on craignait que les bâtiments armés pour la pêche ne fussent en réalité destinés à favoriser la contrebande. Nous citerons, l'art. 6 du décret du 25 avril 1812, sur la pêche dans l'arrondissement maritime d'Anvers et dans la Hollande qui dépendait à ce moment

de l'empire français : " Nos sujets ne pourront faire la pêche en mer qu'autant qu'ils en auront obtenu la permission par écrit de notre préfet maritime ; ledit préfet ne délivrera cette permission que d'après un certificat favorable donné par le maire du lieu ; mais s'il avait quelque raison de service pour ne pas donner ladite permission, il retiendra les certificats qui lui sont présentés et les annexera sous le même numéro aux rôles d'équipage qu'il aura à délivrer. »
— A plus forte raison ne peut-on exiger des pêcheurs qu'ils dépendent d'une corporation quelconque ; nous sommes loin de l'ordonnance de 1681 qui, fidèle à l'esprit de notre ancienne législation commerciale, voulait que nul ne fût admis pêcheur s'il n'avait été inscrit sur une liste dressée par le lieutenant de l'amirauté, à la diligence du procureur du roi. Tous ces anciens usages ont disparu depuis la loi des 2-17 mai 1791 ; dans l'état de choses actuel, les pêcheurs peuvent, il est vrai, être réunis administrativement en communautés ; mais il suffit de parcourir les réglements de ces communautés pour voir combien elles diffèrent des anciennes corporations ; les patrons dissidents, qui auront refusé de faire partie d'une communauté, ne sont l'objet d'aucune exclusion et peuvent, comme par le passé, exercer l'industrie de la pêche. D'après l'art. 31 des décrets du 4 juillet 1853, « les pêcheurs sont autorisés à former des communautés ou associations en prélevant, sur le produit de leur industrie, les sommes nécessaires pour subvenir aux dépenses faites dans l'intérêt commun. Les patrons de bateaux sont seuls admis à faire partie de ces communautés. » Les art. 32 à 39 règlent : 1° l'établissement de ces communautés ; elles n'ont d'existence définitive qu'après approbation ministérielle ; 2° la nomination des agents qui représentent la communauté : la présidence de l'assemblée convoquée à cet effet, appartient au commissaire de l'inscription maritime, qui peut déléguer ses

pouvoirs soit aux administrateurs des sous-quartiers, soit aux inspecteurs des pêches, soit aux syndics des gens de mer. En second lieu, un caissier doit être choisi lors de la première assemblée de la communauté : ses fonctions dureront trois années. A côté du caissier et pour surveiller sa gestion, se trouvent deux délégués chargés de reconnaître les dépenses urgentes et les ordonnancer régulièrement. L'art. 40 décide que les recettes de la communauté serviront exclusivement à acquitter les dépenses nécessaires ; toutefois, lorsque les ressources de la caisse le permettront, des secours pourront être distribués aux marins indigents. Enfin, l'art. 42 autorise les communautés de pêcheurs à passer des marchés à profits communs pour la vente du coquillage et du poisson ; les patrons de bateau convoqués à cet effet, donnent leur avis sur les conditions et les prix offerts par les acheteurs ou leurs fondés de pouvoirs. S'ils ne parviennent pas à s'accorder, le président de l'assemblée détermine les conditions et prix des marchés, et appelle les patrons à voter au scrutin secret ; pour que le marché soit valable, la moitié au moins des membres de la communauté doit participer à la délibération. — Dans les ports de la Méditerranée, l'établissement de ces communautés présente un intérêt tout particulier ; elles sont en effet chargées d'élire les prud'hommes pêcheurs, juges naturels des différends qui surviendraient entre leurs membres ; aussi comprend-on que le décret du 19 novembre 1859, les organise d'une façon beaucoup plus complète : Art. 5. « Sont seuls membres de communautés de prud'hommes, les patrons pêcheurs titulaires d'un rôle d'équipage qui ont exercé leur profession pendant un an dans la circonscription de la prud'homie à laquelle ils demandent à appartenir, et qui justifient en outre d'une période quelconque de service sur les bâtiments de la flotte, à moins qu'ils n'aient été dispensés pour cause d'infirmités. » Comme les communautés de l'Océan, celles de la

Méditerranée sont représentées par un certain nombre d'agents spéciaux : d'abord les prud'hommes juges, puis le secrétaire-archiviste chargé de toutes les écritures, le trésorier, en dernier lieu les gardes de la prud'homie, qui remplissent les fonctions d'huissiers aux audiences et assemblées. Chaque communauté a son budget particulier voté en assemblée générale (art. 37); elle peut autoriser des emprunts et dépenses extraordinaires ; elle peut ester en justice ; en un mot, elle constitue une véritable personne morale. Les ressources principales que la loi attribue à ces associations consistent dans la contribution dite de demi-part à laquelle sont assujettis les pêcheurs. Art. 39 : « La demi-part se compose d'un quart d'une part de matelot, prélevé sur la portion revenant à l'équipage et d'un quart de la même part prélevé sur la portion revenant au propriétaire de l'embarcation. Les prud'hommes, afin de s'assurer de la sincérité de la déclaration des pêcheurs, auront le droit de se faire délivrer des extraits des carnets des peseurs publics, et de se livrer à toutes autres investigations légales pour faire rentrer, à la caisse de la prud'homie, les prestations qui lui sont dues. » Nous citerons encore l'art. 40 qui règle la perception de cette contribution et autorise les communautés à l'affermer, et l'art. 41 permettant aux pêcheurs de substituer, au paiement hebdomadaire de la demi-part, le système de l'abonnement annuel, etc., etc.

101. Par qui doit être exercé le commandement des bâtiments expédiés pour la pêche ? Tout d'abord, si les bâtiments doivent, pour se rendre au point où aura lieu la pêche, accomplir un voyage, soit au long cours, soit au cabotage, le commandement ne pourra évidemment appartenir qu'à un capitaine au long cours ou à un maître au cabotage ; si, au contraire, il s'agit uniquement de la petite pêche, aucune condition d'examen n'est imposée à ceux qui conduiront les embarcations. Une dépêche du chancelier

Pontchartrain, en date du 19 juillet 1713, interdisait déjà aux agents supérieurs de la marine de poursuivre les pêcheurs de Saint-Wast et de la Hougue, afin de les contraindre à prendre des lettres de maîtrise ; il leur suffisait d'obtenir un congé de l'amiral, et de faire déposer au greffe de l'amirauté la liste des équipages de leurs bateaux. D'un autre côté, il était formellement interdit à ces bateaux pêcheurs de se livrer à aucun commerce, à aucun transport périodique de voyageurs ou de marchandises ; en cas de contravention, ils encouraient l'amende édictée par l'art. 8 de l'Ord. du 18 octobre 1740. — L'ancienne législation a été reproduite par le décret du 20 mars 1852, art. 7 : « Le commandement d'une embarcation à la petite pêche ne pourra être exercé que par un marin définitivement inscrit. » D'autre part, art. 6 : « Sera puni d'une amende de cent francs tout patron pêcheur qui aura effectué un transport de marchandises ou de passagers. » Les patrons pêcheurs ne peuvent, en général, dépasser les limites de la navigation au bornage ; toutefois, on admet qu'ils peuvent, dans tous les cas, se rendre du lieu de la pêche au port où le poisson peut être mis en vente. Une circulaire ministérielle du 19 décembre 1866 autorise même les pêcheurs qui n'ont pu trouver en France un débouché pour leurs produits à les réexpédier directement en Angleterre : les commissaires de l'inscription maritime sont autorisés à accorder des permis spéciaux qui permettront aux patrons pêcheurs d'entreprendre ce voyage. Les pêcheurs sont tenus d'observer tous les règlements sur la navigation. L'article 8 du règlement du 28 janvier 1727 enjoignait à toutes chaloupes, « servant à la pêche du poisson frais, » d'avoir un rôle d'équipage : c'est ce qu'exige également l'art. 1er du décret du 19 mars 1852. Aux termes de l'art. 2, le rôle d'équipage doit être renouvelé tous les ans. Cette nécessité du rôle d'équipage est imposée aux pêcheurs de la manière

la plus absolue, et ils ne sauraient y suppléer en se munis-
sant d'un simple permis de navigation (Bordeaux, 9 déc.
1847 ; Dev. 48, 2, 249). Tout bâtiment servant à l'exercice de la pêche doit être pourvu d'un acte de francisation
et d'un congé de douane (Décret du 27 vendémiaire an II,
art. 22). L'administration accorde toutefois dispense de
l'acte de francisation aux embarcations de deux tonneaux
et au-dessous, employées à la pêche du poisson frais ; il
doit seulement leur être délivré un congé, comme moyen
de police pour la douane. Au point de vue de la loi fiscale,
les maîtres pêcheurs sont exempts de la patente. (Loi du
25 avril 1844, art. 13 : — 4° Sur la question de savoir si
l'exercice de leur profession constitue un acte de commerce qui les rende justiciables des tribunaux de commerce,
aux termes de l'art. 633, C. Co., la jurisprudence se prononce généralement dans le sens de l'affirmative : « D'a-
près les art. 5 et 6 de l'Ord. de 1681, dit l'arrêt d'Aix du
23 novembre 1840 (Pal. 41, 1, 253), la connaissance de
la pêche, qui se fait en mer et des dommages causés aux
pêcheries par les bâtiments, était attribuée aux tribunaux
de l'amirauté, et, lors de la suppression de ces tribunaux,
tout ce qui formait leur contentieux civil a été transféré
aux tribunaux de commerce, ainsi que cela résulte de l'article 8 de la loi du 7 septembre 1790. L'art. 1 du titre Ier
de la loi du 9 août 1791 a seulement retranché de ce contentieux ce qui concerne les prises maritimes et quelques
attributions de détail réservées aux juges de paix, lesquelles
ne comprennent pas les faits de pêche et dommages causés
aux pêcheurs. En exécution de ce principe, l'art. 2 du
titre IV de la même loi déclare que ces procès pendants devant les tribunaux de l'amirauté seraient portés devant les
tribunaux de commerce. Cet état de choses a duré jusqu'à
la mise en vigueur du Code de Commerce décrété en 1807.
Alors donc, et d'après les lois ci-dessus rappelées, la pêche

maritime et les établissements de pêcheurs dans la mer, constituaient une profession et des propriétés commerciales. Or, rien n'annonce que les auteurs du Code de 1807 aient eu l'intention d'innover à ce sujet ; la pensée contraire aux innovations a dominé la discussion dans le sein du Conseil d'Etat, et cette pensée a été suffisamment exprimée par l'art. 633 C. Co. qui répute actes de commerce toutes les expéditions maritimes, expression générale qui repousse la distinction qu'on voudrait établir sur la durée plus ou moins grande de l'expédition. "

102. Les marins qui naviguent à bord des bâtiments de pêche demeurent régis par le droit commun ; ils sont tenus de satisfaire à l'inscription maritime, et, en même temps, le service à bord des bâtiments de pêche leur comptera, dans le calcul des trois cents mois donnant droit à la pension de retraite. Ils peuvent librement débattre toutes les clauses de leurs engagements : en fait, il arrive le plus souvent qu'ils se soumettent à une clause pénale pour le cas où ils viendraient à déserter ; ainsi, par exemple, ils renoncent à réclamer les parts de pêche qui auraient pu leur être acquises antérieurement. La validité de cette clause a été l'objet de quelques doutes. En effet, n'autorise-t-elle pas l'armateur à s'emparer de loyers légalement acquis au pêcheur ; en un mot, à pratiquer sur eux une véritable saisie ? Donc violation de l'ordonnance du 1er novembre 1745 et du décret du 4 mars 1852. La réponse est facile : en admettant même qu'il y ait là une saisie conventionnelle, se trouve-t-on réellement dans l'hypothèse prévue par l'ordonnance ? Nous ne le croyons pas ; le législateur de 1745 se préoccupait surtout des dettes que les marins pouvaient contracter, et voulait les empêcher de dissiper leur solde avant l'embarquement : l'insaisissabilité n'a point été établie pour le cas où un armateur aurait à former une action en répétition ou en dommages-intérêts. Il nous semble

d'ailleurs difficile de comprendre comment l'application de notre clause équivaudrait jamais à une saisie anticipée du loyer des pêcheurs. On ne peut saisir que ce qui est dû : or le sens de cette clause est qu'aucun salaire ne sera dû si le marin vient à déserter ; on n'a fait qu'une seule chose, déterminer les cas dans lesquels le salaire serait exigible : il n'y a donc aucune raison pour annuler la convention intervenue entre le pêcheur et son patron (Civ. Cass., 20 novembre 1860 ; Dev. 61, 1, 345). La seule restriction qui ait jamais été apportée au principe de la liberté des engagements se trouve dans le décret du 2 octobre 1793 : « La Convention nationale, après avoir entendu le rapport de son comité de marine, décrète que les engagements, qui peuvent être pris par les maîtres pêcheurs des différentes parties de la République, et les armateurs et propriétaires de bateaux de pêche, ne pourront excéder le terme d'une année ou de deux saisons de pêche ; déclare nul et de nul effet tout engagement ou bail qui excèderait ce terme, et abroge toutes les lois, jugements et ordonnances contraires au présent décret. » Comme le fait remarquer M. Beaussant (Cod. marit., t. I, p. 237), le but de cette disposition est assez difficile à saisir : tous les pêcheurs côtiers sont soumis à l'inscription maritime, et peuvent être requis au milieu de leur engagement. Dès lors il n'y avait pas à craindre qu'en contractant des engagements à longue durée, les pêcheurs cherchassent à se soustraire au service de l'Etat : le décret de 1793 n'a aucune raison d'être, et se trouve absolument incompatible avec l'esprit général de notre droit maritime.

103. Aux termes de l'art. 3 du décret du 9 janvier 1852, des réglements particuliers à chaque arrondissement maritime devaient préciser : 1º l'étendue de côte devant laquelle chaque espèce de pêche est permise; 2º la distance de la côte ainsi que des graus, embouchures de rivières, étangs

ou canaux à laquelle les pêcheurs doivent se tenir ; 3° les époques d'ouverture et de clôture des diverses pêches, l'indication de celles qui sont libres pendant toute l'année, les heures pendant lesquelles les pêches seront pratiquées ; 4° les mesures d'ordre et de police à observer dans l'exercice de la pêche en flotte ; 5° les rets, filets, engins, instruments de pêche prohibés ; 6° les dispositions spéciales propres à prévenir la destruction du frai et à assurer la conservation du poisson et du coquillage ; 7° les prohibitions relatives à la pêche, à la mise en vente, au transport, au colportage, et à l'emploi pour quelque usage que ce soit, du frai ou du poisson assimilé au frai et du coquillage qui n'atteint pas les dimensions prescrites ; 8° les appâts défendus ; 9° les mesures de police touchant l'exercice de la pêche à pied. Le décret du 10 mai 1862, a modifié en grande partie les décrets de 1853 et de 1859 ; grâce à lui, nos pêcheurs se trouvent affranchis de formalités minutieuses qui, aujourd'hui, en présence des progrès accomplis et de nos rapports avec d'autres peuples n'auraient pu subsister sans un grave préjudice pour une industrie à laquelle s'attachent de si grands et de si puissants intérêts. Nous nous demanderons successivement : 1° Quelles sont les règles d'ordre et de police relatives à l'exercice du droit de pêche ; 2° Quels sont les engins et modes de pêche autorisés par la loi ; 3° Quelles sont les mesures destinées à assurer la conservation du poisson. Toutes les dispositions que nous allons parcourir s'appliquent à la pêche maritime, c'est-à-dire à celle qui a lieu dans les eaux salées et dans les parties de fleuves régies par l'inscription maritime. Cependant, nous devons observer que quelques difficultés se présentent en ce qui touche les étangs salés. Ainsi, par exemple, que décider dans le cas où l'étang ne communique à la mer que par un affluent ? où les eaux de l'étang ont un degré de salure moindre que

les eaux de la mer? où les principaux affluents de cet étang
sont des affluents d'eau douce? D'après une jurisprudence
bien établie, il n'y a pas à tenir compte de ces circonstances
spéciales; la pêche est réputée maritime dans les étangs
salés, toutes les fois que le poisson de mer peut s'y introduire.
(Crim. Cass. 9 mars 1860; Dev. 60, 1, 388; Toulouse, 14
juin 1860. Dev. 60, 2, 363; Aix, 28 mai 1868; Dev.
69, 2, 266). A un autre point de vue, de l'aveu même du
ministère de la marine, les étangs salés peuvent appartenir
à des particuliers; on se demande si les propriétaires de ces
étangs peuvent y pêcher quand et comme ils veulent, sans
être assujettis à aucun réglement. Ici encore, les arrêts
considèrent la pêche comme soumise à toutes les prescriptions des décrets de 1853, 1859 et 1862: « ces prescriptions,
disent-ils, sont de police et d'ordre public; elles ne peuvent
être subordonnées aux droits d'usage et même aux droits
de propriété qui seraient réclamés par des communes et
des particuliers sur diverses portions ou étendues d'eau
comprises dans les limites du domaine public maritime;
par cela seul que le poisson peut passer de la mer dans l'é-
tang proprement dit, le droit du propriétaire se trouve limité par les nécessités de la conservation du poisson. » (Civ.
Cass. 6 déc. 1860; Dev. 61, 1, 467; Civ. Cass. 1er 1861;
Dev. 61, 1, 465.)

104. 1° *Règles d'ordre et de police relatives à l'exercice du
droit de pêche*. Le décret du 4 juillet 1853 règle par ses
art. 193 et suiv. l'exercice du droit de pêche dans l'étendue
du premier arrondissement maritime; ses prescriptions sont
reproduites presque textuellement par les décrets relatifs
aux quatre autres arrondissements. D'abord on fixe les endroits où la pêche peut avoir lieu. Dans l'intérieur des ports et
des bassins du commerce, elle n'est permise qu'après autorisation du préfet maritime ou du chef de service de la marine,
lorsqu'il est reconnu qu'aucun inconvénient n'en résultera,

soit pour la conservation des ouvrages hydrauliques, soit pour le mouvement des bâtiments de mer ; suivant l'art. 193, cette pêche est réservée aux marins infirmes et privés de secours, aux veuves et aux orphelins de marins domiciliés dans le port; chaque année, au mois de décembre, le commissaire du quartier dresse la liste des individus qui demandent à faire cette pêche et choisit parmi eux les plus méritants. En second lieu, le décret indique les marques spéciales que doivent porter les bâteaux de pêche : elles consistent dans les lettres initiales de leur port d'attache et leur numéro d'incription ; ces lettres et numéros sont placés de chaque côté de l'avant du bateau et de chaque côté de la grande voile; ils seront de plus reproduits sur les bouées, barils et flottes principales de chaque filet et sur tous les autres instruments de pêche appartenant à ce bateau (art. 194 à 197). On s'occupe ensuite de déterminer les droits respectifs des pêcheurs ; l'art. 199 interdit à tous pêcheurs d'amarrer ou de tenir leurs bateaux sur les filets, bouées ou toute autre partie de l'attirail d'un autre pêcheur ; il leur est également défendu de crocher, soulever ou visiter, sous quelque prétexte que ce soit, des filets ou engins qui ne leur appartiendraient pas (art. 199). L'article 65 du réglement de Brest porte en outre que lorsque les courants entraînent les filets d'un pêcheur sur ceux d'un autre pêcheur, celui dont les filets sont ainsi déplacés est tenu de les retirer pour les jeter sur un autre point. Tout bateau pêchant aux cordes doit se tenir sur ses lignes soit en mouillant, soit en mettant en panne, suivant que la marée l'exige ; sont dispensés de cette obligation, les bâteaux qui pêchent à moins de six milles en mer. Lorsqu'un bateau pêchant aux cordes croise ses lignes avec celles d'une autre embarcation, le patron qui les lève ne doit pas les couper à moins de force majeure, et dans ce cas, la corde coupée est immédiatement renouée. Si la pêche a lieu de nuit, les bateaux indiquent leur position en allumant de temps à autre un feu jusqu'à ce qu'ils mettent à la voile. (art. 200 à 204). Enfin, en dernier lieu, l'art. 204 exige qu'il soit fait annuellement, aux époques déterminées par les commissaires de l'inscription maritime, une visite de tous les bateaux pêcheurs. Cette visite est opérée gratuitement par le syndic des gens de mer assisté de un ou deux gardes maritimes ; à défaut de ces derniers, le syndic s'adjoint deux prud'hommes pêcheurs, deux gardes jurés ou deux anciens patrons du bateau. Le rôle d'équipage est retenu ou n'est pas délivré à ceux des patrons dont les bateaux n'ont pas été trouvés en état d'aller en mer. Les bateaux qui ont souffert de graves avaries sont assujettis à la nécessité d'une visite ; comme dans le cas précédent, les papiers de ces bateaux peuvent être retenus jusqu'à l'entier achèvement des réparations prescrites.

105. La pêche à pied a spécialement attiré l'attention du législateur. D'après l'art. 160, nul ne peut s'y livrer habituellement avec filets sans en avoir fait la déclaration au commissaire de l'inscription maritime. — Un titre entier de chaque décret était ensuite consacré à la police de la pêche en flotte. En règle générale, il était défendu aux bateaux arrivant sur les lieux de pêche de se placer ou de jeter leurs filets de manière à se nuire réciproquement ou à gêner ceux qui auraient déjà commencé leurs opérations. On lisait dans l'art. 64 du règlement de Brest : « Les pêcheurs en flotte sont tenus de suivre le mouvement donné par la masse ; ils doivent lever la pêche et mouiller simultanément, suivant la décision de la majorité. Toutefois, s'il se trouve sur les lieux un navire garde-pêche, un garde maritime ou un garde juré, ils se conforment aux ordres qu'ils en reçoivent à cet égard. » Aussitôt que les filets avaient été mis à la mer, il était interdit aux pêcheurs de quitter leur rang ; pendant la nuit, ils devaient montrer des feux à intervalles

rapprochés pour faire connaître leur position (art. 62 et 63). L'art. 68 décidait que tout patron de bateau qui, pendant la nuit, se trouvait obligé de jeter l'ancre, devait, sauf le cas de force majeure, se retirer assez loin du lieu de pêche, pour qu'il ne pût causer aucun dommage aux bateaux dérivants. Les art. 69 et 70 prévoyaient le cas où un bateau, après avoir pêché son complet chargement, aurait été obligé de laisser une partie de ses filets à la mer ; il en faisait le signal : de jour, en mettant son pavillon en berne; de nuit, en allumant un feu de minute en minute pendant un quart-d'heure. L'obligation de relever les filets restants était imposée au bateau du même quartier le plus rapproché qui aurait été hêlé le premier. Dans les 24 heures, le patron qui avait laissé des filets pleins à la mer et celui qui les avait relevés étaient tenus d'en rendre compte au bureau de l'inscription maritime : la moitié du poisson appartenait, à titre d'indemnité, à celui qui avait relevé les filets ; l'autre moitié était remise avec ses engins à leur propriétaire. L'art. 71 défendait aux maîtres ou patrons d'embarcations, faisant le commerce de poissons frais, de louvoyer parmi les bateaux sur les lieux de pêche, et d'y envoyer leurs canots, sous prétexte d'arroser le poisson ; il leur était enjoint d'attendre au port ou à l'entrée, hors des lieux de pêche, le retour des bateaux. Actuellement, la pêche en flotte n'est plus soumise à une réglementation uniforme: des arrêtés, émanant des préfets maritimes, déterminent toutes les mesures qui, dans chaque localité, en peuvent assurer le libre exercice. Ce progrès date du décret du 10 mai 1862 : article 12 : « Les préfets maritimes déterminent, par des arrêtés, toutes les mesures de police, d'ordre et de précautions propres à empêcher tous accidents, dommages, avaries et collisions, et à garantir aux marins le libre exercice de la pêche. » Art. 13 : « Tous les arrêtés, rendus par les préfets maritimes en matière de pêche côtière, sont soumis à l'approbation de notre ministre de la marine et des colonies. » Dans le rapport de M. le ministre de la marine, nous voyons que l'administration se proposait avant tout d'éviter aux pêcheurs les pertes de temps et d'argent, conséquences nécessaires du régime inauguré en 1853; on avait contrarié d'anciennes habitudes locales, et cela, sans profit pour l'industrie de la pêche côtière ; les règlements existant depuis un temps immémorial, et que souvent les pêcheurs avaient faits eux-mêmes dans leur propre intérêt, pouvaient seuls assurer le maintien de l'ordre et prévenir toutes collisions : les préfets maritimes devaient donc se borner à les sanctionner en y apportant les modifications que pouvait suggérer l'expérience acquise.

106. 2° *Engins et modes de pêche autorisés par la loi* : Les décrets de 1853 et de 1859 établissaient quels étaient, dans chaque quartier maritime, les filets ou engins dont les pêcheurs étaient autorisés à se servir. Les énumérations qu'ils contenaient étaient considérées comme limitatives, et, dans la pratique, tous filets ou engins de pêche qui ne s'y trouvaient point compris devaient être considérés comme prohibés au point de vue de la loi pénale (Cass. Ch. réunies, 12 février 1855. Dev. 56, 1, 187). C'est surtout dans cette matière que se faisait sentir le besoin d'une réforme complète ; il était singulier de voir des pêcheurs poursuivis pour s'être servis d'engins qui, à quelques lieues de distance, n'étaient plus réputés délictueux. En même temps, on reprochait à quelques-uns des décrets intervenus depuis 1852 leur rédaction par trop laconique; tandis que le règlement de Brest déterminait minutieusement la forme et les dimensions que devaient présenter les filets autorisés, le réglement de Cherbourg était absolument muet sur ce point important. Le décret du 10 mai 1862 a relevé la pêche côtière de la tutelle où elle avait été placée en 1853 et 1859. On a voulu, ainsi que le cons-

tatait M. de Chasseloup-Laubat, accorder aux pêcheurs toutes les facilités désirables ; on ne leur impose que des restrictions commandées par leur propre intérêt et qui leur assureront pour l'avenir l'exercice fructueux de leur industrie.

107. Tout d'abord, à une distance de trois milles au large de la laisse de basse mer, liberté pleine et entière est laissée aux pêcheurs. Les décrets de 1853 et de 1859 s'étaient déjà relâchés dans cette hypothèse de leur sévérité ordinaire : certains filets prohibés pouvaient être jetés en mer au-delà de cette distance de trois milles. Aussi jugeait-on que la simple détention de ces filets à bord d'un bateau de pêche ne constituait, en aucun cas, une contravention (Crim. Cass., 18 janvier 1856 ; Dev. 56, 1, 552). En dedans de trois milles des côtes, la pêche ne peut avoir lieu que sous certaines conditions empruntées pour la plupart à la législation sur la pêche fluviale. Le décret de 1862, reproduisant les termes d'une circulaire du 25 mars 1861, divise en quatre catégories tous les filets et engins de pêche en usage sur les côtes françaises. 1° Filets fixes, c'est-à-dire filets qui, tenus au fond de la mer au moyen de poids ou de piquets, ne changent pas de position une fois calés. Le point essentiel à réglementer était la grandeur de la maille reconnue suffisante pour permettre la libre circulation du fretin. Art. 3, 1° « Les filets fixes, à simple, double ou triple nappe, et les filets à poche auront des mailles d'au moins 25 millimètres en carré. Les marins peuvent en faire usage en bateau ou autrement. » Le décret ne s'explique pas en ce qui touche la dimension de ces filets, leur forme ou leur disposition, et les heures pendant lesquelles ils peuvent être tendus ; d'après la circulaire du 12 mai 1862, ces points doivent faire l'objet de mesures d'ordre et de police variant suivant les endroits, les temps ou les circonstances, et qui peuvent être laissées à l'appré-

ciation des autorités locales. L'art. 5 proscrit exceptionnellement certains filets fixes qui, tendus par l'effet du courant dans les fleuves ou les canaux, deviendraient les plus destructeurs sur les points où le fretin a surtout besoin de protection. " Continuent à être prohibés les guideaux, gords et autres filets fixes à poche, dans les fleuves, rivières et canaux, et à leurs embouchures. " — 2° Filets flottants, c'est-à-dire filets qui vont au gré du vent, du courant, de la lame, ou à la remorque d'un bateau, sans jamais s'arrêter au fond. En fait, ces filets ne prennent guère que des poissons de passage tels que harengs, sardines, maquereaux : ils n'exercent donc pas d'influence sur la destruction du frai ou du fretin, et ne doivent par suite être assujettis à aucune dimension de mailles. L'art. 3, 2°, dit seulement : " Sont assimilés aux filets flottants les filets fixes dont la ralingue inférieure est élevée de manière à laisser toujours un intervalle de 25 centimètres au moins entièrement libre au-dessous de ladite ralingue. " 3° Filets traînants, — c'est-à-dire filets qui, coulés au fond au moyen de poids placés à la partie inférieure, y sont promenés sous l'action d'une force quelconque. Quelle que soit la dénomination de ces filets traînants, porte la circulaire du 12 mars 1862, qu'ils s'appellent dreige, chalut, gangui, etc., il est généralement reconnu qu'il est difficile de prescrire pour les mailles et le poids de ces filets, des dispositions qui protègent efficacement le fretin ; les pêcheurs tendent continuellement d'ailleurs à renforcer le fond du filet, opération qui rend à peu près illusoire toute limitation de la malle : enfin, l'expérience prouve que les ravages exercés par ce filet sont d'autant plus graves qu'il est employé moins loin de terre. — Aussi leur emploi a-t-il été interdit successivement par la déclaration du 23 avril 1726, et par le décret de 1862 : cette interdiction est absolue et doit s'appliquer quelque soit le genre de pêche auquel se serait livré le dé-

linquant (Cass. Crim., 11 juillet 1851. Dev. 52, 1, 158).
Toutefois deux exceptions sont admises : on exempte de
la prohibition générale la grande seine à jet, à condition
toutefois que ses mailles aient au moins 25 millimètres
en carré ; puis l'art. 6 prévoit le cas où soit la conformation naturelle des côtes, soit toute autre cause rendraient
sans danger l'emploi des filets traînants : des arrêtés spéciaux peuvent ici déroger au droit commun. « L'usage des
filets traînants pour la pêche de toute espèce de poisson
peut être, sur la proposition des préfets maritimes, autorisé
par des arrêtés de notre ministre de la marine et des colonies, à moins de trois milles de la côte, dans les localités où
soit à raison de la profondeur des eaux, soit pour toute
autre cause, il ne présente aucun inconvénient. Ces filets
doivent avoir des mailles d'au moins 22 millimètres carrés.
Dans aucun cas, il n'est fait usage de filets traînants à
moins de 500 mètres des huîtrières. » 4° Filets et engins
destinés à des pêches spéciales. L'administration ne cherche
à atteindre qu'un seul résultat, empêcher que ces filets
soient employés en dehors de la pêche à laquelle ils sont
destinés, et en conséquence organiser une surveillance efficace de la part des autorités maritimes ; pour le reste, aucune condition n'est imposée aux pêcheurs. Art. 4 du décret : « Tous les filets, engins et instruments destinés à des
pêches spéciales, telles que celles des anguilles, du nonnat,
des soclets, chevrettes, lançons et poissons de petites espèces ne sont assujettis à aucune condition de forme, de dimension, de poids, de distance ou d'époque. L'emploi en est
déclaré aux agents maritimes. Ils ne peuvent servir qu'aux
genres de pêches auxquels ils sont destinés, et pour lesquels ils ont été déclarés ; s'ils sont employés autrement,
ils sont considérés comme prohibés...... Les seines et
filets destinés à la pêche des éperlans et des mulets, sont,
s'il y a lieu, réglementés par les préfets maritimes. »

108. 3° *Mesures destinées à assurer la conservation du poisson.* Ici encore le décret de 1862 se rapproche singulièrement des réglements sur la pêche fluviale. L'art. 11 correspond à l'art. 30 de la loi du 15 avril 1829 : « Il est défendu de pêcher, de faire pêcher, de saler, d'acheter, de vendre, de transporter et d'employer à un usage quelconque : 1° les poissons qui ne sont pas encore parvenus à la longueur de dix centimètres, mesurés de l'œil à la naissance de la queue, à moins qu'ils ne soient réputés poissons de passage ou qu'ils n'appartiennent à une espèce qui, à l'âge adulte, reste au-dessous de cette dimension ; 2° les homards et les langoustes au-dessous de vingt centimètres de l'œil à la naissance de la queue ; 3° les huîtres au-dessous de cinq centimètres. » Le législateur de 1862 s'occupe ensuite des cas où le *cantonnement* de certaines parties de nos côtes serait exigé par l'intérêt de la reproduction du poisson. Le décret de 1852 avait décidé que les réglements à intervenir dans chaque arrondissement maritime pourraient fixer les époques pendant lesquelles certaines pêches seraient régulièrement interdites : aujourd'hui ces interdictions de pêches ne reviennent plus d'une manière périodique ; ce n'est que dans l'hypothèse de nécessité absolue et dans des circonstances exceptionnelles qu'elles peuvent être prononcées : la pêche est libre toute l'année, sans chômages déterminés à l'avance. Du reste, toute garantie a été donnée aux intérêts des pêcheurs ; un décret impérial doit intervenir et l'accomplissement des formalités préparatoires assure que l'interdiction temporaire de telle ou telle espèce de pêche sur un point déterminé du littoral ne sera prononcée qu'après un sérieux examen. Décret du 10 mai 1862, art. 7 : « Toute espèce de pêche par quelque procédé que ce soit, à moins de trois milles de la côte peut, sur une étendue déterminée du littoral, être temporairement inter-

dite, lorsque l'interdiction est reconnue nécessaire pour sauvegarder soit la reproduction des espèces, soit la conservation
du frai et du fretin. L'interdiction est prononcée par un décret impérial rendu sur la proposition de notre ministre de
la marine et des colonies. — Les pêches, qui ont lieu à la distance de trois milles du littoral, peuvent être également
l'objet de mesures semblables lorsqu'elles sont commandées
par l'intérêt de la conservation des fonds ou de la pêche des
poissons de passage ; mais alors l'administration ne peut
agir d'office ; la demande de cette interdiction doit émaner
des pêcheurs intéressés. » — Art. 2 : « Sur la demande des
prud'hommes pêcheurs, de leurs délégués, et à défaut, des
syndics des gens de mer, certaines pêches peuvent être temporairement interdites sur une étendue de mer au-delà de
trois milles du littoral, si cette mesure est commandée par
l'intérêt de la conservation des fonds, ou de la pêche des
poissons de passage. L'arrêté d'interdiction est pris par le
préfet maritime. » Cet article ne nous dit pas de quelle
manière la demande d'interdiction devra être introduite par
les prud'hommes ou les syndics des gens de mer ; la circulaire du 12 mai 1862 constate que les usages locaux, l'organisation des prud'homies ou des associations, présentent
des conditions si diverses suivant les localités, qu'il était
utile de se borner à poser le principe de l'intervention des
pêcheurs ou de leurs représentants et de laisser la plus complète latitude au mode d'exercice de cette intervention. —
La pêche de la truite et du saumon tant à la mer que dans
la partie des fleuves où les eaux sont salées est régie par le
décret du 21 octobre 1863 : « La pêche de la truite et du
saumon est interdite chaque année du 20 octobre au 31 janvier inclusivement, tant à la mer le long des côtes que dans
la partie des fleuves, rivières, étangs et canaux où les eaux
sont salées. » Nous verrons plus tard qu'en matière de pê-

che fluviale, cette interdiction dure également, pour la pê-che de la truite et du saumon, du 20 octobre au 31 janvier. (Décret du 25 janv. 1868, art. 1er).

C

1. Pêche des coquillages, huîtres et moules.
2. Pêche du hareng et du maquereau.

I

109. La pêche des coquillages est, comme la pêche des poissons proprement dits, exempte de tout droit et de toute redevance. Un avis du conseil d'Etat du 24 septembre 1807, décide qu'elle ne peut faire l'objet d'un privilége exclusif et qu'une semblable faveur, accordée à certains individus, se-rait préjudiciable à la classe des marins et des habitants des côtes ; en conséquence, était annulé l'arrêté du préfet de l'Escaut, en date du 22 mars 1806, concédant pour trente années le privilége de la pêche des moules à la com-pagnie Rissens. — Le conseil d'Etat rappelait, en même temps, que les pêcheurs devaient observer strictement les réglements établis pour assurer la libre reproduction des huîtres et des moules. Les textes, auxquels il était fait allusion, n'étaient guère nombreux et n'avaient, pour la plupart, que l'application la plus restreinte ; on citait no-tamment le réglement dressé le 16 août 1766 par l'amirauté de Saint-Malo, l'arrêt du Conseil spécial à l'exploitation du banc de Cancale et l'arrêt du Parlement de Bretagne du 17 octobre 1775, spécial à l'exploitation du banc de Tré-guier. Une ordonnance du 24 juillet 1816 vint, plus tard, soumettre à des prescriptions nouvelles la pêche dans les baies de Cancale et de Granville ; mais M. Beaussant, qui l'analyse avec soin, fait remarquer (Code Marit., t. 2, p. 303) qu'elle n'avait pas été insérée au Bulletin des lois,

et que beaucoup de ses dispositions, notamment celles ins-
tituant des juridictions spéciales, n'auraient pu être établies que par une loi : à ce double point de vue, sa légalité
pouvait être l'objet de critiques sérieuses. L'art. 4 du décret
du 9 janvier 1852 abroge cette législation si incomplète et
si incohérente. « Les préfets maritimes, et dans les sous-
arrondissements les chefs du service de la marine, fixeront
par des arrêtés les époques d'ouverture et de clôture de la
pêche des huîtres et des moules, et détermineront les huîtrières et moulières qui seront mises en exploitation. Ces
arrêtés seront, dans la quinzaine, transmis au ministre de
la marine. » Le décret du 6 mai 1862 complète ces articles,
en y apportant d'assez nombreuses modifications ; désormais, les préfets maritimes ont seuls le droit de fixer les
époques d'ouverture de la pêche ; les arrêtés pris dans les
sous-arrondissements par un chef de service seraient nuls
et de nul effet. — Puis, les arrêtés préfectoraux ne peuvent
s'appliquer qu'à la pêche des huîtres sur les bancs situés
dans l'intérieur des baies et dans une distance de moins de
trois milles de la côte : au delà de cette distance, la pêche
des huîtres est simplement soumise à un chômage régulier qui durera du 30 avril au 1er septembre. Ajoutons
qu'il nous paraît logique de décider que la pêche sur les
moulières et huîtrières pourrait être l'objet d'une interdiction extraordinaire, au cas où l'intérêt soit de la reproduction, soit de la conservation des fonds viendrait à l'exiger ;
le préfet maritime ne devrait, bien entendu, prendre de
semblables arrêtés que dans les conditions, et suivant les
formes prescrites par l'art. 2.

110. Les décrets de 1853 et de 1859 contenaient un
grand nombre de dispositions relatives à la police de
cette pêche ; comme toujours, nous citerons à titre
d'exemple, le réglement de l'arrondissement de Cherbourg. Il résulte de la combinaison des art. 80 et 92 que

les pêcheurs ne peuvent sortir du port qu'à certaines marées : le signal du départ et le signal de commencer la
pêche doivent être donnés par les agents spéciaux chargés
de sa surveillance. — Défense est faite aux pêcheurs de
draguer des bancs d'huîtres, autres que ceux qui auront
été déterminés par ces agents ; de draguer sur des bancs
d'huîtres hors des marées pendant lesquelles la pêche aura
été autorisée ; aussi leur est-il interdit de rester mouillés
de nuit sur le banc : chaque soir ils rentreront dans le port,
sauf les cas de force majeure. L'art. 82 établit que toutes
les décisions prises, touchant les marées et heures de
pêche, par des officiers et officiers mariniers commandant
les bâtiments gardes-pêche, ou par les inspecteurs des
pêches et les syndics, sont exécutoires sans appel ni recours : cependant, si des prud'hommes, gardes-jurés ou gar-
des-maritimes se sont refusés à une sortie demandée par plusieurs patrons, appel peut être interjeté de leur décision
devant l'inspecteur des pêches, qui statuera après avoir
entendu les deux parties et examiné par lui-même l'état de
la mer. La fixation des huîtrières, qui seront mises en exploitation, a surtout préocupé le législateur de 1853 ;
aux termes des art. 84 et 86, tous les ans, dans la première quinzaine du mois d'août, des commissions locales composées de l'inspecteur des pêches ou, à défaut, du
syndic des gens de mer, de deux gardes maritimes et d'un
garde-juré, plus, de deux patrons de bateaux, procède à la
visite des anciens bancs et à la reconnaissance des bancs
formés ou découverts récemment. C'est d'après le rapport de
ces commissions, que sont indiquées les huîtrières à exploiter actuellement, le nombre de jours pendant lesquels la
pêche sera permise, le nombre de bateaux à y employer,
les limites exactes de chaque huîtrière, les marques de reconnaissance désignant les bancs qu'il est permis d'exploiter, etc., etc. Pour faciliter ce travail, l'art. 91 enjoint

à tout pêcheur qui aura découvert un nouveau banc d'huîtres d'en faire immédiatement la déclaration à l'administrateur de son quartier ou à celui du port auquel il aborde. Les dimensions de dragues à huîtres sont précisées dans l'art. 55. « La drague à huîtres, armée de fer, portera un sac fait en filet de chanvre, en lanières de cuir ou en fil de fer. Les mailles des sacs en filet de chanvre ou en lanières de cuir auront au moins 0^m054 en carré ; celles des sacs en fer auront en mer au moins 0^m050 en carré ou en diamètre. — Le poids total de la drague, non compris la corde ou la chaîne de traction, ne pourra excéder 65 kilogrammes. Cet engin sera employé exclusivement à la pêche des huîtres..... Lorsque pour proportionner la drague à la force du bateau, il y aura lieu d'en réduire les dimensions, cette réduction ne s'étendra pas à la largeur des mailles ou des anneaux, qui devra toujours rester la même. — L'usage de la drague n'est permis qu'en bateau. » Depuis la clôture jusqu'à l'ouverture de la pêche, les dragues sont déposées, après avoir été numérotées, dans des lieux déterminés par les administrateurs de l'inscription maritime ; elles sont également laissées à terre pendant la période d'ouverture, lorsque les bateaux sortent pour faire la pêche du poisson frais (art. 97). — Les huîtres n'ayant pas atteint une certaine dimension doivent être rejetées à la mer ; en 1853, le diamètre minimum de celles qui pouvaient être conservées était de 0^m06 ; depuis le décret de 1862, ce diamètre est descendu à 0^m05. — Le triage des huîtres doit être opéré soit sur les lieux mêmes, soit dans le port ; dans le premier cas, les équipages sont tenus de rejeter immédiatement toutes celles qui n'atteignent pas la dimension réglementaire ; dans le second, le triage est exécuté immédiatement après le déchargement du bateau, et les petites huîtres sont reportées, à la plus prochaine marée de jour, sur le banc désigné à cet effet dans la baie où la pêche a eu lieu. L'art. 8 du décret du 10 mai 1862 ajoute à titre d'exception, que, dans les localités où il existe des étalages ou autres établissements propres à recevoir les petites huîtres, ces dernières pourront y être déposées au lieu d'être rejetées au fond. Le même article prescrit encore aux pêcheurs de rejeter immédiatement à la mer les poussiers, sables, graviers et fragments d'écailles ; toutefois le préfet maritime peut, dans l'intérêt du nettoyage des bancs d'huîtres, suspendre l'exécution de cette obligation. La circulaire du 24 février 1862 avait déjà appelé l'attention des autorités locales sur l'envasement des huîtrières du littoral. Un crédit de 150,000 francs était alloué pour le nettoyage ou le repeuplement des bancs appauvris : le ministre demandait que, dans chaque quartier, des études préparatoires fussent faites pour arriver à une répartition équitable de cette somme.

111. Le décret du 4 juillet 1853, portant règlement pour l'arrondissement de Brest, organise d'une manière toute spéciale la pêche des huîtres dans la baie de Cancale. Il maintient l'ancienne communauté existant lors de sa promulgation, et comprenant exclusivement les patrons des bateaux armés pour la pêche des huîtres (art. 267.) Chaque année, cette communauté élit : 1° quatre gardes-jurés chargés de la police des huîtrières ; 2° huit gardes-jurés chargés, à terre, de la police des lieux de dépôts pour les huîtres. Le ministre a, du reste, le droit d'augmenter ou de diminuer le nombre de ces gardes, suivant l'importance présumée de la pêche. Les gardes-jurés peuvent obtenir, sur les fonds de la caisse commune, une indemnité qui, en aucun cas, n'excédera vingt francs par mois, et dont le montant sera fixé par le chef du service de la marine à Saint-Servan (art. 268 à 273.) Le syndic des gens de mer de Cancale est chargé, 1° de tenir la comptabilité de la communauté dont il est le caissier dépositaire de fonds : tous les ans, le compte des recettes

et des dépenses est présenté à une commission composée de l'administration du sous-quartier, de l'inspecteur des pêches, des gardes-jurés, et de deux patrons de bateaux ; il est ensuite soumis à l'examen du commissaire de l'inscription maritime, et à l'approbation du chef de la marine, à Saint-Servan ; — 2° de tenir le registre des délibérations de la communauté, des marchés et des inscriptions pour les demandes d'huîtres. Le syndic reçoit une indemnité de 200 fr. par an, à raison de ses attributions de caissier et de secrétaire de la communauté des pêcheurs (art. 274 à 277.) Suivent des mesures de police sur le dragage des huîtres, la dimension des bateaux à employer, la reconnaissance des huîtrières et la fixation des limites que ne doivent pas dépasser les pêches de Granville. L'art. 285 autorise les patrons pêcheurs de tous les ports de France à participer à l'exploitation des huîtrières de Granville, sous condition : 1° de se munir de bateaux ayant la dimension réglementaire ; 2° de se faire inscrire du 1er au 25 août de chaque année au bureau de l'administration du sous-quartier de Cancale, pour y déclarer leur intention de concourir aux marchés communs. Le nombre des pêcheurs étrangers est déterminé chaque année par le chef du service de la marine, à Saint-Servan ; au cas où le nombre des bateaux étrangers demandant à participer à la pêche excède le chiffre déterminé pour les admissions, l'administrateur du quartier tire au sort les noms des bateaux qui seuls jouiront du droit de pêche. Les patrons pêcheurs sont tenus de continuer la pêche jusqu'au jour de sa clôture, à moins d'autorisation accordée par les autres patrons réunis en assemblée générale (art. 289) ; cette dernière mesure rentre, aux termes de la jurisprudence, parmi celles qui ont été établies pour assurer la reproduction et la conservation du coquillage : tout patron pêcheur qui se retirerait sans autorisation, serait réputé avoir voulu se soustraire à la surveillance de la communauté et s'être livré clandestinement à une pêche destructive du coquillage ; il y aurait lieu de lui appliquer les peines prononcées par l'art. 7, § 2 du décret du 9 janvier 1852 (Crim. Cass., 23 juillet 1857. Dev., 57, 1, 816.) Il est interdit aux patrons pêcheurs de traiter eux-mêmes avec les individus connus notoirement pour faire le commerce des huîtres ; les marchés sont passés publiquement par le syndic des gens de mer de Cancale, en présence de l'inspecteur des pêches et des gardes-jurés ; les prix, une fois établis pour chaque espèce d'huîtres, ne peuvent varier pendant toute la durée du marché. L'ordre d'inscription des acheteurs est fixé par la voie du sort ; ces acheteurs ne peuvent être que : 1º les marchands d'huîtres patentés et agréés des pêcheurs ; 2º les étalagistes établis à Cancale : les veuves des inscrits maritimes du sous-quartier de Cancale sont seules dispensées de produire leur patente de marchands d'huîtres. A un autre point de vue, peuvent être exclus des marchés ceux qui manquent à leurs engagements ou qui commettent quelque acte nuisible à la communauté et au commerce des huîtres (art. 293 à 303.) Quant aux produits de la pêche quotidienne qui, en raison de leur peu d'importance, ne doivent pas être vendus sur les marchés publics, ils sont partagés par moitié entre les marchands forains et les marchands du pays, y compris les étalagistes ; cette distribution a lieu par les soins des gardes-jurés de la communauté.

112. L'ordonnance de 1681 interdisait d'employer la drague pour la pêche des moules. Art. 18, tit. III, liv. V : « Faisons pareillement défense et sous les mêmes peines (25 livres d'amende), de dreiger dans les moulières, d'en râcler le fond avec couteaux et autres semblables ferrements, d'arracher le frai des moules et d'enlever celles qui ne sont pas encore pêchées. » Ainsi que le reconnaissait l'arrêt du Conseil du 18 décembre 1727, le seul instrument autorisé pour la pêche des moules était le

râteau de bois garni de dents de fer ; pour les moulières qui se découvraient à la basse mer, on autorisait les pêcheurs à se servir de couteaux de fer ayant au plus deux pouces de large, et longs au plus de 7 pouces y compris le manche ; en tous cas, la pêche ne pouvait être faite que nu-pieds, de crainte que les sabots des pêcheurs ne brisassent les moules. Les décrets de 1853 se montrent tout aussi rigoureux dans leurs prescriptions. L'art. 102 déclare applicables à cette pêche les dispositions relatives à la reconnaissance et à la détermination des huîtrières exploitables. Les instruments autorisés varient encore, suivant que les moulières découvrent ou ne découvrent pas ; dans le premier cas, les pêcheurs peuvent se servir de couteaux à moules. « Les couteaux en fer destinés à la pêche des moules, porte l'art. 55, ne pourront avoir plus de 189 millimètres de long, y compris le manche ; la lame de ces couteaux n'excèdera pas 54 millimètres de large. Ces instruments seront exclusivement employés sur les moulières qui découvrent en basse mer. » Dans le second, les pêcheurs devront faire usage du râteau à moules. « Les râteaux à moules sont faits de bois, garnis de dents de fer placées à la distance de 034 millimètres au moins les unes des autres. Ces instruments seront employés à l'exploitation des moulières qui ne découvrent pas. » La drague ne peut être employée qu'avec autorisation spéciale du préfet maritime ou des chefs du service de la marine pour l'exploitation des moulières sur lesquelles il reste au moins 3 mètres 24 cent. d'eau à la basse mer d'équinoxe ; cette drague devra être absolument semblable à celle qui est employée pour l'exploitation des huîtrières. Les art. 99 à 101 interdisent aux pêcheurs : 1° d'arracher les moules et le frai des moules à poignées ; 2° de jeter sur les moulières aucune immondice de quelque nature qu'elle soit ou du lest de rivière ; 3° de transporter le produit de leur pêche avec le secours de bêtes de somme ou de voitures, qui ne doivent, sous aucun prétexte, être conduites sur les moulières.

II

113. L'ordonnance de 1681 (Liv. V, Tit. v), traitait dans un titre spécial de la pêche du hareng et du maquereau ; à cette époque, on ne se préoccupait que d'une seule chose d'assurer le bon ordre et la régularité de cette pêche. Les huit articles dont il se compose traitent surtout des mesures de police applicables à la pêche en flotte : on y indique à quelle distance les bateaux doivent se tenir les uns des autres, quels feux doivent porter ces bateaux, de quels engins ils peuvent être munis. L'arrêt du Conseil du 24 mars 1687 vint, pour la première fois, limiter les époques auxquelles aurait lieu la pêche du hareng : il porte que « le hareng ayant frayé après Noël, devient de mauvaise qualité; que la grande quantité qu'on en prend alors ruine entièrement les côtes et les pêches faites en bonne saison, par le vil prix auquel il est vendu ; » en conséquence, défenses sont faites « d'aller ni d'envoyer à la pêche du hareng après le mois de décembre, ni d'en acheter à bord d'aucun navire étranger, à peine de 500 fr. d'amende, confiscation du hareng, des équipages et vaisseaux et autres peines s'il y écheoit. » M. Dalloz (Rép. v° Pêche maritime, n° 52), retrace en détail toutes les péripéties de la lutte qui ne tarda pas à s'engager entre les partisans de ce système de limitation et ceux de la liberté absolue en matière de pêche. Le 15 vendémiaire an ii, un décret de la Convention décidait que désormais les pêches du hareng et du maquereau commenceraient et finiraient à volonté. L'ordonnance du 14 août 1816, art. 2, rétablissait, au contraire, la limitation de la pêche du hareng. Art. 2: « La pêche du hareng s'ouvrira le 1er septem-

bre et se fermera le 15 janvier dans tous les ports du royaume. Les autres pêches restent libres et non limitées. »

Le 4 janvier 1822, nouveau changement dans la législation : la pêche du hareng redevient libre et non limitée pour tous les ports du royaume. En même temps, on maintenait le principe posé par l'arrêt du Conseil de 1687 qui interdisait à tous pêcheurs et autres d'acheter du hareng provenant de pêches étrangères ; mais l'administration se trouvait à peu près désarmée : profitant de la liberté qui leur était accordée, les pêcheurs du Calvados se livraient sur les côtes de Hollande et dans les parages du Texel à des achats dont l'importance augmentait chaque année ; grâce à la modicité du prix du poisson et à l'inutilité d'un armement sérieux, ils arrivaient à faire une concurrence écrasante aux pêcheurs véritables. La loi du 6 mai 1841 (art. 9) voulut mettre un terme à ces abus : elle décidait que le poisson de provenance étrangère serait frappé de droits extraordinaires. Cette mesure fiscale demeura absolument inefficace et les fraudes continuèrent comme par le passé. Le ministère de la marine mit la question à l'étude : en 1845, une commission fut nommée, mais ses travaux n'aboutirent à aucun résultat. Une décision ministérielle du 30 avril 1850 institua une seconde commission comprenant des délégués des départements de la marine, des finances, du commerce et des affaires étrangères et dans laquelle les ports du Pas-de-Calais, de la Seine-Inférieure et du Calvados se trouvaient largement représentés : le projet qu'elle rédigea à la suite d'une enquête effectuée aux Orcades, en Ecosse, en Angleterre et dans les ports compris entre Dunkerque et Caen, devint le décret-loi des 28 mars — 16 avril 1852, qui pendant douze années a régi la pêche du hareng.

134. Le décret de 1852 commençait par fixer les époques auxquelles la pêche du hareng serait absolument libre, c'est à-dire auxquelles les harengs pourraient être introduits en

franchise de droits. Art. 1ᵉʳ : « Les produits de la pêche française du hareng avec salaison à bord, rapportés des parages de la Grande-Bretagne et des côtes de France, seront admis à l'immunité des droits aux époques ci-après, savoir : produits de la pêche dite d'Ecosse, du 1ᵉʳ août au 31 septembre ; produits de la pêche dite d'Yarmouth et de celle faite sur les côtes de France, du 1ᵉʳ octobre au 31 décembre. » D'après l'art. 3, étaient réputés de pêche étrangère et soumis aux droits du tarif général : 1° les harengs salés importés des parages de la Grande-Bretagne et des côtes de France à toutes autres époques que celles déterminées par l'art. 1ᵉʳ ; 2° les harengs frais et salés importés à quelquelque époque que ce soit de tous autres parages ; 3° les harengs frais rapportés du 1ᵉʳ janvier au 31 juillet soit des parages de la Grande-Bretagne, soit des côtes de France, lorsque le bateau pêcheur français qui les rapporterait aurait été absent d'un port de France pendant plus de trois jours. Nous rencontrons ensuite quelques articles destinés à empêcher l'introduction des harengs étrangers : avant tout, interdiction de ces voyages réitérés qui facilitaient aux acheteurs de ce poisson l'exercice de leur industrie ; l'art. 1ᵉʳ in fine porte : « Aucun bateau français ne pourra être expédié plus d'une fois dans la même année pour la pêche d'Ecosse. » Ce qui ne lésait en rien les intérêts des pêcheurs véritables : il est en effet démontré que, sauf des circonstances exceptionnelles, un bateau expédié de nos ports ne peut, durant le temps qui lui est accordé par l'art. 1ᵉʳ, pêcher au-delà de son plein chargement sur les côtes d'Ecosse. L'achat de harengs de provenance étrangère était, comme par le passé, réputé un véritable délit justiciable des tribunaux correctionnels. Art. 6 : « Tout achat ou tentative d'achat, toute introduction ou tentative d'introduction de harengs de pêche étrangère par un bateau français armé pour la pêche, entraînera la saisie de tout le poisson qui se trouverait à bord ainsi que celle du bateau, de ses agrès, apparaux et ustensiles de pêche. L'armateur, en cas de complicité, sera condamné à une amende de cinq cents à deux mille francs. Dans le cas de condamnations prononcées par les tribunaux, le patron du bateau saisi et les hommes de l'équipage pourront être levés par mesure de discipline pour le service de la flotte ; ils y seront maintenus pendant un an au moins et trois ans au plus avec réduction du tiers de la solde intégrale pour les officiers mariniers et les quartiers-maîtres et du quart pour les matelots et les novices. Toutefois, les conseils d'avancement du bord pourront, après six mois au moins d'embarquement, prononcer leur réintégration avec la solde entière. » L'art. 7 déclarait ces dispositions applicables : 1° lorsqu'un bateau revenant sur lest aurait été soit surpris en flagrant délit d'achat ou de tentative d'achat, soit rencontré à l'étranger dans un port ou une rade fermée, hors les cas de nécessité ou de force majeure dûment justifiés ; 2° lorsqu'à partir du 1er octobre et jusqu'au 31 décembre, un bateau aurait été surpris au-delà de 53° 36' de latitude, sauf toujours le cas de nécessité dûment justifié. Un mode spécial de vérification des harengs importés en France était établi par l'art. 4 : certains ports seulement étaient ouverts à cette importation, et, dans chacun d'eux, était instituée une commission permanente, composée d'agents de la marine et des douanes et chargée de vérifier les opérations auxquelles se seraient livrés les pêcheurs, ainsi que l'origine des harengs déclarés être le produit de la pêche nationale. L'art. 5 soumettait les armements pour la pêche du hareng à d'assez nombreuses formalités que le décret du 7 juin 1852 était venu énumérer d'une manière plus complète : on avait déterminé à l'avance les conditions relatives à l'installation des bateaux, au placement à bord et au nombre de barils destinés à contenir le poisson ; le nombre d'hommes d'équipage dont ils devaient être montés ; le nombre, la nature, l'espèce et les dimensions des instruments de pêche dont ils devaient être pourvus ; les quantités d'avitaillement qui pouvaient être mises à bord ; les sommes qui pouvaient être emportées. De plus, dérogation était faite au droit commun en ce sens que l'engagement des marins ne devait avoir lieu qu'à la part (art. 8 in fine). Enfin les art. 9, 11, 13 à 16 réglaient la procédure à suivre au cas de contravention et le mode de recouvrement des amendes.

115. D'après les propres paroles du ministre de la marine, ce système de sévère repression des achats, combiné avec une active surveillance, eût eu pour résultat de ramener les armateurs et les pêcheurs à la pratique loyale de leur industrie. Malgré tout, l'administration ne put maintenir les entraves qu'elle avait imposées au libre exercice de la pêche du hareng. En 1864, le ministre lui-même était obligé de reconnaître qu'une industrie, enlacée par tant de prohibitions, ne s'exerçait que dans des conditions onéreuses ; qu'il avait fallu des droits protecteurs élevés pour la défendre contre ses rivales ; qu'à l'époque où le traité de commerce avec la Grande-Bretagne était venu diminuer de 40 fr. à 10 les droits d'importation du poisson, on avait conçu pour nos pêcheurs les craintes les plus sérieuses. Aussi, tout en conservant les garanties nécessaires pour que les bâtiments de pêche ne se livrassent pas à des achats et à des introductions frauduleuses de poisson étranger, s'était-on décidé à leur accorder peu à peu la plus grande liberté d'action. Les armateurs et les patrons du port de Dieppe réclamèrent les premiers : 1° la suppression du voyage unique sur les côtes d'Ecosse ; 2° la suppression de la latitude de 53° 36'. La circulaire du 17 avril 1861 ne tarda pas à leur donner satisfaction. De nouvelles facilités furent accordées aux pêcheurs par la circulaire du 18 juillet 1861 : Les mousses purent, dans une certaine proportion, être substitués aux matelots ; le mode de règlement des

parts fut notablement simplifié ; liberté entière fut laissée quant à l'embarquement des vivres et ravitaillements.
La circulaire du 20 juin 1863 alla plus loin encore : Les
armements pour la pêche du hareng et du maquereau purent être préparés dans tous les ports sans distinction, à
charge, pour les bateaux, d'aller se faire expédier dans un
port ouvert aux opérations de ces deux pêches. L'importation des harengs et des maquereaux de pêche française était
permise par tous les ports où existaient un agent quelconque de la marine et un bureau. La quantité minimum de filets que les bateaux devaient embarquer était notablement
réduite ; enfin, l'institution des commissions permanentes
était profondément modifiée. La circulaire du 20 juillet 1863
porte qu'on doit considérer comme abrogée l'obligation d'embarquer un minimum d'équipage, etc., etc. Ces mesures n'a-
vaient pu être prises qu'à titre provisoire. Bientôt un décret du 24 septembre 1864 vint les consacrer de la manière
la plus formelle. L'art. 1er fait rentrer la pêche du hareng
sous l'empire du droit commun. Désormais aucune restriction n'est imposée quant aux époques où elle peut avoir lieu :
« La pêche du hareng et la pêche du maquereau, avec ou
sans salaison à bord, peuvent être effectuées en tout temps
et en tout lieu » L'art. 2 maintient la suppression de toutes
les dispositions concernant le nombre des hommes de l'é-
quipage, les filets, les avitaillements ou objets d'armement
à embarquer sur les bateaux de pêche ; sont également supprimées, aux termes de l'art. 4, les dispositions régissant
les commissions permanentes instituées par l'art. 2 du décret du 7 juin 1852 ; ces commissions devaient immédiatement cesser leurs fonctions. L'art. 5 applique à la pêche du
hareng le principe de la liberté des conventions entre armateurs et gens de mer. On exige, toutefois, que la constatation de ces engagements, ainsi que le règlement des
comptes, après le voyage, aient lieu au bureau de l'inscrip-

tion maritime. La seule restriction du décret de 1852, que maintienne la législation nouvelle, est celle qui a trait à l'expédition des bateaux de pêche. L'art. 3 admet bien que les armements pourront avoir lieu dans tous les ports; mais, en même temps, il prescrit que, soit l'expédition des bateaux, soit l'importation des produits de la pêche par ces bateaux ou par les navires dits *chasseurs* ne pourront avoir lieu que dans les ports où existent un agent de la marine et un receveur des douanes, chargés chacun, en ce qui le concerne, de rechercher si l'armement des bateaux a été fait en vue de la pêche et de statuer de concert sur l'origine du poisson pour son admission en franchise. Nous avons à peine besoin d'ajouter que toutes les prohibitions relatives à l'achat par nos pêcheurs de harengs étrangers n'ont point été atteintes par ce décret : les sanctions pénales édictées en 1852 continueront donc à être appliquées comme par le passé.

116. En principe, les sels destinés à la pêche sont livrés aux pêcheurs en franchise de droits. Cette exemption établie par l'art. 55 de la loi du 24 avril 1806, et rappelée expressément dans la loi du 17 juin 1840, s'applique naturellement à la pêche du hareng et du maquereau; d'un autre côté, l'administration a revendiqué, pendant de longues années, le droit de fixer à l'avance la quantité de sel que chaque pêcheur aurait droit d'embarquer : elle voulait que les sels délivrés pour la pêche ne pussent être détournés de cette destination et vendus frauduleusement à l'intérieur du pays; en outre, elle entravait par là même l'achat de poissons étrangers que les pêcheurs se trouveraient dans l'impossibilité de préparer, une fois qu'ils auraient épuisé leur provision règlementaire. L'art. 2 du décret du 28 mars 1852 commence par établir que la préparation en mer des produits de la pêche du hareng aura lieu exclusivement avec les sels français. Pour la pêche d'Ecosse, ces sels étaient

délivrés à partir du 1er juillet de chaque année, et ce, en quantité illimitée; pour la pêche d'Yarmouth et des côtes de France, la délivrance du sel n'avait lieu qu'à partir du 15 septembre; la quantité de sel embarquée ne pouvait excéder 100 kilogr. par tonneau de jauge des bateaux pêcheurs. Cette dernière quantité avait encore été restreinte par l'art. 4 du décret du 7 juin 1852; elle était limitée à 90 kilogr. par tonneau de jauge; en outre, les sels embarqués en vue de la pêche dans les parages d'Yarmouth étaient, par dérogation aux dispositions du décret du 15 octobre 1849, soumis, pour la justification d'emploi, aux dispositions des art. 48 et suivants du décret impérial du 11 juin 1806. Un troisième décret du 7 septembre 1857 vint rétablir la proportion de 100 kilogr. de sel par chaque tonneau de jauge; enfin le décret du 20 septembre 1858 fixa définitivement cette proportion à 125 kilogr. La pêche du maquereau avait été assimilée à celle du hareng par trois décrets successifs : décret du 7 mars 1853, portant que la préparation en mer des produits de la pêche du maquereau aurait lieu exclusivement avec des sels de France délivrés en franchise; — décret du 7 février 1854, régissant d'une manière spéciale la pêche du maquereau avec salaison à bord, et coordonnant les textes qui lui sont applicables — décret du 10 février 1855, dont l'art. 1er était ainsi conçu : « Les sels pour la préparation en mer des produits de la pêche du maquereau, qui doit avoir lieu exclusivement avec des sels de France, seront délivrés en franchise, chaque année, à partir du 15 février. » Toute cette législation a été profondément modifiée par le décret du 11 mai 1861. Le privilége exclusif des sels de provenance nationale se trouve supprimé; et l'art. 2 autorise les pêcheurs à employer, pour la préparation du maquereau et du hareng, les sels étrangers sous la condition que ces sels seront chargés exclusivement dans les entrepôts de France et soumis préalablement au ent du droit spécial de 0 fr. 50 par 100 kilogr. En second lieu, si les pêcheurs préfèrent employer les sels de provenance nationale, aucune limitation ne leur sera imposée. Art. 1er : « Les patrons de bateaux armés pour la pêche du hareng et pour celle du maquereau, avec salaison à bord, sont autorisés à embarquer, en quantité illimitée et en franchise de droits le sel de provenance nationale qui leur est délivré pour la préparation en mer du poisson pêché. » Cette délivrance de sel peut aujourd'hui avoir lieu en tout temps : c'est là une des conséquences nécessaires du décret du 24 septembre 1864,

117. L'importation des harengs salés, pêchés dans la baie de Terre-Neuve, ne peut avoir lieu que sauf payement de taxes, destinées à protéger les intérêts de nos pêcheurs du littoral. Cette importation avait, depuis longtemps, été autorisée en faveur des pêcheurs anglais. Le hareng salé était assimilé au poisson dit stockfish, et était dès lors soumis en douane à la taxe de 10 francs par 100 kilogr.; on lui appliquait les dispositions du décret du 18 septembre 1860. — Les autorités de Saint-Pierre et Miquelon firent bientôt remarquer combien il était illogique de refuser à des pêcheurs français un avantage accordé aux produits de la pêche anglaise. La loi de douanes du 16 mai 1863 décida, en conséquence, que les harengs secs, salés ou fumés, provenant de pêche française et venant de Terre-Neuve seraient admis dans nos ports, moyennant un droit de 10 francs par 100 kilogr, si l'importation avait lieu par navires français ; de 11 francs, si elle avait lieu par navires étrangers. « La mesure, disait l'exposé des motifs, sera utile à la pêche et à la marine nationale ; en même temps, elle produira une diminution de prix au profit des consommateurs. On n'a point d'ailleurs à craindre qu'elle suscite une concurrence dangereuse à la pêche dans les mers d'Europe. Il est certain que celle-ci est suffisamment

protégée par un droit de 10 francs, même contre la pêche anglaise. C'est un point sur lequel des doutes se sont manifestés au moment où, par l'effet du traité et des conventions supplémentaires avec l'Angleterre, les droits ont subi une réduction considérable ; mais l'expérience démontre que nos pêcheurs soutiennent aisément la lutte, et que les produits de la pêche étrangère ne peuvent arriver sur notre marché à un prix moindre que celui de la pêche nationale. » Au cours de la discussion, M. Cafarelli allait plus loin encore que le projet, et demandait, par voie d'amendement, que l'introduction des harengs, pêchés à Terre-Neuve, eût lieu en franchise de droits par bâtiments français ; la proposition fut rejetée par crainte des protestations qu'une pareille mesure n'eût pas manqué de soulever parmi nos pêcheurs du littoral. La loi de 1863 ne se contente pas de fixer le tarif d'importation ; elle indique la manière dont sera justifiée la provenance du hareng : « La provenance devra être justifiée par la présentation d'un certificat d'origine délivré soit par le commandant de l'inscription maritime de Saint-Pierre, soit par le commandant de la station pour les navires qui partiraient de la côte. » Ajoutons que dans le but d'accorder au commerce toutes les facultés désirables, une circulaire du 18 juillet 1863 autorise les prud'hommes à délivrer ces certificats d'origine, en l'absence du commandant de la station, ce qui se pratiquait déjà pour les morues séchées à la côte de Terre-Neuve.

118. La vente des harengs et maquereaux dans les ports était réglementée par le titre II de l'Ordonnance du 14 août 1816. En principe, il était interdit à tout pêcheur d'apporter dans les ports et d'y déposer d'autres harengs que ceux d'une ou deux nuits ; d'après l'art. 6, les harengs de trois nuits ne pouvaient être vendus que pour être roussis à la cheminée et convertis en craquelots ; quant aux ha-

rengs de quatre nuits, ils ne pouvaient être mis en vente sous quelque prétexte que ce fût. L'art. 8 défendait à toutes personnes, et en particulier aux revendeurs de poisson, de s'introduire dans les bateaux lors de leur arrivée et de trier les harengs ; les revendeurs ne pouvaient se faire livrer la quantité de marchandises par eux demandée, qu'en se faisant inscrire au bureau des préposés que l'autorité locale aurait désignés pour maintenir le bon ordre, concurremment avec les agents de la douane ; les ventes de ce genre ne pouvaient avoir lieu qu'à la mesure et non au compte (art. 9 et 10). Puis on déterminait les mesures dont les pêcheurs devraient se servir dans leurs transactions commerciales, les endroits où le mesurage aurait lieu, et enfin la dimension normale que devraient avoir les barils de harengs ; nous renvoyons sur ce point aux art. 11 à 19. Le titre III était consacré à la salaison du hareng et du maquereau dans les ports ; tout d'abord, conformément à l'art. 37 de la loi du 1er brumaire an VII, on décidait que nul ne pouvait se livrer à la profession de saleur s'il n'était patenté comme tel, et ce, à peine de confiscation des salaisons et d'une amende de 5 francs. Les art. 18 et suiv. entraient dans des détails assez nombreux sur la manière dont le hareng serait préparé, et sur le temps pendant lequel il resterait dans la saumure ; les art. 24 à 28 indiquaient les marques que porteraient les barils d'envoi ; défense était faite à tout marchand saleur de contrefaire la marque d'un autre marchand de la même ville ou de tout autre. Les dernières dispositions de l'Ordonnance créaient des agents spéciaux, chargés de la haute surveillance de la pêche et des salaisons ; dans chaque port étaient établis deux syndics, pris, l'un parmi les anciens armateurs, et l'autre parmi les anciens saleurs non exerçants ; ces syndics étaient nommés et choisis par les Chambres de commerce et, à défaut, par les tribunaux de commerce ou les maires ; ils étaient institués pour une année et devaient prêter serment devant le tribunal de première instance ou le juge de paix du canton. Leurs fonctions étaient purement gratuites ; plusieurs aides pouvaient leur être adjoints, mais ces aides étaient salariés aux frais du commerce (art. 28 à 32). L'art. 35 voulait que toutes les mesures de police, propres à garantir la loyauté des ventes et la bonté des salaisons, ainsi que les moyens de couvrir les frais de surveillance fussent arrêtés par les maires ; mais leurs réglements ne pouvaient être exécutés qu'après homologation en conseil d'Etat ; l'art. 36 terminait en autorisant la vente du hareng les dimanches et jours fériés, sauf pendant le temps des offices. Cette ordonnance de 1816 avait, depuis longtemps, donné lieu à d'assez vives critiques ; en fait, la plupart de ses dispositions n'étaient plus observées ; quelques-unes étaient même devenues inexécutables depuis l'adoption de notre système actuel des poids et mesures. La présomption d'insalubrité du poisson de trois nuits avait été démentie par une longue expérience ; en outre, les poissons hors d'état de servir à la consommation pouvaient être utilisés comme engrais ; pourquoi dès lors en prohiber la vente, c'est-à-dire en exiger la destruction ? Aussi les Chambres de commerce étaient-elles unanimes à demander non pas une simple révision, mais l'abrogation totale de l'Ordonnance. Le décret du 23 juin 1865 vint réaliser ce progrès : Art. 1er. « L'Ordonnance du 14 juillet 1816, portant réglement sur la pêche du hareng et du maquereau est et demeure abrogée. » Par le fait de ce décret, les syndicats institués en 1816, se sont trouvés virtuellement supprimés ; toutes les mesures qui garantissaient la sincérité des ventes ont disparu en même temps. M. le ministre de la marine annonçait, dans son rapport, que, désormais, toutes les mesures nécessaires seraient prises, soit par les maires ou par les préfets. Ces arrêtés, pris à ce sujet, seront exécutoires dans les termes du droit commun, et sans que le conseil d'Etat ait à intervenir.

D

119. L'art. 16 du décret du 9 janvier 1852 énumère les divers agents qui ont droit de rechercher et de constater les infractions aux lois sur la pêche maritime. En première ligne, nous citerons les commissaires de l'inscription maritime, les syndics des gens de mer, les gardes-mariniers et les gendarmes de la marine. Suit une série d'agents spéciaux, dont la principale mission consiste dans la surveillance de la pêche côtière : 1° *Officiers et officiers mariniers, commandants des bâtiments ou embarcations gardes-pêche :* depuis la circulaire ministérielle du 31 décembre 1861, dans toute l'étendue du littoral comprise entre la frontière de Belgique et l'extrémité Ouest du quartier de Saint-Brieuc, ces officiers et officiers mariniers relèvent du commandant de la station des pêcheries de la Manche et de la mer du Nord ; 2° *Inspecteurs des pêches maritimes.* D'après l'art. 3 des décrets réglementaires du 4 juillet 1853, ces agents sont choisis, de préférence, parmi les anciens officiers et les anciens administrateurs de la marine et sont nommés directement par le ministre ; l'art. 4 porte qu'ils sont placés sous les ordres des commissaires de l'inscription maritime; 3° *Prud'hommes pêcheurs.* Ici encore nous n'avons qu'à nous référer aux énonciations des décrets de 1853; les prud'hommes qui doivent être établis dans tous les quartiers où la pêche a de l'importance, sont nommés sur la proposition des commissaires de l'inscription, par les préfets maritimes au chef-lieu de l'arrondissement, par les chefs de service dans les sous-arrondissements ; ils sont choisis parmi les anciens patrons de bateaux, les maîtres au cabotage, les capitaines au long cours, les armateurs des bateaux de pê-

che et les anciens administrateurs ou officiers de la marine, possédant des connaissances spéciales en matière de pêche. Leurs fonctions sont gratuites : seulement le temps passé dans ces fonctions compte comme service sur les bâtiments de la flotte, et donne droit à la pension de demi-solde, pourvu que le titulaire compte deux cents mois de navigation, ce temps y compris, ou ait été blessé au service de l'Etat. — Nous avons déjà dit que, dans l'arrondissement maritime de Toulon, l'institution des prud'hommes était soumise à des règles spéciales. D'après l'art. 13 du décret du 19 novembre 1859, ne peuvent être prud'hommes que les membres des communautés, âgés de quarante ans, ayant exercé la pêche pendant dix années dans l'étendue de la juridiction, et justifiant de trois années de service sur les bâtiments de l'Etat, sauf dispense pour cause d'infirmités ; exclusion formelle est prononcée par l'art. 15 contre les patrons ayant subi soit une condamnation à des peines afflictives et infamantes, soit trois condamnations pour contravention au décret du 9 janvier 1852 et contre les patrons restés débiteurs de la caisse de la communauté. — L'élection des prud'hommes est faite directement par les patrons pêcheurs, réunis en assemblée générale sous la présidence du commissaire de l'inscription maritime ; les art. 10 à 13 en indiquent les détails. Des prud'hommes suppléants peuvent être institués dans certains cas ; mais ces suppléants ne jouissent pas de l'exemption des levées et services publics, conférée aux titulaires. — L'art. 22 reconnaît au préfet maritime le droit de révoquer les prud'hommes et même de dissoudre la prud'homie. Tout prud'homme révoqué ne peut être réélu qu'à la troisième élection annuelle, à compter de sa révocation. Les membres d'une prud'homie dissoute ne peuvent également être réélus qu'après un intervalle d'une année au moins, à compter du jour de la dissolution. 4° *Gardes-jurés de la marine.* Les gardes-jurés sont,

comme les prud'hommes, nommés soit par le préfet maritime,
soit par les chefs de service de la marine dans les sous-
arrondissements ; l'art. 11 du décret de 1853 dispose qu'ils ne
peuvent être pris que parmi les patrons des bateaux de pêche,
ayant au moins vingt-quatre mois d'exercice en cette qualité, sachant lire et écrire, ayant plus de vingt-cinq ans
accomplis, et réunissant deux années de service à bord des
bâtiments de l'Etat. Toutefois, le choix du préfet maritime
ne peut porter que sur les candidats présentés soit par les
pêcheurs, soit par les administrateurs de la marine. Les
art. 14 et suiv. règlent le mode de présentation des candidats ;
les patrons pêcheurs sont annuellement convoqués par les
commissaires de l'inscription maritime, les administrateurs
de la marine ou les syndics des gens de mer suivant les
localités, afin de procéder à leur élection ; chaque liste comprend un nombre de candidats double du nombre de places
à donner. Le bureau se compose de l'administrateur ou de
l'agent de la marine duquel est émanée la convocation et
des deux plus anciens patrons pêcheurs sachant lire et
écrire ; il procède au dépouillement des votes et signe le
procès-verbal qui constate l'opération. Le président du bureau présente de son côté une seconde liste de candidats,
en nombre double des emplois vacants et dont la composition est abandonnée à son choix. Les deux listes sont transmises, avec les annotations du commissaire de l'inscription
maritime, au préfet maritime ou au chef de service qui
nomme définitivement les gardes-jurés, en les prenant
sur l'une ou l'autre liste ; la moitié, au moins, des gardes-
jurés doit être prise parmi les candidats élus par les pêcheurs.
Que si les patrons pêcheurs ne pouvaient parvenir à
s'accorder, l'administrateur du quartier présenterait seul
les candidats qu'il jugerait les plus aptes à remplir ces
fonctions. Suivant l'art. 15, dans les localités où il existe
des communautés ou associations de pêcheurs, ces commu-.

nautés seront représentées par des gardes-jurés spéciaux, élus conformément au mode ci-dessus indiqué. Les gardes-jurés sont nommés pour un an, et sont indéfiniment rééligibles ; ils reçoivent, soit du préfet maritime, soit du chef du service, une commission qui est enregistrée au greffe du tribunal, dans le ressort duquel ils sont domiciliés. L'art. 18 in fine fixe la formule du serment qu'ils doivent prêter devant ce tribunal. Les gardes-jurés peuvent continuer à se livrer à l'industrie de la pêche ; lorsqu'ils sont détournés de l'exercice de cette industrie, dans l'intérêt des pêcheurs, ils reçoivent une indemnité de 3 francs par jour ; en tout cas, une indemnité, dont le taux ne peut dépasser 20 francs par mois, est nécessairement allouée aux gardes-jurés des communautés ou associations (art. 22). Pendant la durée de leurs fonctions, ils sont exempts de tout autre service public ; le temps passé dans ces fonctions leur est compté comme service à l'Etat en temps de paix : mais, ils ne jouissent de cet avantage que lorsqu'ils l'ont mérité par leur zèle ou leur bonne conduite (art. 23). Hiérarchiquement, les gardes-jurés sont placés sous les ordres immédiats de l'inspecteur des pêches et sous ceux des syndics dans les localités où il n'existe pas d'inspecteur des pêches (art. 29). — Enfin, à côté de ces agents spéciaux, le décret de 1852 autorise, mais dans certains cas seulement, les officiers de police judiciaire, les agents municipaux assermentés, ainsi que les employés des contributions indirectes et des octrois, à constater les contraventions qui pourraient être commises. Art. 16 in fine : « Lorsque l'infraction portera sur le fait de vente, transport ou colportage du frai, du poisson assimilé au frai, du poisson ou coquillage n'atteignant pas les dimensions prescrites, elle pourra être également constatée par les officiers de police judiciaire, les agents municipaux assermentés, les employés des contributions indirectes et des octrois. »

120. Les agents chargés de la surveillance de la pêche côtière peuvent rechercher et saisir à domicile les filets et engins prohibés. Décret du 9 janv. 1852, art. 13 : « La recherche des rets, filets, engins et instruments de pêche prohibés pourra être faite à domicile chez les marchands et fabricants. » Art. 14 : « Les rets, filets, engins et instruments de pêche prohibés seront saisis. » Ces deux articles doivent se combiner avec la disposition de l'art. 16. C. Instr. crim. Ces agents, comme les officiers de police judiciaire indiqués en ce dernier texte, ne pourront s'introduire dans les maisons, ateliers, bâtiments, cours et enclos qu'avec l'assistance du juge de paix, du maire, du commissaire de police : nous avons à peine besoin de faire remarquer que cette assistance deviendrait parfaitement inutile, s'il s'agissait de perquisitions à faire, non plus dans une habitation proprement dite, mais dans une pêcherie ou un magasin : ce point est constant en jurisprudence (Crim. Rej. 3 juillet 1865. Dev. 65, 1, 467). Les poissons et coquillages provenant de la pêche délictueuse sont également susceptibles de saisie : l'art. 14 décide qu'ils seront vendus sans délai dans la commune la plus voisine suivant les formes prescrites par la loi du 15 avril 1829 (art. 42). Tous les officiers et agents que nous avons énumérés, peuvent, chacun dans la limite de leurs attributions, requérir directement la force publique pour la répression des infractions en matière de pêche maritime, pour la saisie des filets, engins et appâts prohibés, ainsi que pour la saisie du poisson et des coquillages pêchés en contravention : au surplus, toute résistance constituerait le fait de rébellion prévu et puni par l'art. 209 C. Pén.

121. L'art. 17 du décret du 9 janv. 1852 se contente de dire que les procès-verbaux, en matière de pêche maritime, seront signés par les agents qui les auront dressés : ainsi, on n'exige pas qu'ils soient écrits en entier de la main de leurs rédacteurs ou que les formalités prescrites par l'art. 44

de la loi du 15 avril 1829 aient été remplies : seulement, malgré le silence du décret de 1852, il est indispensable qu'ils portent la date du jour où ils auront été rédigés. Ces procès-verbaux devront, à peine de nullité, être affirmés dans les trois jours de leur clôture, par-devant le juge de paix du canton ou l'un de ses suppléants, ou par-devant le maire ou l'adjoint soit de la commune de la résidence de l'agent qui dresse le procès-verbal, soit de celle où le délit a été commis. Néanmoins, porte l'art. 17 in fine, les procès-verbaux dressés par les officiers du commissariat de la marine chargés du service de l'inscription maritime, par les officiers et officiers mariniers commandant les bâtiments et embarcations gardes-pêche et les inspecteurs des pêches maritimes ne seront pas soumis à l'affirmation. L'art. 46 de la loi du 15 avril 1829 veut que dans le cas où un procès-verbal porte saisie, il en soit fait une expédition qui sera déposée dans les vingt-quatre heures au greffe de la justice de paix, pour qu'il puisse en être donné communication à ceux qui réclameraient les objets saisis : nous ne croyons que cette disposition puisse, par voie d'analogie, être transportée dans notre matière, et nous regrettons vivement que le législateur de 1852 n'ait pas cru nécessaire de statuer sur ce point. La même difficulté se présentera à l'occasion de l'art. 47 de la loi de 1829 prescrivant, à peine de nullité, l'enregistrement des procès-verbaux dans les quatre jours de leur affirmation. On pourrait à la rigueur induire de l'art. 21 du décret de 1852 qu'un procès-verbal constatant un délit de pêche maritime serait frappé de nullité absolue par ce fait seul qu'il n'aurait pas été enregistré : l'enregistrement est exigé pour toutes les citations, significatious et jugements : pourquoi dès lors distinguer entre les actes de procédure et le procès-verbal ? Mais d'un autre côté, il est bien certain aujourd'hui que la nullité des procès-verbaux, pour défaut d'enregistrement, ne doit être prononcée qu'autant qu'il existe un texte formel enjoignant cette formalité à peine de nullité. L'art. 47 de la loi du 22 frim. an VII ne défend aux juges de rendre jugement sur des actes non enregistrés que lorsque le débat a lieu entre particuliers : on ne peut dès lors l'appliquer aux actes qui intéressent l'ordre et la vindicte publique, actes dont l'effet n'a pas dû être subordonné aux intérêts pécuniaires du fisc. La jurisprudence est formelle sur ce point (v. not. les arrêts rapportés par M. Dalloz, v° enregistrement, n° 5010) : dès lors, le contrevenant ne pourrait venir devant le tribunal demander son renvoi sous prétexte que le procès-verbal n'aurait pas été soumis à la formalité de l'enregistrement : le procès-verbal est un acte authentique faisant pleine foi de sa date et se suffisant à lui-même. Devrons-nous, comme l'ont fait de très-anciens arrêts, admettre une exception pour les cas où le procès-verbal devrait faire foi jusqu'à inscription de faux ? M. Mangin (Tr. des procès-verbaux, n° 24), qui nous rapporte ces décisions, les critique avec juste raison ; pour lui cette distinction est purement arbitraire : non-seulement elle ne peut s'appuyer sur un texte quelconque, mais même elle ne peut se justifier rationnellement ; en bonne logique, la dispense de l'enregistrement doit s'appliquer à tous les procès-verbaux en matière criminelle, ou ne s'appliquer à aucun : la loi a dû avoir en vue tous les procès-verbaux qui intéressent l'ordre public, ou elle a dû tous les excepter.

122. Dans notre ancienne législation, toutes les contraventions en matière de pêche maritime relevaient en première ligne des tribunaux de l'amirauté ; d'un autre côté, les juges ordinaires de police étaient seuls investis du droit de surveiller les marchés publics où se vendait le poisson de mer ; à Paris, la Chambre de la marée, commission spéciale du Parlement ayant ses officiers et son procureur général, remplissait les fonctions attribuées en province aux

juges de police. Valin (sur l'Ord. de 1681, liv. V, tit. m,
art. 21) se plaignait que l'amirauté ne pût poursuivre les
contraventions aux lois sur la pêche jusque sur les marchés
où se vendait le produit des délits ; les juges de police,
malgré l'art. 13 de l'Ord. du 24 décembre 1726, qui leur
enjoignait d'avertir les officiers de l'amirauté, se montraient
d'une négligence inconcevable, bien que « tous les jours,
on vît établi dans les marchés, surtout à la campagne, du
frai de poisson. » La loi des 9-13 mai 1791 attribua aux
tribunaux correctionnels la connaissance de toutes les contraventions en matière de pêche côtière ; mais en fait, les
commissaires de l'inscription maritime prononçaient, sans
appel, sur tous les délits et contraventions ; malgré les
circulaires ministérielles, ils s'étaient arrogés sur les pêcheurs un pouvoir que ceux-ci ne songeaient pas à contes-
ter ; ils allaient jusqu'à prononcer des amendes et à ordonner la destruction des filets saisis. L'art. 18 du décret du
9 janvier 1852 est venu leur rappeler que les tribunaux
avaient seuls qualité pour statuer en ces matières : « Toutes
poursuites, en raison des infractions commises à la présente
loi et aux décrets et arrêtés rendu en exécution des art. 3
et 4, seront portées devant les tribunaux correctionnels.
Si le délit a été commis en mer, elles seront portées devant
le tribunal du port auquel appartient le bateau. » Dans les
ports de la Méditerranée, une juridiction spéciale, celle des
prud'hommes pêcheurs, s'était substituée aux amirautés ;
d'après les anciens édits, et notamment l'arrêt du Conseil
du 20 mars 1786, les prud'hommes pêcheurs connaissaient,
là où ils étaient institués, de la police de la pêche et jugeaient
souverainement sans écriture aucune, sans intervention
d'avocats ni de procureurs, les contraventions commises
dans l'étendue de leur ressort. Cette institution survécut à
la Révolution ; un décret des 3-9 septembre 1790 maintint
les prud'hommes pêcheurs de Toulon ; un second décret

des 8-12 décembre 1790, spécial aux pêcheurs de Marseille, déclara conserver les lois, statuts et réglements sur la police et les procédés de la pêche ; enfin, depuis cette époque, de nouvelles prud'homies furent créées sur les ports du littoral ; nous citerons les décrets, arrêtés ou ordonnances des 16-20 avril 1791, 20 mars 1792, 3 avril 1792, 23 messidor an IX, 2 nivôse an X, 26 prairial an XI, 26 janvier 1820, 31 mai 1820, 15 août 1820, etc., etc. Ces prud'homies avaient conservé leurs anciennes attributions : leurs usages étaient les mêmes ; aucune procédure, aucune intervention d'officiers publics : leurs décisions, qu'elles n'étaient point tenus de motiver, ne pouvaient être attaquées ni par la voie de l'appel, ni par celle du pourvoi en cassation (Crim. Rej. 13 juillet 1847. Dev. 47, 1, 668). Le décret du 19 novembre 1859 est venu transformer, d'une manière complète, la juridiction des prud'hommes pêcheurs. Comme tribunal, ils ne connaissent plus désormais que des différends et contestations entre civils pêcheurs, survenus à l'occasion des faits de pêche, manœuvres et dispositions qui s'y rattachent dans l'étendue de leur ressort ; la prud'homie a cessé d'être une juridiction correctionnelle. On ne pouvait, en effet, maintenir une procédure sommaire et primitive, en présence des peines sévères que prononce aujourd'hui la loi sur la pêche côtière.

124. D'après l'art. 19 du décret de 1852, les poursuites auront lieu à la requête du ministère public, sans préjudice du droit de la partie civile ; elles pourront aussi être intentées à la diligence des officiers du commissariat chargés de l'inscription maritime ; ces officiers, en cas de poursuites par eux faites, ont droit d'exposer l'affaire devant le tribunal et d'être entendus à l'appui de leurs conclusions ; nous rencontrerons plus tard une disposition semblable dans l'art. 51 de la loi du 15 avril 1829. L'art. 18 établit une

prescription spéciale : les poursuites devront être intentées dans les trois mois qui suivront la constatation du délit. A défaut de poursuites intentées dans ce délai, l'action publique et les actions privées, relatives aux contestations entre pêcheurs, seront définitivement éteintes : antérieurement à ce texte, la prescription n'était acquise au délinquant que dans les termes du droit commun, c'est-à dire qu'après l'expiration du délai de trois ans fixé par l'art. 637 C. Instr. Crim. Les citations seront faites et remises sans frais par les syndics des gens de mer, les gardes-jurés, les gardes maritimes et les gendarmes de la marine ; comme les autres actes de procédure, elles sont dispensées du timbre et enregistrées gratis (art. 21.) La preuve des infractions résultera principalement des procès-verbaux qui auront été dressés ; reste à savoir quelle est la force probante de ces procès-verbaux : en matière de pêche fluviale, les art. 53 à 55 de la loi du 15 avril 1829 sont consacrés à l'examen de cette question ; les procès-verbaux dressés par deux agents font seuls foi, jusqu'à inscription de faux ; les procès-verbaux dressés par un seul agent ne font foi que jusqu'à preuve contraire, au cas ou la condamnation serait supérieure à cinquante francs. L'art. 20 du décret de 1852 est conçu dans un tout autre esprit : dans tous les cas les procès-verbaux feront foi jusqu'à inscription de faux ce qui s'explique par la position relativement élevée qu'occupent dans la hiérarchie administrative la plupart des agents chargés de leur rédaction. Ajoutons que nous ne retrouvons pas ici la formalité exigée part l'art. 49 de la loi de 1829, aux termes duquel la copie du procès-verbal et de l'acte d'affirmation doit être contenue dans la citation notifiée au prévenu. A défaut de procès-verbaux ou en cas de nullité, la jurisprudence avait admis depuis longtemps qu'il pouvait y être suppléé par des témoignages ou par toute autre preuve de droit commun (Crim., Cass., 23 novembre 1823. Dev., C. N.,

7, I, 343.) C'est ce que reproduit l'art. 20 in fine : « A défaut de procès-verbaux ou en cas d'insuffisance de ces actes, les infractions pourront être constatées par témoins. »

125. Les peines applicables aux contraventions en matière de pêche maritime sont spécifiées par les art. 6 à 10 du décret :

Amende de 50 à 250 fr.; et en outre faculté pour le juge de prononcer un emprisonnement de six jours à un mois (art. 6.)

Usage d'appâts prohibés.

Amende de 25 à 125 fr. ou emprisonnement de trois à vingt jours (art. 7.)

1° Fabrication, détention, hors de son domicile, ou mise en vente, ou usage de rets, filets, engins, instruments de pêche prohibés par les réglements.

2° Contravention aux dispositions spéciales établies par les réglements pour prévenir la destruction du frai et du poisson assimilé au frai, ou pour assurer la conservation du poisson ou du coquillage.

3° Usage d'un procédé ou mode de pêche prohibé par un décret rendu en exécution du paragraphe 5 de l'art. 3.

4° Pêche, transport, mise en vente ou emploi à un usage quelconque, de poisson assimilé au frai, de poisson ou coquillage dont les dimensions n'atteindraient pas le minimum fixé par les réglements.

Emprisonnement de deux à dix jours, et amende de 5 à 100 fr. (art. 8.)

1° Pêche pendant les temps, saisons, heures prohibées ; pêche en dedans des limites fixées par les décrets ou arrêtés rendus pour déterminer la distance de la côte, de l'embouchure des étangs, rivières et canaux dans lesquels la pêche aura été interdite.

2° Infractions aux prescriptions relatives à l'ordre et à la police de la pêche en flotte.

3° Refus de laisser opérer dans les pêcheries, parcs, lieux de dépôt de coquillages, bateaux de pêche et équipages, les visites requises par les agents chargés, aux termes du paragraphe 1er de l'art. 14 de la recherche et de la constatation des contraventions.

Amende de 2 à 50 francs ou emprisonnement de 1 à 5 jours
(art. 9.)

Contravention aux réglements rendus en exécution de l'art. 3.

Dans certains cas spéciaux, la peine pourra être augmentée à raison des circonstances aggravantes : 1° Le transport de poisson assimilé au frai, de poisson ou de coquillage n'ayant pas les dimensions prescrites, a eu lieu par bateaux, voitures ou bêtes de somme ; la peine doit être doublée, aux termes de l'art. 8 in fine ; c'est ce que prescrit également, en matière de pêche fluviale, l'art. 7 § 3 de la loi du 31 mai 1865; — 2° Le délinquant se trouve en état de récidive : art. 11 : « En cas de récidive, le contrevenant sera condamné au maximum de la peine ou de l'emprisonnement ; ce maximum pourra être élevé jusqu'au double. — Il y a récidive lorsque, dans les deux ans précédents, il a été rendu contre le contrevenant un jugement pour contravention en matière de pêche. » — Outre l'application de la peine principale, le jugement doit ordonner la confiscation du prix des poissons et coquillages saisis pour cause de délit et vendus conformément à l'art. 14 ; de même les filets saisis devront être détruits. Une circulaire ministérielle du 3 juin 1861 excepte de cette destruction les filets présentant les dimensions réglementaires, mais qui, en fait, auront

été saisis comme employés en dehors des conditions déterminées par les décrets de 1853 et de 1859 ; l'administration
de la marine peut les faire vendre au profit de la caisse des
Invalides, ou les restituer par voie gracieuse à leurs propriétaires, lorsque leur situation ou leurs antécédents autoriseront une semblable mesure. L'art. 10 tranche une question assez controversée en matière de pêche fluviale : doit-
on appliquer aux délits de pêche l'art. 366. Instr. Crim. ?
Le législateur de 1852 se prononce dans le sens de l'affirmative : « En cas de conviction de plusieurs infractions à
la présente loi et aux réglements rendus pour son exécution, la peine la plus forte sera seule prononcée. Les peines
encourues pour des faits postérieurs à la déclaration du
procès-verbal de contravention pourront être cumulées, s'il
y a lieu, sans préjudice des peines de la récidive. »

125. Notre ancienne législation admettait que les maîtres de bateaux et patrons pêcheurs étaient responsables
du fait de leurs enfants et domestiques pour le paiement des
amendes et non pas seulement pour le paiement des dommages-intérêts (déclaration du 24 décembre 1726, art. 7 ;
déclaration du 18 mars 1727, tit. X, art. 15). En conséquence, il était reçu sans difficulté que les personnes responsables pouvaient être assignées en même temps que
l'auteur principal du délit ; qu'elles pouvaient être assignées
seules si l'auteur principal n'était pas émancipé ; que, si une
condamnation avait été prononcée contre l'auteur principal,
elles pouvaient, plus tard, être appelées en déclaration de
jugement commun. L'art. 74 du Code pénal de 1810, ayant
en règle générale, limité la responsabilité civile à la réparation du préjudice causé, on s'était demandé si les dispositions
relatives à la pêche maritime avaient été abrogées par la
promulgation de ce texte ; la plupart des auteurs, M. Beaussant notamment (t. II, p. 380), enseignaient que ces dispositions étaient inapplicables dans l'état actuel du droit,

le Code pénal n'ayant fait pour notre espèce aucune exception au principe qu'il avait posé. L'art. 74 de la loi du 15 avril 1829 était venu jusqu'à un certain point confirmer ce système en limitant aux dommages-intérêts les responsabilités encourues en matière de pêche fluviale. La controverse a été tranchée par l'article 12 du décret de 1852 qui reproduit à peu près les termes des anciennes déclarations : « Pourront être déclarés responsables des amendes prononcées pour contraventions, prévues par la présente loi : les armateurs des bateaux de pêche, qu'ils en soient ou non propriétaires, à raison des faits des patrons et équipages de ces bateaux ; ceux qui exploitent les établissements de pêcheries, de parcs à huîtres ou à moules, et de dépôts de coquillages, à raison des faits de leurs agents ou employés : ils seront dans tous les cas responsables des condamnations civiles. Seront également responsables, tant des amendes que des condamnations civiles, les pères, maris et maîtres, à raison des faits de leurs enfants mineurs, femmes, préposés et domestiques. Cette responsabilité sera réglée conformément au dernier paragraphe de l'art. 1384 C. N. » Nous ferons d'ailleurs remarquer, en ce qui touche la responsabilité des père, mère ou tuteurs, qu'il est impossible d'appliquer l'art. 207 C. Forest, et d'exiger, pour l'application de la peine, que le mineur habite chez ses parents ou qu'il ne soit pas marié.

126. Le jugement rendu, signification en est faite et remise sans frais, par les syndics des gens de mer, les gardes-jurés, les gardes mariniers et les gendarmes de la marine : les formalités sont les mêmes que pour la remise des citations et autres actes de procédure. En outre, au cas où la contravention aurait été constatée par des officiers de police judiciaire, des agents municipaux assermentés, des employés des contributions indirectes ou des octrois, les significations pourront être aussi remises par les agents de.

là force publique. L'art. 21 in fine veut que les jugements soient signifiés par simple extrait, contenant le nom des parties et le dispositif du jugement. Cette signification fait courir les délais d'opposition, d'appel et de pourvoi en cassation. Les oppositions, appels et pourvois seront, bien entendu, instruits et jugés dans les termes du droit commun ; toutefois l'art. 22 consacre une exception : « En cas de recours en cassation, l'amende à consigner est réduite à moitié du taux fixé par l'art. 419 C. Instr. crim. » D'après l'art. 23, les receveurs de l'enregistrement et des domaines sont chargés du recouvrement des amendes prononcées pour contravention aux dispositions du décret ; ils sont tenus de verser les fonds en provenant dans les mains des trésoriers de la caisse des Invalides de la marine. Enfin l'art. 15 indique la destination qui doit être donnée à ces fonds : « Le produit des amendes et confiscations sera attribué à la caisse des Invalides de la Marine, sous la déduction du cinquième de ces amendes et confiscations, lequel sera attribué à l'agent qui aura constaté la contravention, sans que cette allocation puisse excéder 25 francs pour chaque contravention. »

§ II.

Des pêches internationales.

A. *Réglements internationaux sur la pêche le long du littoral de la Manche.*
B. *Péche du corail sur les côtes de l'Algérie.*
C. *Droits de pêche reconnus aux Catalans dans le port de Marseille.*

I

127. Une convention, intervenue à la date du 27 août 1839 entre les gouvernements de France et d'Angleterre,

décide qu'en principe le droit de pêche, dans la Manche, peut être exercé librement par les sujets de l'une ou de l'autre nation : seulement, pour éviter toutes contestations et difficultés entre les pêcheurs, on fixe certaines limites en dedans desquelles la pêche est absolument réservée aux sujets de la nation riveraine. L'art 1er trace ces limites au point de vue de la pêche des huîtres ; l'art. 9, beaucoup plus général, est ainsi conçu : « Les sujets de Sa Majesté le roi des Français jouiront du droit exclusif de pêche dans le rayon de trois milles, à partir de la laisse de basse mer, le long de toute l'étendue des côtes de France, et les sujets de Sa Majesté Britannique jouiront du droit exclusif de pêche dans un rayon de trois milles de la laisse de basse mer, le long de toute l'étendue des côtes des îles Britanniques. » D'après l'art. 8, les bateaux pêcheurs de l'une des deux nations qui auront été portés en dedans des limites de pêche, pour toute cause indépendante de la volonté de l'équipage, ou qui les auront enfreintes en louvoyant pour regagner leurs places de pêche, devront arborer un pavillon spécial ; les commandants des croiseurs et gardes-pêche sont investis d'un pouvoir discrétionnaire pour apprécier les motifs de ces infractions au réglement général. L'art. 7 accorde seulement aux pêcheurs anglais un droit d'abri dans les îles Chausey, pour cause d'avarie ou de mauvais temps évident. Une Ordonnance du 23 juin 1846, rendue en exécution d'une seconde convention intervenue le 24 mai 1843, est venu compléter les prescriptions dont nous venons de parler. D'abord, le droit de relâche das les îles Chausey ne pourra être exercé par les bateaux anglais, qui se trouveraient à portée du commandant de leur station, que, s'ils se sont munis de l'autorisation de ce dernier. Cette autorisation devra être accordée individuellement à chaque embarcation, et le commandant pourra la restreindre aux bâtiments les plus faibles et les plus exposés aux effets du

mauvais temps (art. 80 à 82). L'art. 82 oblige le commandant anglais à prévenir les croiseurs français des autorisations qu'il aura pu accorder ; les signaux seront différents,
suivant que l'autorisation aura été donnée à la totalité ou
seulement à une partie des bateaux de pêche. L'art. 84
décide que, lorsque les bateaux de pêche britanniques re-
lâcheront à Chausey, ils devront tous se réunir sur un
même point et si cette concentration était rendue impossible par l'état de la mer, la station française en serait spécialement informée. Puis, l'Ordonnance spécifie
les causes qui justifient la relâche de pêcheurs français
dans les ports britanniques ou de pêcheurs anglais sur les
côtes de France ; les pêcheurs de l'un des deux pays ne
doivent approcher des côtes de l'autre que dans les circonstances suivantes, énumérées par l'art. 85 : 1º Quand ils
sont forcés de chercher un abri pour cause de mauvais
temps ou d'avaries manifestes ; 2º quand ils sont portés en
dedans des limites établies pour la pêche de l'autre
pays, par des vents contraires, par de forts courants
ou par toute cause indépendante de la volonté du patron ou de l'équipage ; 3º quand ils sont obligés de louvoyer
à cause du vent ou de la marée contraire, pour arriver au
lieu où ils vont exécuter leur pêche, et quand, par suite
des mêmes causes, ils ne peuvent, en restant au large, continuer leur route pour se rendre audit lieu de pêche ;
4º quand pendant la saison de la pêche du hareng, il convient aux bateaux harenguiers de l'un des deux pays de
mouiller à l'abri des côtes de l'autre, et d'y attendre une
occasion favorable pour procéder à leur pêche légitime, en
dehors des limites fixées par la convention de 1839. Malgré
tout, une circulaire ministérielle du 19 mai 1863 constatait
que nos pêcheurs cherchaient le plus possible à éluder ces
prescriptions, qu'ils entraient dans les ports anglais, notamment dans celui de Brixham par tous les temps et sans

nécessité : les autorités maritimes du premier arrondissement étaient invitées à rappeler aux pêcheurs les dispositions des traités et à s'y conformer de la manière la plus
stricte. L'art. 86 interdit aux bateaux pêcheurs, mouillés
dans un port de refuge de s'y livrer à aucune opération
commerciale. « Ces bateaux, pendant qu'ils seront en de-
« dans des limites précitées, non-seulement n'exerceront
« pas la pêche, mais encore il leur est interdit d'envoyer
« leurs canots pour pêcher, même en dehors des limites
« dont il vient d'être question. Ils devront tous (à l'excep-
« tion des bateaux harenguiers qui attendraient, ainsi qu'ils
« en ont la faculté, le moment favorable pour procéder à
« leur pêche légitime) sortir desdites limites, aussitôt que
« l'effet des circonstances exceptionnelles qui auront causé
« leur entrée le permettra. »

128. Les conventions de 1839 et de 1843 édictaient des
règles de police spéciales à la pêche maritime dans les parages internationaux de la Manche ; ces règles ont été
maintenues en 1853, et l'art. Ier du décret du 10 mai 1862
les déclare encore en vigueur : « Les pêcheurs sont tenus
d'observer dans les mers situées entre les côtes de France
et celles du royaume uni de la Grande-Bretagne et d'Irlande,
les prescriptions de la convention du 2 août 1839 et du réglement du 23 juin 1843. » En première ligne, obligation
pour les bâtiments pêcheurs de porter, d'une manière apparente, les lettres et numéros qui feront connaître leur
nationalité et leur port d'attache (Ord. du 23 juin 1846,
art. 6, 10, 14, 15) ; d'être munis de rôles d'équipage indiquant la description et le tonnage de chaque bateau, ainsi
que les noms du propriétaire et du patron ; le rôle sera
exhibé à toute réquisition du commandant des bâtiments
gardes-pêche, ainsi que de tous autres préposés à la police
des pêches appartenant aux deux pays (art. 12, 13). L'Ordonnance de 1846 s'occupe ensuite : 1° de la pêche au

chalut ; elle peut avoir lieu en toute saison dans les mers situées entre les limites de pêche qui ont été fixées pour les deux pays (art. 16). Les art. 17 à 20 indiquent quelle doit être la conformation du chalut, quelle peut être la largeur minimum des mailles du filet, enfin quel peut être le poids total des chaînes ou plombs qui le garnissent : les art. 24 à 26 interdisent aux pêcheurs chalutiers de troubler en rien la pêche du hareng ou du maquereau ; — 2° de la pêche des harengs et des maquereaux ; ici encore liberté absolue de la pêche pendant toute l'année (art. 27 et 36). La dimension des mailles des filets se trouve fixée par les art. 28 et 37 : suivent des dispositions à observer, au cas où la pêche aurait lieu en flotte ; les bateaux doivent se tenir à certaines distances les uns des autres, jeter leurs filets, de manière à ne pas entraver les pêches commencées ; enfin, placer des bouées sur les filets, de manière que les bateaux naviguant dans ces parages puissent les éviter ; — 3° de la pêche des huîtres : d'après l'art. 45, elle commence le 1er septembre et finit le 30 avril ; l'art. 46 ajoute qu'en conséquence, du 1er mai au 31 août, nul bateau ne peut avoir à son bord aucune drague ou autre instrument propre à pêcher les huîtres. La pêche des huîtres n'est permise qu'entre le lever et le coucher du soleil ; les pêcheurs doivent faire le triage des huîtres sur le lieu même de la pêche et rejeter à la mer toutes celles qui auront, dans la plus grande dimension de l'écaille, moins de six centimètres de diamètre, ainsi que les sables, graviers et fragments d'écaille ; défense est faite de jeter à la mer, dans les lieux où se pratique la pêche des huîtres, le lest des embarcations ou tout autre objet quelconque qui pourrait nuire à la pêche (art. 47 à 50). En dernier lieu, nous citerons les art. 50 et suiv., relatifs aux signaux que doivent porter les bateaux, afin de faire reconnaître à quelle pêche ils se livrent, et quelle est leur position réelle, et les art.

57 à 62 interdisant aux pêcheurs de couper ou soulever les
filets des bateaux voisins, et leur enjoignant de remettre
aux commissaires de marine ou aux directeurs de douanes
les épaves repêchées en pleine mer.

129. Les mesures répressives qui devaient servir de
sanction à la convention de 1843, avaient été arrêtées d'accord entre les parties contractantes ; les peines à appliquer,
les procédures à suivre, se trouvent relatées tout au long
dans les art. 71 et suiv. Cette partie de la convention ne pouvant être rendue exécutoire par de simples ordonnances, les
plénipotentiaires des deux pays s'étaient engagés à la faire ra-
tifier législativement. En Angleterre, un bill était intervenu
dès le 22 juin 1844 ; en France, ce ne fut que trois années
plus tard, qu'une loi du 22 juin 1846 vint tenir la promesse
faite au gouverment anglais. Le projet primitif, préparé
par les trois départements de la marine, de la justice et des
affaires étrangères et présenté aux Chambres dans la séance
du 20 mai 1845, consacrait d'assez nombreuses dérogations
au droit commun. Ainsi, quelque élevée que fût la pénalité,
on attribuait aux juges de paix la connaissance exclusive de
toutes les contraventions en matière de pêche internationale :
on voulait reproduire l'art. 11 du bill anglais qui, en effet,
déclarait les juges de paix seuls juges de ces infractions. Les
rédacteurs de la loi ne tardèrent pas à reconnaître l'erreur
dans laquelle ils étaient tombés : « Les juges de paix, disait
l'exposé des motifs, ne sont pas absolument en Angleterre
les mêmes magistrats qu'en France ; entre ces deux institutions il n'y a de commun que le nom, et la réciprocité serait
plus apparente que réelle, si l'on s'attachait à une ressem-
blance du mot sans aller au fond des choses. La compétence
de nos tribunaux de police correctionnelle est, par le fait,
beaucoup plus semblable à celle des juges de paix anglais
que celle de nos juges de paix ; la véritable réciprocité veut
que ce qui sera jugé en Angleterre par les juges de paix

soit porté en France devant les tribunaux qui ont une compétence analogue. » Aussi, l'art. 1er décide-t-il que la poursuite aura lieu devant le tribunal de police correctionnelle également compétent, d'après l'art. 9, pour connaître de l'action civile à laquelle pourrait donner lieu le délit. La compétence des juges de paix n'est maintenue que pour les contestations purement civiles entre pêcheurs français et anglais, quelque soit le montant de la demande. (art. 10.) Ce point résolu, se présentait une nouvelle difficulté : devant quel tribunal correctionnel l'action devait-elle être intentée ? La loi anglaise attribuait compétence au tribunal dans le ressort duquel se trouve situé le port où aura été conduit le contrevenant ; la loi de 1846 se sépare de nouveau du bill de 1844 et applique la vieille maxime : « Actor sequitur forum rei. » La poursuite aura lieu devant le tribunal de l'arrondissement où est situé le port auquel appartient le bateau du délinquant. Et, en effet, ce port est, dans la plupart des cas, le seul point où tous les pêcheurs d'un même équipage pourront être sûrement atteints, obligés qu'ils sont d'y ramener le bateau et d'y procéder au désarmement. L'exercice de l'action publique est circonscrite autant que possible ; l'art. 2 reconnaît à tout particulier le droit de saisir le tribunal par voie de citation directe, mais, en même temps, il restreint les pouvoirs que le droit commun confère au ministère public : le procureur du roi ne peut saisir le tribunal ou le juge d'instruction que, s'il y a eu plainte du commissaire de l'inscription maritime ou de l'agent consulaire anglais, agissant dans l'intérêt de ses nationaux ; en cas de désistement de la plainte, toute poursuite doit cesser immédiatement ? La procédure est extrêmement simple : tous les actes seront faits sur papier libre ; les assignations et significations seront remises sans frais par les soins du commissaire de l'inscription maritime ; la signification des jugements sera faite par simple

extrait, contenant le nombre des parties, les motifs et le dispositif du jugement : elle fera courir les délais d'opposition
ou d'appel ; enfin, en cas de pourvoi en cassation, l'amende
à consigner est réduite de moitié (art. 3 et 15.) Aux termes
d'une instruction de la régie, en date du 10 septembre 1847,
tous les actes de procédure devront être enregistrés gratuitement ; les frais d'enregistrement eussent été trop considérables pour que les pêcheurs pussent les acquitter. — Le
tableau des peines applicables demeure fixé ainsi qu'il suit :

Saisie et destruction des filets, amende de 10 à 75 fr. ou em-
prisonnement de 2 à 10 jours (art. 5.)

Emploi de filets ou autres instruments de pêche, dont l'installation, les dimensions, le poids ou les mailles seraient en
contravention avec les règles établies pour chaque espèce de
pêche.

Amende de 10 à 125 fr. ou emprisonnement de 5 à 15 jours
(art. 5.)

Contraventions aux mesures d'ordre et de précaution prescrites par le réglement général et notamment en ce qui
concerne :

1° Les lettres, numéros et noms à placer sur les bateaux,
voiles, filets et bouées ;

2° Les guidons que les bateaux sont tenus de porter ;

3° Les distances à observer par les bateaux entre eux ;

4° Le placement et le mouillage des bateaux ;

5° Le placement et le jet des filets et le retrait des filets ;

6° Le dégagement des filets ;

7° Les bouées à placer sur les filets ;

8° Les feux à arborer.

Saisie et destruction des filets ou instruments de pêche ;
amende de 10 à 250 francs ou emprisonnement de deux
jours à un mois. (art. 6.)

Infractions non prévues par un texte de loi spécial.

Emprisonnement dont la durée n'excédera pas vingt jours ou amende dont le montant ne dépassera pas 125 francs. (art 8.)

Rixes et voies de fait contre d'autres pêcheurs; dommages ou pertes occasionnées avec intention.

L'art. 7 prévoit la circonstance aggravante de récidive et permet aux tribunaux de doubler la peine. « Il y aura récidive, dit-il, lorsque, dans les deux années qui auront précédé l'infraction, le délinquant aura été condamné pour contravention au réglement. » Autre circonstance aggravante dans l'art. 8 in fine : on suppose qu'à des rixes et des voies de fait entre pêcheurs se joint une infraction aux réglements sur la police des pêches : « S'il y a eu, en même temps, contravention aux réglements sur la police des pêches, l'emprisonnement ou l'amende, portée ci-dessus, pourra être infligée en sus de la peine à laquelle aura donné lieu ladite contravention. »

B

130. La pêche du corail est exploitée principalement sur les côtes de l'Algérie; c'est dans ces parages seulement qu'elle peut être une source de bénéfices suffisants pour les armateurs qui l'entreprennent. Dès 1450, l'établissement de la Calle était la propriété exclusive du Gouvernement français; plus tard, cet établissement fut concédé à une compagnie privilégiée qui y installa des chantiers où elle construisait tous ses ustensiles de pêche et préparait les approvisionnements nécessaires ; d'après les règles de son organisation, les patrons pêcheurs qu'elle avait pris à sa solde devaient lui rapporter le produit intégral de leur pêche, moyennant une rémunération tarifée à l'avance. Le défaut de surveillance et l'impossibilité de prévenir des fraudes, de jour en

jour plus nombreuses, avaient compromis gravement les intérêts de la compagnie ; les pêcheurs italiens, au mépris de son privilége, exploraient les bancs du littoral, et vendaient au premier venu les coraux qu'ils avaient recueillis. La loi des 21-29 juillet 1791 déclara que le commerce des Echelles du Levant et de Barbarie serait désormais entièrement libre, et qu'il était, dès à présent, permis à tout français d'y envoyer des ports du royaume des vaisseaux et marchandises. La Compagnie pour la pêche du corail se trouvait supprimée par le fait, et l'Etat rentra dans la pleine propriété des établissements de la Calle. Sous le Consulat on revint à l'ancien système ; l'arrêté du 27 nivôse an IX créa une compagnie dont le capital était fixé à 1,200 actions de 1,000 francs chacune, et à laquelle pouvaient souscrire les Français et les étrangers établis ou s'établissant en France. On imposait à cette compagnie l'obligation : 1º de n'employer que des marins établis ou s'établissant en France ; 2º de n'armer ses bâtiments que dans des ports français ; 3º d'établir son siége social à Ajaccio ; 4º de créer à Ajaccio une manufacture qui livrerait aux étrangers les coraux complétement ouvrés. Une indemnité devait être payée à la compagnie dépossédée en 1790, et un droit de fermage qui ne pouvait excéder cent francs par tonneau, était stipulé au profit du Trésor public. Ce régime ne dura qu'une année : l'arrêté du 17 floréal an X, qui réorganisa la compagnie, supprima l'indemnité qu'elle devait payer à sa devancière ; mais aussi, le droit exclusif de pêche par ses propres pêcheurs et ses propres bateaux, ne fût-il point maintenu en sa faveur ; tout français put se livrer à la pêche du corail, à condition de payer à la compagnie un droit dont la quotité devait être déterminée chaque année par le Gouvernement. Malgré les dispositions formelles qui la réservaient aux marins français, la pêche du corail est devenue une pêche internationale. M. Beaussant (t. II, p. 232

constate qu'en 1840, elle était presque uniquement exploitée par des Italiens venus de Naples et de Livourne ; en
1837 notamment, on n'avait compté sur les bancs de corail
que deux bâtiments français appartenant au port d'Ajaccio.
La Chambre de commerce de Marseille expliquait ce résultat en faisant observer que, pour cette pêche, le matelot
français demandait 45 francs, alors que le matelot italien
n'en demandait que 27. Aussi, sous peine d'interdire absolument la pêche du corail, avait-on été obligé d'autoriser la
concurrence italienne ; un arrêté du Gouverneur général
de l'Algérie, en date du 30 mars 1832 avait seulement
soumis les pêcheurs italiens au paiement d'une taxe spéciale. La perception de cette taxe a été régularisée par
l'Ordonnance du 9 novembre 1844. Art. Ier. « A dater du
1er janvier 1842, les bateaux corailleurs étrangers qui,
d'après l'arrêté du 31 mars 1832 sur la pêche du corail en
Algérie, payaient pour la pêche d'été une rétribution de
1160 francs et de 535 francs pour la pêche d'hiver, formant ensemble une valeur de 1,685 francs ne paieront qu'un
droit de pêche de 800 francs pour l'année entière sans distinction de saison d'hiver ou d'été. » Art. 2. « Les bateaux
sardes, armés, commandés et équipés par des Sardes, et
pêchant exclusivement dans les eaux tunisiennes, continueront d'acquitter les droits, conformément à l'art. 6 du
traité du 24 octobre 1832..... » L'art. 3 oblige les bateaux
étrangers, employés en Algérie à la pêche du corail, à se
pourvoir d'un passeport valable pour un an, sous peine
d'une amende de cent francs. Depuis cette époque, le Gouvernement a encouragé, autant que possible, nos marins à
la pêche du corail ; ainsi, un décret du 25 juin 1864 décide
que les gens de mer, faisant la pêche du corail en Algérie,
sont considérés comme étant en cours de voyage, et dès
lors ne sont pas sujets aux appels ; mais néanmoins
cette pêche est restée ce qu'elle était en 1840 ; les pê-

cheurs italiens sont aujourd'hui encore les seuls qui puissent en retirer quelque profit.

III

131. D'anciens traités autorisaient les pêcheurs catalans
à se livrer à la pêche sur les côtes de France et à vendre
leur poisson dans les ports où ils aborderaient. Ce privilége
a été respecté par l'art. 2 de la loi des 8-12 décembre 1790,
qui ajoutait que ces pêcheurs seraient soumis comme nos
nationaux à la juridiction des prud'hommes pêcheurs, et seraient obligés, en outre, de se munir d'un rôle d'équipage.
D'après l'art. 3, les pêcheurs catalans étaient, comme les
pêcheurs français, obligés au paiement de la contribution
dite de demi-part, lorsqu'ils venaient vendre leurs poissens
dans les marchés français. D'un autre côté, l'art. 4 accordait aux Catalans, domiciliés à Marseille, le droit d'étendre
leurs filets sur les terrains appartenant aux communautés ;
ils pouvaient être appelés aux assemblées et délibérations et
être élus prud'hommes aux mêmes titres et conditions que
les nationaux. A notre connaissance, aucune disposition
législative n'est venue déroger à ce décret ; en 1859, on n'a
point réglé à nouveau les droits respectifs des pêcheurs
français et des pêcheurs catalans, et dès lors nous estimons
qu'on doit considérer ces dispositions comme ayant conservé
force exécutoire.

§ III

De la grande pêche.

132. Les grandes pêches, c'est-à-dire les pêches de la
baleine et de la morue, ont été depuis longtemps l'objet

d'encouragements extraordinaires ; l'Etat vient en aide aux
armateurs, et, en leur accordant des subventions souvent
considérables, leur permet de lutter utilement contre l'Angleterre et la Hollande. Dès 1681, des primes étaient allouées aux pêcheurs, « afin, disaient les instructions de
Colbert, d'augmenter le nombre naturel des navires que les
Français devraient avoir, en proportion de la puissance de
la nation, du nombre de ses peuples et de ses côtes de mer. »
Ce système de primes se retrouve dans la législation actuelle ; ainsi, non-seulement les lois de douanes frappent d'un
droit d'importation considérable les produits de la pêche
étrangère, non-seulement toute facilité est accordée à nos
nationaux pour se procurer à bas prix le sel nécessaire à la
préparation de leurs produits ; mais, en outre, nos armateurs ont droit à une subvention calculée à la fois d'après
le nombre d'hommes qui montent leurs bâtiments et la quantité des produits importés. Dans le rapport qu'il présentait
en 1851 à l'Assemblée nationale, M. Ancel justifiait pleinement cette intervention de l'Etat en faveur d'une industrie
privée ; ce n'est pas, disait-il, pour enrichir quelques spécula-
teurs qu'il s'impose des sacrifices aussi considérables ; pénétré
de cette vérité que la pêche de mer est la véritable pépinière
des marins, il a voulu entretenir et développer la puissance
navale du pays en augmentant le nombre des marins et des
matelots qui prennent part aux grandes pêches. Quelques
lignes plus bas il ajoutait : « Les marins formés pour la
pêche de la baleine sont des hommes intrépides, habitués à
lutter pendant de longs voyages contre les périls des mers
les plus rudes. Le séjour même à bord des navires de guerre
ne produirait pas de tels marins ; et s'il fallait que l'Etat
entretînt sur ses vaisseaux les hommes que l'industrie des
pêches met à sa disposition, un accroissement du matériel
naval serait nécessaire ; car ce n'est pas le nombre des vaisseaux d'un pays qui fait sa force maritime... Les Etats-Unis

n'ont pas une marine puissante, et cependant ils peuvent tenir tête à l'Angleterre. Ce qui fait leur force, c'est une marine marchande admirable, et que le gouvernement de ce grand pays n'a jamais cessé d'encourager, parce qu'il sait qu'elle est la base de la prospérité et de la sécurité nationales. Voyez, au contraire, tel grand Etat qui possède chez lui les bois, les chanvres, les fers et tous les éléments de construction, et les vivres à bas prix, et qui cependant n'arrivera que lentement au rang de puissance maritime, parce qu'il lui manque un commerce extérieur, des mers ouvertes pour le développer, des pêches établies. »

Les principaux textes que nous aurons à analyser sont la loi du 22 juillet 1851 prorogée jusqu'au 30 juin 1871 par la loi du 28 juillet 1860 ; le décret du 29 décembre 1851, complété par celui du 24 octobre 1860 et prorogé jusqu'au 30 juin 1871 par celui du 15 juin 1861, et enfin le décret du 2 mars 1852, modifié par celui du 22 mars 1862.

A. *Pêche de la morue.*
B. *Pêche de la baleine.*

A

1° Primes allouées aux armateurs.
2° Police de la pêche de la morue.

I

133. Ainsi que nous venons de le dire, deux sortes de primes sont allouées aux armateurs : l'une en considération des dépenses nécessitées par l'armement ; l'autre en considération de la quantité de produits importés en France ou expédiés dans les ports étrangers. Le taux de ces primes est réglé par l'art. 1er de la loi du 22 juillet 1851 : « A partir

du 1er janvier 1852 jusqu'au 30 juin 1861, les primes accordées pour l'encouragement de la pêche de la morue sont fixées ainsi qu'il suit : *Primes d'armement.* — 1° 50 fr. par homme d'équipage pour la pêche avec sécherie, soit à la côte de Terre-Neuve, soit à Saint-Pierre-Miquelon, soit sur le grand banc de Terre-Neuve ; — 2° 50 fr. par homme d'équipage pour la pêche sans sécherie, dans les mers d'Islande ; — 3° 30 fr. par homme d'équipage pour la pêche sans sécherie, sur le grand banc de Terre-Neuve ; — 4° 15 fr. par homme d'équipage, pour la pêche au Dogger-Bank. — *Primes sur les produits de la pêche.* — 1° 20 fr. par quintal métrique, pour les morues sèches de pêche française expédiées soit directement des lieux de pêche, soit des entrepôts de France à destination des colonies françaises de l'Amérique, de l'Inde, ainsi qu'aux établissements français des côtes occidentales d'Afrique et des autres pays transatlantiques, pourvu qu'elles soient importées dans les ports où il existe un consul français ; — 2° 16 fr. par quintal métrique, pour les morues sèches de pêche française expédiées soit directement des lieux de pêche, soit des ports de France à destination des pays européens et des Etats étrangers sur les côtes de la Méditerranée, moins la Sardaigne et l'Algérie ; — 3° 16 fr. par quintal métrique pour l'importation, aux colonies françaises de l'Amérique, de l'Inde et autres pays transatlantiques, des morues sèches de pêche française, lorsque ces morues seront exportées des ports de France, sans y avoir été entreposées ; — 4° 12 fr. par quintal métrique, pour les morues sèches de pêche française expédiées soit directement des lieux de pêche, soit des ports de France, à destination de la Sardaigne et de l'Algérie. — *Rogues de morue.* — 20 fr. par quintal métrique de rogues de morue que les navires pêcheurs rapporteront en France du produit de leurs pêches.

134. La prime ne peut être réclamée par les armateurs

que s'ils ont entièrement satisfait aux conditions prescrites par la loi : d'après l'art. 16 in fine de la loi de 1852, tout armateur qui aurait reçu ou demandé des primes en dehors de ces conditions serait passible du paiement du double des primes reçues ou demandées, sans préjudice des condamnations pour cause de contravention aux lois de douane. En première ligne, art. 16 : « Les primes fixées par la présente loi ne seront accordées qu'aux armements ou transports des produits effectués par bâtiments français, et qu'aux produits de la pêche française. » Cette exigence de la loi de 1851 se comprend d'elle-même et nous n'avons pas à insister sur ce point. Une seconde série de réglements a trait au commandement de navire : à l'origine, et suivant les termes de l'ordonnance de 1681, les navires à destination de Terre-Neuve ne pouvaient être commandés que par des capitaines au long cours ; ce que reproduisait purement et simplement l'art. 377, C. Co. Depuis la rédaction du Code de commerce, les armateurs n'avaient cessé de réclamer contre cette disposition. Ils alléguaient d'abord difficulté de trouver des capitaines au long cours disponibles. Puis, dans ces sortes d'expéditions, le succès dépend bien moins de l'habileté du capitaine, comme navigateur, que de son expérience dans les travaux de la pêche : or, ces qualités pratiques se rencontraient tout autant chez les maîtres au cabotage, dont la science moins étendue en théorie et les habitudes plus simples s'accordaient mieux avec les vues des armateurs. Déjà une décision ministérielle du 18 décembre 1828 avait autorisé l'emploi des maîtres au cabotage, toutes les fois qu'il y avait défaut de capitaines au long cours, ou refus de la part des capitaines présents. En fait, dans les cas où ils ne pouvaient profiter de cette tolérance, les armateurs n'embarquaient de capitaines au long cours que pour la forme et afin d'avoir droit à la prime ; le capitaine, quoiqu'il fût censé commander le navire pêcheur, ne jouissait que d'une autorité nominale ; le véritable chef de l'expédition était un autre homme de l'équipage. Sur la demande des chambres de commerce, intervint la loi du 21 juin 1836 qui consacra définitivement le droit des maîtres au cabotage en les autorisant concurremment avec les capitaines au long cours, à commander les navires employés à la pêche de la morue, soit à Terre-Neuve, soit aux îles Saint-Pierre et Miquelon. Mais les maîtres au cabotage se trouvaient-ils également autorisés à commander les navires non pêcheurs chargés aux lieux de pêche pour des destinations susceptibles de prime? En 1836, le ministre de la marine déclarait devant la Chambre que les navires non pêcheurs ne pourraient faire voile pour les colonies que sous le commandement de capitaines au long cours. L'art. 5 de la loi du 22 juillet 1851 prévient toute difficulté : « Le transport des morues chargées aux lieux de pêche pour les destinations susceptibles de primes, pourra être fait, soit par les navires pêcheurs, soit par des navires partis des ports de France pour aller recevoir les produits de la pêche, pourvu que les navires soient commandés par des capitaines au long cours. » Cette obligation d'embarquer soit un capitaine au long cours, soit un maître au cabotage, doit être entendue de la manière la plus rigoureuse ; ainsi, par exemple, la prime ne pourrait être légalement perçue dans le cas où le capitaine embarqué s'étant trouvé hors d'état de continuer la navigation, il aurait été impossible à l'armateur de le remplacer par un marin de grade équivalent. (C. d'Etat, 24 avril 1856. Lebon, 56, 322). La loi du 21 juin 1836, permettait de confier à des maîtres au cabotage le commandement des navires destinés à la pêche d'Islande ; l'art. 2 de la loi du 22 juillet 1851 accorde au commerce des facilités plus considérables encore : « Tout marin qui aura fait cinq voyages, dont les deux derniers en qualité d'officier, à la pêche de la morue sur les côtes d'Islande, sera admissible au commandement d'un navire expédié pour cette même pêche, s'il justifie de connaissances suffisantes pour la sécurité de la navigation. Un décret du 15 janvier 1852, détermine dans quelles formes sera subi l'examen et de quelles connaissances les candidats seront tenus de justifier.

135. Aux termes de l'art. 2 de la loi du 22 juillet 1851, les navires expédiés pour la pêche avec sécherie, soit sur les côtes de Terre-Neuve, soit à Saint-Pierre et Miquelon, soit au grand banc de Terre-Neuve, doivent avoir à bord un minimum d'équipage. L'art. 1er du décret du 29 décembre 1851, porte que les armateurs sont tenus de comprendre dans l'équipage de tout armement destiné pour la pêche, soit à Saint-Pierre et Miquelon, soit sur la côte de Terre-Neuve, cinquante hommes au moins, si le navire jauge cent cinquante-huit tonneaux ou au-dessus ; trente hommes au moins, de cent à cent cinquante-huit tonneaux, et vingt hommes au moins, au-dessous de cent tonneaux ; de comprendre, dans l'équipage de tout armement destiné pour la pêche au grand banc avec sécherie, cinquante hommes si le navire jauge cent cinquante-huit tonneaux et au-dessus, et trente hommes dans tous les cas pour les navires au-dessous de cent cinquante-huit tonneaux. Ajoutons que les hommes embarqués doivent réellement prendre part à la pêche ; l'armateur ne satisferait pas aux vœux de la loi, si, arrivé au banc de Terre-Neuve, il les employait à toute autre opération. (C. d'Etat, 13 août 1861 ; Lebon 61, 742). La loi déterminait ensuite dans l'art. 3 ceux des marins qui devaient définitivement compter pour le règlement de la prime ; en principe, elle n'admettait que les inscrits maritimes définitifs et les inscrits provisoires qui, au moment du départ, n'auraient pas encore atteint l'âge de vingt-cinq ans, ce qui se trouve développé par l'art. 2 du décret du 29 déc. 1851. « En conséquence, des dispositions de l'art. 3 de la loi du 22 juillet 1851, seront susceptibles de compter pour la prime quelque soit leur emploi dans l'armement, tous les hommes

de l'équipage appartenant définitivement à l'inscription maritime, et les inscrits provisoires âgés de moins de vingt-cinq ans à l'époque du départ du navire. Ne donneront pas droit à la prime les hommes non inscrits faisant partie de l'équipage, ni les hommes inscrits ou non inscrits qui sous le nom de passagers ou de toute autre dénomination, seront transportés à Saint-Pierre et Miquelon à l'effet d'y faire la pêche pour leur propre compte. » La loi du 28 juillet 1860 est venue depuis faire descendre de 25 à 22 ans la limite d'âge établie pour les inscrits provisoires. Cette loi soumet en outre les bâtiments armés à Saint-Pierre et Miquelon, à l'obligation d'un minimum d'équipage « Les dispositions du § I de l'art. 2 de ladite loi (Loi du 28 juillet 1851) relatives au minimum d'équipage que doivent recevoir les navires expédiés pour la pêche de la morue seront appliquées aux goëlettes armées à Saint-Pierre et Miquelon pour faire la pêche, soit au grand banc de Terre-Neuve, soit au banc de Saint-Pierre, soit dans le golfe de Saint-Laurent, soit sur les côtes de Terre-Neuve. Il ne pourra être embarqué à bord des dites goëlettes aucun homme faisant partie de l'équipage d'un navire pêcheur expédié de France. » L'exposé des motifs justifiait cette addition à la loi de 1851 en signalant les abus qui s'étaient produits aux îles Saint-Pierre et Miquelon : des armateurs débarquaient clandestinement une partie de leur équipage et la transbordaient sur des navires appartenant à la colonie ; les habitants de Saint-Pierre, propriétaires de bâtiments de pêche, ne les équipaient que par de semblables moyens : « Ces abus, disaient l'exposé, auraient en se développant, pour conséquence inévitable : 1° de rendre fictive l'obligation imposée aux navires pêchant au grand banc avec sécherie de recevoir un minimum de marins, puisque l'équipage fixé pour un seul navire servirait en réalité à en armer plusieurs ; 2° d'augmenter dans une certaine proportion, et sans profit pour l'instruction maritime, les sacrifices du Trésor, une double pêche indûment pratiquée avec l'équipage réglementaire d'un seul navire devant accroître la somme des produits destinés à l'exportation avec la plus haute prime ; 3° enfin de consacrer au profit de certains armateurs une situation privilégiée et tout à fait inadmissible puisqu'ils en retiendraient les avantages tout en éludant les obligations que leur impose la loi dans un intérêt général. C'est pour éviter ces fâcheux résultats, qui depuis longtemps avaient vivement préoccupé le département de la marine, que le gouvernement vous propose d'astreindre au minimum d'équipage les goëlettes armées à Saint-Pierre et Miquelon et d'empêcher toute confusion, tout double emploi entre les équipages de ces embarcations et ceux des bâtiments expédiés de France. Cette réforme, sans apporter d'entraves aux armements locaux de la colonie, assurera désormais l'observation complète des prescriptions imposées aux armateurs dans le but de favoriser le développement de l'inscription maritime. »

136. D'assez nombreuses formalités sont imposées aux bâtiments qui quittent les ports de France pour se rendre sur les lieux de pêche. Le décret du 29 septembre 1851 s'occupe dans ses art. 3 et 4 du départ des bâtiments plus particulièrement destinés à la pêche : la déclaration d'armement devra indiquer les noms de l'armateur, du navire et du capitaine, le tonnage du bâtiment, le nombre d'hommes de l'équipage, ainsi que sa destination : elle contiendra en outre l'engagement de ne rapporter que des produits de pêche française et de payer, en cas de violation de ces conditions, le double de la prime indûment reçue ou demandée : expédition de ladite déclaration sera délivrée à l'armateur après le départ du navire : elle énoncera la date effective de ce départ. De plus, l'armateur pourra être requis de fournir une caution suffisante qui sera reçue par le président du

tribunal de commerce de l'arrondissement, et dont il sera donné main-levée au retour du navire par le ministre de l'agriculture et du commerce, sur la déclaration du capitaine. Les navires armés pour la pêche au grand banc sont astreints à une soumission spéciale : la déclaration d'armement doit contenir l'engagement de rapporter en France la totalité des produits de leur pêche. L'art. 8 s'occupe de son côté des bâtiments non pêcheurs expédiés de France aux lieux de pêche à l'effet d'y prendre des cargaisons de morue pour une destination susceptible de prime : « Tout armateur qui expédiera d'un port de France aux lieux de pêche un navire non pêcheur à l'effet d'y prendre une ou plusieurs cargaisons de morue de pêche française pour une destination donnant droit à la prime d'importation devra, avant le départ de France du navire, en faire la déclaration par-devant le commisaire de l'inscription maritime du port d'armement qui lui délivrera une expédition de sa déclaration. »

137. A leur retour, les navires pêcheurs seront tenus de justifier 1° Qu'ils se sont effectivement rendus à la destination par eux indiquée au commissaire de l'inscription maritime. L'art. 5 veut que cette justification ait lieu par le moyen d'une déclaration qui devra être faite à la douane par le capitaine lors de l'arrivée du navire : cette déclaration indiquera le port et la date du départ, le nom du navire, ceux de l'armateur et du capitaine, le lieu et la durée de la pêche, la quantité de morue qui aura pu être directement expédiée du lieu de pêche soit aux colonies françaises, soit à l'étranger et la quantité rapportée en France. Le journal de bord sera produit à l'appui et, en cas de besoin, l'équipage sera interrogé collectivement ou séparément par l'administration des douanes, de concert avec celle de la marine, afin d'arriver à reconnaître l'exactitude de la déclaration. Une expédition de cette déclaration sera délivrée au capitaine pour être adressée par

ses soins ou par ceux de l'armateur dans le délai de trois mois au plus tard, au ministre de l'agriculture et du commerce, chargé de faire connaître au ministre des finances les noms des armateurs qui n'auraient pas justifié des conditions prescrites pour l'obtention de la prime. L'art. 6 prévoit le cas où le navire n'aurait pu se rendre à destination ou revenir en France par suite de force majeure. « Dans le cas où une circonstance quelconque de force majeure empêcherait un navire d'accomplir sa destination ou d'effectuer un retour en France, l'armateur sera tenu d'en justifier dans le délai d'une année à dater du départ du navire. » — 2° Qu'ils ont au minimum passé sur les lieux de pêche un certain espace de temps. Un décret particulier également daté du 29 décembre 1851 fixe ainsi qu'il suit ce minimum de temps :

Pêche avec sécherie	A S. Pierre et Miquelon A la côte de Terre-Neuve Au grand banc de Terre-Neuve	30 jours.
Pêche sans sécherie	En Islande, 20 jours pour les navires de 80 tonneaux et au-dessous; 40 jours pour les navires au-dessous de 80 tonneaux. Au grand banc de Terre-Neuve, 25 jours. Au Dogger-Bank, 30 jours.	

138. En règle générale, les produits de la pêche peuvent être directement exportés du point où elle a eu lieu pour les destinations étrangères susceptibles de prime. Nous avons déjà signalé l'art. 4 du décret imposant aux navires armés pour la pêche au grand banc avec salaison à bord l'obligation de rapporter en France le produit intégral de leur pêche. Une seconde exception résulte de l'art. 2 de la loi du

22 juillet 1851 : « Les navires expédiés pour la pêche sans sécherie et non assujettis au minimum d'équipage devront rapporter la totalité des produits de leur pêche en France. Ils ne seront autorisés à les déposer momentanément à Saint-Pierre, à la charge de les réexpédier en France, que dans les cas d'avaries dûment constatés et lorsque l'expédition en sera retardée faute de moyens de transbordement. » L'exportation directe des lieux de pêche est réglementée par l'art. 8 in fine du décret de 1851 : d'après ce texte, les chargements de morue faits aux îles de Terre-Neuve et Saint-Pierre et Miquelon par des navires pêcheurs ou non pêcheurs doivent être accompagnés d'un certificat délivré à Saint-Pierre et Miquelon, par le commandant de ces îles, et sur les côtes de Terre-Neuve, par un des capitaines ou officiers des bâtiments de l'Etat, composant la station de ces parages, ou à défaut, par le capitaine prud'homme du havre où le chargement a été fait, ou enfin, dans le cas d'impossibilité, par trois capitaines de navires pêcheurs appartenant à d'autres armateurs que celui du navire chargeur. Ce certificat indiquera le nom du navire, celui de l'armateur et du capitaine, le poids net de la morue et le nom du ou des navires français qui l'auront pêchée : il attestera en outre la bonne qualité de la morue. Le décret traite ensuite des formalités relatives à l'exportation de France : déjà l'art. 2 de la loi du 9 juillet 1836 avait consacré le droit d'entrepôt en ce qui touche les morues sèches provenant de pêche française et à la suite était intervenue l'ordonnance du 2 septembre 1836. D'après l'art. 7 du décret, le droit d'entrepôt s'exercera désormais sous les conditions de l'entrepôt fictif des douanes. L'art. 9 impose à tout armateur qui expédiera d'un port de France pour une destination susceptible de prime l'obligation de faire une déclaration en douane indiquant : 1º le nom du navire, du capitaine et de l'expéditeur ; 2º la destination ; 3º la quantité de morue à embarquer ; 4º la saison de

pêche d'où elle provient et le lieu où elle a été séchée. Cette déclaration, ajoute le décret, sera accompagnée d'un modèle délivré concurremment par deux courtiers ou, à leur défaut, par deux négociants désignés par le président du tribunal de commerce et deux employés des douanes et attestant que ladite morue est de bonne qualité et bien conditionnée ; ce certificat sera visé par le président du tribunal de commerce et par le chef du service des douanes qui, après avoir fait constater le poids brut et le poids net de la morue, délivrera à l'armateur une expédition de sa déclaration qui devra accompagner le chargement. L'art. 10 suppose que des morues entreposées doivent être expédiées pour les colonies d'un port autre que le port d'entrepôt : des précautions devaient naturellement être prises pour rendre toute fraude impossible ; la morue ne pourra être dirigée sur le port de départ qu'après avoir été emboucautée et sous la garantie du plombage et d'un passavant. Dans ce cas, la douane du port d'escale constatera, à la suite du certificat de chargement délivré au port d'entrepôt, l'identité des colis représentés, la date de leur départ pour la colonie, et s'il y a eu transbordement, le nom du navire exportateur et celui du capitaine. Le séjour à terre des boucauts de morue non vérifiés à fond ne pourra avoir lieu au port d'escale que sous la double clef de la douane et du commerce, dans un magasin fourni par ce dernier et agréé par la douane. Les mêmes dispositions seront applicables aux morues non extraites d'entrepôts et à celles qui auront été séchées en France, dont l'exportation pour les colonies ou l'étranger ne devra s'effectuer qu'après escale dans un autre port de France : les boucauts contenant les morues devront être revêtus par l'expéditeur de marques à feu ou autres qui seront reproduites sur les expéditions de douanes. Enfin l'art. 11 autorise à employer la voie de mer pour l'expédition des morues par mutation d'entrepôt, sous la garantie d'un passavant contenant les indications nécessaires pour la rédaction des soumissions d'entrepôt au lieu de destination.

139. La prime ne peut être allouée aux armateurs qu'autant que les morues, provenant de la pêche, sont reconnues propres à la consommation alimentaire. Loi du 22 juil. 1851, art. 4 : « Les primes sur les produits de la pêche ne seront acquises que pour les morues parvenues, introduites et reconnues propres à la consommation alimentaire dans les lieux de destination. » Le décret du 29 décembre 1851 contient d'assez nombreuses dispositions sur le mode de cette constatation dans les colonies françaises et à l'étranger. D'abord, dès l'arrivée à destination des morues expédiées soit directement des lieues de pêche, soit des ports de France, les directeurs des douanes, dans les colonies et possessions françaises, les agents consulaires à l'étranger procéderont à la reconnaissance et à la vérification des chargements (art. 12) ; ils se feront à cet effet représenter, pour les morues expédiées directement des lieux de pêche : 1° le certificat prescrit par l'art. 8 ; 2° le journal de bord ; pour les morues venant de France, le certificat du port de départ. Quelle que soit d'ailleurs la provenance, la morue devra être reconnue en totalité, pesée avec soin, et les poids brut et net indiqués en kilogrammes ; son état de conservation et sa bonne qualité seront, en outre, scrupuleusement vérifiés, et il devra être formellement constaté, sous peine de perdre tout droit à la prime, qu'elle est propre à la consommation alimentaire. L'art. 13 instituait des commissions spécialement chargées de cette vérification. — D'après le décret du 14 janvier 1865, ces Commissions sont composées : 1° en France, d'un courtier de commerce, d'un négociant ou d'un armateur pour la pêche, désignés par le président du Tribunal de commerce et de deux employés des douanes; 2° dans les colonies françaises, d'un officier de l'administration de la marine, d'un agent de l'inspection coloniale,

d'un fonctionnaire de l'administration municipale, d'un sous-inspecteur ou vérificateur des douanes, d'un membre de la Chambre ou du bureau de commerce, de deux négociants notables, d'un officier de santé de marine ou d'un pharmacien avec voix consultative, nommés par le gouvernement. Les opérations des commissions coloniales doivent être commencées dans les vingt-quatre heures du débarquement des barils et terminées dans le délai de dix jours ; les commissions sont autorisées à faire ouvrir seulement le nombre de boucauts qui leur paraîtra nécessaire pour constater avec certitude la bonne qualité et l'état de conservation des morues. Pour les vérifications à faire à l'étranger, on maintient la règle du décret de 1851 enjoignant aux consuls de se faire assister de deux négociants choisis, autant que possible, parmi les négociants français du lieu de leur résidence. — L'art. 14 du décret de 1851 dispose qu'un certificat, énonçant les résultats de la vérification, sera remis aux parties intéressées pour servir ce que de raison, et que les pièces produites par elles leur seront restituées après qu'il en aura été fait l'usage convenable. Le résultat de ces vérifications sera conservé sur un registre spécial, tenu par les directeurs des douanes ou agents consulaires, et énonçant toutes les circonstances nécessaires pour délivrer au besoin un duplicata des certificats qui viendraient à se perdre dans la traversée. L'art. 15 enjoint à ces directeurs et agents d'adresser tous les mois, au ministère de l'agriculture et du commerce, par l'entremise des ministères de la marine, de la guerre et des affaires étrangères, un relevé sommaire de leurs registres, pour servir de contrôle aux pièces fournies par les armateurs. Il sera également tenu, dans les ports de France, par les administrations de la marine et de la douane, un registre des déclarations et certificats qu'elles sont appelées à recevoir et à délivrer.

140. L'importation en France des rogues de morues est soumise à des règles spéciales par les art. 16 et 17 du décret

de 1851. Pour avoir droit à la prime accordée par la loi du 22 juillet 1851, les capitaines feront une déclaration devant la douane du port de retour, en indiquant le nom du navire, celui de l'armateur, le port d'armement et la quantité de rogues importées ; comme toujours, le journal de bord sera produit à l'appui, et l'administration pourra interroger l'équipage, afin d'arriver à reconnaître l'exactitude de la déclaration. Cette déclaration devra être accompagnée d'un certificat établissant la bonne qualité desdites rogues et délivré dans les formes déterminées par l'art. 9. La douane, après avoir constaté les poids brut et net des rogues importées, délivrera au capitaine une expédition de sa déclaration ; de plus, dans les dix premiers jours de chaque mois, elle devra transmettre au ministre de l'agriculture et du commerce, suivant la forme déterminée par l'ordonnance du 25 février 1842, un double des déclarations d'armement et de retour, ainsi que les certificats établissant la bonne qualité des rogues de morue.

141. D'après l'art. 3 de la loi du 22 juillet 1851, la prime d'armement n'est accordée qu'une fois par campagne de pêche, quand même le navire aurait fait plusieurs voyages dans une même saison. « Par ce moyen, dit M. Beaussant (t. II, p. 182), les pêches très-lointaines, qui ne permettent qu'un voyage par an, ne seront pas moins favorisées que les pêches lointaines qui en permettent plusieurs. Puis, le navire que le hasard ou les malheurs de la navigation auront empêché de faire plusieurs pêches et qui n'en aura pas moins travaillé, ne verra pas ses concurrents joindre au bonheur d'une pêche plus abondante et plus facile l'avantage d'une double récompense. » La liquidation de la prime sera faite par le ministre de l'agriculture et du commerce, sur la remise par les ayants droit : 1° de la déclaration d'armement ; 2° de la copie du rôle d'équipage. L'art. 18 du décret du 29 novembre 1851 indique également le mode de liquidation

des primes d'exportation. Pour les expéditions directes des lieux de pêche, les ayants droits produiront, dans les colonies : 1° la déclaration au départ de France ; 2° le certificat de chargement ; 3° le certificat de débarquement ; 4° le certificat de la commission coloniale — dans les possessions françaises en Afrique, les pays transatlantiques et autres pays étrangers d'Europe : 1° la déclaration au départ de France ; 2° le certificat de chargement ; 3° les certificats de chargement : les navires pêcheurs n'ont que les deux dernières pièces à produire. Pour les expéditions de France, les armateurs produiront aux colonies : 1° le certificat de la douane au départ ; 2° le certificat de bonne qualité ; 3° le certificat de débarquement ; 4° le certificat de la commission coloniale ; — dans les possessions françaises en Afrique, dans les possessions transatlantiques et autres pays étrangers d'Europe : 1° le certificat de la douane au départ ; 2° le certificat de bonne qualité ; 3° le certificat de débarquement. Pour les importations de rogues, la production consistera uniquement dans le certificat de douane et le certificat de bonne qualité. L'art. 19 assujettit à l'impôt du timbre les pièces fournies par les armateurs : « Les pièces fournies par les armateurs devront être sur papier timbré, régulières dans leur libellé, sans rature, surcharge, ni altération, à peine de n'être point admises à la liquidation, et les signatures devront être en outre légalisées. » La liquidation sera faite de mois en mois sur la remise, par les armateurs, des pièces exigées par l'art. 18 ; mais, ces primes ne leur seront définitivement acquise : celles d'armement, qu'après l'accomplissement des justifications prescrites par les art. 5 et 6 ; celles d'importation, qu'au jour où il sera reconnu que les énonciations des pièces ayant servi à la liquidation sont conformes à celles des relevés trimestriels prescrits par l'art. 15 du décret (art. 19). La prescription est acquise en faveur de l'Etat au bout d'un temps relativement assez court. Art. 20 : « Les armateurs qui n'auront pas produit les pièces justificatives nécessaires pour la liquidation des primes auxquelles ils auront droit dans le délai de cinq années, à partir de l'exercice auquel elles appartiennent, encourront la prescription et l'extinction définitive, au profit de l'Etat, prononcées par la loi de finances du 29 janvier 1831. »

II

142. Le décret du 2 mars 1852, qui règle la police de la pêche de la morue dans les parages de Terre-Neuve, se borne à reproduire les ordonnances et réglements intervenus sur ce point de 1640 à 1842. L'art. 1er commence par maintenir la règle traditionnelle qui veut que le choix des havres et des places ne puisse appartenir au premier occupant. Depuis l'ordonnance de 1681 jusqu'à l'arrêté du 5 nivôse an XI, la place que chaque bâtiment devait occuper était indiquée par le capitaine amiral, c'est-à-dire par le capitaine qui était arrivé le premier sur le banc de Terre-Neuve. Aujourd'hui la répartition des places a lieu uniquement par voie de tirage au sort : « La répartition sera faite entre les armateurs tous les cinq ans, par voie d'un tirage au sort et au moyen d'un état indicatif des havres situés sur la partie des côtes de la dite île où, d'après les traités, les capitaines français peuvent s'établir pour la pêche. Cet état fera connaître, suivant le plan topographique des côtes et en commençant par le premier havre de la côte de l'Ouest : les noms des havres ; les numéros et les noms des places comprises dans chaque havre ; le nombre de bateaux que chacune des places peut contenir : la situation de la grève correspondant à chaque place. « Les art. 1 in fine à 3 règlent les détails de la répartition des places par

voie de tirage au sort ; ces places sont divisées en trois séries : 1re série : places pouvant contenir quinze bateaux et au-dessus ; 2e série : places pouvant contenir de dix à quinze bateaux exclusivement ; 3e série : places pouvant contenir neuf bateaux et au-dessous. A ces trois séries de places correspondent trois séries de navires : 1re série, 158 tonneaux et au-dessus : 50 hommes d'équipage au moins ; 2e série, 100 à 158 tonneaux exclusivement ; 30 hommes d'équipage ; 3e série, au-dessous de 100 tonneaux : 20 hommes d'équipage si le navire ne doit pas armer une seine, et 25 s'il doit en faire usage. Tous les cinq ans, les armateurs des différents ports de France qui se proposent d'envoyer des navires à la pêche sur les côtes de Terre-Neuve, doivent faire, au chef du service de la marine, à Saint-Servan, la déclaration du nombre de navires qu'ils doivent armer pour la pêche, avec indication du tonnage de ces navires. Les armateurs, ou leurs représentants, se réunissent de droit à Saint-Servan, le 5 janvier, sous la présidence du chef de service. C'est dans cette assemblée, qu'il est procédé au classement des navires dans l'une ou l'autre des trois séries ; connaissance de ce classement est donnée à l'assemblée, après quoi il est procédé au tirage au sort, en commençant par la première série, et en descendant de celle-ci à la seconde, puis à la troisième série jusqu'à entier épuisement : « A cet effet, porte l'art. 3, il sera disposé autant de bulletins qu'il y aura de navires dans une même série, et chacun des bulletins portera le nom de chacun des navires. Ces bulletins seront ensuite mis dans une urne d'où ils seront successivement tirés en présence de tous les armateurs réunis ; au fur et à mesure qu'un bulletin sortira, l'armateur du navire désigné par le bulletin choisira une place dans la série à laquelle ce navire appartient. Si la série des places se trouve épuisée avant la série correspondante des navires, les bâtiments excédants seront réunis à ceux de la série inférieure.

Dans le cas contraire, après le choix fait par les armateurs des navires compris dans la première série, les places qui s'y trouveront encore disponibles pourront être choisies par les armateurs de la deuxième série, concurremment avec les places appartenant à cette série. Les armateurs de la troisième série auront également la faculté de faire choix des places vacantes dans les séries supérieures. » Nous joindrons à ce texte, l'art. 12 décidant, en termes formels, qu'aucun armateur ne pourra obtenir, pour le même navire, la concession simultanée de places sur les côtes E. et O. de l'île. L'art. 4 s'occupe des bâtiments expédiés pour la pêche au grand banc, avec intention de faire sécher leur pêche sur les côtes de l'île ; après le tirage général, des concessions pourront leur être faites : pour être admis au tirage des places entre eux, les armateurs de ces bâtiments seront tenus à une déclaration préalable, à défaut de laquelle leurs équipages ne pourraient s'établir que sur les points de la côte encore inoccupés. Publicité doit être donnée aux résultats des tirages : l'art. 6 veut qu'ils soient énoncés dans un tableau de répartition dressé par les soins du chef de service de la marine. Suivant les énonciations même du décret, ce tableau qui, après avoir été adressé au ministère de la marine sera imprimé et rendu public, doit présenter les noms des havres ; les numéros et les noms des places comprises dans chaque havre ; le nombre des bateaux que chaque place peut contenir ; les noms des armateurs concessionnaires ; les villes où sont domiciliés ces armateurs ; les noms des navires ; le port en tonneaux de ces navires ; le nom et l'âge des capitaines ; la force des équipages ; le port d'où chacun de ces bâtiments doit être expédié. En règle générale, le tableau, une fois arrêté, sera définitif pour une période de cinq ans ; il ne pourra être créé de nouvelles places dans l'intervalle d'un tirage général à l'autre, à moins que toutes celles soumises au tirage n'aient été concédées (art. 22). Restait à statuer sur le cas où, dans cet intervalle, une place deviendrait vacante; c'est ce que fait l'art. 15 : « Dans les quatre années qui suivront celle du tirage général, il sera fait chaque année, le 5 janvier, un tirage partiel des places vacantes, de la manière prescrite pour le tirage général. A la suite du tirage général, y compris le tirage spécial pour les banquiers, comme de chacun des tirages partiels, y compris le tirage spécial pour les banquiers, les places demeurées disponibles seront concédées aux armateurs qui en feront la demande depuis l'époque du tirage jusqu'au 30 juin. Les armateurs qui, postérieurement au tirage général, obtiendront des places, n'en jouiront que pendant le temps restant à écouler jusqu'au terme marqué pour le renouvellement intégral. Ces concessions particulières seront inscrites sur le tableau de la répartition, et le chef du service de la marine, à Saint-Servan, en rendra compte au ministre de la marine et des colonies. »

143. Les droits que la concession d'une place attribue aux pêcheurs sont spécifiés dans l'art. 8 : pendant cinq ans, ils jouiront de cette place et de la partie du havre correspondante tant qu'ils continueront à expédier le même nombre de navires de même série pour la pêche de la morue à la côte, et à faire occuper effectivement les places dont ils seront concessionnaires ; ils conserveront, pendant le même temps, la jouissance des chaufauds, dépendances et graves qu'ils auront réparés. A la fin de la cinquième année de jouissance, chaque capitaine constatera par un procès-verbal signé de deux capitaines voisins, l'état de l'établissement qu'il aura formé et occupé, lequel consistera dans le chaufaud, ses orgages et ses tenailles, dans les cabanes et leurs portes, dans les étaux, lavoirs, garde-poissons, rames à bascules et cajots ; il laissera le dit établissement dans la situation où il se trouvera. Quant aux autres objets tels que trai-

neaux, bateaux, avirons et autres ustensiles, le capitaine pourra les enlever, afin que l'armateur en dispose à son gré. Le décret de 1852 a, sur ce point, été légèrement modifié par celui du 22 mars 1862. En sens inverse, tout armateur qui obtient la concession d'une place s'engage par cela même à y expédier le navire dont l'armement a été annoncé. L'art. 13 édicte une double pénalité contre celui qui aurait contrevenu à cette obligation : d'abord, perte de ses droits à la jouissance de la place ; puis amende variant suivant la série à laquelle appartient le navire : 4,000 fr. pour la première série, 3,000 pour la seconde, 2,000 pour la troisième. L'amende sera de 1,000 fr. pour les armateurs des navires banquiers admis au tirage spécial prévu par l'art. 4 qui, dans l'année de ce tirage, n'expédieront pas les navires pour lesquels ils auront obtenu la concession d'une place à la côte de Terre-Neuve ou qui, ayant expédié leurs navires soit sur le banc, soit sur les banquereaux, se seront abstenus de faire occuper à la côte la place de sécherie dont ils auront été déclarés concessionnaires. Ces amendes avaient été établies pour la première fois par l'assemblée générale des armateurs réunie à Saint-Servan le 15 décembre 1820 ; le décret de 1852 met fin aux controverses qui s'étaient élevées sur le point de savoir si la délibération de cette assemblée pouvait lier les armateurs dissidents ; en 1820, on avait déjà stipulé que le montant des amendes serait versé dans la caisse des Invalides ; c'est ce que maintient l'art. 46 du décret. L'amende sera prononcée par le chef de la marine à Saint-Servan : lorsque les parties interjetteront appel de sa décision, l'affaire sera soumise à l'examen de trois arbitres nommés par l'assemblée générale des armateurs ; si leur décision n'est pas conforme à celle du chef du service, le ministre de la marine statuera définitivement après avoir pris communication des rapports du chef de service et des arbitres. L'art. 13 suppose en dernier lieu, que les navires ont été bien réellement expédiés, mais qu'ils n'ont pas occupé les places qui leur avaient été désignées ; de droit commun, toute place qui, pendant une saison de pêche et sauf le cas de force majeure constaté, n'aura point été occupée, est réputée vacante ; elle peut être dès lors mise à la disposition de tout armateur suivant les formes prescrites sans que le premier concessionnaire qui l'aura abandonnée puisse conserver sur elle aucun droit, ni prétendre à une indemnité quelconque. Seulement, dans l'hypothèse particulière où le concessionnaire aurait défriché et disposé à neuf la place à lui concédée pour faciliter et étendre l'exploitation de sa pêche, la déchéance n'aura lieu que si le terrain est inoccupé pendant deux saisons. Pour prévenir toute équivoque, le sens de ce mot *occuper* est déterminé par le décret : « On entend par occuper une place, y déposer le nombre d'hommes d'équipage voulu par la série à laquelle appartient le navire, faire pêche effective dans le havre, trancher et saler à la place les produits de la pêche, y former et établir l'établissement complet de pêche. Cette explication, toutefois, ne concerne que les places de la côte E. et celles des havres du nouveau Port-aux-Choix, anse de Barbacé, île des Sauvages, et de Saint-Jean à la côte O. Toute place de la côte ou des havres sus-désignés de la côte O. qui ne sera point ainsi occupée perdra ses droits à l'armement des seines. »

144. Aucun navire ne peut obtenir la remise de ses papiers de bord avant le 31 mars, pour le banc et pour la côte O. de Terre-Neuve ; avant le 20 avril pour la côte E. Tout capitaine qui appareillerait et ferait route avant ces époques serait passible d'une amende de 1,000 fr., dont l'armateur est déclaré solidairement responsable. Par dérogation spéciale à cette disposition, tout navire précédemment concessionnaire d'une place à la côte de l'O., qui deviendra concessionnaire d'une place à la côte de l'E., pourra partir le 20 mars, à

l'effet de faire en temps utile le transport de son matériel (art. 21). Le rôle d'armement ne pourra être délivré par le commissaire de l'inscription maritime que si l'armateur justifie avoir droit à une place ; l'art. 11 dispose en conséquence qu'aucun navire ne pourra aller pêcher sur les côtes de Terre-Neuve, s'il ne lui a été délivré un bulletin de mise en possession pour la place dont il est concessionnaire ; ce bulletin doit être exhibé aux capitaines prud'hommes des havres ou des baies dans lesquelles aura lieu la pêche. D'après l'art. 22, complété par le décret du 22 mars 1862, aucun capitaine ne pourra établir son navire pour faire pêche ou sécherie dans un havre autre que celui qui lui aura été assigné par le bulletin de mise en possession, sous peine de 500 fr. d'amende et d'une interdiction de commandement. On n'excepte que les bateaux à la ligne de main expédiés en *degrat*, c'est-à-dire, soit les bateaux envoyés dans d'autres havres, au cas d'insuffisance du poison dans celui où ils se trouvent, soit les bateaux qui ne peuvent rejoindre leur navire ou leur havre, ou qui ont perdu leurs ustensiles de pêche : on les autorise à pêcher, trancher, saler dans tous les havres et même à sécher sur les terrains vacants desdits havres. Le décret permet l'échange de places entre armateurs ou capitaines : « La défense portée par le premier paragraphe au présent article, est sans préjudice des arrangements qui pourront être faits à l'amiable entre les armateurs et capitaines pour l'occupation réciproque, par leurs navires, des havres et des places qui leur auront été respectivement affectés sur l'une ou l'autre côte, et elle ne s'étend pas aux havres absolument inoccupés, où les bâtiments pourront se placer et auront la faculté de conserver la place, en faisant, au retour du voyage, l'abandon de celle déjà concédée. Toutefois, aucun échange de places ne sera valable, même entre navires appartenant au même armateur, s'il n'y a expédition des deux navires. En cas de non expédition des deux bâtiments, la place qui lui appartenait avant l'échange tombera dans le domaine public. » Pour la pêche à la côte O., les réglements sont moins rigoureux ; les concessionnaires ont, bien entendu, privilége exclusif de pêche dans les havres qui leur sont formellement réservés ; mais, en outre, l'art. 23 leur laisse la faculté de s'établir et de faire pêche dans les baies où il n'existe pas de concessions particulières et qui sont abandonnées à l'exploitation commune. Cette exploitation commune est réglée par le même art. 23 ; au lieu de bulletin de mise en possession, les capitaines doivent se munir d'un bulletin d'autorisation de pêche. « La pêche, ajoute-t-il, est libre pour tous les navires pêcheurs, sans exception, expédiés à la côte O., dans toutes les baies où il n'est pas créé de places particulières, et qui sont désignées sur le tableau de répartition des places comme affectées à l'exploitation commune. Ces baies sont celles de Port-à-Port, avec ses divers mouillages, des îles avec toutes les rades qui en dépendent, de Bonne-Baie, de Tête-de-Vache, de Sainte-Marguerite avec l'anse du Nouveau-Ferrolle et de l'anse aux Fleurs. »

145. Nous trouvons dans le décret de 1852 un assez grand nombre d'articles destinés soit à régler la police de la pêche, soit à assurer le maintien exact de la discipline, soit enfin à organiser, à bord des bâtiments, le service de santé : 1° Tout capitaine sera muni d'un exemplaire du décret et du tableau de répartition, art. 24 ; 2° Il est interdit à tout capitaine, sous peine de 500 fr. d'amende, de jeter du lest dans les havres, de s'emparer des sels, des huiles et des autres objets qui auraient pu être laissés l'année précédente ; de rompre, de transporter, dégrader ou laisser tomber en ruine les chaufauds, cabanes et dépendances de la place dont il est concessionnaire. Il est également interdit de s'emparer des chaloupes et bateaux échoués sur la côte, sans un pouvoir spécial des propriétaires de ces em-

barcations, à peine d'en payer le prix, ainsi que 50 fr. d'a-
mende. Si les propriétaires des chaloupes ne s'en servent
pas ou n'en ont pas disposé, ceux qui en auront besoin pourront, avec l'autorisation du capitaine prud'homme, en faire
usage pour leur pêche, à condition de payer ultérieurement
une indemnité raisonnable à ces propriétaires. Enfin, les
bateaux, sels et autres objets laissés à la côte et qui n'auront
pas été réclamés par le propriétaire du 1er au 10 septembre
de la seconde année, à partir de l'époque de l'abandon, seront vendus à l'encan, à la diligence du prud'homme, et au
profit du propriétaire, à la charge par l'acquéreur de les
enlever dans la quinzaine de la vente (art. 25-26) ; 3° Aucun capitaine ne peut, sous peine d'une amende de 1,000 fr.,
expédier des bateaux sur la côte, tant que son navire en
sera encore éloigné de plus d'un myriamètre, ou bien lorsqu'il y aura banquise formée, ce qui sera constaté par les
journaux des capitaines et des officiers (art. 21) ; 4° Les
capitaines sont tenus de procurer aux commandants des bâtiments envoyés en station sur les côtes de l'île de Terre-
Neuve, tous les renseignements et détails que ces officiers
leur demanderont sur l'exploitation de la pêche, sur la police observée par les pêcheurs, sur le nombre et l'état de
leurs navires, de leurs bateaux et de leurs équipages
(art. 27) ; 5° Aucune boisson spiritueuse ne doit être embarquée sur les bâtiments expédiés pour la pêche ; l'art. 43
décide que l'administration de la marine concertera avec
celle des douanes les mesures à prendre pour empêcher l'embarquement de ces boissons et même celui des fûts vides
propres à en contenir. Le ministre de la marine retirera la
lettre de commandement, pour un temps dont sa décision
fixera la durée, à tout capitaine qui aura vendu ou laissé
vendre à son bord des boissons spiritueuses ; une amende
de 500 fr. sera en outre encourue par tout armateur qui
aura fait vendre, pour son compte, de semblables boissons

aux équipages de ses bâtiments ; 6° Tout navire dont l'équipage sera de quarante hommes et plus, non compris les mousses, doit embarquer un chirurgien ; de plus, un chirurgien sera affecté au service sanitaire dans tout havre où ne se trouvera pas un bâtiment de première série, lorsque les navires concessionnaires de ce havre auront ensemble cinquante hommes d'équipage, les mousses compris (art. 28). Une circulaire ministérielle du 4 avril 1862 autorise, dans tous les cas, les armateurs à s'associer entre eux pour faire traiter par un même chirurgien plusieurs équipages réunis dans le même havre ; elle exige que ce service médical ne soit confié qu'à des chirurgiens munis du diplôme de docteur en médecine, ou tout au moins de celui d'officier de santé.

146. Les art. 30 à 43 s'occupent des engins autorisés pour la pêche de la morue. D'abord, engins autorisés pour la capture des poissons qui serviront d'appât : Art. 32. « Pour prendre les poissons appelés *capelans* et *lançons* servant d'appât à la morue, il ne pourra être employé que des seines ayant 8 à 900 mailles de hauteur et 30 brasses de hauteur lorsqu'elles seront montées. » L'art. 33 interdit de se servir de seines à capelan et à lançon autrement qu'au moulin et sans jamais déborder à terre. L'art. 34 ajoute qu'il est interdit de couler entièrement les seines ou d'en ajouter deux ensemble. En ce qui touche la pêche proprement dite, le décret commence par interdire certains engins d'une manière absolue : d'après l'art. 30 l'usage des filets appelés *halopes*, c'est-à-dire des filets traînants est interdit dans toute l'étendue des pêcheries françaises à la côte de Terre-Neuve. Le décret ne prononce aucune peine contre les pêcheurs qui auraient contrevenu à cette disposition : il nous paraît cependant impossible de transporter ici les pénalités inscrites dans l'art. 7 du décret du 9 janvier 1852 : ces pénalités ne sont applicables qu'aux seules contraventions en matière

de pêche cotière. Le filet autorisé pour la pêche de la morue est la seine, filet traînant, mais dont il ne peut être fait usage que sous certaines conditions : ainsi le pêcheur ne doit s'en servir qu'au moulinet et sans jamais déborder à terre ; cette prescription est la même que pour les seines à capelans et à lançons (art. 37). L'art. 36 laisse à la volonté de l'armateur l'étendue de la seine tant en longueur qu'en hauteur, mais la maille n'aura pas moins de 48 millimètres entre nœuds au carré : la vérification des seines sera faite en mesurant 20 mailles alternativement qui devront porter 1 mètre 920. Comme sanction, l'article dispose que les seines à morue dont la maille sera plus petite que la dimension réglementaire seront, sur l'ordre du capitaine prud'homme ou sur celui de l'un des officiers de la station, désarmées et séquestrées pendant la saison de pêche. Le nombre des seines que chaque bateau peut armer dépend de la série dans laquelle il se trouve placé ; les places de première série peuvent armer deux seines, les places de deuxième et de troisième série ne peuvent en armer qu'une seule (art. 40). Pour chaque place, il ne doit y avoir qu'un seul navire concessionnaire spécifié sur le bulletin de mise en possession ; les navires agrégés ne pourront jamais donner lieu à augmenter le nombre des seines ; quant aux bâtiments destinés à la fois à la pêche au grand banc et sur les côtes de l'île, ils n'auront le droit d'armer une seine que s'ils ont vingt-cinq hommes au moins déposés à la côte et que s'ils occupent effectivement la place qui leur a été accordée en vertu de l'art. 4. L'art. 38 permet aux bateaux de seine de choisir les places où il leur plaît de déborder ; seulement les maîtres de seine qui se rendraient à l'avance sur certains points pour y attendre le poisson, ne pourraient y mouiller qu'avec leurs grappins, et dans ce cas, ils seraient tenus de quitter la place si un autre maître de seine commençait à déborder avant eux ; le fait de stationner sur un grappin ne constituera à un bateau de seine aucun droit de priorité lorsqu'il s'agira de déborder. — La pêche à la ligne est, bien entendu, autorisée de la manière la plus large ; l'art. 31 permettait même l'usage des lignes de fond ou harouelles tant à la côte E. qu'à la côte O. de Terre-Neuve, mais seulement aux époques où les seines ne seraient pas armées. Le décret du 22 mars 1862 introduit en cette matière une innovation considérable : désormais l'usage des harouelles n'est autorisé qu'à la côte O. de Terre-Neuve ; les chaloupes employées à ce mode de pêche sont affectées aux places, et leur nombre dépend du rang de série desdites places ; les places de première série peuvent en armer trois, celles de deuxième série deux, et celles de troisième série une seulement. Les art. 38 in fine et 39 in principio règlent les rapports entre les bateaux de seine et les bateaux pêchant à la ligne : 1° Les bateaux pêchant à la ligne, qui se trouveraient mouillés dans le circuit d'un bateau de seine, seront tenus de se déranger et de lui céder la place dès que le bateau de seine les aura prévenus qu'il va déborder et qu'effectivement il aura commencé à jeter son filet à la mer : tout refus obligerait le bateau à la ligne à payer au bateau de seine une amende de mille morues ; 2° Sous peine de donner également mille morues aux bateaux pêchant à la seine, tout bateau pêchant à la ligne, ou tout autre bateau de seine devra s'abstenir de mouiller dans le circuit de la seine et d'en gêner les mouvements une fois que le bateau de seine les aura prévenus qu'il allait déborder et qu'il aura effectivement jeté ses filets à la mer.

147. La surveillance et la police de la pêche appartiennent dans chaque havre au capitaine prud'homme ; ces fonctions sont remplies par le capitaine le plus âgé ; toutefois d'après l'art. 16, les capitaines au long cours auront toujours la priorité sur les maîtres au cabotage. L'art. 17 est ainsi conçu : « Le capitaine prud'homme est spécialement

chargé de maintenir la police, la discipline et le bon ordre
dans les havres et les baies communes ; d'assurer à chaque
capitaine la jouissance du havre, de la grave ou du mouillage qui lui sont assignés ; d'inspecter les filets, de veiller
à la sûreté des mouillages et rades ; de recevoir les plaintes
des capitaines pêcheurs et d'y faire droit, lorsqu'il est compétent pour les juger, après avoir toutefois vérifié les faits
et acquis des preuves autant qu'il est possible. Il préside
toutes les réunions de capitaines qui peuvent avoir lieu dans
les havres et dans les baies ; il termine, comme prud'homme
arbitre et sans frais, les contestations qui peuvent s'élever
entre les capitaines ; il ne peut exiger aucune rétribution ni
émolument des capitaines pêcheurs ; il garde minute des
décisions qu'il prend ; il constate par des procès-verbaux
toutes les contraventions au présent décret commises pendant la durée de la pêche ; il signe ces procès-verbaux et
les fait signer par les officiers et le maître d'équipage, et à
son retour, il remet lesdits procès-verbaux et décisions au
commissaire de l'inscription maritime, dans le port d'où il
est parti. Il remet en outre audit commissaire un rapport
détaillé sur la navigation et sur tout ce qui peut intéresser
l'amélioration de la pêche. » Comme juge civil, le capitaine
prud'homme convoque et préside les capitaines du havre
chargés de prononcer sommairement et en dernier ressort
sur les demandes en indemnité que les pêcheurs auraient à
former les uns contre les autres (art. 44). Comme officier
de police judiciaire, il est assimilé au juge de paix, quant à
la constatation des faits qui, en France, seraient de la compétence des tribunaux correctionnels ou des cours d'assises ;
il procède à la première instruction et veille à ce que le prévenu ne puisse s'évader et soit remis au commandant de la station avec les pièces à l'appui (art. 20). Comme représentant
de l'administration de la marine, il remet aux commandants
des stationnaires, lorsqu'ils font l'inspection des havres, un

état spécifiant pour chaque place en particulier, si elle est ou non occupée comme les règlements les prescrivent, et si les règlements sont observés en toutes choses. Tout délit contre la discipline, toute contravention aux règles établies en ce qui concerne le régime de la pêche et le mode d'occupation des places, seront par lui dénoncés aux commandants desdits bâtiments qui ont mission de les réprimer et de maintenir partout le bon ordre et l'observation du décret (art. 19). Si le prud'homme pêcheur est intéressé dans une contestation, ou s'il est absent, l'affaire sera soumise au jugement du prud'homme le plus voisin (art. 19). Dans le cas prévus par l'art. 44, les capitaines convoqués réunis en tribunal sont présidés en cas d'absence ou d'empêchement du prud'homme par le plus âgé d'entre eux

148. La pêche au Dogger Bank et sur les côtes d'Islande ne fait l'objet d'aucun texte général; toute latitude est accordée aux pêcheurs. Une ordonnance du 16 janvier 1840 rendue à la suite de sinistres nombreux survenus pendant la campagne de pêche de 1839 et attribués au départ prématuré des navires, avait seulement décidé qu'aucun capitaine ne pourrait appareiller pour la côte d'Islande avant le premier avril de chaque année. Depuis longtemps les armateurs faisaient observer que dans l'état actuel de la législation, on exigeait des patrons appelés à commander les bâtiments de pêche des conditions d'aptitude bien supérieures à celles qui étaient requises en 1839. Aussi, sur la demande presque unanime des Chambres de commerce, le ministre de la marine avait-il par une circulaire en date du 13 février 1863, autorisé les navires de pêche à faire voile pour l'Islande à partir du 20 mars de chaque année. Un décret du 9 octobre 1863 est allé plus loin encore ; il abroge purement et simplement l'ordonnance de 1840 ; désormais, les armateurs et les capitaines restent seuls juges de l'opportunité du départ : mais, d'un autre côté, le rapport qui précède le décret leur rappelle

que les bâtiments composant la station navale d'Islande ne quittent jamais nos ports avant le 15 mars ; les pêcheurs dont le départ aurait lieu avant cette époque ne pourraient compter sur le concours qu'ils sont habitués à rencontrer dans les officiers de la marine impériale, au cas où surgiraient quelques-unes de ces difficultés que la présence des bâtiments de l'Etat suffit pour aplanir. Nous n'avons guères à citer que quelques prescriptions destinées à assurer la sécurité des bâtiments et le maintien du bon ordre entre les pêcheurs. Ainsi par exemple deux circulaires ministérielles des 11 décembre 1857 et 10 janvier 1862 fixent le maximum des spiritueux qui peuvent être embarqués sur les bâtiments et la manière dont se fera le distribution de ces liquides ; les boissons doivent être enfermées dans une armoire ou soute dont le capitaine aura seul la clef ; l'administration des douanes et celle de la marine veilleront à ce qu'il ne soit sous aucun prétexte embarqué de provisions particulières de spiritueux. Quant aux décrets des 2 mars 1852 et 22 mars 1862, ils ne peuvent en aucun cas être applicables à la pêche de la morue sur les côtes d'Islande ; d'après leur intitulé même ils ne concernent que la pêche de Terre-Neuve ; l'administration ne saurait donc en étendre par voie d'analogie les dispositions et les pénalités.

B

De la pêche de la baleine et du cachalot.

149. La loi du 22 juillet 1851 crée trois sortes de primes en faveur des navires destinés à la pêche de la baleine ou du cachalot : 1° *Primes au départ.* Ces primes varient suivant qu'il s'agit d'un équipage entièrement composé de matelots français ou d'un équipage mixte ; elles sont fixées, dans le premier cas, à 80 fr. par tonneau de jauge ; dans le second cas, à 48 fr. seulement. D'après l'art. 11, l'équipage mixte ne pourra comprendre comme étrangers que le tiers des officiers, harponneurs et patrons, sans que ce nombre puisse excéder deux pour la pêche du Sud et cinq pour la pêche du Nord. Cette condition est essentielle et la jurisprudence n'admet même pas qu'une autorisation ministérielle, obtenue avant le départ, puisse autoriser un armateur à ne point s'y conformer (C. d'Etat, 31 janv. 1834. Rec. de Deloche, 34, p. 88.) 2° *Primes au retour.* — 50 fr. par tonneau de jauge, pour les armements composés entièrement d'équipages français, et 24 fr. pour les armements composés d'équipages mixtes, lorsque le navire aura fait la pêche, soit dans l'Océan-Pacifique en doublant le cap Horn ou en franchissant le détroit de Magellan, soit au sud du cap Horn à 62° de latitude au moins, soit à l'est du cap de Bonne-Espérance, à 45° de longitude du méridien de Paris et à 48 et 50° de latitude méridionale, si le produit de sa pêche est de la moitié au moins de son chargement, ou si le navire justifie d'une navigation de seize mois au moins. 3° *Primes extraordinaires.* — Ces primes sont, aux termes de l'art. 9, allouées en outre des précédentes aux navires armés pour la pêche dans l'Océan-Pacifique, et ayant accompli une navigation de trente mois, pendant laquelle ils se seront élevés jusqu'au-delà du vingt-huitième degré de latitude Nord ; elles sont fixées à 15 fr. par quintal métrique d'huile de cachalot et de matière de tête qu'ils rapporteront du produit de leur pêche. — L'art. 11 in principio fixe le maximum des primes de départ ou de retour qui pourront être allouées : « Aucun navire, armé pour la pêche de la baleine ou du cachalot, n'aura droit à la prime que jusqu'à concurrence du maximum de 600 tonneaux. Il n'est pas dû de prime aux embarcations auxiliaires ou accessoires de l'armement. » Quant aux primes extraordinaires dont nous venons de parler, aucune limitation de ce genre ne leur est appliquée.

150. Le commandement des navires baleiniers peut être confié à tout marin, âgé de vingt-quatre ans au moins, et qui aura fait à la pêche de la baleine cinq voyages, dont les deux derniers en qualité d'officier ; c'est ce qu'établit l'art. 13 de la loi de 1851. En second lieu, l'art. 11, 3°, règle la composition de l'équipage ; alors même que l'armateur déclarerait renoncer à la prime, il n'en serait pas moins tenu de confier moitié au moins des emplois d'officiers, de chef d'embarcation et de harponneurs à des marins français, sous peine d'être privés des avantages assurés à la navigation française ; à tous les autres points de vue, la pêche de la baleine rentre sous l'empire des règles ordinaires ; la disposition de l'art. 12, qui permettait de substituer exceptionnellement les novices aux mousses, dont l'embarquement est prescrit par les réglements, n'est plus aujourd'hui que l'application pure et simple du droit commun en matière de navigation maritime. L'art. 10 contient deux innovations des plus importantes : 1° Les navires baleiniers sont autorisés à embarquer des passagers ; on espérait, en 1851, que l'émigration européenne continuant vers les mers du Sud, ces transports faciliteraient l'armement des navires baleiniers. Un décret du 20 août 1851 porte que le nombre de passagers à embarquer ne pourra excéder 20 pour cent du tonnage légal du navire, de telle sorte que, déduction faite de l'espace occupé par l'avitaillement et les ustensiles de pêche, il reste toujours pour chaque passager un espace vide égal à deux tonneaux et demi (art. 1er) ; — que, l'embarquement des marchandises autres que les provisions de bord et ustensiles de pêche étant interdit aux navires baleiniers, les passagers ne pourront avoir à leur bord que les effets destinés à leur propre usage ; 2° Les navires baleiniers peuvent opérer le transbordement de tout ou partie des produits de leur pêche sur des navires français qui seront tenus d'effectuer directement leur retour en France. Ce point est encore développé

par le décret du 20 août 1851 ; les transbordements ne
pourront, suivant l'art. 3, s'effectuer qu'à Taïti, à Honolulu,
à San Francisco, à Valparaiso, à Sidney, à Manille, à Macao.
Les autorités françaises de Taïti et les agents consulaires
des autres ports constateront par un certificat, et par une
mention sur les livres de bord de chacun des deux navires,
le nom du navire pêcheur, celui du navire exportateur,
ainsi que la nature et la quantité des produits transbordés ;
le certificat, fait en double expédition, sera remis à chacun
des deux capitaines qui, à leur arrivée en France, le repré-
senteront à la douane du port d'arrivée et l'adresseront ensuite au ministère de l'agriculture et du commerce. Les navires non pêcheurs, qui auront reçu par voie de transbordement un chargement d'huile, pourront compléter ce chargement en embarquant dans les ports étrangers des marchandises de quelque nature qu'elles soient ; le capitaine devra
en ce cas produire un état certifié par le consul du port
d'escale et indiquant l'espèce, la quantité et la destination de
chaque marchandise embarquée.

151. Un second décret du 20 août 1851 assimile à peu
près la pêche de la baleine à celle de la morue, quant aux
formalités à remplir soit avant le départ, soit au retour des
bâtiments. Dans l'art. 1er, nous retrouvons la nécessité
d'une déclaration préalable contenant : 1° engagement de
faire suivre aux bâtiments la destination indiquée et de ne
rapporter que des produits de pêche française ; 2° soumission
de payer le double de toute prime indûment perçue ou demandée. En outre, l'armateur est obligé de fournir une caution fixée par le président du Tribunal de commerce. L'art. 2
veut qu'à la requête de l'armateur, il soit procédé au jaugeage
du navire, suivant les formes du décret du 12 nivôse an II et
de l'ordonnance du 18 novembre 1837. On s'occupe ensuite
du rôle d'équipage. Art. 3 : « Le rôle d'équipage, destiné à la
pêche de la baleine et du cachalot, indépendamment des

renseignements ci-dessus énoncés, relatifs à l'armement, au tonnage et à la destination du bâtiment, les noms, prénoms, âge, lieux de naissance, grades et fonctions des individus embarqués, se terminera par la récapitulation séparée du nombre des marins français et étrangers composant l'état-major et l'équipage desdits navires. » L'art. 4 prescrit, dans un but facile à saisir, une reconnaissance spéciale de l'état des avitaillements, embarcations, instruments et ustensiles de pêche nécessaires à l'expédition ; un procès-verbal constatera que l'armement présente, sous ce rapport, des garanties suffisantes, eu égard à la force et à la destination du bâtiment, à la durée du voyage et au nombre des hommes embarqués. Cette reconnaissance aura lieu par les soins d'une commission spéciale, composée du commissaire de l'inscription maritime, d'un employé des douanes, et d'un membre de la Chambre de commerce. Pendant la durée de l'expédition, tout capitaine qui voudra se livrer à la pêche du cachalot mentionnera sur son journal de bord la prise de chaque cachalot et la quantité d'huile et de matière de tête qu'il aura fournies. En cas de relâche dans un port où se trouve un fonctionnaire français ou en cas de rencontre d'un bâtiment de l'Etat, il sera tenu de déclarer au fonctionnaire ou au commandant français les principaux faits de sa navigation et de prendre acte de cette déclaration sur son journal de bord (art. 5, 6.) Le désarmement des navires baleiniers s'opérera par une déclaration du capitaine devant le commissaire de l'inscription maritime ; l'art. 7 énumère toutes les énonciations qu'elle doit contenir et autorise l'administration à les vérifier en interrogeant l'équipage. Le capitaine se pourvoira devant l'administration des douanes pour la reconnaissance et la vérification immédiate de l'espèce et du poids des produits de sa pêche, tant en baleine qu'en cachalot ; les résultats de cette opération seront consignés dans un procès-verbal, dont une expédition authentique sera transmise directement au ministre de l'agriculture et du commerce : d'un autre côté, l'administration de la marine et celle des douanes, dans les ports d'armement, tiendront un registre des déclarations et certificats concernant la pêche de la baleine et du cachalot qu'elles pourraient avoir à délivrer (art. 8 et 11.)

152. La liquidation des primes aura lieu de la manière la plus simple : elle est faite par le ministre de l'agriculture et du commerce sur la remise en due forme des pièces suivantes exigées par l'art. 12 du décret : *Primes de départ*, 1° Déclaration d'armement ; 2° certificat de jaugeage ; 3° Certificat d'avaitaillement et d'équipement pour la pêche ; 4° Acte de cautionnement ; 5° Rôle d'équipage. *Primes de retour*, 1° Déclaration de retour ; 2° Certificat de douane. Ces pièces, ajoute l'art. 13, devront être sur papier timbré, régulières dans leur libellé, sans rature, surcharge, ni altération, à peine de n'être point admises ; les signatures devront en outre être légalisées par les soins des armateurs. La prescription est acquise au trésor si les primes n'ont pas été réclamées dans le délai de cinq années, à partir de l'exercice auquel elles appartiennent (art. 15). Cette disposition est identiquement la même que celle qui régit la pêche de la morue.

§ IV.

De la pêche en temps de guerre.

153. Depuis une époque immémoriale, les pêcheurs jouissent en temps de guerre de certaines immunités ; ils peuvent continuer librement l'exercice de leur industrie sans avoir rien à craindre des croiseurs. Au moyen âge des trèves pêcheresses intervenaient entre les pêcheurs français et les pêcheurs anglais : jusqu'à la fin du dix-septième siècle,

l'amiral de France eut le droit de conclure des pactes de cette nature : l'ord. de 1584 l'autorisait à « accorder aux sujets du peuple ennemi des saufs-conduits pour la pêche, sous telles et semblables cautions, charges et précis que les ennemis les accordaient aux Français. » La mauvaise foi des autorités anglaises contraignit Louis XIV à user de rigueur; une ordonnance du 1er octobre 1692 défendit aux corsaires de donner aux bâtiments ennemis, pêcheurs ou autres, la faculté de continuer leur navigation. A l'époque de la guerre d'Amérique, Louis XVI revint aux anciennes idées : une lettre du 5 juin 1779 ordonnait aux bâtiments de guerre de respecter les pêcheurs anglais « afin d'adoucir les calamités de la guerre en faveur d'hommes qui n'ont d'autres ressources que le commerce de la pêche. » Durant la période révolutionnaire, nos pêcheurs étaient sérieusement inquiétés par les croiseurs anglais; un arrêté du 20 germinal an III veut que des bateaux et chaloupes soient armés pour protéger les côtes de France et empêcher les bâtiments ennemis de venir faire la guerre le long de notre littoral. Sous l'empire, l'exercice du droit de pêche devint à peu près impossible; et de plus, à l'époque du blocus continental, les pêcheurs furent soumis aux mesures les plus rigoureuses ; on craignait que leurs bâtiments ne servissent en réalité à aller chercher en pleine mer les marchandises prohibées. Le décret du 25 avril 1812, spécial aux arrondissements d'Anvers et d'Amsterdam leur interdisait de sortir du port sans avoir obtenu une autorisation de départ et leur enjoignait d'y rentrer aussitôt que l'ordre leur en aurait été transmis. Toute embarcation qui avait communiqué avec l'ennemi était consignée à sa rentrée au port jusqu'à ce que l'autorité maritime eût statué sur la conduite de ceux qui la montaient. Enfin on reconnaissait au préfet maritime le droit soit d'empêcher absolument la sortie des bateaux de pêche, soit d'abréger le temps pendant lequel ils pourraient rester à la mer (art. 25, 26, 27, 28 et 37). Notre législation actuelle sur la pêche en temps de guerre résulte de l'art. 2 du décret du 4 juillet 1853 : en principe, les pêcheurs peuvent continuer l'exercice de leur industrie, mais le ministre de la marine a droit d'interdire exceptionnellement la pêche maritime. « En temps de guerre maritime, la pêche ne peut être interdite, suspendue ou limitée que par l'ordre du ministre de la marine. Toutefois, en cas d'urgence, le préfet maritime exercera le même droit, sauf à rendre compte immédiatement au ministre de la marine de ces décisions. »

CHAPITRE IV

DU DOMAINE PUBLIC MARITIME.

§ I

Des rivages de la mer.

A. *Inaliénabilité des rivages de la mer.*
B. *Etendue des rivages de la mer.*

A

§ 11.

Des ports, rades et havres.

§ III.

Des havres et des rades.

§ Ier.

Des rivages de la mer.

A

153. Les rivages de la mer font partie du domaine public (art. 538 C. N.) Ce principe était déjà consacré par le droit romain : « Littora in quæ populus Romanus imperium habet, populi Romani esse arbitror. » Celse L. 3 princ. ff. ne quid in loco publico. Nous le trouvons reproduit et développé successivement par l'ord. de 1681, par l'édit de février 1710, par l'art. 1er de la loi des 22 novembre - 1er décembre 1790, que le code reproduit textuellement. Ainsi, respect absolu de la tradition : il est d'ailleurs facile de justifier la règle que l'on a maintenue; M. Dufour (T. IV, n° 234) dit très-bien : « On a pensé avec raison que l'usage de la mer pour la navigation, que la participation aux avantages secondaires que l'on peut en retirer, soit comme profits de pêche, soit par la récolte des algues, soit au moyen de l'établissement des salines, etc..., qu'enfin l'intérêt de la défense contre les ennemis de l'extérieur et les mesures à prendre pour protéger les terres contre l'envahissement des eaux, commandaient de dégager l'action de

l'administration des entraves que suscite la propriété privée partout où elle parvient à s'établir, et que pour y parvenir, le seul moyen était de déclarer en principe que les particuliers ne peuvent acquérir aucun droit de propriété sur les rivages de la mer. » Ce sont donc des considérations d'intérêt public qui ont fait ranger les rivages de la mer parmi les choses appartenant à la nation, dont la garde et la conservation sont l'attribut de la souveraineté ; on peut répéter encore aujourd'hui ce que disait le parlement de Bordeaux dans ses remontrances du 30 juin 1766 : « Les rivages de la mer ne sont pas une véritable propriété dans la main du souverain, mais plutôt un dépôt qui lui a été confié d'une chose commune ou publique pour la conserver, la protéger, la rendre plus utile à tous ses sujets. »

Les rivages de la mer, faisant partie du domaine public, personne ne peut prétendre à y exercer un droit exclusif; nous devons rechercher les conséquences de cette idée générale.

154. 1° *L'accès des rivages de la mer est libre pour tous et les particuliers ne peuvent rien faire qui entrave ce libre accès.* Ainsi droit d'y aborder, d'amarrer son bateau aux arbres qui y croissent, d'y faire sécher ses filets ; Gaius prévoit toutes ces hypothèses : « Naves ad ripas appellere, funes ex arboribus ibi natis religare, retica siccare et ex mari reducere, aliquid in his reponere cuilibet liberum est. » L. 5 princ. ff. de divisione rerum (I, 8). L'ord. de 1681 (Liv. IV, Tit. VII, art. 2) défend encore d'y planter des pieux qui feraient obstacle à la navigation. Enfin chacun peut y circuler librement : ce dernier principe est accepté sans contestation par la doctrine; mais dans la pratique, son application donne lieu à d'assez sérieuses difficultés. Ainsi, par exemple, les propriétaires riverains peuvent-ils prolonger leurs clôtures séparatives jusqu'au point précis où commence le rivage de la mer? Ce point étant atteint par

le flot, lors des grandes marées d'équinoxe, il en résulterait
qu'à cette époque, tout passage deviendrait impossible le
long de la côte. Une lettre du ministre de la marine du
21 décembre 1835 n'admettait pas que les propriétaires
pussent refuser passage aux agents des douanes et entraver leurs tournées réglementaires. Dans une seconde lettre
datée du mois de décembre 1848 et rapportée tout au long
par M. Chalvet (Journal du droit adm. T. IX, p. 263), le
ministre reconnaissait bien qu'aucun texte de loi n'établit
formellement cette servitude ; que l'administration ne pourrait en droit strict être admise à réclamer le long de la mer
un chemin de halage semblable à celui qui est dû par les
riverains d'un fleuve ou d'une rivière navigable. « Toutefois,
ajoutait-il, il me paraît en même temps impossible de ne
pas reconnaître que le droit d'accès à la mer ressort, comme
une nécessité sociale, de l'esprit général de la législation.
La facilité de circulation sur les bords de la mer en tout
état des eaux, constitue en effet une nécessité de premier
ordre pour la sûreté de l'Etat. Cet accès est indispensable
soit pour porter secours en cas de naufrage, soit pour prévenir la fraude, soit même pour exercer sur le rivage le
droit de surveillance et de conservation qui est dévolu à
l'administration publique. Pourrait-on admettre que le gouvernement chargé, dans l'intérêt général de la société, de
veiller à la conservation du domaine public, fût privé pour
une partie aussi importante de ce domaine de la faculté
d'accès que le droit commun accorde à tout propriétaire ?
Cette opinion ne me paraît pas admissible, et je pense que
le droit d'accès au domaine maritime doit être considéré
comme une conséquence nécessaire et une condition essentielle de l'exercice de l'autorité publique. » Quelques m is
plus tard, M. Janvier, concluant devant la section du contentieux, soutenait également qu'une véritable servitude grevait ces propriétés : 1° dans l'intérêt de la défense du terri-

toire ; 2° dans l'intérêt du service des douanes ; 3° dans l'intérêt de la police sanitaire ; 4° dans l'intérêt de la navigation et de la protection à accorder aux navires en cas de sinistres. On est à peu près d'accord pour admettre le droit d'accès en faveur des personnes qui viennent porter secours aux naufragés ; dans les autres hypothèses, la jurisprudence du conseil condamne formellement les prétentions émises par le ministère de la marine ; deux arrêts du 5 février 1849 (Lebon, 49, 72) appliquent la règle bien connue d'après laquelle une servitude légale ne peut résulter que d'un texte et ne peut, par conséquent, être créée par voie d'analogie : le recours formé par l'administration contre une décision du conseil de préfecture de la Seine-Inférieure était rejeté par cet unique motif qu' « aucune disposition de loi ni de réglement ne range au nombre des contraventions de grande voirie, ni de celles qui leur sont assimilées, l'établissement de clôtures sur les propriétés particulières joignant le rivage de la mer. »

156. La loi du 18 juillet 1837 (art. 317), rangeait parmi les recettes ordinaires des communes, le produit des permis de stationnement et des locations sur la voie publique, sur les ports et rivières et autres lieux publics. On s'est demandé si des droits de place ou de stationnement pouvaient légalement être établis sur le rivage de la mer ; l'affirmative ne nous semble pas douteuse en présence de ces expressions : « autres lieux publics ; la loi a bien évidemment entendu comprendre, dans une dénomination aussi générale, les dépendances de la grande et de la petite voirie, par conséquent les rivages et grèves de la mer. Mais reste à savoir quelle est l'autorité compétente pour établir ces droits de stationnement. En 1858, le préfet du Calvados avait, par un simple arrêté, fixe le tarif des droits de place à percevoir sur la plage de la commune de Grandcamp pour la vente du poisson. Pourvoi des patrons pêcheurs lésés par cet ar-

rêté. M. le ministre de l'intérieur, dans son avis, s'associait pleinement à leur réclamation. L'arrêté incriminé s'étant fondé sur les dispositions du décret du 25 mars 1852 (Tableau A, n° 34), lequel autorise le préfet à fixer les droits dans les halles et les marchés, on répondait en citant le texte de l'art. 1er qui réserve d'une manière générale la décision de toutes les affaires ayant un rapport direct avec les intérêts de l'Etat (art. 1er) : or la création des droits de place et de stationnement sur les rivières, les quais, les ports et grèves, présente ce caractère incontestablement. « Elle pourrait, en effet, porte l'avis ministériel, entraîner de graves inconvénients, soit pour la navigation ou pour la circulation, soit pour la liberté du commerce ou pour les revenus du Trésor, d'où il suit qu'une décision ministérielle était indispensable dans l'espèce, comme elle l'aurait été avant le décret précité. C'est, au surplus en ce sens que la question soulevée au sujet de difficultés semblables à diverses reprises a été résolue, il y a plusieurs années, de concert entre les départements de l'intérieur et de l'agriculture, du commerce et des travaux publics. M. le préfet a donc sur ce point excédé les limites de ses attributions. » L'arrêt intervenu à la date du 22 septembre 1859 (Lebon 59, 653) reconnaît l'incompétence absolue du préfet en semblable matière ; l'autorité supérieure peut seule disposer des rivages de la mer et régler les conditions de cette disposition en conciliant les intérêts communaux avec ceux des autres parties intéressées.

157. Les établisssements de bains de mer ne peuvent installer ancune de leurs dépendances sur le domaine public maritime sans avoir obtenu une autorisation administrative. Cette autorisation ne leur sera jamais accordée que s'ils s'engagent à payer à titre de loyer une redevance annuelle. Les sommes ainsi perçues seront-elles réclamées par les communes comme leur appartenant en vertu de la loi de

1837 ? En 1863, M. le ministre des finances, consulté sur ce point, répondait qu'il fallait voir là une véritable occupation du domaine public et non plus un simple stationnement ; que dès lors, les communes ne pouvaient se prévaloir de la loi de 1837 et que le produit de ces droits devait être versé dans les caisses de l'Etat. Cette autorisation peut être accordée sous une double forme ; le plus souvent, l'administration se contentera de fixer d'une manière générale le montant de la redevance à payer par tout individu qui obtiendrait une semblable autorisation ; mais quelquefois aussi, en autorisant un particulier à créer un établissement de bains de mer, elle lui attribuera le droit exclusif d'exploiter telle ou telle partie du rivage de la mer. Un arrêté ministériel en date du 16 février 1859, et que nous avons en ce moment sous les yeux, concède à la ville de Boulogne « le droit à l'exclusion de toute concurrence de faire circuler et stationner sur la plage des voitures de baigneurs en nombre quelconque. » Un autre arrêté du 20 janvier 1865 concède également à la commune de Langrune, le droit exclusif d'établir des cabanes et de fournir aux baigneurs des guides à la mer. Doit-on reconnaître la validité de clauses semblables et décider en conséquence que l'administration n'a point excédé la limite de ses pouvoirs ? La question a donné lieu dans ces derniers temps à de longues et intéressantes discussions. Un assez grand nombre d'auteurs, M. Dufour (t. IV, n° 329), M. Batbie (Rev. Crit. t. XXXVI, p. 81), enfin, M. Gay, dans la brochure spéciale qu'il vient de publier sur ce point[1], admettent la validité des baux intervenus dans ces termes. L'Etat, disent-ils, peut accorder sur le domaine public toutes les concessions qu'il juge convenables ; la loi n'a mis à l'exercice de ce pouvoir que deux conditions : 1° que les concessions se-

---

[1] *De la propriété des rivages de la mer et autres dépendances du domaine public.* — Paris, 1870, in-8°. Cotillon, édit.

raient essentiellement temporaires ; 2° qu'elles n'entrave-
raient en rien l'usage que chaque citoyen a le droit de faire
de la chose publique ; elles ne seront licites que si elles ne
gênent ni la navigation, ni la circulation, ni la liberté du
commerce. Or, dans l'espèce, comme on ne peut méconnaître
que l'Eta s'est rigoureusement conformé à ces prescriptions : puisque les intérêts de la navigation, de la circulation, de la liberté du commerce ont été scrupuleusement
respectés par lui, aucune critique ne peut être élevée contre le contrat qui a été passé entre lui et ses fermiers. La
jurisprudence a, depuis longtemps, condamné ce système
(Crim. Rej., 18 septembre 1828. Dev., C. N. 9, 1, 170 ;
Civ. Cass., 7 juillet 1869. Dev. 69, 1, 419 ; C. d'Etat,
19 mai 1858. Lebon, 58, 399 ; Ibid., 30 avril 1863.
Lebon, 63, 602.) Pour elle, par cela seul qu'une portion
du domaine public est susceptible d'un usage quelconque,
tout citoyen pourra s'en servir pour cet usage déterminé ;
c'est pour un citoyen un droit absolu et dont l'administration ne peut le priver sous aucun prétexte. « Les rivages
« de la mer, porte l'arrêt de 1869, sont une partie du do-
« maine public, et tout le monde a le droit d'y exercer li-
« brement les usages divers qu'il comporte ; il n'appartenait
« pas dès lors au préfet du Calvados d'accorder à la com-
« mune la faculté de conférer à un seul, en excluant toute
« concurrence, le droit essentiel pour les établissements de
« bains d'une station maritime de mettre des cabanes sur la
« plage. » — L'état est tenu d'assurer à tous la jouissance
du domaine public ; il n'est autorisé à la restreindre que
dans l'intérêt de l'ordre et de la tranquillité générale. S'il
peut, dans certains cas, disposer du domaine public par
voie de concession, il ne peut se réserver à lui-même ou
conférer à des tiers un monopole sur les choses du domaine
public, et retenir ainsi ou conférer à un seul l'exercice du
droit qui appartient à tous. Donc, dans notre hypothèse,

le concessionnaire de l'Etat ne saurait se prévaloir de son contrat, pour interdire l'accès de la mer à toute personne qui n'aurait point usé des cabanes, par lui installées sur la plage, ou qui se refuserait à employer les guides par lui institués. D'un autre côté, l'administration ne pourrait répondre par une fin de non-recevoir, tirée de l'existence de ce contrat à la demande de ceux qui solliciteraient une autorisation analogue. — M. Gay fait une objection : les baux en question sont annulés uniquement parce qu'ils constituent un monopole en attribuant à un seul particulier la faculté d'établir des cabanes de baigneurs, faculté qui, au contraire, appartiendrait à tous ; mais on oublie, en raisonnant ainsi, que l'Ordonnance de 1681 prohibe, d'une manière formelle, tout établissement de cabanes ou de bâtiments quelconques sur le bord de la mer ; l'établissement de ces cabanes ne peut dès lors constituer un droit reconnu en faveur de chaque citoyen. Que l'Etat croie pouvoir déroger aux prescriptions de l'Ordonnance, rien de mieux ; mais, en bonne logique, ne doit-il pas être seul juge de la question de savoir dans quelles limites il y a lieu de déroger à l'Ordonnance, et quelles doivent être les conditions de ces dérogations? — Cette objection fût-elle fondée, nous n'en persisterions pas moins à nous ranger du côté de la Cour de Cassation et du Conseil d'Etat ; et en effet, serait-il admissible qu'en dérogeant aux dispositions de l'Ordonnance au profit d'un particulier, l'Etat pût s'interdire toute dérogation postérieure au profit d'un autre particulier? On peut m'autoriser à bâtir sur le domaine public : en résultera-t-il que l'on puisse, lors du contrat passé avec moi, s'interdire de délivrer, à l'avenir, de semblables autorisations ? L'Etat soumettra l'autorisation qu'il me donne à telles ou telles conditions dans un intérêt de police et de sécurité publique ; mais qu'il se lie à l'avance par des conventions semblables à celles que nous examinons, voilà ce qui semble inadmissible. — Nous nous résumons, en disant que nous regardons comme entachés d'une nullité absolue les baux qui contiendront une concession exclusive et qui auront été passés dans le but d'attribuer à un seul individu un bénéfice certain ; mais, en même temps, nous admettrons très-bien la légalité d'arrêtés, portant désignation de places spéciales, affectées à tel ou tel établissement ; nous admettrons même qu'une place pourrait être refusée à tout individu qui n'offrirait point des garanties de moralité suffisantes. On conçoit, en effet, que c'est là le seul moyen d'éviter tous les abus auxquels donnerait lieu une concurrence non réglée, et d'écarter des baigneurs les dangers qui en résulteraient pour eux. En fait, un arrêté, conçu dans ces termes, ne constitue ni monopole, ni privilége ; son maintien demeure subordonné au plus grand intérêt du public, et dès que cet intérêt ne se trouvera plus le même, la délimitation établie par l'arrêté disparaîtra comme n'ayant plus de raison d'être (Crim. Cass., 2 décembre 1865. Dev., 65, 1, 243.)

157. 2° *On ne peut élever aucune construction sur le rivage de la mer.* — Le droit romain donnait une solution différente : liberté absolue d'élever des constructions sur le rivage de la mer, pourvu toutefois qu'elles ne nuisissent ni à l'intérêt public, ni à l'intérêt privé. On exigeait seulement qu'elles fussent autorisées par un décret du préteur rendu *causa cognita.* Si une construction était établie en l'absence de ce décret, les tiers à qui elle nuisait avaient action contre son propriétaire ; la démolition de cette construction pouvait être ordonnée en cas de nécessité absolue, sinon on se contentait de condamner le constructeur à des dommages-intérêts (Cpr., LL., 2, § 8 et 17, 3 et 4 ff. de acq. rer. domin. XLVIII, 3.) Le point de départ de notre législation moderne se trouve dans l'ordonnance de 1681, liv. IV, tit. 7, art. 2 : « Faisons défense à toute personne de bâtir sur les rivages de la mer, à peine de démolition des ou-

vrages, confiscation des matériaux et amende arbitraire. »
Le décret du 10 avril 1812, qui considère toutes les contraventions comme contraventions de grande voirie, se sert
d'un terme plus général encore : « tous travaux à la mer. »
Ainsi, il y aura contravention dans le fait d'avoir planté sur
le rivage des pieux, de manière à empêcher les navires
d'arriver à un emplacement destiné au carénage (C. d'Etat,
28, avril 1847. Lebon, 47, 476), — d'avoir déposé des
matériaux et débris de pierres sur le rivage de la mer (C.
d'Etat, 27 déc. 1854. Lebon, 54, 1022.) Il ne saurait y avoir
de difficulté qu'au cas ou l'occupation du domaine public
aurait lieu par un fait indépendant de la volonté de l'occupant ; ainsi, il serait absurde de poursuivre le propriétaire
d'un navire qui serait venu échouer sur la grève : la contravention n'existerait que si le propriétaire ou le capitaine
du navire se refusait à faire relever ou dépecer ce navire,
sans égard aux injonctions qui lui auraient été faites. (C.
d'Etat, 18 avril 1860. Lebon, 60, 331; ibid., 8 janvier 1863.
Lebon, 63, 15.) Malgré les termes impératifs de l'ordonnance de 1681, le gouvernement peut parfaitement accorder
à un particulier l'autorisation exceptionnelle de bâtir sur le
rivage : Valin (t. II, p. 273), atteste que, dès son époque,
de nombreuses constructions s'étaient élevées en vertu de
concessions royales ; c'est à l'Etat d'apprécier si cette occupation individuelle peut nuire à l'usage qui appartient au
public ou compromettre la sécurité de nos côtes. Dans l'état
actuel de notre législation, toute demande de ce genre, introduite par un particulier, devra être soumise : 1° à la
commission des pêches et de la domanialité maritime
instituée par le décret du 21 mars 1861 ; 2° au ministre
de la marine (art. 3 in fine du décret du 21 février 1852.)
Les travaux exécutés sans autorisation peuvent également-
ment être maintenus après enquête administrative ; le directeur des douanes, l'ingénieur en chef chargé du service

de la navigation, les chefs de service de la guerre et de la marine sont appelés par le directeur des domaines à faire connaître si l'état de choses existant à titre de tolérance tacite, leur semble devoir être régularisé par une autorisation ministérielle : « Dans le cas où les chefs de service se prononcent pour cette dernière mesure, dit M. Chalvet (Journ. du Dr. adm., t. IX, p. 257), l'auteur des travaux est invité par le directeur des domaines à se pourvoir en autorisation par demande au ministre des finances. Cette demande donne alors lieu à un arrêté pris par le préfet et approuvé par le ministre. On a soin de stipuler au nom du domaine des réserves qui varient suivant les localités, mais qui consistent à ne jamais attribuer aux propriétaires des ouvrages, ni droit, ni servitude sur le terrain du domaine public, ni sur les eaux de la mer. Le gouvernement conserve en outre la faculté de faire modifier ou de supprimer, sans aucune indemnité, les travaux autorisés, si l'intérêt de la navigation de la pêche venait à l'exiger. »

159. Les établissements spéciaux, connus sous le nom de *pêcheries*, rentrent sous l'empire du droit commun et ne peuvent exister qu'en vertu d'une autorisation administrative. C'est ce qu'établissait déjà l'Ordonnance de 1584 ; tous les parcs et pêcheries qui ne justifieraient pas d'une existence antérieure à 1544 devaient être immédiatement démolis et les pêcheries conservées devaient être rétablies en leur premier état. L'Ordonnance de 1681 (art. 5, tit. III, liv, V) porte : « Faisons défense à toute personne de quelque qualité et conditions qu'elles puissent être, de bâtir ci-après sur les grèves de la mer aucuns parcs dans la construction desquels il entre bois ou pierres, à peine de 300 livres d'amende et de démolition des parcs à leurs frais. » Cette disposition est demeurée en vigueur jusqu'à la promulgation du décret du 9 janvier 1852, dont l'art. 2 est ainsi conçu : « Aucun établissement de pêcherie, de quelque na-

ture qu'il soit ; aucun parc, soit à huîtres, soit à moules ;
aucun dépôt de coquillages, ne peuvent être formés sur le
rivage de la mer, le long des côtes, ni dans la partie des
fleuves, rivières, étangs et canaux où les eaux sont salées,
sans une autorisation spéciale, délivrée par le ministre de
la marine. Un réglement d'administration publique déterminera les formes, suivant lesquelles cette autorisation sera
accordée et pourra être révoquée. » D'après les art. 3 et 6,
la formation d'un établissement de pêcherie non autorisé était
puni d'une amende de 50 à 250 fr., avec faculté pour le juge
de prononcer un emprisonnement de six jours à un mois ;
même pénalité pour le cas de contravention aux réglements
sur l'exploitation de ces pêcheries. Toutes les conditions relatives soit à l'établissement, soit à l'exploitation des pêcheries, avaient été minutieusement énumérées dans les décrets
de 1853 et de 1859 ; nous renverrons, à titre d'exemple,
aux art. 138 à 190 du réglement de Cherbourg. Ces
textes ont été remplacés par le décret du 10 mai 1862, qui,
« disait M. le ministre de la marine, a surtout pour but de
distinguer les établissements nuisibles, et que l'on doit
proscrire de ceux qui, sans inconvénient sérieux, peuvent
fournir des produits chaque jour plus recherchés. » Suivant
l'art. 10 : « A l'avenir, il ne sera établi aucune pêcherie à
poissons, soit sur le domaine public maritime, soit sur une
propriété privée. » L'art. 9 permet, de son côté, l'établissement de fossés et de réservoirs à poissons sur les propriétés
privées recevant l'eau de la mer ; mais les arrêtés d'autorisation, rendus par le ministre de la marine et des colonies,
spécifieront, suivant la disposition et l'étendue des lieux,
les conditions suivant lesquelles seront exploités ces réservoirs. Comme commentaire de ces articles, nous ne pouvons
mieux faire que de rapporter ici les termes mêmes de la
circulaire du 10 mai 1862 : « On a longtemps confondu les
réservoirs à poissons avec les pêcheries proprement dites.

Il **existe cependant** entre les deux sortes d'établissements des différences essentielles ; la pêcherie fonctionne de manière à retenir le poisson surpris à la marée descendante, tandis qu'en général, dans les réservoirs, il n'y a que des espèces bien peu nombreuses, telles que les mulets et les anguilles qui, à l'état de fretin, s'introduisent librement par les ouvertures assez étroites, formées par les mailles de l'appareil, destiné à empêcher la sortie du poisson qui a atteint une certaine grosseur. Sans porter de graves préjudices à la pêche, les réservoirs peuvent donc offrir de précieuses ressources à l'alimentation publique, à la condition que les autorisations données prescriront un mode d'exploitation qui ne permettra pas d'en faire de véritables pêcheries. L'établissement de ces réservoirs ne sera d'ailleurs permis que sur des propriétés privées. Le domaine maritime est un domaine public qui ne saurait être aliéné, et dont la jouissance doit être réservée exclusivement aux populations du littoral, soit qu'elles s'y livrent à différents genres de pêche, sait qu'elles y aillent recueillir ce que la mer leur apporte. Aussi, l'art. 10 proclame-t-il de nouveau cé principe que désormais il ne sera établi sur le domaine public maritime aucune pêcherie, et en appliquant aux propriétés privées cette prohibition, cet article n'a fait que maintenir une prescription indispensable pour sauvegarder des intérêts que la législation doit protéger. »

159. A côté des pêcheries proprement dites, existent d'autres établissements connus sous le nom de *hauts et bas parcs* et qui n'affectent pas le même caractère de permanence et de fixité. Ces établissements consistent simplement en filets tendus à la mer et que maintiennent des pieux et piquets fixés en terre. Les hauts parcs sont ainsi nommés, non pas en raison de la hauteur des piquets ou des pieux qui servent à les établir, mais parce que la ralingue inférieure du filet dont ils sont formés doit être élevée de manière à lais-

ser un intervalle constamment libre au-dessus du sol, intervalle fixé à 20 centimètres par le décret du 10 mai 1862. Ces
filets ne peuvent servir qu'à prendre des poissons de passage,
tels que harengs, sardines, maquereaux, et c'est pour ce motif que les mailles ne sont assujetties à aucune dimension réglementaire. Dans les bas parcs, la ralingue du filet touche le
sol dans lequel elle est même presque toujours enfoncée; aussi
doit-on exiger que les mailles aient au moins un diamètre de
25 centimètres. La circulaire ministérielle du 17 septembre
1862 insiste sur le caractère tout particulier que doivent conserver ces parcs ; elle enjoint aux autorités maritimes de veiller à ce qu'on ne s'écarte point de la règle dans les localités
ou par suite d'anciennes pratiques, ces genres de pêche auraient pris le caractère de véritables pêcheries ; l'autorisation doit être retirée à tout individu qui résisterait aux mesures de police arrêtées par les administrateurs compétents.
Le décret du 4 juillet 1853, spécial au premier arrondissement maritime, contenait sur le régime de ces parcs un certain nombre de dispositions modifiées depuis par le décret
du 3 juin 1857. L'art. 190 décide qu'aucune portion de
grèves propres à ce genre de pêche ne pourra être concédée qu'à titre essentiellement précaire ; il doit être entendu,
ajoute la circulaire du 17 septembre 1862, que les hauts et
les bas parcs ne seront pas concédés comme établissements
de pêcheries, mais uniquement au point de vue de l'emplacement sur lequel seront tendus les filets dont ils sont formés. Les concessions seront faites de préférence aux marins hors de service, aux veuves, mères de marins en activité de service, aux femmes et aux filles de marins en activité de service, aux veuves et orphelins de marins; tous les
ans ou tous les deux ans au moins, la répartition par la voie
du sort des portions de grèves affectées à ce genre de pêche
sera effectuée dans chaque quartier par les soins du commissaire de l'inscription maritime ; la circulaire de 1862 prescrit

en outre d'envoyer au ministère de la marine une liste indiquant les catégories de personnes qui auront pris part au tirage dont il s'agit. Le décret de 1857 détermine en outre 1° la manière dont doivent être disposés les filets formant les hauts et bas parcs ; 2° la distance qui doit exister entre ces établissements, pour les hauts parcs : 20 mètres au moins dans le sens perpendiculaire à la côte, 100 mètres dans le sens parallèle ; pour les bas parcs, 50 mètres dans le sens perpendiculaire, 100 mètres dans le sens parallèle ; 3° les époques pendant lesquelles ces établissements doivent cesser de fonctionner : pour les hauts parcs, le chômage aura lieu du 1er janvier au 15 août de chaque année ; pour les bas parcs, du 15 mai au 15 août : pendant ce temps, les filets et les pieux doivent être enlevés. On comprend que nous n'insistions pas sur ces articles qui n'offrent qu'un intérêt purement technique.

160. La fréquence des demandes en concessions de parcs à huîtres et autres dépôts de coquillages sur le littoral de la mer, a nécessité des mesures d'instructions tout à fait exceptionnelles. Il était à craindre que ces concessions trop facilement accordées ne se multipliassent au point d'interdire l'accès du littoral à des populations dont le principal moyen de subsistance consiste à recueillir ce que la mer dépose sur la plage ; enfin, elles pouvaient arriver à gêner et à paralyser la pêche sur des étendues importantes et productives ; d'où la nécessité, pour les populations du littoral, de connaître à l'avance les demandes qui pourraient être présentées, pour l'autorité supérieure, d'être avant tout éclairée sur les intérêts qu'elle est chargée de concilier. L'art. 9 du décret du 10 novembre 1862 décide, en conséquence, que toute demande en autorisation de création de parcs et claires à huîtres, ainsi que de dépôts permanents de coquillages et de crustacés sur une partie du domaine maritime, doit être accompagnée d'un plan détaillé des ou-

vrages à construire et d'un plan d'ensemble du rivage rapporté sur la carte marine de la localité, de manière à faire connaître la situation du parc ou du dépôt. L'art. 2 veut également que toute demande de création de réservoirs à poissons sur une propriété privée devant avoir une prise d'eau de mer, soit accompagnée des mêmes documents. D'après les art. 3 et 4, les demandes sont adressées au ministre de la marine et des colonies qui en ordonne l'instruction. Puis elles sont soumises à une enquête dans les communes riveraines, et ce, pendant un délai de quinze jours qui courra à partir de l'apposition des affiches destinées à leur assurer toute la publicité désirable. Cette apposition d'affiches n'a lieu qu'après visa du commissaire de l'inscription et, bien entendu, elle doit être faite aux frais et à la diligence du demandeur. Elle sera constatée dans les chefs-lieux de quartiers par le commissaire de l'inscription maritime, dans les chefs-lieux de sous-quartiers par l'administrateur de la marine, dans les autres localités par les syndics des gens de mer. Les mêmes agents sont chargés de recevoir toutes adhésions ou oppositions à ces demandes ; de plus, les maires des communes riveraines peuvent transmettre à l'autorité maritime leurs observations et les réclamations qui leur auront été adressées (art. 5). Le rapport ministériel invite en outre les préfets maritimes à se faire renseigner sur la situation réelle des choses, soit par les agents placés sur les lieux, soit par le chef de la division navale du littoral. Le procès-verbal, qui contient les différents dires des intéressés et auquel sont jointes toutes les pièces de l'enquête, est transmis par la voie hiérarchique au préfet maritime qui le fait parvenir au ministre avec ses propositions. Le préfet fera connaître également au ministre toutes les observations ou réclamations qu'il aura pu recevoir directement au sujet des demandes soumises à l'enquête (art. 6). En dernier lieu, la demande sera soumise à la commission des pêches et de la domanialité qui, suivant les expressions de M. le ministre de la marine, remplit avec tant de zèle la double mission d'aider au développement des moyens de production mis dans la main de l'industrie privée et de sauvegarder pour les populations du littoral et pour les pêcheurs la jouissance du domaine public maritime.

161. A raison de la force même des choses, les parcs à huîtres de notre littoral, ne pouvaient être commis à une réglementation uniforme ; aussi, d'après les décrets de 1853, chaque quartier conserve-t-il ses usages particuliers. Pour ne citer qu'un exemple, dans les arrondissements de Cherbourg et de Lorient, les parcs peuvent être construits en pierres superposées, pourvu qu'aucun travail de maçonnerie n'y soit exécuté ; au contraire, dans l'arrondissement de Brest, les parcs ne peuvent être fermés que par un simple clayonnage. Nous nous bornerons à mentionner ici un certain nombre de prescriptions générales, qui s'appliquent à tous les parcs à huîtres, quel que soit l'arrondissement où ils se trouvent situés. 1° L'autorisation administrative doit, à peine de déchéance, être suivie dans l'année de travaux d'appropriation ; de même le concessionnaire d'un parc à huîtres ne peut le laisser vacant pendant une année, à peine d'encourir une déchéance analogue ; 2° les parcs à huîtres ou à moules, construits de manière à pouvoir retenir l'eau, ne pourront en aucun cas servir de pêcheries à poisson ; il est interdit de prendre le fretin qui y serait retenu ; 3° les détenteurs de parcs, qui introduisent dans leurs établissements des huîtres au-dessous des dimensions réglementaires, sont tenus de les reporter à leurs frais sur les bancs indiqués par l'administration ; 4° il est interdit aux détenteurs de parcs à huîtres de vendre, louer ou transmettre ces établissements à quelque titre que ce soit ; la répartition des parcs vacants, par suite de décès ou de

cessation de commerce, sera faite chaque année par les soins d'une commission spéciale ; 5° il est interdit aux détenteurs de parcs de recevoir des huîtres provenant de la pêche à pied, sous peine de confiscation au profit de la caisse des Invalides ; 6° il leur est interdit également d'empiéter sur les chemins de servitude ou sur l'établissement d'un autre concessionnaire et d'y déposer aucun immondice : tout dépôt, dont l'origine reste inconnue, doit être enlevé aux frais du propriétaire bordier ; 7° les propriétaires de parcs sont tenus de placer, à l'extrémité de leurs établissements, une bouée ou balisage, portant un numéro d'ordre, qui devra rester apparent, même aux plus hautes marées, etc., etc.

162. Il existe sur certaines parties des côtes de la Méditerranée des établissements de pêche qui, à raison de leur importance, se trouvent placés dans une catégorie à part ; nous voulons parler des madragues et des bordigues. Les madragues, suivant la définition de M. Gaudry (Tr. du Domaine, t. I, p. 143), sont de vastes réseaux à longues mailles, calés à fond sur des ancres, et établis à poste fixe pendant le passage des thons, bonites et maquereaux. Les art. 79 et 108 du décret du 19 novembre 1859 exigent qu'il soit dressé un état descriptif de toutes les madragues qui existent sur le littoral ; cet état indiquera la longueur de la madrague, sa largeur, la longueur de la queue, les relèvements déterminant la position du corpon, corpus ou fosse, de la tête du levant et de l'extrémité de la queue, le nombre d'embarcations affectées à son service. Les filets, dont se composent les madragues, ne peuvent être maintenus que par des poids en fer ou en fonte ; il est interdit d'y attacher des pierres (art. 111). L'arrêté consulaire du 9 germinal an IX interdisait aux pêcheurs de s'approcher des madragues, et les rendait responsables de tous les dommages qui pourraient en résulter. L'art. 112 de notre dé-

cret décide, de même, qu'aucune espèce de pêche ne peut être exercée à moins d'un mille du côté de l'abord des thons. — Les bordigues sont des enceintes de roseaux et de cannes, établies sur les bords de la mer pour arrêter le poisson qui s'engage dans les canaux conduisant aux étangs salés. « Les bordigues, porte l'art. 117, seront formées de cloisons de roseaux, soutenues par des pieux éloignés de 1ᵐ 50 au moins les uns des autres. Les roseaux présenteront un écartement constant de 20 centimètres au moins aux tours et coutelets ; et, à cet effet, ils seront attachés sur la ligne mère avec du bitord ou autre cordage de 3 centimètres de circonférence au moins, en formant deux demi-clefs, l'une à la suite de l'autre autour de la ligne mère, entre chaque roseau, de manière à assurer ledit écartement. » L'état descriptif de chaque bordigue, dressé en conformité de l'art. 97, indiquera les limites qui lui sont réservées, sa longueur, sa largeur à l'ouverture, le nombre de tours et coutelets, les longueur, largeur et profondeur du canal sur lequel elle est établie ; la longueur de sa caponnière, les points ou remarques coïncidant à terre ou sur les berges et sèdes des canaux avec les deux extrémités longitudinales de la pêcherie (art. 114). Les bordigues ne peuvent être calées avant le 1ᵉʳ juillet de chaque année, ni demeurer en place après le dernier jour de février ; l'art. 116 oblige le concessionnaire à enlever à cette époque tous les roseaux, pieux ou engins servant à son établissement. Le concessionnaire doit en outre veiller à ce que la navigation ne soit pas entravée sur le canal où est établie sa bordigue ; toute avarie soufferte par les bateaux demeurerait définitivement à sa charge (art. 123 à 125) : de plus, l'art. 125 met à sa charge le curage des fosses, canaux et espaces d'eau qui lui sont réservés. Le décret termine par des dispositions communes aux madragues et aux bordigues. Les propriétaires ne peuvent exercer aucune poursuite contre les

capitaines ou patrons qui auraient abordé leurs établissements s'ils ne justifient que l'abordage a eu lieu par la faute
ou la malveillance de ces derniers (art. 129). Aucune madrague ou bordigue ne pourra être calée sans qu'avis en ait
été donné au commissaire de l'inscription maritimè qui as-
siste à l'opération ou s'y fait représenter par l'administrateur
du sous-quartier, l'inspecteur des pêches ou le syndic ; ces
agents devront s'opposer à la mise en place de toute madrague ou bordigue qui ne serait pas conforme aux prescriptions
du décret, sauf à référer de suite.à l'autorité supérieure
(art. 130). L'art. 132 soumet à l'obligation du rôle d'équipage les embarcations attachées au service des bordigues ou
madragues : enfin, ne peuvent être employés à l'exploitation
des madragues et bordigues que des marins qui ont été ou
pourront être inscrits définitivement avant l'accomplisse-
mont de leur quarantième année.

163. En principe, l'Etat conserve le droit d'ordonner la
suppression de toute pêcherie dont le maintien serait incompatible avec l'intérêt général de la navigation ou du
commerce. Mais dans quelles formes et à quelles conditions
peut avoir lieu cette suppression ? Pour les pêcheries établies antérieurement à 1544, aucun doute ne semblait possible : elles avaient été maintenues formellement par les
ordonnances de 1584 et de 1681 ; elles constituaient en un
mot de véritables propriétés privées ; dès lors on ne pouvait procéder contre elles que par voie d'expropriation et en
accordant une indemnité préalable au propriétaire déposs-
sédé. Le ministère de la marine a cependant essayé de se
soustraire à l'application de ces textes et de nier le droit de
propriété, reconnu en faveur des détenteurs de pêcheries
par l'ordonnance de 1584. Sans doute, disait-il, à une certaine époque on a pu aliéner partie du domaine public ;
mais ce droit d'aliénation ne s'est jamais appliqué qu'aux
choses publiques susceptibles, par leur nature, d'entrer dans

le domaine des particuliers ; or, les rivages de la mer ré-
pugnent essentiellement à toute appropriation privée. Qu'a
donc voulu l'ordonnance de 1584? Elle décide en substance
que tout individu qui aura établi une pêcherie sur le domaine
public pourra maintenir cette construction, c'est-à-dire que
l'on ne pourra voir dans le maintien de cette construction
une contravention aux lois qui interdisent toute occupation
du domaine public ; mais de ce que ces constructions peuvent être maintenues, s'ensuit-il qu'elles existent désormais
autrement qu'à titre précaire et révocable ? De plus, l'art. 85
de l'ordonnance paraît en contradiction formelle avec cette
idée qu'une pêcherie pourrait constituer autre chose qu'une
dépendance du domaine public : les pêcheries antérieures à
1544 seront rétablies dans leur état originaire : or, si l'on
admettait un véritable droit acquis au profit des propriétaires des pêcheries antérieures à 1544, il faudrait reconnaître que l'ordonnance a violé ce droit de propriété en enjoignant la reconstruction de pêcheries existantes. Ce système, soutenu en dernier lieu par M. le conseiller Har-
doin devant la Chambre des requêtes, est aujourd'hui
abandonné en jurisprudence (Req. Rej., 6 fév. 1860. Dev.,
60, 1, 227 [1].) Tout d'abord, est-il vrai que dans notre très-
ancien droit, le rivage de la mer n'ait pas été aliénable au
même titre que les autres biens du domaine public ? De
nombreux témoignages viennent démentir cette allégation ;
ainsi, par un traité intervenu en 1231, Louis XI concédait
au duc de Bretagne le droit « d'avoir ports de mer, prendre
et percevoir, brevêts ou sceaux de mer ès villes, hâvres et
ports de son duché, pêcheries en mer, desiccations en terre,
poissons royaux pris en la mer de Bretagne. » M. Daviel

---

[1] M. Chalvet (t. IX, p. 308) cite également un arrêt des requêtes du
6 février 1861 ; malgré nos recherches, nous n'avons pu nous procurer
le texte de cette décision, que ne rapportent ni le journal du Palais, ni
les recueils de MM. Devilleneuve et Dalloz.

(t. I, n° 61) ajoute qu'en Bretagne et jusque sous Louis XIV, des seigneurs et des abbés continuèrent de prétendre sur la mer « droit d'eau, droits de pêche, de naufrage, de défendre, de rivage, » confrontant emphatiquement leurs domaines les uns à l'Espagne, les autres à l'Angleterre, « la mer entre deux. » L'irrévocabilité de semblables concessions fut plus d'une fois consacrée au XVII⁰ et au XVIII⁰ siècle. La Touloubre (Jurispr. féod., partie I, tit. v, art. 7), cite notamment un arrêt du Parlement de Toulouse, du 14 avril 1628, jugeant qu'en vertu d'un ancien titre le seigneur de Pérignan avait le droit d'exiger la douzième partie du poisson que ses vassaux pêchaient dans la mer ; un autre arrêt du 15 juin 1633 rendu au profit de l'évêque d'Agde ; enfin l'arrêt du conseil du 26 décembre 1739 qui ne peut laisser place à aucun doute. Quant à l'art. 15 de l'ordonnance de 1584, on voit facilement qu'il n'a aucun trait à notre question: il enjoint aux concessionnaires de pêcheries de se conformer à leur titre originaire, et réprime les usurpations qu'ils auraient pu commettre sur le domaine public : telle est sa véritable portée : en d'autres termes, les concessionnaires ne sont propriétaires incommutables que de ce qui leur a été réellement concédé. Au surplus, quand même cet article aurait eu pour résultat de restreindre la jouissance des propriétaires antérieurs à 1544, aurait-il pour cela violé leur droit de propriété ? Non, répondrons-nous ; et, en effet, aux termes de l'art. 544 C. N. le droit de propriété ne peut s'exercer que conformément aux lois et réglements : or, un texte qui déterminerait les conditions suivant lesquelles une pêcherie pourrait être reconstruite ne serait pas autre chose qu'un de ces réglements qui, dans l'intérêt général, limitent le droit de propriété. On n'a jamais été tenté de soutenir que l'administration violait ce droit lorsqu'elle oblige le propriétaire d'un immeuble à ne le reconstruire que suivant certaines conditions d'alignement : dès lors, comment violerait-elle ce même droit lorsqu'elle subordonne, à telles ou telles conditions du même genre, la reconstruction d'une pêcherie ?

164. Reste à savoir quel sera le sort des pêcheries établies postérieurement à 1544. Nous n'éprouvons guère d'hésitation en ce qui touche les établissements dont l'existence n'est justifiée ni par un titre, ni par une autorisation quelconque ; un simple arrêté ministériel pourra ordonner leur suppression sans indemnité aucune. Toutefois Toullier (t. III, n° 479) a enseigné que la prescription trentenaire pouvait être invoquée utilement contre le domaine par les détenteurs des pêcheries : que deviendrait alors le principe de l'inaliénabilité du domaine public, si chaque personne pouvait par une usurpation se créer un titre à elle-même ? D'autres personnes se sont rattachées à un second système au moins tout aussi bizarre ; le législateur de 1852 n'aurait statué que *in futurum* ; quant à l'état de choses actuellement existant, il aurait été définitivement maintenu, et les détenteurs de pêcheries se seraient trouvés à l'abri de toute suppression ultérieure. L'illusion n'a pu être de longue durée ; en effet les décrets du 4 juillet 1853 (art. 145) portent formellement que les détenteurs de pêcheries, qui n'auront pas produit leurs titres originaux dans un délai de trois mois à partir de la notification qui leur serait faite, seraient tenus de démolir immédiatement leurs établissements. L'art. 10 in fine du décret du 10 mai 1862, porte de même « que les détenteurs de pêcheries actuellement existantes seront tenus, lorsqu'ils en seront requis, et dans les délais ultérieurement déterminés, de justifier de leurs titres de propriété ou des actes d'autorisation. » On indique donc de la manière la plus claire, qu'une pêcherie ne peut être tolérée sur le domaine public, que si le détenteur peut justifier soit d'une concession, soit d'une autorisation administrative. Faudra-t-il dire maintenant que les pêcheries pour-

vues de titres réguliers ne pourront être supprimées que moyennant indemnité ? Oui, sans aucun doute, pour celles qui auront été construites de 1544 à 1566 ; jusqu'à ce moment les anciens principes de notre droit ont été maintenus et le domaine public est resté aliénable. Non pour celles dont la création sera postérieure à 1566 : M. Beaussant (Code marit., t. II, p. 346) est le seul auteur qui à notre connaissance se prononce en sens inverse ; d'après le savant magistrat, le droit d'accorder sur le domaine public maritime des concessions irrévocables et constitutives de propriété n'aurait disparu que depuis la loi des 1ᵉʳ novembre-22 décembre 1790; la création de nouveaux parcs, la tolérance de l'administration, la bonne foi des possesseurs, le nombre prodigieux de transactions auxquelles ces pêcheries ont donné lieu, par ventes enregistrées, par cessions de droits immobiliers, par partage, contrats de mariage, etc., ne permettraient pas une mesure qui bouleverserait des fortunes, et dont le résultat serait le démenti de la tolérance admise jusqu'à ce jour. Cette doctrine se trouve en contradiction avec des textes formels ; l'art. 4, liv. V, tit. III de l'Ordonnance de 1681 est ainsi conçu : « Les parcs dans la construction desquels il entrera bois ou pierre seront démolis à la réserve de ceux bâtis avant l'année 1544, dans la jouissance desquels les possesseurs seront maintenus conformément aux art. 84 et 85 de l'ordonnance du mois de mars 1584, pourvu qu'ils soient construits en la forme ci-après... » En ne reconnaissant à ceux qui exploitent ces parcs et pêcheries qu'un simple droit de possession, de jouissance, l'Ordonnance exclut à leur égard tout droit de propriété. Cette qualification de possesseurs leur est encore donnée dans l'édit de février 1710; ils sont confirmés simplement « en leur possession et jouissance. » Un arrêt du Conseil du 4 août 1762, rapporté par M. Chalvet (Journ. du dr. adm. tit. IX, p. 306), refusait d'accorder une indem-

nité aux détenteurs des pêcheries supprimées lors de l'ouverture du canal du Languedoc. Enfin dans le rapport présenté le 25 novembre 1850 par M. Royer-Collard, membre
de la Commission, chargé de préparer un projet de loi sur
la pêche maritime, les principes de l'ancienne législation
sont exposés de la manière la plus nette. « Les pêcheries sédentaires dont l'usage est permis par l'Ordonnance de 1681,
ne donnent aucun droit de propriété à ceux qui les élèvent
et l'autorité est toujours maîtresse de les faire disparaître.
C'est ce qui fait dire à Valin que, loin de nuire à la liberté
de la pêche, elles concourent à l'entretenir, et en effet, ce
n'est qu'un usage de cette liberté, usage tempéré et réglé
par les lois. Ainsi, il est entendu que lorsque l'autorité permet l'établissement d'une pêcherie, elle ne donne qu'une
autorisation temporaire expressément révocable soumise à
des conditions positives ; dès lors celui qui l'a construit dans
les termes mêmes de son titre ne jouit jamais que par simple tolérance et ne peut sous aucun prétexte invoquer ni
possession ni prescription. » C'est en ce sens que se prononce une jurisprudence constante (Crim. Cass. 19 août
1852 ; Ch. réunies Cass. 25 mai 1853. Dev. 53, 1, 791).
Nous en concluerons avec un autre arrêt (Civ. Cass. 29
déc. 1857. Dev, 59, 1, 123) que si la pêcherie était louée,
le bail se trouverait résilié du jour où l'autorisation aurait
été révoquée ; les tribunaux ne pourraient condamner le
locataire à payer au bailleur le prix convenu ; sinon, ce
serait là en quelque sorte entraver l'exécution de l'arrêté
ministériel.

165. Le droit de suppression sans indemnité peut-il s'appliquer aux pêcheries établies sur des propriétés privées
mais qui reçoivent les eaux de la mer au moyen de canaux
artificiels ? Dans le sens de la négative, on soutient que le
seul droit conféré à l'administration est de s'opposer à tout
envahissement du domaine public ; or dans l'espèce, il n'y a

pas eu envahissement du domaine public, en quoi la sûreté
de la navigation et l'intérêt du commerce sont-ils intéressés à la suppression de ces pêcheries ? L'administration répond en s'appuyant sur le décret de 1852. « Aucun établissement de pêcherie ne peut être formé *le long des côtes* »
expression générale et qui montre bien qu'aucune distinction
n'est entrée dans la pensée du législateur. Il a voulu à la
fois empêcher les détenteurs de ces pêcheries de faire aux
pêcheurs en bateaux une concurrence désastreuse, de s'attribuer privativement l'usage de l'eau de la mer et de retenir dans leur enceinte le frai du poisson qui s'y trouve ren-
fermé dans de mauvaises conditions et y périt généralement. Un arrêt a décidé que « sans doute, ces établissements sont moins dangereux que ceux qui, fondés sur des
grèves, usurpent par là sur le domaine public inaliénable
de sa nature et peuvent entraver la liberté et compromettre
la sûreté de la navigation, mais qu'il suffit que ceux-là soient
alimentés par les eaux de la mer, et qu'ils reçoivent et retiennent au profit de leurs propriétaires le frai et le poisson
de tout âge apporté par la marée haute et les empêchent
de retourner à la mer, pour qu'ils constituent des pêcheries
maritimes assujetties comme toutes les autres à l'obligation
d'être autorisées et aux éventualités de la suppression. »
(Crim. Rej. 19 juillet 1856. Dev. 56, 1, 760). Ce système
a reçu depuis une nouvelle confirmation dans le décret du
10 mai 1862 dont l'art. 10 assimile au point de vue de leur
établissement les pêcheries établies sur des propriétés
privées à celles qui seraient établies sur le domaine
public.

166. L'administration a-t-elle seule qualité pour se prévaloir de l'inaliénabilité du domaine public et pour demander la suppression d'une construction élevée sur le rivage
de la mer ? Ainsi, par exemple, au cas où le constructeur
aura été troublé dans sa possession, l'auteur du trouble

pourra-t-il repousser l'action en complainte ou en réinté-
grande par ce motif que le demandeur n'a pu posséder légalement une chose faisant partie du domaine public?
M. Chalvet (Journ. du dr. adm. tit. IX, p. 256) regrette
que notre droit positif n'ait pas formellement maintenu la
disposition des lois romaines en vertu de laquelle chaque
particulier pouvait agir pour faire cesser une usurpation
préjudiciable au domaine public et était admis par le prê-
teur à exercer l'action spéciale *operis novi nunciatio*. Il
ajoute que, même en l'absence d'un texte précis, il considère
cette solution comme applicable encore aujourd'hui; il voudrait tout au moins que dans un procès de ce genre, le juge
pût surseoir à la décision du fond et ordonner avant de
faire droit la mise en cause de l'Etat. « Ne serait-ce pas,
dit-il, d'une bonne administration de la justice que d'en
agir ainsi? Ne serait-ce pas épargner à deux particuliers
un procès qui en définitive ne sera d'aucune utilité à la partie gagnante, puisque, si elle est déclarée en possession,
elle ne pourra retirer vis-à-vis de l'Etat aucun avantage de
sa possession essentiellement vicieuse? » M. Chalvet reconnaît lui-même que la jurisprudence est contraire à la doctrine
qu'il soutient; les arrêts décident uniformément et d'une manière générale que, soit qu'il s'agisse d'une action en réinté-
grande, soit qu'il s'agisse d'une action en complainte, la question de domanialité ne peut influer en rien sur l'action posses-
soire intentée entre particuliers et dans laquelle ne sont en
jeu que des intérêts purement civils (Civ. Cass. 6 mars 1855,
Dev. 55, 1, 507; Req. Rej. 9 nov. 1858, Dev. 59, 1, 116;
Civ. Cass. 29, 23 août 1859, Dev. 59, 1, 910; C. d'Etat, 11
avril 1848; Lebon, 48, 172; ibid., 26 juin 1852, Lebon, 52,
263; Bruxelles 4 déc. 1867, Pas. 68, 2, 232). On admet, en
un mot, que si les constructions établies sur le domaine public n'existent qu'à titre de tolérance, ce serait tirer de ce
principe une conséquence trop étendue que d'en conclure

que la complainte est non recevable en cette matière, non
recevable vu la précarité de la possession ; suivant les
expressions de M. Daviel (t. 1, n° 474) « c'est vis-à-vis de
la société que ces sortes de possessions sont impuissantes. »
Mais il n'en est pas de même par rapport aux particuliers.
L'individu qui possède à titre de précaire ne peut exercer
sa complainte contre celui de qui il tient à titre précaire ;
mais contre les tiers qui viendraient le troubler, il est recevable à la former. Pothier (Tr. de la Poss. n° 96) ensei-
gnait déjà que le possesseur précaire peut former la complainte contre le tiers qui l'aura troublé ; il cite sur ce point
l'autorité d'Ulpien : « Quod ait prætor, in interdicto nec vi,
nec clam, nec precario, alter ab altero possidebit, hoc eo
pertinet, ut si quis possidet vi, aut clam, aut precario, si
quidem ab alio, prosit possessio ; si vero ab adversario
suo, non debeat eum, propter hoc quod ab eo possidet,
evincere ; has enim possessiones non debere proficere pa-
lam est. » L. 1, § fin. ff. uti possidetis. Et il ajoute : « C'est
ce que prétendait notre ancienne coutume d'Orléans par
ces termes : « On acquiert possession en jouissant par an et
jour, nec vi nec clam, nec precario, nec ab adversario, » lesquels termes n'ont été retranchés lors de la réformation
que comme superflus et comme devant être suffisamment
sous-entendus. » De la solution adoptée par la Cour de cassation, il résulte que, au regard de leurs détenteurs, les
constructions élevées sur le rivage de la mer sont de véritables immeubles pouvant être l'objet de ventes, d'échanges
de donations, et sont susceptibles d'hypothèque, et même
grevés de plein droit de l'hypothèque légale de la femme
mariée ; à nos yeux, cette conséquence ne saurait faire
difficulté (Caen, 3 avril 1824, Sir. 26, 2, 173).

167. 3° *Les particuliers ne peuvent pratiquer aucune fouille
sur le rivage de la mer pour extraire quelque objet que ce soit.*
Comme le remarque M. Proud'hon (Dom. Publ. t. III,

n° 709), alors même qu'on ne s'apercevrait pas d'abord que
ces entreprises fussent nuisibles à la navigation, elles n'en
devraient pas moins être considérées comme illicites, comme
altérant l'état matériel de la chose publique, à laquelle nul
ne doit toucher que pour s'en servir conformément à sa destination. Il est bien certain encore que l'on ne peut enlever
les pierres ou galets qui bordent le rivage, et sur lesquels
les flots viennent se briser. Ces enlèvements, en dégarnis-
sant la côte de ses défenses naturelles, pourraient exposer
les propriétés voisines à des dévastations trop fréquentes.
Toutefois, il serait possible d'obtenir une autorisation spéciale sur ce point. Valin (t. II, p. 512) nous dit que de son
temps l'amirauté refusait rarement ces permissions ; mais
qu'elle ne les accordait jamais qu'après avoir fait vérifier
les lieux et constater qu'aucun danger n'était à craindre ; il
rappelle l'ordonnance rendue par l'intendant de la généralité
de la Rochelle le 7 août 1704. Toutes ces précautions sont
encore observées aujourd'hui et l'on est dans l'usage de désigner spécialement les points de la côte sur lesquels il pourra
être procédé à l'enlèvement des galets. Le décret du 8 février 1868 est venu récemment déterminer les autorités
compétentes pour statuer sur les demandes de cette nature.
Art. 9. « L'enlèvement des sables marins et sables coquilliers,
ne peut avoir lieu que sur l'autorisation du préfet maritime
après avis du préfet du département. S'il s'agit de l'extraction des sables à bâtir, pierres et produits naturels autres
que ceux qui sont considérés comme amendements marins,
les autorisations seront délivrées par le préfet du département après avis du préfet maritime. »

B

168. Les Institutes indiquaient en ces termes l'étendue
du rivage de la mer. « Est autem littus maris quatenus hi-

bernus fluctus maximus excurrit. » § 3 de divis rerum (II. l')¨ et au témoignage de Celse, cette définition avait été pour la première fois donnée par Cicéron « idque M. Tullium aiunt cum arbiter esset primum constituisse. » L. 96 pr. ff. de verb. signif. L'Ordonnance de 1681 porte de son côté (Liv. VI, tit 7, art. 1) : « Sera réputé bord et rivage de la mer, tout ce qu'elle couvre et découvre pendant les nouvelles et pleines lunes et jusqu'où le plus grand flot de mars se peut étendre. » Ces deux dispositions peuvent parfaitement se concilier ; les rédacteurs de l'Ordonnance de 1681 n'ont eu en vue que l'Océan qui baigne la plus grande partie du territoire français ; à ce point de vue, leur décision est exacte, parce que c'est en effet au mois de mars que les flots de l'Océan s'étendent le plus loin sur les grèves. Au contraire, le passage des Institutes devra être suivi comme règle dans les pays que baigne la Méditerranée, parce qu'il est certain que dans cette mer, le plus grand flot d'hiver avance sur les grèves beaucoup au delà du plus grand flot de mars ; aussi le Parlement d'Aix, jugeait-il autrefois qu la disposition de l'Ordonnance n'était pas applicable dans son ressort. Cette distinction a toujours été suivie dans la pratique et une circulaire du ministre de la marine en date du 21 février 1853, la maintient en termes formels. Mais, en fait, la détermination du point précis où s'arrête soit le plus grand flot d'hiver, soit le plus grand flot de mars, donne lieu dans chaque espèce à d'incessantes difficultés. M. Chalvet, (J. du dr. adm. T. IX, p. 270) résume avec son exactitude habituelle les règles adoptées par l'administration. Le plus grand flot, dit-il, forme généralement sur les plages, aux extrémités atteintes, un bourrelet parfaitement accentué que l'on considérera comme la limite du rivage ; si ce bourrelet a disparu ou a été modifié par suite du halage des bateaux dans les eaux fréquentées, si le rivage est composé de rochers sur lesquels la vague ne

laisse aucune trace, le point qu'elle a atteint sera déterminé
par une enquête à laquelle seront appelés de préférence les
douaniers, les pêcheurs, les propriétaires riverains. D'un
autre côté, il arrivera le plus souvent que la limite atteinte
par le plus grand flot varie d'année en année ; dès lors,
impossibilité de déterminer le domaine public d'une manière
fixe et invariable. M. Chalvet rapporte la controverse qui
s'est élevée sur ce point entre l'administration des ponts et
chaussées et l'administration des domaines, la première demandant que, sans rechercher une exactitude rigoureuse,
on adoptât pour limite une ligne idéale se rapprochant le
plus possible de la laisse des hautes mers, pouvant être tra-
cée avec facilité et reportée des plans sur le terrain toutes
les fois qu'il serait nécessaire ; la seconde faisant observer
que ces lignes arbitraires auraient le double inconvénient
de laisser en arrière des espaces couverts d'eau et d'englo-
ber d'autres terrains à l'abri du plus grand flot de mars ou
d'hiver. Nous lisons dans une dépêche du 4 mars 1859,
adressée au préfet maritime de Cherbourg et mettant fin à
cette discussion que « les opérations, accomplies en vertu
de la loi du 21 février 1852, ont pour unique objet la constatation d'un fait matériel d'après l'unique règle qu'indique sur
la matière l'Ordonnance du mois d'août 1681. Il a été décidé
en conséquence, de concert avec le département des finances
et celui des travaux publics, que les commissions délimita-
tives doivent tenir un compte aussi exact que possible des
sinuosités que la mer trace sur les côtes, quelle que soit
d'ailleurs la difficulté de l'établissement des plans à joindre
aux décrets destinés à sanctionner les opérations. »

169. Dans les rivières, le flux fait remonter les eaux de
la mer beaucoup plus loin que le plus grand flot de mars ou
d'hiver ne s'étend sur les grèves : faudra-t-il pour cela ré-
puter rivages maritimes les terres qui sont situées le long
de ces rivières? Valin (t. II, p. 572) a enseigné l'affirma-

tive: « Comme la mer refoule dans les fleuves et rivières qui y affluent, la juridiction de l'amirauté s'étend tout de même dans ces rivières, et ne finit que là où le plus grand flot de mars cesse de s'y faire sentir. » Il en résulterait que tous les atterrissements qui se formeraient dans les rivières navigables jusqu'au point où remonte la marée devraient être considérés non pas comme alluvions proprement dites appartenant de plein droit aux riverains, mais comme lais et relais de la mer, faisant partie du domaine de l'Etat, et ne pouvant entrer dans le domaine des particuliers qu'en vertu d'une concession spéciale. La jurisprudence n'avait pas consacré l'opinion de Valin ; M. Henrion de Pansey (Quest. féod. v° Eaux § 6, T. I, p. 654), rapporte quatre arrêts du Conseil des 6 août et 13 décembre 1771, du 27 juillet 1778 et du 12 août 1782 qui l'avaient condamnée in terminis ; de plus, le parlement de Rouen s'était prononcé dans le même sens lors de ses remontrances du 21 novembre 1782. Quelques années plus tard, Merlin (Quest. de dr. v° Rivages de la mer) faisait observer que, si l'on admettait le système contraire, il faudrait accepter cette conséquence que les bords de la mer s'étendraient en certains endroits à plus de soixante lieues des rivages de la mer même : chose absurde, suivant lui, et qui n'avait pu entrer dans les vues du législateur de 1681. Malgré ces précédents, la doctrine de Valin a trouvé encore de nos jours plus d'un partisan. On a voulu invoquer en sa faveur les dispositions de la loi du 15 avril 1829, art. 3 : n'est-ce pas à l'endroit ou cessent de se faire sentir le flux ou le reflux que cessent les limites soit de la pêche, soit de l'inscription maritime ? Pourquoi la pêche est-elle réputée maritime, pourquoi l'inscription maritime s'étend-elle jusqu'à ce point, sinon parce que les eaux du fleuve sont considérées jusqu'à ce point comme une dépendance de la mer proprement dite ? A ceci double réponse : d'abord M. Mestadier, rapporteur de la loi du 15 avril 1829, disait formellement devant la Chambre des députés qu'en déclarant la pêche libre jusqu'à l'endroit où pénètre le flux et le reflux, le législateur n'entendait pas appliquer une prétendue théorie sur la délimitation des rivages de la mer : il statuait ainsi dans l'intérêt exclusif de la marine et pour assurer aux pêcheurs une compensation des charges que leur impose l'inscription maritime. En second lieu, dans son rapport sur l'ordonnance réglementaire du 10 juillet 1835, M. le ministre des finances faisait remarquer que la limite du domaine public devait être fixée indépendamment des limites *nécessairement* plus étendues de l'inscription maritime. Donc, la prétention que nous combattons en ce moment est aux yeux même de l'administration, singulièrement exagérée, et l'on comprend que tous les arrêts l'aient énergiquement repoussée (Req. Rej., 10 juin 1830. Sir. 30, 1, 277 ; Civ. Rej. 22 juillet 1841. Dev. 41, 1, 620 ; C. d'Etat, 27 mai 1863. Lebon, 63, 470). Sans aller aussi loin que ce premier système, quelques personnes admettent que la limite de la mer sera fixée au point de cessation de la salure des eaux, point à partir duquel s'appliquent les réglements de police sur l'exercice de la pêche fluviale. Nous le répétons, de l'aveu même de M. le ministre des finances, la loi du 15 avril 1829, n'a rien à voir dans toutes les questions qui touchent à la délimitation du domaine public ; l'argument invoqué doit donc être écarté du débat. D'autres auteurs se plaçant à un point de vue tout à fait différent, exagèrent les droits des propriétaires riverains du cours d'eau ; ainsi, suivant M. Davrel (t. I, n° 68), si dans une certaine étendue, la mer entre dans le fleuve, cette intrusion violente n'opère aucun changement dans la propriété des rives et des alluvions qui s'y forment. Il soutient notamment que, pour la Seine, le domaine maritime cesse d'un côté à partir de la pointe du Hoc, de l'autre à partir de Honfleur, et il cite comme conformes l'art. 2 de la coutume Montivilliers, locale de

celle de Normandie, l'arrêt du Parlement de Rouen du
9 août 1617, les remontrances du 21 novembre 1782, et
enfin les décisions de la préfecture de la Seine-Inférieure
qui s'est toujours refusée à revendiquer au nom du domaine
les alluvions situées sur la Seine entre le Hoc et Tancar-
ville. — On a soutenu encore que le rivage de la mer cesse
à partir d'une ligne idéale tirée entre les deux caps les plus
avancés dans la mer et opposés dans le lit du fleuve ; on
est allé non-seulement jusqu'à nier l'introduction de la mer
dans les golfes où viennent aboutir les rivières, mais même
jusqu'à supprimer entièrement les baies maritimes. Il est
facile de comprendre que de semblables doctrines n'aient
jamais été appliquées ; en 1828, M. d'Argout les réfutait
par avance à la tribune de la Chambre des Pairs. « D'abord
« source, le fleuve est propriété privée ; ensuite ruisseau et
« rivière non navigable, il est soumis à tous les usages des
« riverains ; mais bientôt la rivière devient navigable, et
« à ce moment, tout est changé. Les riverains perdent, en
« même temps et la propriété du lit de la rivière, et celle
« du cours d'eau. La pêche ne leur appartient plus, ils ne
« peuvent ni détourner le cours d'eau, ni se défendre des
« ravages qu'il peut causer, ni s'en servir pour l'établisse-
« ment d'usines sans l'autorisation de l'administration. En-
« fin, lorsque le fleuve arrive à son embouchure, le régime
« auquel il est soumis change une troisième fois ; la pêche
« devient entièrement libre, et l'alluvion qui appartenait
« encore aux riverains prend le nom de lais ou relais de la
« mer dont l'Etat seul profite. » Pour notre part, nous
croyons que la difficulté ne peut être résolue à priori et
d'une manière générale : suivant l'expression de M. Gaudry
(t. I, p. 125), l'appréciation des faits et des circonstances
doit fournir les éléments de la solution à donner dans
chaque espèce. M. Chalvet (Journ. du dr. adm. t. IX, p.
292) fait observer que tel est le parti auquel se sont arrêtés

d'un commun accord l'administration du domaine et le ministère des travaux publics ; quelques lignes plus loin, il rapporte un passage caractéristique de la dépêche adressée le 30 août 1843 au préfet du Calvados par M. Baulny de Récy, directeur des domaines. « Les rivages des fleuves et des rivières sont les terres qui, dans la longue étendue de leur cours, retiennent les eaux de ces fleuves et de ces rivières resserrées dans leur lit, et défendent les propriétés riveraines de leurs inondations. C'est le long de ces terres, et lorsqu'il s'y forme insensiblement et imperceptiblement des atterrissements que ceux-ci appartiennent aux propriétaires riverains à charge de laisser pour la navigation un marche-pied ou chemin de halage. Au contraire, les bords des baies, des golfes, des rades, des embouchures, libres à tous comme les rivages mêmes de la mer, ne servent plus à contenir les eaux des fleuves et des rivières. Là plus de marche-pied, plus de chemin de halage ; les navires, quand la mer est haute, y voguent à pleines voiles. Là, plus d'atterrissements formés insensiblement et imperceptiblement. De fleuves, de rivières, il n'y en a plus. Leur cours envahi, divisé, souvent bouleversé, perdu à travers les sables et les grèves, est le jouet des caprices de la mer. Ce n'est que quand celle-ci se retire, que les eaux des rivières refoulées au loin reprennent leur cours, en suivant souvent des sinuosités et de nouvelles directions que leur a ouvertes l'action puissante des vagues. Ainsi, lorsqu'à l'approche de la mer, les rives des fleuves prennent tout à coup une extension qu'elles n'avaient pas dans toute la partie du cours supérieur, il est manifeste que là cesse la rivière, que là est son point de chute dans la mer. Les grèves, les sables, les vastes atterrissements qu'elle va maintenant traverser ne font certainement plus partie de son lit, mais constituent le lit de la mer, la mer elle-même. Aussi, l'alluvion qui se formera dans cette embouchure s'annoncera par des caractères bien différents de celle formée le long des rives proprement dites du fleuve. L'alluvion fluviale formée lentement sera exclusivement composée de vase, de limon et de corps descendus avec les eaux de la rivière, et elle se couvrira d'herbages ordinaires. L'alluvion maritime, au contraire, apparaîtra souvent tout à coup ; un coup de mer la produira, un autre la fera disparaître ; elle sera composée des matières que la mer repose, soulève et délaisse, des sables et galets qu'elle charrie. La présence des coquillages qui ne peuvent vivre que dans l'eau salée et les herbes salines qui croîtront à sa surface, attesteront d'une manière certaine qu'elle est un lais et relais, et que par conséquent le rivage qui la borde est exclusivement maritime. »

170. Autre question : les étangs salés si nombreux sur le littoral de l'Océan doivent-ils être considérés comme compris dans le domaine public maritime ? M. Dupin, concluant devant la Chambre criminelle, posait en principe que ces étangs ne diffèrent point de la mer, qu'ils en sont les annexes, qu'ils en font partie. Ce sont, disait-il, les mêmes eaux ; un étang salé n'est qu'une baie à entrée étroite. Il faisait ensuite remarquer que l'ancienne législation avait constamment assimilé à la pêche en mer, la pêche sur les étangs salés. Ainsi, les mêmes réglements s'appliquaient à l'une et à l'autre pêche, et les infractions à ces réglements étaient réprimés par la même juridiction, qu'elles eussent été commises en pleine mer ou sur des étangs salés. Ordonnance de 1681, liv. I, tit. II, art. 5. « La connaissance de la pêche qui se fait en mer, dans les étangs salés et aux embouchures des rivières, appartiendra aux juges de l'amirauté. » — L'Ordonnance du 31 octobre 1784 comprend indistinctement dans le second état des classes les gens faisant la pêche à la mer ou sur les étangs salés ; ce qui a été maintenu par les dispositions transitoires de l'ar-

rêté du 21 ventôse an IV (art. 17). Enfin toute difficulté doit disparaître devant la décision de l'art. 7 de la loi du 1ᵉʳ mai 1822 : antérieurement la pêche sur les étangs était assujettie à certains droits de fermage ou de licences dont la pêche en mer était naturellement exempte : or, la loi de 1822 retranche ces droits du budget des recettes, par ce motif que les étangs salés sont de véritables appendices de la mer et qu'en conséquence la pêche y doit être libre et exempte de toute rétribution. La jurisprudence était depuis longtemps fixée en ce sens (v. not. Crim. Cass., 24 juin 1842) quand fut promulgué le décret du 9 janvier 1852, qui assimilait législativement la pêche sur les étangs salés à la pêche en pleine mer (art. 1ᵉʳ) : « L'exercice de la pêche côtière ou pêche du poisson et du coquillage tant à la mer, le long des côtes, que dans la partie des fleuves, rivières, étangs et canaux où les eaux sont salées, est soumis aux dispositions suivantes. » C'est ce que répète textuellement l'art. 57 du décret du 19 novembre 1859. Donc, la navigation sur ces étangs sera soumise aux mêmes règles que la navigation maritime ; les pêcheurs pourront être atteints par les lois sur l'inscription ; enfin aucun particulier ne pourra prétendre à un droit privatif ni sur les eaux, ni sur les rivages de ces étangs. D'un autre côté, nous reproduirons ici la doctrine déjà défendue par nous au n° 167 ; si l'administration croit pouvoir tolérer quelque établissement créé sur les rivages de ces étangs salés, le constructeur aura, tant que durera cette tolérance administrative, un droit qui deviendra pour lui la source légitime d'une action contre les tiers qui le troubleraient dans l'exercice de ce droit (Req. Rej., 22 nov. 1863. Dev. 65, 1, 21 ; Nîmes, 9 janvier 1869, Dev. 69, 2, 267).

171. L'arrêt de 1842 définit les étangs salés « une baie communiquant à la mer par une issue plus ou moins étroite,

qui en est une prolongation et une partie intégrante formée
des mêmes eaux, peuplée des mêmes poissons. » Cela étant,
peut-on considérer comme de véritables étangs, les amas
d'eau salée qui ne communiquent avec la mer qu'à certaines
époques ou bien seulement au moyen de canaux artificiels
creusés de main d'hommes; qui ne s'y jettent qu'après avoir
mêlé leurs eaux avec celles d'une rivière distincte de la mer
par la législation qui la régit? Suivant la jurisprudence,
ces amas d'eau ne font pas partie du domaine public maritime, et peuvent dès lors devenir la propriété des particuliers (Req. Rej. 9 fév. 1849. Dev. 49, 1, 352). Il y a plus :
dans notre ancien droit, un certain nombre d'étangs communiquant directement avec la mer avaient été concédés à des
particuliers; si ces concessions sont antérieures à 1566, il
est évident qu'elles doivent être maintenues aujourd'hui ;
sauf toutefois celles qui pourraient paraître entachées de
féodalité : ainsi, par exemple, des arrêts ont déclarés nuls les
droits de pêche et de chasse accordés par les évêques de
Montpellier à la commune de Mauguio sur l'étang du même
nom (Civ. Cass. 4 avril 1864 ; Dev. 65, 1, 1, 445). Quel
doit être le régime des étangs salés qui constituent des propriétés privées? M. Beaussant, (t. II, n° 872), les compare
aux étangs d'eau douce et soutient qu'on n'a aucune règle de
police à imposer à leurs propriétaires qui ont un droit exclusif de pêche, qui seuls utilisent à leur profit cette propriété. La doctrine actuelle restreint dans une notable mesure les droits considérables que M. Beaussant accorde
aux propriétaires ; sans doute, ces derniers ont un droit
absolu sur le sol de l'étang, sur les alluvions qui s'y formeraient, sur les herbes qu'ils y pourraient récolter; mais
s'ensuit-il que le droit de pêche et de navigation leur soit exclusivement réservé? Le contraire paraît résulter du décret
du 19 novembre 1859, art. 57, 3° : « La pêche reste soumise
à toutes les dispositions du présent décret dans la partie

salée de ceux des dits étangs et canaux, portions d'étangs ou de canaux, qui sont possédés par des communes ou des particuliers et ne peut être exploitée dans les limites de l'inscription maritime que par des marins inscrits. » De ce texte, on conclut que, soit au point de vue de la navigation, soit au point de vue de la pêche, les étangs appartenant aux particuliers sont assimilés à la mer. Ainsi les bâtiments qui y naviguent sont soumis à l'obligation du rôle d'équipage quand même les eaux de l'étang n'offriraient pas le même degré de salure que les eaux de la mer ; quand même ses principaux affluents seraient des affluents d'eau douce ; quand même les plantes et les poissons qui y naissent ne vivraient pour la plupart que dans l'eau douce (Crim. Cass. 9 mars 1860 ; Dev. 60, 1, 388 ; ibid., 1 Fév. 1861 ; Dev. 61, 1, 465 ; Toulouse 15 juin 1860 ; Dev. 60, 2. 363). La pêche y est absolument libre, et le propriétaire de l'étang ne pourrait poursuivre les pêcheurs comme n'ayant obtenu de lui ni licence, ni autorisation. Un arrêt de la Cour de Montpellier du 26 juillet 1865 et qu'aucun recueil n'a encore reproduit jusqu'à ce jour, décide que l'art. 388, § 2, C. pén. ne peut s'appliquer à notre hypothèse. « Le délit prévu par l'art. 388, § 2, dit-il, consiste dans la soustraction frauduleuse de la chose d'autrui, et on ne peut légalement soutenir que le poisson qui se trouve dans les étangs en communication avec la mer, soit la propriété exclusive du maître de ces étangs ; il est impossible en effet d'assimiler au poisson retenu captif dans les étangs, viviers et réservoirs et qui appartient par cela même au propriétaire, le poisson qui passe sans cesse des étang salés à la mer et réciproquement ; ce dernier reste constamment *res nullius* et ne devient l'objet d'une propriété privée que par l'occupation. » Le propriétaire de l'étang ne peut y établir aucune pêcherie ; quant aux pêcheries actuellement existantes, il peut être obligé d'en rapporter les actes d'autorisation, sinon leur démolition

sera valablement ordonnée (Crim. Rej. 19 juillet 1856;
Dev. 56, 1, 760; Crim. Cass. 6 Déc. 1860; Dev. 61, 1, 467;
Aix, 28 mai 1868; Dev. 69, 2, 266). Ces pêcheries sont
soumises à tous les réglements de police qu'arrêterait l'autorité maritime, et nous ne pensons pas que leurs propriétaires pussent se soustraire à cette obligation en entourant
d'une clôture toute ou partie de l'étang. Le contraire semble
pourtant avoir été décidé par la cour de Montpellier le
9 janv. 1869 (Dev. 69, 2, 267); mais au fond, cet arrêt statue
sur une toute autre difficulté ; on se demandait uniquement
si la clôture établie au milieu de l'étang ne constituait pas
un véritable barrage et ne devait pas dès lors être démolie
conformément à l'art. 114 du décret du 19 janv. 1859; à
quoi l'arrêt répond que l'amas d'eau situé au-delà de la clôture ne faisait pas dans l'espèce partie de l'étang ; que dès
lors il n'y avait pas lieu d'appliquer le décret de 1859 : comme
on le voit, la question de savoir si l'établissement de la clôture n'avait pas apporté quelque modification au régime de
l'étang, n'avait pas même été soulevée dans l'espèce.

172. Il arrive souvent que pendant une tempête, un
coup de mer submerge des propriétés voisines de la mer.
On accorde sans difficulté qu'il y a là un cas fortuit, dont
aucun droit ne peut résulter en faveur du domaine, et que
l'administration n'a rien à réclamer sur les terrains qui ne
sont couverts qu'accidentellement par les vagues; c'est ce
qui avait été jugé autrefois par arrêt du Parlement d'Aix
du 11 mai 1742. De même le domaine ne pourrait revendiquer les terrains que la mer envahit momentanément et
par suite de circonstances exceptionnelles ; tel serait le cas
où une digue viendrait à se rompre, où une fissure se produirait dans les rochers qui défendent le rivage (Req. Rej.,
4 mai 1836. Dev. 36, 1, 465). En d'autres termes, le droit
d'action du domaine ne commencera qu'à partir du moment où
il sera constant que les terrains sont régulièrement couverts

par le plus grand flot de mars ou le plus grand flot d'hiver ;
le propriétaire se trouvera alors entièrement dépossédé et ne
pourra plus exercer aucun droit sur sa propre chose (Douai,
10 janv. 1842. Dev. 42, 2, 299). En fait, l'administration
des domaines n'use jamais de son droit de revendication,
avant d'allouer aux anciens propriétaires une indemnité
équitable ; souvent même, elle entreprend les travaux nécessaires pour rétablir l'ancienne ligne du rivage ; nous
avons à peine besoin de dire qu'en droit strict, le propriétaire n'aurait rien à réclamer contre elle ; la domanialité maritime est toute de fait, et l'Etat n'est point responsable d'un envahissement des eaux qu'il n'a pas provoqué
sur un terrain dont il n'a pas besoin. En sens inverse, il
peut se faire que le plus grand flot de mars ou d'hiver cesse
de s'étendre jusqu'au point où il parvenait naguère ; les
droits du propriétaire primitif vont-ils reprendre toute leur
force sur les terrains autrefois envahis par la mer ? On l'a
jugé avec raison ; ces droits n'étaient pas absolument anéan-
tis, mais simplement suspendus ; le propriétaire n'avait été
dépouillé que momentanément et dans un intérêt public ;
or, aujourd'hui cet intérêt public a disparu, puisque la mer
s'est retirée ; on ne voit pas dès lors pourquoi l'on maintien-
drait son expropriation comme définitive (Caen, 20 mars
1863. Dev. 64, 2, 75 ; Civ. Cass. 27 nov. 1867 ; Dev. 68,
1, 22). Mais, dans quel délai faudra-t-il que les eaux
se soient retirées pour que ce droit de propriété puisse
revivre ? La solution de la loi romaine nous semble toujours applicable ; « Si cujus ager totus inundatus fuerit,
inundatio speciem fundi non mutat, et ob id, cum recesserit
aqua, fundus manet cujus et fuit. » (L. 7, § 6, ff. de acquir.
rer. dom.) Nous nous garderons de dire, avec d'ancien sau-
teurs, que la revendication pourra avoir lieu toutes les fois
que « l'époque de l'occupation du terrain par le flot se sera
conservée dans la mémoire des hommes. » Nous croyons

qu'il faut aller plus loin, et décider qu'on pourra réclamer d'une manière indéfinie les terrains ayant une origine privée ; dès que la preuve de cette propriété antérieure peut être faite, le domaine se trouve définitivement évincé. M. Gaudry (t. I, p. 177) conteste cette solution ; il soutient que si l'occupation a duré plus de trente années, le droit du propriétaire se trouve définitivement anéanti ; la nation, dit-il, jouit comme propriétaire depuis le moment de l'invasion par les eaux de la mer ; si pendant 30 ans elle a ainsi possédé, pourquoi cette jouissance ne fonderait-elle pas un droit définitif ? Peu importe que la jouissance ait eu lieu par le fait de la mer ; toutes les possessions ont des modes différents, et leurs résultats sont toujours les mêmes, toutes les fois que celui qui jouit possède à titre perpétuel. Or, assurément il n'y a rien de précaire dans le droit de la nation, consolidé par le droit de la mer, qui paraît permanente et définitive ; donc, si pendant plus de trente ans, la mer avait couvert des terrains de manière à leur donner la qualité de mer ou de rivage, et si l'administration, au nom du public, avait fait acte de possession, ces terrains redevenus libres après trente ans, ne retourneraient pas à l'ancien propriétaire. Nous n'avons qu'une seule chose à répondre : que deviendrait dans cette doctrine la maxime « contra non valentem agere, non currit præscriptio? » La prescription n'a pu s'accomplir en faveur du domaine par ce fait seul que le propriétaire dépossédé ne pouvait agir utilement ; interrompre la possession du domaine eût été commettre une contravention de grande voirie, puisque le terrain faisait partie du rivage de la mer.

173. A quelle autorité appartient-il de fixer les limites jusqu'auxquelles doivent s'étendre les rivages de la mer? Bien évidemment à l'autorité administrative : il n'y avait eu, à l'origine, de difficulté que dans un seul cas, celui où la question de savoir si tel ou tel terrain est compris dans

les limites de la mer, se posait incidemment devant l'autorité judiciaire. Ainsi par exemple, deux particuliers sont
en litige sur la propriété d'une construction établie sur les
rivages de la mer ; l'Etat intervient au procès et demande
que le tribunal ordonne la démolition de cette construction
comme établie sur le domaine public maritime. Il y a contestation sur le point de savoir si le terrain litigieux fait ou
non partie du domaine public ; le tribunal est-il compétent
pour statuer sur ce point, ou doit-il en renvoyer la connaissance aux tribunaux administratifs? Les anciennes amirautés, statuant par délégation du pouvoir exécutif, connaissaient seules de l'application de l'Ord. de 1681, quant
à cette détermination des limites de la mer, et si les Parle-
ments leur disputaient parfois cette attribution spéciale, ce
n'était que par suite de leurs prétentions au droit de police
générale de leur ressort. Dans notre législation actuelle,
les principes conduisaient à une solution évidente ; les rivages de la mer dépendant du domaine public et appartenant à tous, l'intérêt général exige nécessairement que le
pouvoir exécutif représenté par l'administration, puisse
seul statuer sur leurs limites (C. d'Etat, 18 mars 1842,
Lebon, 42, 129 ; ibid., 20 mars 1852, Lebon, 5, 2, 47). Le
principe de la compétence administrative était donc incon-
testé ; restait à en régulariser l'usage pour la plus grande
garantie des droits et intérêts engagés dans la question à
résoudre. En l'absence de tout texte de loi, on reconnaissait
aux préfets le droit d'opérer ces délimitations ; et trop souvent, aucune vue d'ensemble ni d'uniformité ne présidait à
la rédaction de leurs arrêtés. Un avis célèbre du Conseil
d'Etat en date du 14 janvier 1850, essaya pour la première
fois de leur enlever ce droit. « Considérant que la fixation
des rivages de la mer à l'embouchure des fleuves, ne soulève pas seulement des questions d'intérêt local ou indivi-
duel, qu'elle se rattache essentiellement à des intérêts col-

lectifs qui, à raison de leur généralité et de leur importance, ne peuvent être réglés par les préfets que d'une manière provisoire ; que la révision définitive est de la compétence exclusive de l'autorité supérieure ; qu'en effet, cette fixation n'est autre chose que la délimitation entre deux parties du domaine public, le domaine maritime et le domaine fluvial ; qu'il appartient au gouvernement d'opérer cette délimitation, et qu'il a seul les moyens de l'effectuer avec ensemble et uniformité, etc., etc... » Ce n'était là qu'un simple avis qui avait bien peu de chances d'être suivi ; on était alors sous l'empire des idées que devait bientôt consacrer le décret de décentralisation administrative. Aussi fallut-il un texte spécial pour réduire expressément le rôle du préfet à préparer les dossiers, et, une fois la délimitation opérée par le pouvoir souverain, à prendre des arrêtés spéciaux de domanialité relativement aux portions du territoire déjà déclaré dans son ensemble domaine public maritime. L'art. 2 du décret du 21 fév. 1852 est ainsi conçu : « Les limites de la mer seront déterminées par des décrets du président de la République rendus sous forme de réglements d'administration publique, tous les droits des tiers réservés, sur le rapport du ministre des travaux publics lorsque cette délimitation aura lieu à l'embouchure des fleuves ou rivières, et sur le rapport du ministre de la marine lorsque cette délimitation aura lieu sur un autre point du littoral. Dans ce dernier cas, les opérations préparatoires seront indistinctement confiées par le ministre de la marine, soit aux préfets maritimes, soit aux préfets de département. Quant aux déclarations de domanialité relatives à des portions du domaine public maritime, elles seront faites par les mêmes fonctionnaires dont les arrêtés déclaratifs seront visés par le ministère de la marine. »

174. Le décret de 1852 ne prescrit ni enquête, ni forma-

lité, qui doive nécessairement précéder le décret de délimitation ; il y avait là une lacune regrettable et qu'est venue combler la pratique administrative. On a voulu, pour prévenir tous débats ultérieurs, que les parties intéressées soient averties et puissent présenter leurs dires et observations. M. Chalvet, à l'ouvrage duquel nous avons emprunté tant et de si précieux renseignements, indique toute la marche de la procédure que l'administration suit ordinairement (v. Journ. du dr. adm. T. IX, p. 266 à 270). Avant tout, les ministres de la marine, des travaux publics et des finances sont consultés sur l'opportunité de la délimitation. En cas de réponse affirmative, les ingénieurs des ponts et chaussées chargés du service de la navigation et des travaux hydrauliques se rendent sur les lieux, font un rapport et préparent un plan qui plus tard servira de base à la délimitation. Le rapport est immédiatement communiqué aux chefs des divers services intéressés à l'opération 1° au préfet maritime qui chargera le commissaire de l'inscription maritime et le commissaire des travaux de la marine de l'examiner et de faire sur le projet les observations qu'il croirait opportunes ; 2° au colonel du génie chargé du service des fortifications ; 3° aux directeurs des douanes. C'est alors que commence la seconde phase de l'instruction : le dossier est arrivé au directeur des domaines qui contrôle sur les lieux mêmes le travail des ingénieurs et s'occupe avant tout de sauvegarder les intérêts de l'Etat. En même temps, un arrêté spécial du préfet ouvre une enquête d'un mois à la sous-préfecture de l'arrondissement où se trouve le plan préparatoire dressé par les ingénieurs; le sous-préfet doit tenir la main à ce que les registres d'enquête soient ouverts dans les bureaux de paix des cantons et dans les mairies des communes riveraines. De plus, une commission de dix membres est nommée pour dépouiller ces registres d'enquête, se rendre sur les lieux, recueillir tous les rensei-

gnements nécessaires, recevoir les déclarations des personnes compétentes, et enfin donner sur le projet un avis
motivé. Elle se compose ordinairement de deux membres
du Conseil général, de trois maires choisis parmi ceux
des communes limitrophes du rivage, de l'ingénieur du
service hydraulique, d'un employé supérieur des domaines, d'un inspecteur ou sous-inspecteur des douanes, d'un
commissaire , un commissaire-adjoint ou sous-commis-
saire de l'inscription maritime, enfin, d'un officier supérieur du génie ; la présidence appartient à l'un des membres du Conseil général, et l'agent du domaine remplit
les fonctions de rapporteur. La réunion de cette commission, ajoute M. Chalvet, a toujours lieu au moment d'une
grande marée, afin que l'on puisse se rendre compte du
point jusqu'où les eaux s'étendent sur le rivage. C'est au
mois de mars ou de septembre que les commissaires sont
appelés à statuer ; on préfère les marées de septembre par
le motif qu'elles sont d'ordinaire moins favorisées par les
vents, et que l'on n'est pas exposé à prendre pour un fait
normal de marée, ce qui ne serait que le résultat d'un accident ou d'un grain de mer. Le rapport de la commission est
adressé au préfet, qui, après avoir consulté les chefs des
services de la marine, de la guerre, des douanes, des ponts
et chaussées et des domaines, les adresse à son tour soit
au ministre de la marine, soit à celui des travaux publics.
Le ministre saisit alors le président du Conseil d'Etat qui
provoque sur un décret qui statue les prétentions respectives
du domaine et des riverains.

175. Les droits des tiers lésés par ces délimitations,
sont formellement réservés, porte le décret de 1852 ; quel
est au juste le sens de ces réserves ? Il est possible qu'en
fait le décret ne se soit pas conformé à la règle, soit des
Institutes, soit de l'Ordonnance de 1681 : il ne s'est pas
contenté de reconnaître l'état de choses qui existe naturel-

lement; mais il a fait rentrer dans le domaine public
des terrains qui ne sont pas atteints par le plus grand
flot de mars ou d'hiver; quel va être le droit des propriétaires dépossédés? Il est à regretter que le législateur de 1852 se soit servi de termes si vagues et si généraux au lieu de statuer sur une des matières les plus
obscures et les plus controversées du droit administratif: on
comprend facilement quelle est la gravité de la question, si
l'on songe que tout ce que nous allons dire s'applique non-
seulement au cas où il se sera agi de délimiter le domaine
public maritime, mais encore au cas où l'administration aura
fixé la limite où s'arrêtent les rives, soit d'un fleuve, soit
d'un cours d'eau non navigable. Dans un remarquable article,
publié récemment par la *Revue Critique* (1869 t. XXXIV,
p. 121), M. Aucoc distinguait nettement les deux phases
qu'a parcourues successivement la jurisprudence administrative. A l'origine, le propriétaire dépouillé ne pouvait exercer aucun recours contre l'arrêté qui avait délimité le rivage
de la mer ou le lit du cours d'eau. « Considérant, porte un arrêt, qu'il n'appartient qu'à l'autorité administrative de fixer et
de reconnaître l'étendue et la limite du lit des fleuves et rivières navigables ; que le préfet du Lot-et-Garonne, en déterminant et en reconnaissant la limite du lit de la Garonne
n'a point excédé ses pouvoirs et que son arrêté *est un acte
administratif qui n'est point de nature à nous être déféré par
la voie contentieuse*, etc., etc... » (C. d'Etat, 18 avril 1845. Lebon, 45, 172 : ibid. 31 mars 1847; Lebon, 47, 175). La dépossession des riverains était un fait acquis et ces derniers ne
pouvaient jamais rentrer dans leurs anciens droits : seulement, on leur reconnaissait une action pour faire constater
quelles étaient les limites naturelles, soit de la mer, soit du
cours d'eau par opposition à ce que l'on appelait les limites
administratives : ils avaient droit à une indemnité dans tous
les cas où les limites administratives dépassaient les limites

naturelles. Lorsqu'une contravention venait à être commise
sur ces terrains incorporés au domaine public, le propriétaire ne pouvait argumenter de son droit désormais disparu
et se soustraire ainsi à toute responsabilité pénale ; les tribunaux administratifs ne se préoccupaient que du fait de
contravention envisagé en lui-même sans avoir à examiner
la question préjudicielle de propriété qui eût été soulevée
devant eux. M. le commissaire du gouvernement Cornudet
résumait ainsi cette doctrine de 1850 « Il est de principe
qu'à l'administration seule appartient le droit de fixer les
limites du domaine public et partant, de déterminer les ouvrages qui font partie des canaux et rivières navigables ;
ce droit, l'administration l'exerce souverainement, et on ne
saurait admettre qu'elle puisse être gênée dans son action à
cet égard par des prétentions individuelles, et par conséquent qu'aucun débat puisse s'élever sur ce point entre elle
et les particuliers. Une fois donc que l'administration a déclaré que le domaine public s'étend jusqu'à cette limite, que
tels ouvrages font partie d'un canal ou d'une rivière navigable, il faut tenir sa déclaration pour irréfragable et arrêter comme vrai que tous les objets par elle désignés font
partie du domaine public. Cela étant, il est clair qu'il ne
peut jamais y avoir alors de question de propriété préjudicielle. Sans doute, des droits privés peuvent se trouver
lésés ; mais ce ne sera plus qu'une simple question d'indemnité à porter devant l'autorité judiciaire, et l'instance relative à cette question ne sera pas évidemment de nature à
tenir en échec le jugement de la contravention que le particulier pourrait avoir commise. Les conseils de préfecture
ne seront donc pas obligés de surseoir à statuer en présence
de l'exception de propriété soulevée par le contrevenant ;
ils devront au contraire réprimer immédiatement la contravention, sauf (car leur décision n'y fera pas d'obstacle) au
particulier à porter devant les tribunaux la question de

propriété ou indemnité qu'il pourrait avoir à débattre avec l'administration. » C'est ce que le Conseil avait reconnu par son arrêt du 16 février 1850. (Lebon, 50, 161.)

177. Ainsi dépossession des riverains et conversion de leur droit de propriété en un droit à indemnité pécuniaire. Mais ici nouvelle difficulté : quel était le tribunal compétent pour apprécier si les limites administratives empiétaient sur les limites naturelles, en un mot, s'il y avait droit à une indemnité? La doctrine et la jurisprudence s'accordaient pour reconnaître la compétence exclusive des tribunaux civils. Le tribunal civil, disait-on, ne sera amené en aucune manière à entraver l'exécution d'un acte administratif; loin de là, dans l'espèce qui lui est soumise, il partira de ce principe que l'administration n'a fait qu'user des pouvoirs à elle conférés par la loi. La solution du procès quelle qu'elle soit, ne portera aucune atteinte à l'acte de délimitation qui est intervenu. Il n'y a en réalité qu'une seule chose à rechercher : antérieurement à l'arrêté ou au décret, le demandeur en indemnité était-il propriétaire des terrains qui, aujourd'hui, se trouvent compris dans les limites de la mer ou d'un cours d'eau ? Donc, simple question de propriété, s'agitant entre les propriétaires dépossédés d'un côté, et le domaine d'autre part; or, les tribunaux civils connaissent seuls des questions de propriété : on ne comprendrait guère que l'administration pût, par son propre fait, faire disparaître cette règle de compétence, s'ériger elle-même en juge du débat et confisquer les garanties que la juridiction de droit commun assure à la propriété privée (Req. Rej., 23 mai 1849. Dev., 51, 1, 120 ; ibid., 20 mai 1862, Dev., 63, 1, 127 ; Rennes, 21 mai 1851. Dev., 52, 2, 207 : Dijon, 15 mai 1863. Dev., 63, 2, 158 ; Cpr. les arrêts du Conseil, cités par M. Batbie, t. V, p. 388 ; Serrigny, Quest. de Dr. admin., p. 516 et sq ; Merville, Rev. pratique, t. XII, p. 225.) Malgré cette unanimité d'opinions on se

trouvait chaque jour en présence des complications les plus singulières ; l'administration en effet, prétendait avoir le droit de fixer les limites du cours d'eau, non-seulement dans le présent, mais encore dans le passé ; la jurisprudence reconnaissait formellement la validité de ces délimitations *in præteritum tempus*. (Trib. des conflits, 8 juin 1850. Lebon, 50, 545 ; ibid., 31 mai 1851. Lebon, 51, 405 ; C. d'Etat, 3 juillet 1852 ; Lebon, 52, 274.) Il en résultait que le principe de la compétence judiciaire, si formellement reconnu par la Cour de Cassation et le Conseil d'Etat, ne pouvait, dans la pratique, recevoir aucune application. L'administration reprenait d'une main ce qu'elle avait été obligée d'accorder de l'autre ; ne pouvant se soustraire à la juridiction civile, elle tournait la difficulté et finissait par proclamer elle-même sa propre compétence. Un acte administratif venait déclarer quelles étaient les limites réelles du cours d'eau, antérieurement au décret ou à l'arrêté de délimitation : les riverains dépossédés ne pouvaient dès lors prendre qu'un parti, attaquer l'arrêté déclaratif de l'état de choses antérieur, et, par conséquent, engager le débat sur un point, dans l'examen duquel les tribunaux de droit commun ne pouvaient entrer à aucun titre. « Il est impossible, disait l'arrêt de Dijon du 15 mai 1863, que les décisions de l'administration à cet égard, puissent être contrôlées et modifiées par l'administration judiciaire, ne fût-ce que par une condamnation à une indemnité ; en effet, il s'ensuivrait toujours une contrariété de décisions entre les deux pouvoirs, l'autorité administrative ayant reconnu la propriété ancienne du domaine public, et le pouvoir judiciaire, décidant, au contraire, que la propriété litigieuse avait, avant la main-mise de l'administration, le caractère d'une propriété privée, contradiction que les lois séparatives des pouvoirs ont toujours eu pour but d'éviter. Admettre l'autorité judiciaire à reconnaître les limites anciennes du domaine

public, ce serait par là même enlever directement ce pouvoir à l'administration, et ne lui laisser que celui de fixer,
sauf indemnité, les limites actuelles de ce domaine, nécessaires aux exigences des intérêts publics. » Aussi M. Batbie
(t. V, p. 388) avouait-il qu'il était difficile de voir ce qui
pourrait rester à juger aux tribunaux sur la déclaration de
propriété des riverains ; il ne trouvait guère qu'un seul cas
où il fut impossible à l'administration de se soustraire à la
compétence judiciaire, celui où les propriétaires auraient
acquis les droits dont ils se trouvaient dépossédés antérieurement à l'ordonnance de 1566 !

178. Cette jurisprudence si illibérale mettait la propriété privée à la discrétion de l'arbitraire ministériel ou
préfectoral. Les abus devinrent tels que le Conseil d'Etat
l'abandonna peu à peu et finit par arriver au système dia-
métralement opposé. Cette réaction se produisit tout d'abord
dans les hypothèses de délimitations *in præteritum tempus* :
il eut été excessif de refuser aux riverains un recours par
la voie contentieuse contre un acte dont l'effet rétroactif les
privait de tout droit à une indemnité. La distinction entre
les délimitations actuelles et les délimitations dans le passé,
se trouve rappelée par les conclusions que donnait, en
1860, M. L'Hopital lors de l'affaire des ports de Bercy :
« Si la délimitation, faite par le préfet de la Seine, s'était
appliquée au passé comme au présent, nous aurions été,
nous l'avouons, très-disposé à trouver dans les circonstances qui l'ont accompagnée et suivie, un excès de pouvoir ;
nous aurions pu l'y trouver peut-être et nous aurions désiré
que le Conseil d'Etat le trouvât avec nous. Mais les termes
de l'arrêté attaqué ne se prêtent qu'à une délimitation dans
le présent. M. le ministre des Travaux publics, qui avait
fait l'arrêté sien en l'approuvant, déclare expressément qu'il
a statué pour le présent, et que le droit des requérants de
faire juger par qui de droit leur prétention à une indemnité

demeure intact... » Quant aux délimitations faites *in præsens tempus*, on n'admit d'abord de recours que dans le cas où la délimitation émanait d'une autorité incompétente ; nous avons déjà eu occasion de citer les arrêts du Conseil annulant les décisions par lesquelles des préfets avaient, malgré les termes du décret de 1852, délimité le rivage de la mer. Bientôt, on en vint à examiner le fond même de l'affaire ; ainsi, on décida que lorsqu'il y aurait abus évident, lorsque l'arrêté de délimitation n'aurait servi à l'administration que de prétexte pour usurper le domaine privé, il pourrait y avoir recours pour excès de pouvoir. Telle était la doctrine professée dès 1856 par M. le commissaire du gouvernement de Lavenay. « S'il apparaissait qu'une telle déclaration a eu lieu d'une manière abusive, qu'elle est dénuée de fondement, qu'elle constitue une usurpation, le recours serait recevable. » De même, conclusions de M. L'Hopital dans l'affaire des ports de Bercy. « Nous ne pouvons que juger s'il nous apparaît un caractère évidemment excessif qui constituerait l'excès de pouvoir. » Dans l'état actuel de la jurisprudence, on admet sans restriction aucune que toute délimitation inexacte constitue un excès de pouvoirs, par cela seul qu'elle empiète sur la propriété privée. C'est ce qui a été consacré pour la première fois, malgré la résistance de M. le ministre des Travaux publics par l'arrêt du 23 mai 1861. (Lebon, 61, 413.) Les nombreuses décisions qui sont intervenues postérieurement ne laissent aucun doute sur ce sujet. Ainsi un arrêt du 27 mai 1863, (Lebon, 63, 416.) rapportait un décret en date du 9 mai 1860, qui avait fait rentrer dans le domaine public maritime des terrains situés sur le bord de la Canche à une distance d'à peu près 16 kilomètres de son embouchure. La même année on annulait un arrêté préfectoral, comprenant, dans les limites d'un port, des terrains qui, de tout temps, avaient été regardés comme susceptibles de propriété privée, et dont une partie avait même été vendue par l'Etat à des particuliers. (C. d'Etat, 3 décembre 1863. Lebon, 63, 797.) Enfin nous citerons comme ayant jugé la question in terminis, les arrêts des 12 juillet et 13 décembre 1866, (Lebon, 66, 813 et 1150) et surtout celui du 9 janvier 1868, (Lebon, 68, 18.) Nous nous bornerons à reproduire le texte de cette dernière décision : « Considérant que, par l'arrêté attaqué, le préfet d'Indre-et-Loire a décidé qu'il serait procédé à la délimitation du lit de la Loire entre les bornes kilométriques 471 et 473, en prenant pour limite des plus hautes eaux du fleuve sans débordement, la cote de 3^m15 à l'échelle du pont de Langeais ; que d'une part, il est reconnu par l'ingénieur en chef, que la limite des plus hautes eaux, avant tout débordement, est notablement inférieure à la cote de 3^m15, indiquée par le préfet dans l'arrêté attaqué ; que, d'autre part, la délimitation, ainsi réglée, faisait entrer dans le lit du fleuve, comme dépendance du domaine public, une partie des îles qui sont la propriété des requérants, ainsi que des atterrissements vendus par l'Etat en 1856, alors que depuis leur aliénation, le cours des eaux n'a subi aucun changement, qu'il suit de là que les requérants sont fondés à soutenir que le préfet d'Indre-et-Loire, en prenant les arrêtés attaqués, et notre ministre des Travaux publics, en les approuvant, ont excédé la limite des pouvoirs qui leur sont confiés, etc., etc. »

179. Le Conseil d'Etat devait aller encore plus loin ; dans les conclusions si fortement motivées qu'il donnait en 1866, lors de l'affaire de la Gaffette, M. Aucoc déclarait nettement que les particuliers avaient le droit de réclamer par la voie contentieuse le retrait du décret ou de l'arrêté qui les aurait lésés, mais qu'ils n'avaient pas d'autre droit. Un décret impérial, un arrêté préfectoral n'ont pu incorporer au domaine public aucune parcelle d'une propriété privée. L'autorité administrative doit se conformer exactement à la limite naturelle ; si, dans un intérêt quelconque, elle

estime qu'il y a lieu de dépasser cette limite, elle ne peut procéder que par voie d'expropriation et dans les formes de la loi du 3 mai 1841. Les décrets ou les arrêtés qui ne sont point conformes à ce principe sont en droit entachés d'une nullité absolue : puisqu'ils n'ont rien pu incorporer au domaine public, aucun droit à une indemnité n'a pu s'ouvrir au profit du propriétaire soi-disant dépouillé ; c'est à ce dernier à faire reconnaître l'irrégularité du décret ou de l'arrêté, et à demander à être remis en possession ; en un mot, jamais les tribunaux civils n'auront à distinguer les limites administratives des limites naturelles, et à allouer une réparation pécuniaire, puisqu'aucune expropriation n'aura pu avoir lieu c'est ce qui résulte des arrêts des 12 déc. 1863 (Lebon, 63, 797) ; 15 déc. 1866 (Lebon, 66, 1157), et 15 avril 1868 (Lebon, 68, 434) ; nous ajouterons que l'administration paraît avoir acquiescé à ce principe, qu'elle faisait développer devant la chambre des requêtes dès 1862, lors du pourvoi Perrachon. Les tribunaux de l'ordre judiciaire résistent énergiquement : suivant eux, un véritable droit d'option est accordé aux particuliers dépossédés ; ils peuvent, soit demander devant le Conseil d'Etat le retrait de l'acte administratif qui leur fait défaut ; soit se résigner à leur dépossession définitive et demander une indemnité pécuniaire : bien entendu, les tribunaux civils restent compétents pour rechercher les limites naturelles et les comparer avec les limites administratives ; on accepte même cette compétence pour les délimitations *in præteritum tempus* (Civ. Cass. 21 nov. 1865. Dev. 66, 1, 5 ; Rej. Civ. 14 mai 1866. Dev. 66, 1, 297 ; Grenoble, 25 juillet 1866. Dev. 66, 2, 225 ; Paris, 7 avril 1868. Dev. 68, 2, 309 ; Cpr les articles de M. Christophle, Rev. crit. 1868, t. XXXII, p. 385, et 1869, t. XXXIV, p. 353). Théoriquement, cette doctrine nous semble inacceptable, puisqu'elle suppose que l'Etat a pu acquérir un droit quelconque dans l'espèce, et qu'en même temps un particulier a pu acquérir un droit quelconque contre l'Etat ; elle viole en un mot, cet axiome de bon sens si bien mis en lumière par M. Aucoc, que délimiter c'est conserver et non pas acquérir. Il est vrai que ses partisans essayent de s'appuyer sur des raisons d'analogie ingénieuses en apparence, mais qui au fond ne sont rien moins que concluantes : ainsi, ils viendront citer les dispositions qui réglementent l'alignement des routes et des rues ; par un simple arrêté, le préfet peut attribuer au domaine public des terrains qui n'en avaient jamais fait partie ; or, la délimitation du rivage de la mer ou d'un cours d'eau est un véritable alignement ; donc, nécessité d'appliquer dans les deux cas la même solution, et pour donner à l'argument une forme piquante, on rappellera ce mot de Pascal : « Les rivières sont des grands chemins qui marchent et qui portent où on veut aller. » Nous répondrons d'abord que l'alignement n'est imposé aux propriétés riveraines d'une grande route qu'à titre de servitude légale ; or, il suffit de se rappeler l'adage d'après lequel nulle servitude légale ne peut exister en l'absence d'un texte de loi : les textes ne nous parlant de la servitude d'alignement que relativement aux propriétés riveraines des rues et des routes, cette servitude ne peut être étendue aux propriétés riveraines de la mer ou d'un cours d'eau quelconque. Puis, il est bon d'observer que si un arrêté d'alignement peut incorporer au domaine public partie de la propriété privée, d'un autre côté, cet arrêté a dû être précédé d'une série de formalités qui constituent autant de garanties pour le propriétaire ; jusqu'au décret de décentralisation, l'arrêté d'alignement ne pouvait être délivré pour les propriétés urbaines, que conformément au plan général dont les projets devaient être adressés aux préfets, transmis avec leur avis au ministère de l'intérieur et définitivement arrêtés en Conseil d'Etat (Loi du 17 septembre 1807, art. 52). Aujourd'hui encore, aux termes du décret du 25 mars 1852, le plan d'alignement doit être homologué par le préfet. En outre, un avis du Conseil d'Etat du 1er août 1841 et une circulaire du 3 août suivant, indiquent les formes à suivre pour la préparation de ces plans généraux, etc... Si le législateur avait entendu en notre matière concéder soit au ministre, soit au préfet, le droit d'empiéter par voie d'alignement sur la propriété privée, n'est-il pas évident que ce droit eût été réglementé et soumis à l'accomplissement de formalités analogues? — Nos adversaires invoquent encore l'art. 15 de la loi du 21 mai 1836, qu'ils entendent généraliser de la manière la plus large. « Les arrêtés du préfet portant reconnaissance et fixation de la largeur d'un chemin vicinal, attribuent définitivement au chemin le sol compris dans les limites qu'ils déterminent. » Ils soutiennent que ce qui est vrai des arrêtés préfectoraux portant reconnaissance et fixation de la largeur d'un chemin vicinal, doit l'être également des actes portant reconnaissance et fixation des limites soit de la mer, soit d'un cours d'eau. Ici encore nous dirons que le pouvoir reconnu au préfet par la loi de 1836, est un pouvoir exceptionnel, et que toute exception doit être restreinte dans les termes exacts de la loi qui l'a établie. Il nous paraît d'autant plus difficile d'exagérer la portée de cette loi de 1836, que la loi récente du 18 juillet 1866 est venue réagir contre les idées qui avaient présidé à sa rédaction, et diminuer les pouvoirs qu'elle avait reconnus au préfet. Un arrêté de délimitation préparé dans les bureaux de la préfecture, n'ayant été soumis à aucun contrôle pourrait incorporer une propriété au domaine public, alors que dans des matières bien moins importantes, telles que le classement et la direction des chemins de grande communication, telles que la désignation des chemins d'intérêt commun, l'on exige l'intervention du Conseil général! En admettant cette extension de la loi de 1836, on s'engagerait ipso facto à accorder aux particuliers les garanties que cette loi réserve ; or, en l'absence d'un texte, pourrait-on appliquer à notre matière les art. 16 et 17 de cette loi? Les particuliers seraient-ils fondés à réclamer un rapport d'experts évaluant le dommage qui aurait été causé et la convocation spéciale d'un jury qui fixerait définitivement le quantum de l'indemnité? A ces raisons qui nous paraissent décisives, nous nous contenterons d'ajouter que la Cour suprême, reculant devant les conséquences de sa propre doctrine, se refuse à l'appliquer au cas où il s'agirait de terrains englobés par la délimitation d'un port maritime : l'arrêt du 18 juin 1866, que nous aurons à citer dans quelques instants, reproduit les arguments qu'invoquait le Conseil d'Etat dans ses arrêts de 1866 et de 1868, et que nous acceptons sans réserve.

§ II.

Des ports, rades et havres.

179. On entend par port un lieu propre à recevoir des vaisseaux et à les retenir à l'abri des tempêtes. « L'importance des ports, dit M. Beaussant (t. I, p. 555), est facile à saisir ; c'est de là que partent les navires, c'est de là qu'ils vont à travers les mers ; c'est là qu'on embarque, là qu'on débarque les marchandises échangées ou achetées ; là se résume le commerce maritime. Les ports doivent être libres à tous, comme le commerce lui-même ; ils sont comme les rades, une partie imprescriptible du territoire français, inaliénables, imprescriptibles, communs pour leur usage à tous les nationaux et aux peuples alliés. » Ainsi se trouve justifiée la décision de l'art. 538 qui, assimilant les ports aux rivages de la mer, les range parmi les choses du domaine public. Les ports se composent non-seulement de

l'espace naturellement couvert par les eaux de la mer, mais encore des bassins à flot et des bassins de carénage creusés artificiellement, des ouvrages établis et entretenus aux frais de l'Etat, etc., etc... Dans le premier cas, la limite sera fixée par la mer elle-même ; ce sera le point qu'atteignent les eaux lors des plus grandes marées de mars ou d'hiver ; dans le second cas, la limite du port sera déterminée d'après les titres que l'Etat pourra produire ; les terrains qu'il occupe, les constructions qu'il a fait bâtir ne sont hors du commerce que par suite de leur destination ; l'Etat est assimilé à un simple particulier, et dès lors est tenu de justifier de son titre d'acquisition. Aux ports proprement dits, nous assimilerons sans difficulté les canaux artificiels destinés à les alimenter (C. d'Etat, 2 août 1860. Lebon, 60, 599). Mais que décider au cas où les bassins sont alimentés non pas par un canal artificiel, mais par un cours d'eau non navigable ni flottable ? Le cours d'eau doit-il être considéré comme domanial ? L'administration a soutenu que la partie d'un cours d'eau qui naturellement se trouvait en dehors des limites d'un port maritime, n'en devait pas moins être considérée comme faisant partie du domaine public, dans le cas où elle constituerait le bassin de chasse de ce port : tout travail exécuté sans autorisation dans le lit du cours d'eau, constituerait dès lors une contravention de grande voirie. « Cette partie du cours d'eau, portait un avis de M. le ministre des travaux publics, forme le réservoir dans lequel s'emmagasinent les eaux de la mer dont le reflux produit le dévasement du chenal ; elle forme donc comme le bassin de chasse du port ; à ce titre elle en est une dépendance essentielle. Dès lors, et encore bien qu'un décret ait fixé les limites de la mer à la face aval du pont, on ne peut méconnaître que des travaux devant avoir pour conséquence nécessaire de porter atteinte au régime des eaux de chasse, constitue une contravention de grande voirie. Le décret de délimitation détermine la nature des rives qui forment soit des alluvions fluviales, soit des lais de mer selon que ces rives se trouvent en aval, ou en amont de la ligne de délimitation ; mais il ne s'agit pas ici de déterminer la nature de la rive du Faou. Le terrain dit la Petite Grève n'est pas une rive. C'est un îlot dans le bassin de chasse, et cet îlot fût-il la propriété du requérant, aucun travail n'y pourrait être effectué sans autorisation, si ce travail est de nature à modifier le régime des chasses. Il me semble donc hors de doute que si des fouilles étaient exécutées sans autorisation sur un terrain, ces fouilles, fût ce même terrain une propriété privée, doivent être interdites lorsqu'elles compromettent des ouvrages publics. » La jurisprudence ne s'est pas associée à une doctrine aussi singulière ; pour elle, l'arrêté de délimitation fixe le point où cessent les dépendances du port, c'est-à-dire où cesse le domaine public ; la partie du cours d'eau située au-dessus de ce point continue à être soumise aux règles du droit commun (C. d'Etat, 16 mai 1860. Lebon, 60, 404).

180. Antérieurement au décret du 25 février 1852, la délimitation des ports maritimes appartenait sans contestation à l'autorité préfectorale ; aujourd'hui une distinction nous paraît nécessaire. S'il s'agit de fixer la limite d'un bassin creusé naturellement par la mer, il faut exiger l'intervention d'un décret impérial ; la limite du port sera nécessairement la même que les limites de la mer ; or, les limites de la mer ne peuvent être fixées que par un décret impérial. Dans le rapport qui précédait le décret de 1852, M. le ministre de la marine faisait allusion à cette hypothèse et déclarait renoncer au droit de préparer les décrets à intervenir ; il faisait observer avec juste raison que ces études préparatoires rentraient logiquement dans les attributions du ministère des travaux publics spécialement chargé de veiller à l'entretien et à la conservation des ports

de commerce. Que si au contraire il s'agit de déterminer jusqu'où s'étendent les dépendances du port qui ne font partie du domaine public qu'à raison de leur destination, le préfet reste compétent ; nous nous trouvons complétement en dehors des termes du décret de 1852. C'est ce qu'établissait fort bien M. le commissaire du gouvernement Faré. « Cette différence tient à la nature et aux conséquences des deux opérations ; la délimitation du rivage de la mer constitue un fait physique, étranger et supérieur à la volonté humaine. Elle détermine par une ligne et conformément à l'Ordonnance de 1681, ce que la mer couvre et découvre, jusqu'où le plus grand flot de mars se peut étendre sur les grèves. C'est là ce qui constitue le rivage de la mer souvent mobile. La mission de l'administration se borne à déterminer ce point. Mais la constatation de fait a de graves conséquences de droit. Tout ce qui est embrassé dans les limites du rivage de la mer est déclaré par cela seul, non susceptible de propriété privée, dans le présent comme dans le passé, à moins qu'il ne soit démontré que la propriété était antérieure à 1566. On conçoit alors la garantie donnée aux tiers par l'intervention du réglement d'administration publique et du Conseil d'Etat. Dans le second cas, au contraire, et il s'agit notamment de ports, ce n'est plus un fait étranger à l'homme qu'il s'agit de reconnaître, c'est un travail de ses mains, c'est une affectation positive de l'objet à l'utilité publique. Ce n'est pas le caprice du flot, le soulèvement d'un volcan, la fureur d'une tempête, qui fait un port, un quai, un bassin, une écluse pas plus qu'un chemin, pas plus qu'une forteresse. C'est le travail, c'est la volonté humaine, et ce travail, résultat de beaucoup d'efforts, il importe de le défendre, de le conserver, de le reconnaître : l'administration en est chargée. Mais la tâche lui est facile. L'œuvre, fût-elle ancienne, a laissé partout sa trace. Un mur, une vanne, un pieu, même quand le temps a passé sur l'ouvrage, permettent d'en établir l'étendue, la consistance, d'en déterminer l'assiette. On conçoit que, dans ces circonstances, l'arrêté de domanialité intervienne et qu'il ait pour résultat, non de supprimer, comme dans le cas de délimitation du rivage, la propriété dans le présent et dans l'avenir, mais d'affecter immédiatement au domaine public, c'est-à-dire au service public, tout l'espace compris dans les limites qu'il reconnaît. » Le décret impérial, l'arrêté préfectoral devront se borner à constater l'état de choses existant naturellement ou en vertu des titres que l'administration produira ; aucune parcelle de la propriété privée ne pourra être incorporée au domaine public, sans qu'il soit procédé dans les formes de l'expropriation ; suivant le système que nous exposions plus haut, le riverain dépossédé par un décret ou un arrêté, devra recourir au Conseil d'Etat et en demander la nullité pour excès de pouvoir : les tribunaux de l'ordre judiciaire ne pourront lui allouer aucune indemnité, puisque l'Etat n'a pu acquérir un droit quelconque sur les terrains soi-disant incorporés au domaine public. Nous citerons en ce sens les arrêts du Conseil des 3 décembre 1863 et 12 juillet 1866 (Lebon, 63, 797 ; ibid. 66, 815). A la même époque la question se présentait devant la Cour de cassation, et l'arrêt du 8 juin 1866 (Dev. 66, 1, 365) décidait conformément à la doctrine du Conseil d'Etat que des terrains illégalement compris en 1837 dans le périmètre du port de Bordeaux, n'avaient point cessé d'appartenir à leurs anciens propriétaires ; la Compagnie du Midi, substituée aux droits de l'Etat, n'avait pu établir ses voies avant d'avoir satisfait aux obligations que lui imposait la loi du 3 mai 1841. L'importance de cette décision par laquelle la Chambre des requêtes abandonne le système suivi par la Chambre civile ne saurait échapper à personne ; qu'elle s'applique à un port maritime ou aux rivages de la mer, la délimitation offre les mêmes caractères ; au-

cune raison dès lors de distinguer entre les deux hypothèses. Il y a là, nous le répétons, un progrès considérable
et nous espérons que l'arrêt de 1866 sera le signal d'un re-
virement complet dans la jurisprudence de la Cour de cassation.

181. Les quais des ports maritimes rentrent-ils dans le
domaine public ? Notre ancienne législation les considérait
comme des propriétés privées, grevées d'une simple servitude au profit du public. Ainsi que le constate M. Beaussant
(t. I, p. 583), les particuliers ou les villes auxquels ils appartenaient pouvaient percevoir des droits de coutumes ou
de quayage, qui consistaient dans une rétribution calculée
sur le tonnage des navires qui venaient à quai pour s'amarrer, se décharger ou séjourner ; en sens inverse, ils étaient
tenus de les entretenir, et, même en certains lieux, de fournir les cables et bois nécessaires au chargement. Dans
notre droit actuel, personne ne conteste la domanialité
des quais servant à l'embarquement ou au débarquement
des marchandises ; ils font partie de la grande voirie, et les
propriétaires riverains ne peuvent élever sur leurs héritages
aucune construction, sans avoir obtenu un alignement
préalable. (C. d'Etat, 25 février 1864. Lebon, 64, 179.)
Les quais sont généralement munis de cales, c'est-à-dire de
plans inclinés qui descendent du terrain au niveau de l'eau,
ou même dans la profondeur du port ; ces cales sont destinées à un usage public, puisqu'elles servent à faciliter le
chargement et le déchargement des marchandises ; donc
elles font partie du domaine public comme les ports et les
quais. Un décret impérial du 5 janvier 1853 est relatif à la
répartition, entre l'Etat et les villes, des frais d'entretien
des chaussées et trottoirs qui, dans les ports de commerce,
se trouvent compris entre le terre-plein des quais et des
maisons. Art. 1er. « Les dépenses relatives à l'entretien des
revers et des trottoirs, compris entre les maisons bâties sur

un port de commerce et le ruisseau de la rue latérale, ne seront pas imputées sur les fonds de l'Etat. Les revers seront entretenus, soit par les propriétaires, soit par la ville, conformément aux usages locaux. Les frais relatifs à l'entretien des trottoirs seront réglés conformément aux prescriptions de la loi du 7 juin 1845. » L'art. 2 suppose le cas où par suite de la délimitation des quais, il existerait une rue latérale, parallèle aux maisons, et décide que la chaussée de cette rue sera entretenue sur les fonds du Trésor public si elle fait partie de la traverse d'une route impériale ; sur les fonds du département, si la rue est considérée comme traverse d'une route départementale ; à frais communs par l'Etat et par la ville si elle n'appartient ni à une route nationale ni à une route départementale. L'art. 3 ajoute que la chaussée de la rue, comprise entre les maisons et le parapet, élevée sur un mur de soutènement suivi d'un quai ou d'une cale de débarquement, sera entretenue aux frais de la ville, à moins qu'elle ne fasse partie d'une route impériale ou départementale. D'après l'art. 4, les pavages en terre-plein, spécialement affectés aux dépôts de marchandises. soit avant l'embarquement, soit après le débarquement, seront entretenus aux frais de l'Etat. Toutefois, lorsque la commune aura été autorisée à percevoir des droits de location ou de dépôt sur quelque partie des quais, l'entretien de ces parties sera mis à sa charge ; enfin, l'usage des portions de terre-pleins qui ne sont pas utilisées par la commune, soit pour le dépôt des marchandises, soit pour les mouvements du port, pourra, sur l'autorisation du ministre des Travaux publics, être accordé provisoirement à la ville, qui, dans ce cas, prendra à sa charge l'entretien des pavages ; cette autorisation, dit en terminant l'art. 5, sera révocable à toute époque et sans indemnité.

182. La loi du 11 frimaire an VII autorisait, au profit des communes, la perception de droits de stationnement sur

les quais des ports maritimes ; cette perception a été maintenue par l'art. 31 § 7 de la loi du 18 juillet 1837 que nous
avons rapporté plus haut. Nous avons déjà vu par qui, et
dans quelles conditions, ces droits pouvaient être établis ;
la loi récente du 24 juillet 1867 a, toutefois, fait naître
quelques doutes à ce sujet : l'art. 1er 5° appelait les conseils
municipaux à régler, par leurs délibérations, les tarifs à
percevoir pour les dépôts et stationnement sur les lieux dépendant du domaine public communal. Fallait-il, dès lors,
décider que les droits de stationnement sur les quais des
ports maritimes seraient établis, non plus par l'autorité supérieure, mais bien par les conseils municipaux? Une circulaire du ministre de l'Intérieur, en date du 3 août 1867,
tranche la question dans les termes suivants : « Le paragraphe 5, concernant le tarif des droits à percevoir pour le
stationnement dans les rues, places et autres lieux dépendant du domaine public communal, ne modifie pas la règle,
d'après laquelle ces mêmes tarifs doivent être soumis à l'approbation de l'autorité supérieure quand il s'agit des ports,
quais, rivières et autres lieux dépendant de la grande voirie
à raison des intérêts généraux qui se rattachent à la liberté
du commerce et de la navigation, et que ces concessions
pourraient compromettre. » — Outre les autorisations de dépôts et de stationnement, l'administration des Ponts et
Chaussées accorde souvent, de concert avec l'autorité préfectorale et l'administration des Domaines, l'autorisation
d'établir certaines constructions sur les quais des ports de
commerce ; M. Chalvet (Journ. du Dr. adm., t. IX, p. 154)
entre à ce sujet dans quelques détails. D'abord, il est bien entendu que le constructeur ne peut acquérir sur le domaine public aucun droit définitif et irrévocable; le principe d'inaliénabilité ne recevra donc aucune atteinte. Pour prévenir toute
contestation, les arrêtés d'autorisation, stipulent formellement qu'à première réquisition, la construction devra être

démolie. La plupart du temps, ces constructions consiste-
ront dans de simples cabanes où se tiennent les préposés
que les armateurs commettent à la garde et surveillance
des marchandises ; quelquefois aussi les arrêtés préfectoraux
autoriseront des maisons de commerce importantes à édifier
des grues fixes ou roulantes sur les quais de certains ports.
Bien que l'emplacement occupé par les particuliers soit peu
considérable, l'administration du Domaine est dans l'habitude de passer un acte de bail avec le permissionnaire. La
redevance est généralement calculée sur le pied de 10 francs
par an pour la place d'une grue fixe ; sur quoi M. Chalvet
fait observer qu'au fond, ces redevances ne sont pas destinées à produire un revenu à l'Etat, et que leur seul but est
de sauvegarder le principe qu'aucune portion du domaine
public ne saurait être concédée même temporairement à
titre gratuit. Enfin, les Compagnies de chemins de fer
peuvent également être autorisées à prolonger leurs voies
jusqu'aux quais où viennent s'amarrer les navires ; ce droit
résulte pour elles soit de leurs cahiers de charges originaux,
soit de décrets postérieurs qui ont déclaré d'utilité publique
les embranchements à établir depuis leurs gares principales
jusqu'aux endroits où doivent aboutir ces embranchements
secondaires ; l'exploitation de ces embranchements est soumise à des règles toutes particulières, édictées dans l'intérêt
de la sécurité publique, et qui varient suivant le profil du
chemin et la disposition des lieux.

183. L'art. 4 de l'arrêté consulaire du 7 brumaire an IX
dispose que dans l'enceinte des ports de commerce la profession de peseur, mesureur et jaugeur ne pourra être exercée que par des préposés spéciaux. Le mode de nomination
de ces agents était fixé par les art. 1 et 3 de l'arrêté : dans
les villes où le commerce l'exigerait, il devait être établi par
le préfet des bureaux de pesage, mesurage et jaugeage public, où tous les citoyens pourraient faire peser, mesurer et

jauger leurs marchandises moyennant une rétribution juste
et modérée : en exécution de la loi des 15-28 mars 1790 cette
rétribution était proposée par les conseils municipaux et
fixée en Conseil d'Etat sur l'avis des préfets ou sous-préfets.
Dans les lieux où il n'était pas nécessaire d'établir des
bureaux publics, les fonctions de peseurs pouvaient être
confiées par le préfet à des citoyens d'une probité et d'une
capacité reconnues. Aujourd'hui, le décret du 25 mars 1852
(tableau A, n° 32) autorise les préfets à statuer directement
et dans tous les cas sur l'établissement des bureaux de pesage, sur la fixation des tarifs et la nomination des peseurs
publics. L'art. 3 de l'arrêté de l'an IX impose aux peseurs
publics l'obligation de prêter serment avant d'entrer en fonctions : ce serment est reçu soit par le président du tribunal
de commerce, soit par le juge de paix du lieu. Les préposés
sont considérés en jurisprudence comme de véritables
fonctionnaires publics ; ainsi, en cas d'exaction, ils sont
passibles des peines portées contre le délit de concussion par l'art. 174 C. pén. (Crim. Rej. 7 avril 1837. Dev.
37, 1, 342). De même, l'altération des bulletins délivrés
par eux constituerait le crime de faux en écriture authentique (Crim. Rej. 16 avril 1837. Dev. 38, 1, 221).
Dans l'enceinte même du port, les peseurs et mesureurs publics ont un privilége exclusif : les marchandises
embarquées et débarquées sur les quais ne peuvent être pe-
sées que dans leur bureau ; telle est l'interprétation que
la jurisprudence donne à l'art. 4 de l'arrêté de l'an IX (Cass.
Ch. réunies 4 nov. 1850. Dev. 50, 1, 810). En dehors de
l'enceinte du port, les particuliers ne sont obligés de recourir
au ministère des peseurs publics qu'au cas de contestation :
on peut voir en ce sens l'art. 1er de la loi du 29 floréal
an X. L'art. 5 de l'arrêté veut que l'enceinte des ports, en
dedans de laquelle s'exercera le privilége exclusif des peseurs publics, soit déterminée par l'autorité municipale sous

l'approbation du sous-préfet : suivant nous, les limites de
cette enceinte ne seront pas nécessairement les mêmes que
celle du domaine public maritime ; l'administration pourra
comprendre dans le périmètre de l'enceinte des terrains qui
par la nature des constructions qui y sont élevées, ne dé-
pendraient point du port proprement dit; ainsi, par exemple, des magasins et des halles où sont habituellement déposées les marchandises. La sanction du privilége des peseurs
et mesureurs publics se trouve dans l'art. 4 in fine : les instruments de pesage appartenant aux contrevenants pourraient être confisqués. En 1862 s'est élevée la question de
savoir quelle procédure devrait être suivie dans l'espèce ; d'a-
près une décision de M. le ministre de l'intérieur, la confiscation ne peut être prononcée administrativement : les
tribunaux sont seuls compétents pour statuer, et de plus,
aucun texte de loi n'autorise le maire à saisir provisoirement
ces instruments : la saisie ne peut avoir lieu qu'après jugement passé en force de chose jugée. Les frais de pesage
sont généralement supportés par les capitaines et les consignataires dans une proportion que fixent les usages locaux ;
ainsi, à Marseille, cette proportion est de moitié pour chacun d'eux (Trib. comm. Marseille, 21 janv. 1856. Rec. de
Marseille, 34, 1, 54; ibid. 28 janv. 1858. Rec. de Marseille, 36, 1, 51). A un autre point de vue, les difficultés qui
pourraient survenir entre les peseurs publics et leurs rede-
vables relativement à la perception des droits autorisés ne
peuvent être tranchées que par les tribunaux de l'ordre judiciaire ; l'autorité administrative n'en peut être saisie à aucun titre (C. d'Etat, 10 juin 1857. Lebon. 17, 465).
L'art. 5 de l'arrêté de brumaire indique les obligations auxquelles sont soumis les peseurs publics : " Les citoyens à
qui les bureaux ou les fonctions de peseurs ou de mesureurs publics seront confiées, seront obligés de tenir les marchés, halles et ports garnis d'instruments nécessaires à

l'exercice de leur état, et d'employés en nombre suffisant ; faute de quoi il y sera pourvu à leurs frais par la police, et ils seront destitués. Ils ne pourront employer que des poids et mesures dûment étalonnés, certifiés et portant l'inscription de leur valeur. » L'art. 7 ajoute que l'infidélité dans les poids employés au pesage public sera punie par voie de police correctionnelle des peines prononcées contre les marchands qui vendent à faux poids ou à fausse mesure ; en d'autres termes, application de l'art. 423 C. pénal.

184. A l'origine, les travaux à exécuter dans les ports étaient placés dans les attributions exclusives du ministère de la marine. L'arrêté consulaire du 17 ventose an VIII en avait confié la direction aux ingénieurs et élèves des travaux publics maritimes. Ces agents, portait l'arrêté, devaient être choisis parmi les ingénieurs et élèves des bâtiments civils de la marine et parmi les ingénieurs des ponts et chaussées de tout grade en activité de service ou ayant été attachés aux travaux maritimes ; les places qui, postérieurement, auraient pu devenir vacantes, étaient réservées aux élèves de l'école des ponts et chaussées qui, après avoir été employés deux années aux travaux des ports, auraient été jugés les plus propres à ce service. Les cadres arrêtés en l'an VIII comprenaient des ingénieurs-directeurs, des ingénieurs chefs de service, des ingénieurs ordinaires, des sous-ingénieurs, et enfin des élèves dont le nombre devait être proportionné aux besoins locaux. Aucun travail ne pouvait être exécuté qu'après approbation des plans et des devis par le ministre de la guerre ; en outre, pour les travaux intéressant la défense de la navigation, on exigeait l'avis du ministre de la guerre et du comité des fortifications ; dans les cas urgents, l'ingénieur en chef était autorisé à réparer les travaux antérieurement existants et qui auraient été endommagés par un coup de mer ; seulement le ministre devait en être aussitôt informé par un rapport spécial. Le

corps des ingénieurs des travaux maritimes fut supprimé par un second arrêté en date du 22 prairial an X ; l'art. 2 décidait que tous les travaux des ports de commerce rentreraient désormais dans les attributions du ministre de l'intérieur et seraient confiés aux ingénieurs des ponts et chaussées ; le ministre de la marine n'était plus chargé d'entretenir et de surveiller que les ouvrages des cinq grands ports de guerre et les travaux du port de Boulogne. Depuis les ordonnances des 19 mai 1830 et 13 mars 1831, les travaux d'entretien et de surveillance des ports maritimes relèvent du ministère des travaux publics. La seule modification intervenue depuis cette époque, résulte du décret du 16 août 1853 ; la commission mixte des travaux publics est appelée à examiner et à discuter tous les projets relatifs aux ports de commerce, aux écluses de navigation et de chasse et aux autres ouvrages analogues d'intérêt public tels que digues, bâtardeaux, épis, enrochements, ports, quais, bassins, jetées, brise-lames, etc., etc... Les frais des travaux, entrepris dans les ports maritimes, sont supportés par l'Etat : ces dépenses étaient déjà mises à sa charge par les lois des 3-7 juillet 1790 et du 11 frimaire an VII ; elles figurent au budget de chaque année comme dépenses ordinaires de l'administration des Ponts et Chaussées. Du reste, fort souvent des lois spéciales accordent des crédits extraordinaires pour l'achèvement de certains travaux ; ainsi, par exemple, une loi du 3 juillet 1846 affectait une somme de 72,300,000 à l'amélioration de divers ports maritimes : au nombre de ces travaux figurent la construction d'un quai de marée au port de Calais et l'exécution des ouvrages nécessaires pour la jonction, à ce point de la navigation maritime, avec la navigation intérieure ; la construction d'un quai à Tonnay-Charente ; l'établissement d'un canal maritime entre l'étang de Bouc et le port de Berre ; l'agrandissement des ports de Honfleur et de Redon. On peut consul-

ter encore la loi du 15 août 1844, affectant : 1° une somme
de 17 millions à l'établissement du port de la Joliette, sur
le territoire de Marseille ; 2° une somme de 19,922,000 fr.
à l'amélioration du chenal et de l'avant-port du Havre, à
l'exécution des bassins de la Floride et de Vauban, et à
l'exécution du nouveau bassin de l'Eure ; 3° une somme de
3,500,000 fr. à l'établissement de quais au port de Bordeaux — le décret du 24 novembre 1852, relatif au port de
Honfleur — la loi du 9 juillet 1852 et le décret du 17 juillet
1854, relatifs à l'agrandissement du port du Havre, etc...
Dans certains cas extrêmement rares, le ministère des travaux publics, au lieu de charger l'administration des Ponts
et Chaussées des travaux nécessaires, les donne à exécuter
à une compagnie, qui percevra certains droits sur les navires du commerce. Une loi du 29 juillet 1829 autorisait le
gouvernement à concéder, à perpétuité, le havre de Courseulles, à la charge par le concessionnaire d'exécuter les
travaux nécessaires à l'établissement d'un port et d'un dock ;
les droits de stationnement qui pouvaient être perçus
par le concessionnaire variaient, suivant la nationalité
des navires, de 15 à 60 cent. Cette tentative ne donna pas
de résultats satisfaisants : l'obligation d'acquitter les droits
fixés par la loi de 1829 éloignait du port de Courseulles la
plupart des bâtiments de commerce ; aussi le gouvernement,
suffisamment édifié par cette expérience, proposa-t-il le
rachat de cette concession ; sur ce, intervint la loi du 3 juillet 1846, qui allouait au ministre des travaux publics un
crédit de 300,000 fr. affecté au rachat des droits de
stationnement. Le 16 octobre 1846, les concessionnaires
acceptèrent les offres qui leur étaient faites et, quatre
jours après, une ordonnance royale décidait que cette convention recevrait son plein et entier effet ; le port de Courseulles est désormais soumis au même régime que les autres
ports de l'empire.

185. La police des ports maritimes est une des matières qui, dans ces derniers temps, ont le plus particulièrement attiré l'attention du ministère des travaux publics. Il y a quelques années, chaque port avait son réglement particulier : aux termes de la loi des 16 24 août 1790, les autorités municipales étaient chargées de veiller sur tout ce qui intéresse la tranquillité des lieux publics ; les maires se trouvaient par là substitués aux anciens tribunaux de l'amirauté et pouvaient prendre toutes les mesures nécessaires pour assurer la sécurité du port ; généralement leurs arrêtés étaient conçus dans les termes les plus larges, et s'appliquaient à une infinité d'objets : il n'était pas rare que la profession des porte-faix et autres individus qui chargent ou déchargent les marchandises — que la vente du poisson ou de tout autre denrée sur le port y fussent l'objet de prescriptions détaillées. A côté des maires, les préfets agissaient ici dans les limites de leur compétence ordinaire : comme exemples, on citait surtout le réglement du port de Marseille et le réglement du port du Havre, ce dernier arrêté le 10 juillet 1857 par M. le préfet de la Seine-Inférieure. La sanction de ces arrêtés se trouvait en règle générale dans l'art. 471 § 15 C. Pén. ; ainsi, compétence du tribunal de police et amende de un franc à 5 fr. Quant aux arrêtés qui rappelaient ou reproduisaient les prescriptions des anciens réglements administratifs restés en vigueur, ils empruntaient le caractère de ces réglements ; toute contravention à leurs dispositions était réputée contravention de grande voirie (C. d'Etat, 18 septembre 1864. Lebon, 64, 932.) Dans l'intérêt du commerce et de la navigation, il était urgent de faire cesser les divergences qui existaient entre les divers arrêtés en vigueur ; en 1866 une commission fut nommée pour préparer un réglement uniforme, applicable à tous les ports de commerce. Le projet, envoyé aux ingénieurs et aux Chambres de commerce, rencontra une adhésion unanime ; on s'accordait à reconnaître que, sans omettre aucune disposition essentielle, il laissait au commerce plus de liberté, aux officiers du port plus de latitude dans l'exercice de leurs fonctions ; qu'enfin, il constituait un véritable progrès. Ainsi que le constate la circulaire ministérielle du 28 février 1867, ce réglement général sera suffisant dans la plupart des ports. L'autorité préfectorale n'aura à intervenir que dans des circonstances tout à fait exceptionnelles. L'art. 41 est ainsi conçu : « Indépendamment des dispositions générales du présent réglement, applicables à tous les ports maritimes de commerce de l'empire, il peut être établi pour chaque port où le besoin en est reconnu, après avis des Chambres de commerce, des dispositions spéciales qui seront rendues exécutoires par des arrêtés préfectoraux préalablement soumis à l'approbation ministérielle. » Pour rester en harmonie avec le réglement général, ajoute la circulaire, ces arrêtés devront être aussi courts que possible, ne comprendre qu'un petit nombre d'articles ; on devra, dans leur rédaction, éviter les détails minutieux et toute réglementation dont l'utilité ne serait pas bien démontrée. Nous avons à peine besoin d'ajouter que, le réglement général et les arrêtés spéciaux pris en vertu de l'art. 41, s'appliquent à tout bâtiment mouillé dans le port, sans distinction de tonnage ni de nationalité ; il ne peut y être dérogé que du consentement exprès des autorités maritimes chargées de veiller à la police du port, et l'on a jugé avec raison que l'autorisation de l'administration des douanes était insuffisante pour excuser le capitaine qui aurait contrevenu aux arrêtés déterminant le lieu des amarrages et le placement des bâtiments dans un port (Crim. Cass., 8 juin 1844. Pal. 44, 112.)

186. 1° *Mouvements et stationnement des navires.* L'art. 1er du réglement de 1867 enjoint à tout navire, lorsqu'il entre dans le port, d'arborer le pavillon de sa nation. D'après l'art. 2, les officiers et maîtres de port règlent l'ordre d'en-

trée et de sortie des navires dans les bassins ; ils ordonnent et dirigent tous les mouvements ; les patrons et capitaines doivent obéir à toutes leurs injonctions, sauf à prendre d'eux-mêmes, dans les manœuvres qu'ils effectuent, les mesures nécessaires pour prévenir les accidents. Suivent d'assez nombreux articles fixant les rapports réciproques des officiers de port et des capitaines. Tout capitaine entrant dans le port devra remettre dans les vingt-quatre heures au bureau des officiers du port, une déclaration écrite, indiquant le nom de son navire, celui du capitaine, celui de l'armateur ou du consignataire, le tonnage du navire, son tirant d'eau, son genre de navigation, la nature de son chargement, sa provenance, sa destination et le nombre d'hommes de son équipage (art. 3) ; d'après une jurisprudence déjà ancienne, cette obligation est imposée aux navires qui doivent rester amarrés dans le port, tout aussi bien qu'à ceux qui doivent aborder à quai (Crim. Cass., 9 mars 1844. Pal. 44, 1, 818). A la sortie, déclaration analogue doit être faite entre les mains des officiers de port. Ces déclarations remises par les capitaines sont inscrites dans l'ordre de leur présentation sur un registre spécial où elles reçoivent un numéro d'ordre. Les officiers de port fixent la place que chaque navire doit occuper à quai, selon son tirant d'eau et la nature de son chargement et conformément aux usages du port (art. 6.) Ils suivront pour cela l'ordre des inscriptions prescrites par l'art. 3 ; toutefois, des circonstances spéciales, et dont ils sont seuls juges, pourraient motiver une dérogation à cette prescription. L'art. 6 s'occupe des manœuvres à exécuter dans les bassins à flot : les officiers de port sont chargés de les diriger et de donner tous les ordres nécessaires ; ils assistent, autant que possible, à l'entrée et à la sortie des navires dans ces bassins. En temps ordinaire, les officiers de port feront ouvrir les bassins à flot, même avant le lever et après le coucher du soleil, lorsque l'heure de marée l'exigera ; en sens inverse ils pourront, à quelque heure que ce soit, interdire l'ouverture des portes par les gros temps. Enfin, ils devront veiller à ce que les signaux annonçant l'ouverture des bassins soient hissés régulièrement. Les art. 4, 7, 8, 9, 10 renferment diverses prescriptions relatives à la sécurité du port ; ainsi, interdiction, sauf le cas de nécessité absolue, de laisser aucune ancre mouillée dans la passe des navires ; interdiction d'amarrer les navires ailleurs qu'aux boucles, pieux, bornes ou canons placés sur les quais pour cet objet ; obligation pour tout capitaine, en cas de nécessité, de recevoir une aussière et de larguer ses amarres, pour faciliter les mouvements des autres navires ; de doubler ses amarres, en un mot de prendre toutes les précautions indiquées par les officiers de port. Tout navire amarré dans le port doit avoir un gardien à bord ; s'il devient nécessaire de faire une manœuvre et s'il ne se trouve pas sur le navire assez d'hommes pour l'exécuter, les officiers de port leur adjoignent le nombre d'hommes qu'ils jugent nécessaire ; le salaire de ces hommes est payé par le capitaine, l'armateur, le consignataire ou le propriétaire du navire, d'après un rôle dressé par les officiers de port et rendu exécutoire par le préfet. L'art. 11 prévoit le cas où des écluses de chasse doivent jouer dans un port ; l'opération sera annoncée pendant la pleine mer précédente au moyen d'un pavillon bleu hissé sur les écluses ; les capitaines sont tenus dès ce moment de prendre les dispositions nécessaires pour préserver leurs navires des avaries que les chasses pourraient leur causer.

187. 2° *Chargements et déchargements dans le port.* — Le réglement de 1867 n'a pas cru possible de fixer d'une manière générale le temps qui serait accordé pour le chargement et le déchargement des bâtiments ; il laisse en conséquence subsister les usages locaux, tout en prescrivant aux

préfets de les consacrer réglementairement. Telle nous paraît être la portée de l'art. 12 : « Dans chaque port, le temps accordé pour le chargement et le déchargement des navires, suivant leur tonnage, est fixé par un arrêté du préfet, pris sur l'avis de la Chambre de commerce. On y ajoute vingt-quatre heures lorsque le navire a besoin de lest pour se tenir debout. » Le navire est relevé, à l'expiration du délai fixé par l'arrêté préfectoral ou même plus tôt, si ses opérations sont terminées auparavant ; toutefois les officiers de port pourraient accorder une prorogation de délai au cas où des circonstances exceptionnelles la rendraient nécessaire. L'art. 13 in fine comble une lacune qui se rencontrait dans la plupart des anciens réglements ; désormais les marchandises, déchargées sur le quai, seront enlevées au fur et à mesure qu'elles auront subi la vérification de la douane, et au plus tard vingt-quatre heures après cette vérification ; si elles étaient laissées plus longtemps sur le quai, les officiers de port constateraient le fait par un procès-verbal et après en avoir donné avis au capitaine et au consignataire du navire, les feraient transporter d'office au lieu de dépôt désigné pour cet objet ; elles n'en sortiraient qu'après le paiement par les intéressés du prix de transport, du droit de magasinage et de tous les frais accessoires. En outre, le destinataire des marchandises pourrait être poursuivi devant les tribunaux administratifs ; le défaut d'enlèvement dans le délai légal des marchandises déposées sur le quai d'un port constitue une contravention de grande voirie aux termes des décrets du 16 déc. 1811 et 10 avril 1812 (C. d'Etat, 17 juin 1848 ; Lebon, 48, 383 ; ibid., 7 janvier 1859 ; Lebon, 59, 15).

188. 3° *Précautions contre les incendies.* — En règle générale, il n'est permis d'avoir du feu et de la lumière à bord des navires à voiles et à vapeur, que pour les besoins de l'équipage et des passagers, pour les visites, les répara-

tions et le service des machines ; ces lumières doivent être enfermées dans des fanaux, et il ne doit être fait usage d'huiles essentielles, de pétrole ou autres analogues. Dans certains ports les préfets peuvent, par des arrêtés spéciaux pris en la forme de l'art. 41, soumettre à des prohibitions toutes particulières l'usage du feu et de la lumière. Les appareils de chauffage seront en fer, en cuivre ou en maçonnerie. Le plancher qui les supporte sera revêtu de feuilles métalliques et convenablement isolé du foyer. De plus, ils seront soumis à la surveillance des officiers de port qui ont droit soit d'en interdire l'usage lorsqu'ils en trouveront en mauvais état, soit même de placer sur le navire, aux frais de l'armateur ou du consignataire, un gardien spécial pour surveiller l'usage du feu, lorsqu'ils reconnaîtront la nécessité de cette mesure. Il n'est permis de fumer à bord que sur le pont ; par cette disposition, on abroge virtuellement les anciens réglements qui défendaient de fumer sur les quais dans un espace de dix mètres, à partir de l'arête du couronnement. Tout ce que nous venons de dire ne s'applique pas aux bâtiments désarmés et qui la plupart du temps ne sont surveillés que par un seul gardien. L'art 13, 3° y interdit absolument le feu et la lumière. Les contraventions qui viendraient à être commises en cette matière ne pourront être réprimées que par les tribunaux de simple police ; les conseils de préfecture seraient absolument incompétents, puisqu'il ne s'agit là que de mesures de police ne concernant ni le service de la grande voirie ni celui de la navigation (C. d'Etat, 13 juillet 1858. Lebon, 58, 511). Dans le but de prévenir des incendies qui se communiqueraient infailliblement aux navires amarrés, l'art. 18 défend d'allumer du feu sur les quais dans un espace de dix mètres, à partir de l'arête du couronnement, et d'y avoir de la lumière autrement que dans des fanaux : la même précaution sera prise dans un espace de dix mètres autour des tentes et dépôts de marchandises. De plus, les art. 23 et 24 reproduisant de très-anciennes prohibitions antérieures même à l'Ord. de 1681, veulent que lorsqu'il y aura lieu de faire des fumigations à bord d'un navire, de chauffer les soutes pour les brayer, ou de chauffer sa carène, il en soit donné avis aux officiers de port, afin qu'ils fixent le lieu et l'heure de l'opération ; le chauffage ne peut être fait que par un maître calfat sous la surveillance d'un officier de port et en prenant les mesures que cet officier prescrit ; on renouvelle en outre la défense de faire chauffer du brai ou du goudron ailleurs que dans les endroits désignés par l'officier de port. En cas d'incendie sur les quais ou dans les quartiers de la ville qui en sont voisins, tous les capitaines de navire réunissent leurs équipages et prennent les mesures de précaution que les officiers de port leur prescrivent. En cas d'incendie à bord d'un navire, le capitaine ou le gardien doit en toute hâte avertir les officiers de port. C'est à ces officiers, ajoute l'art. 22 in fine, qu'appartient la direction des secours ; ils peuvent requérir l'aide de tous les ouvriers du port et des matelots de tous les navires, barques et bateaux de pêche. L'art. 475, 15° C. pén. pourrait être appliqué à tout capitaine ou matelot qui refuserait d'obtempérer à leurs réquisitions, sauf toutefois le cas où les capitaines et matelots justifieraient que leur présence à bord était nécessaire, par exemple pour isoler leur bâtiment du foyer de l'incendie. Les art. 20 et 21, s'inspirant de la pensée qui avait présidé à la rédaction de l'Ordonnance du 12 juillet 1847 (v. supra n° 41), interdisent à tout bâtiment d'entrer dans le port avec des canons ou autres armes à feu chargées ; tout capitaine, arrivant dans un port, doit, si son navire est porteur de poudre d'artifice, de munitions de guerre ou de matières fulminantes, en faire immédiatement la déclaration aux officiers de port ; ces matières sont débarquées et transportées au lieu désigné à cet effet par les soins du capitaine et des officiers de port, sauf le cas où ces derniers croiraient pouvoir accorder une dispense spéciale. Enfin, l'embarquement et le débarquement des matières explosibles et facilement inflammables ne doivent être effectués que pendant le jour et avec toutes les précautions prescrites par les officiers du port. Du reste, le fait que l'autorité administrative aurait toléré à bord d'un navire l'existence des matières inflammables, que le débarquement de semblables matières aurait eu lieu conformément aux ordres donnés, n'empêcherait pas le capitaine d'être responsable de tous les accidents qui pourraient survenir postérieurement ; les officiers de port n'ont pu statuer que sauf les droits des tiers, et ces tiers pourront utilement intenter l'action en dommages-intérêts aux termes de l'art. 1382.

189. 4° *Construction, carénage et démolition des navires.* — Dans l'enceinte du port et de ses dépendances, dit l'art. 25, aucun navire ou canot ne peut être construit et caréné ou démoli que sur les points désignés par l'administration avec les mesures de précautions prescrites par les officiers du port, qui fixent également les heures et les délais, s'il y a lieu. D'après l'art. 26, la déclaration de mise à l'eau d'un navire doit être faite vingt-quatre heures à l'avance aux officiers de port pour qu'ils puissent assister à l'opération et prendre, de concert avec l'autorité locale, toutes les mesures nécessaires. L'art. 27 impose à tout capitaine ou propriétaire d'un bâtiment coulé bas dans le port, l'obligation de le faire relever et dépecer sans délai ; les officiers de port prennent les mesures nécessaires pour hâter l'exécution des travaux, et, au besoin, ils les font eux-mêmes exécuter d'office aux frais des propriétaires. Ce point était déjà réglé par l'art. 14 du décret du 15 juillet 1854 :. « Quand un naufrage a lieu dans un port ou à l'entrée du port, ils (les officiers du port) donnent les premiers ordres, mais ils font avertir sans retard l'autorité maritime, et lui

remettent, tout en continuant à la seconder, la direction du sauvetage. Cependant, s'ils déclarent, par écrit, que le navire échoué forme écueil ou obstacle dans le port, ou à l'entrée du port, ils peuvent prendre eux-mêmes les mesures nécessaires pour faire disparaître l'écueil ou l'obstacle. Dans ce cas une expédition de la déclaration doit être remise à l'autorité maritime. » Nous avons déjà eu occasion de citer la jurisprudence, aux termes de laquelle le propriétaire d'un bâtiment échoué ne peut être poursuivi administrativement, à raison de cet échouage, qu'au cas où il s'est refusé à faire relever son navire ou à le faire dépecer malgré l'ordre qui lui en avait été donné ; nous nous contenterons ici de rappeler les arrêts du Conseil des 18 avril 1860 et 8 janvier 1863, (Lebon, 60, 331 ; ibid., 63, 15.) décidant qu'il n'y a contravention qu'au cas où ce refus a été bien et dûment constaté : suivant l'Ordonnance de 1681, dont le décret de 1854 et le réglement de 1867 n'ont fait que développer les prescriptions, la peine est de 50 livres d'amende et de confiscation du bâtiment démoli.

190. 5° *Police du port et des quais.* — Les deux premiers alinéas de l'art. 28 ont pour but d'assurer la conservation de la profondeur et de la salubrité des ports : défense de jeter dans les eaux du port ou de ses dépendances des terres, des décombres, des ordures ; défense également d'y verser des liquides insalubres. D'où, cette conséquence déjà signalée par M. Beaussant (t. I, p. 571), que ni les particuliers, ni les municipalités ne pourraient faire déboucher dans le port les conduites d'un égoût, quand même ces conduites seraient à leur extrêmité garnies d'une grille en fer. La pénalité est de 10 livres d'amende, payables, dit l'Ord. de 1681 (art. 1er, tit. I, liv. IV), par les maîtres pour leurs valets, par les pères et mères pour leurs enfants. Dans l'espèce, la question de compétence ne peut faire doute ; la répression de la contravention aura lieu devant le Conseil

de préfecture (Crim. Cass., 7 octobre 1842. Dev. 43, 1, 144). — En second lieu, l'art. 28 interdit tout dépôt sur les parties des quais réservées à la circulation ; de même, on ne peut déposer sur les autres parties des quais des marchandises ne provenant pas de navires amarrés au quai ou destinés à y être chargés, ces objets seront enlevés aux frais du contrevenant, sans préjudice des poursuites à intervenir. D'après l'art. 29, les tentes destinées à abriter les marchandises ne pourront être dressées sur les quais, qu'avec l'autorisation des officiers de port ; après l'enlèvement de la tente, la personne à laquelle avait été accordée l'autorisation, doit faire réparer, à ses frais, le pavé ou l'empierrement, et faire remettre les lieux dans leur premier état. Pour prévenir l'encombrement des quais, le réglement défend encore d'y étendre des filets sans autorisation, de faire rouler des brouettes, tombereaux ou voitures sur les dalles du couronnement, d'y tailler des pierres, d'y faire aucun ouvrage de charpente ou de menuiserie sans l'autorisation des ingénieurs du port. Nous voyons dans l'art. 32, que les voitures, chariots et fourgons ne peuvent stationner sur les quais que pendant le temps strictement nécessaire pour leur chargement ou leur déchargement ; dans l'art. 33, que chaque soir, à la fin du travail, les rances, échelles, planches et autres objets mobiles, servant à l'embarquement et au débarquement, doivent être rangés de manière à ne pas interdire la circulation ; enfin, dans l'art. 34, qu'à la fin de chaque journée, ou même à la suite de toute opération, soit d'embarquement, soit de débarquement, le capitaine est tenu de faire balayer la partie du quai qui s'étend devant son navire. Il nous reste à mentionner quelques articles relatifs : — les uns à la police sanitaire du port : Art. 36, les marchandises infectes ne peuvent rester déposées sur le quai : faute par le consignataire du navire d'y avoir pourvu, il y sera procédé à ses frais par

les soins des officiers de port ; de plus, aux termes des
arrêts, ce retard, s'il venait à se prolonger, pourrait l'exposer à leur action en dommages-intérêts de la part des
propriétaires riverains. (Civ. Rej., 8 juin 1857. Dev. 58,
1, 305.) — Les autres, au débarquement de certaines marchandises, nécessitant des précautions particulières : Art. 30,
il est défendu d'embarquer ou de débarquer des pavés, des
blocs, des métaux ou autres marchandises pouvant dégrader les couronnements des quais, sans avoir couvert le dal-
lage de planches pour le protéger ; de charger, décharger
ou transborder des tuiles, briques, moellons, terres, sables,
cailloux, pierrailles, du lest, de la houille ou d'autres matières menues et friables, sans avoir placé entre le navire et
le quai, ou en cas de transbordement entre les deux navires, une toile bien conditionnée et soigneusement attachée. L'art. 36 ajoute, à titre de sanction, que les capitaines, maîtres et patrons, sont responsables des avaries que
leurs bâtiments feraient éprouver aux ouvrages du port, les
cas de force majeure exceptés ; les dégradations seront ré-
parées aux frais des personnes qui les ont occasionnées
sans préjudice des poursuites à exercer contre elles.

191. Nous avons laissé de côté, à cause de son importance toute particulière, le chapitre VI de ce réglement, intitulé : « Lestage et délestage. » L'ordonnance de 1681
veillait déjà à ce que les capitaines-marchands ne jetassent
pas leur lest à l'entrée des ports, dans les passages d'arrivée
ou même dans les rades ; l'art. 1, tit. IV, liv. IV, exigeait
que tout capitaine venant de la mer et faisant son rapport
aux officiers de l'amirauté, déclarât la quantité de lest
qu'il aurait à son bord, et ce, à peine de 20 livres d'amende.
L'ordonnance ne disait pas précisément dans quel délai cette
déclaration devait être faite ; dans la pratique, on n'accordait au capitaine qu'un délai de vingt-quatre heures. C'est
ce que confirme l'art. 14 du réglement de 1867 : « Nul ne

peut embarquer ou débarquer du lest sans en avoir fait la déclaration vingt-quatre heures à l'avance aux officiers du port. » Les officiers de port vérifient si la quantité de lest accusée est en rapport avec le tonnage du bâtiment ; au témoignage de Merlin (Rép. v° Délestage), l'art. 1er de l'ordonnance avait toujours été entendu dans ce sens que si, vérification faite de ce tonnage, il était reconnu que le navire avait dû nécessairement avoir une quantité de lest supérieure à celle qui était accusée, le capitaine pouvait être poursuivi comme ayant jeté frauduleusement une partie de son lest en arrivant dans la rade. L'ordonnance obligeait ensuite les syndics des villes et communautés à désigner, et même à fournir, s'il en était besoin, les lieux ou emplacements nécessaires pour recevoir le lest, de manière qu'il ne put être emporté par la mer ; après le délestage des bâtiments, les maîtres des gabarres ou bateaux qui y auraient été employés devaient, sous peine de 3 livres d'amende, déclarer aux officiers de l'amirauté la quantité de tonneaux de lest qu'ils auraient tiré de ces bâtiments. L'art. 15 du réglement actuel n'impose plus cette obligation aux maîtres et patrons des gabarres ; il se borne à enjoindre aux officiers de port de désigner, conformément aux indications des Ponts et Chaussées, les terrains dépendant du port et sur lesquels le lest peut être déposé. — Il passe ensuite à l'énumération des formalités que doit remplir tout capitaine avant de déposer son lest : il exige une déclaration par écrit faite aux officiers de port et indiquant d'une manière précise les noms du navire, du capitaine, de l'armateur, du consignataire ; la place occupée par le bâtiment ; la quantité, la qualité et l'espèce du lest. Les déclarations reçues par les officiers de port sont inscrites dans leur bureau sur un registre spécial ; les autorisations sont accordées aux capitaines suivant l'ordre des demandes, sauf, bien entendu, les circonstances exceptionnelles dont les officiers de port demeurent juges souverains. Ici une difficulté peut se présenter : il arrive souvent qu'un capitaine, au lieu de faire jeter son lest au lieu désigné pour le déchargement, le fasse transborder sur un autre navire ; est-il tenu, dans ce cas, d'observer à la lettre les prescriptions de cet art. 15 ? La négative nous paraît bien probable ; comme on l'a dit, l'ordonnance de 1681 et les réglements postérieurs ont voulu empêcher qu'on n'encombrât les ports et rades ; qu'on ne fît du domaine public une décharge privée ; qu'un capitaine ne rendît nuisible à tous ce qui ne lui était plus utile à lui-même. Mais ces textes n'ont pu vouloir interdire aux armateurs de disposer de leur propriété et autoriser sur cette propriété une véritable prise de possession. Il n'y aurait même pas à distinguer, pour le cas où le lest aurait été primitivement extrait de terrains dépendant du domaine public ; on ne saurait, suivant nous, soutenir que ce lest serait resté la propriété de l'Etat, et qu'il serait, en conséquence, permis à l'administration d'exercer une sorte d'action en revendication (C. d'Etat, 7 avril 1863. Lebon, 63, 669.) — La salubrité du lest embarqué doit attirer spécialement l'attention des officiers de port : art. 16. « Il est interdit à tout capitaine de faire charger du lest à son bord, quelle qu'en soit la provenance, même celui qui vient de son propre navire et qui a été déposé provisoirement sur le quai, avant que les officiers du port se soient assurés que ce lest ne contient aucune matière insalubre. Sont exceptés de cette disposition le lest en fer et les pierres connues sous le nom de iron-stones ou pierres de fer. » L'art. 17 termine en interdisant, d'une manière absolue, de travailler au lestage pendant la nuit ; il était impossible d'admettre que les mariniers pussent, par ce travail de nuit, échapper à la surveillance des autorités maritimes. Nous trouvons encore, dans l'ordonnance de 1681, quelques dispositions intéressantes : suivant l'art. 4, tout capitaine embarquant ou déchargeant du lest, doit étendre une voile, qui tienne d'un côté au bord du bâtiment, et de l'autre au bord du bateau ou de la gabarre, pour empêcher le lest de tomber à l'eau, et ce, à peine d'une amende de 50 livres, payables solidairement par les maîtres des navires et par ceux des bateaux ou gabarres. L'art. 5 permet à tout marinier d'être employé au lestage et au délestage des bateaux, concurremment avec les gens de l'équipage ; dans quelques instants nous reviendrons sur cet article. L'art. 8 rend les officiers de port responsables de toutes les contraventions dont ils n'auraient point découvert les auteurs, et permet de prononcer contre eux une amende arbitraire.

192. Malgré leur sévérité, les dispositions de l'ord. de 1687 n'avaient pas paru suffisantes au ministre des travaux publics pour prévenir toutes les contraventions en matière de délestage : aussi, pendant de longues années, s'était-il arrogé le droit de faire opérer tous les chargements et déchargements par des individus qu'il commissionnait spécialement. M. Beaussant écrivant vers 1840, citait les réglements locaux qui autorisaient la mise en adjudication de l'entreprise du lestage dans le port du Havre ; il faisait remarquer (t. II, p. 196), que si cette entreprise eût été établie pour ceux qui voulaient y recourir et que si on eût laissé aux autres toute liberté d'agir sans concours de l'entrepreneur, rien n'eût été plus légal : mais en même temps, il se demandait si les arrêtés qui obligeaient tout capitaine à s'adresser à cet entrepreneur, n'avaient pas formellement violé l'art. 5 de l'ordonnance garantissant aux armateurs le droit d'employer tels mariniers que bon leur semblerait. L'administration n'avait tenu aucun compte de cet avertissement : un arrêt du conseil du 16 février 1827 (Macarel, 27, 116) paraissait lui avoir donné gain de cause en considérant les entrepreneurs de ce service comme de véritables agents administratifs ne pouvant être poursuivis en

dommages-intérêts que devant les conseils de préfecture.
Dans la plupart des ports, le service du lestage faisait l'objet
d'adjudications passées sur des cahiers de charges préparés
par les ingénieurs des ponts et chaussées ; généralement,
l'adjudicataire était investi d'un privilége absolu non-seulement pour la fourniture du lest, mais encore pour les opérations même du lestage et du délestage. Les capitaines
s'élevaient depuis longtemps contre ce qu'ils appelaient un
abus de pouvoir ; leurs protestations devinrent plus vives encore le jour où l'on prétendit voir une contravention dans
le fait de débarquer du lest sans s'être adressé à l'entrepreneur privilégié. En 1864, un armateur de Saint-Malo venait
d'être condamné à une amende de 2 francs et à des dommages-intérêts envers l'entrepreneur partie civile : pourvoi
fut formé contre cette décision. Au point de vue pénal, la solution ne pouvait être douteuse : on se trouvait en présence
d'une jurisprudence bien établie et d'après laquelle les cahiers de charges passés par l'administration ne sont que de
simples conventions et ne participent en rien du caractère
des réglements de police (Crim. Cass., 5 fév. 1859. Dev.
59, 1, 436 : Crim. Rej. 7 janvier 1860. Dev, 60, 1, 394).
L'arrêt intervenu est de tout point conforme à ce principe :
« Si l'art. 35 du cahier des charges déclare qu'aucun autre
que l'entrepreneur ne pourra s'immiscer ni directement, ni
indirectement dans le service du lestage, il y a lieu de remarquer que ce cahier des charges, n'étant qu'un simple
contrat passé entre l'administration et un entrepreneur, et
ne présentant aucun des caractères d'un réglement de police, ne peut imposer à des tiers aucune obligation empor-
tant sanction pénale ; » (Crim. Cass. 22 déc. 1864. Dev.
65, 1, 151) ; mais en même temps, examinant la question à
un point de vue plus général, la Cour décide qu'en supposant
même qu'on pût inférer d'un cahier des charges le droit
exclusif d'un entrepreneur de procéder au lestage ou au dé-

lestage des navires, cette disposition ne saurait être légalement appliquée, puisqu'elle serait contraire à la fois à l'art. 5, tit. IV, liv. iv de l'ord. de 1681 qui donne aux capitaines la faculté d'employer les gens de leur équipage au lestage et au délestage des navires, ainsi qu'à l'art. 7 de la loi du 2 mars 1791, qui a établi la liberté de l'industrie. En présence de cette décision, les adjudications antérieures ne pouvaient être maintenues ; aussi une commission fût-elle nommée pour étudier à nouveau les moyens d'assurer dans les ports le service du lestage et du délestage. Quelques mois plus tard, elle formulait son avis dans les termes suivants : 1° le régime de la libre concurrence doit être adopté en principe pour le lestage et le délestage des navires dans les ports maritimes de commerce, mais le système de l'entreprise peut être admis exceptionnellement pour certains ports, sur avis de la Chambre de commerce, du préfet et des ingénieurs. 2° Dans ce dernier cas, le privilége conféré à l'entrepreneur du lestage doit se réduire au droit exclusif de prendre le lest et d'en former des dépôts sur les dépendances du domaine public, ou sur tout autre terrain dont l'État aurait le droit de disposer, soit comme propriétaire, soit comme locataire. 3° Les cahiers de charge des entreprises de lestage ne doivent jamais contenir aucune clause contraire au droit qu'ont les capitaines, armateurs ou consignataires de navires, de disposer librement de leur lest, en le vendant ou en le cédant gratuitement, de le transborder d'un navire sur un autre, de le déposer momentanément sur les quais pour le reprendre ensuite ; enfin de faire lester leurs navires par des ouvriers de leur choix, avec des matériaux qui leur appartiennent ou qu'ils se procurent en les faisant extraire sur des propriétés privées, le tout à la seule condition de se soumettre à toutes les mesures d'ordre et de police prescrites par l'autorité compétente. Ce système, qui fonctionnait depuis longtemps au port de Dunkerque a été définitivement adopté par la circulaire du 23 juillet 1866 invitant les Chambres de commerce à désigner les ports où l'entreprise du délestage pourrait être mise en adjudication.

193. L'organisation des officiers de port qui, ainsi que nous l'avons vu, dirigent tous les mouvements des navires, est réglée par le décret du 14 juillet 1854. Trois catégories d'agents sont établies par l'art. 1er : 1° capitaines de port ; 2° lieutenants de port ; 3° maîtres de port. Les capitaines et lieutenants de port sont placés dans les ports de commerce les plus importants ; ils peuvent être secondés par un ou plusieurs maîtres de port : les maîtres de port ne sont placés isolément que dans les ports, criques et havres d'un ordre inférieur. Dans notre ancienne législation, la nomination de ces officiers appartenait à l'amiral : toutefois, dans certaines localités, cette nomination rentrait dans les attributions des officiers municipaux : ainsi, à Bayonne, le maire et les échevins jouissaient de ce droit, conformément à un arrêt du Conseil du 7 juillet 1687 ; le même jour, un pareil arrêt était intervenu en faveur des jurats de Bordeaux. Au Havre, le gouverneur pouvait seul commissionner les maîtres de quai, en conséquence d'un ancien privilége dans lequel il avait été confirmé par un arrêt du Conseil, en date du 5 septembre 1686. Aujourd'hui, les officiers de port sont nommés et révoqués par décret de l'empereur sur la proposition du ministère des travaux publics ; les maîtres de port sont nommés et révoqués par le ministre des travaux publics (art. 5). Les candidats doivent être âgés de trente ans au moins et de cinquante ans au plus, et satisfaire à l'une des conditions suivantes : pour l'emploi de capitaines de port, 1° avoir servi comme officier dans la marine de l'Etat; 2° avoir commandé pendant cinq ans au moins comme capitaine au long cours ; pour l'emploi de lieutenant de port, remplir une des conditions exigées des capitaines de port ou avoir servi pendant quatre ans au

moins comme maître de port de première classe ; pour l'emploi de maître de port, 1° avoir servi comme maître à bord des bâtiments de l'Etat et justifier de dix ans de navigation effective ; 2° avoir commandé pendant cinq ans au moins comme maître au cabotage ; 3° avoir cinq ans de services comme pilote breveté (art. 4). L'avancement de classe est conféré par le ministre et les règles, suivant lesquelles peut avoir lieu cet avancement, sont indiquées par l'art. 5 ; aucun de ces agents ne peut être promu à un grade supérieur qu'après avoir passé au moins deux ans dans le grade immédiatement inférieur. Les traitements sont fixés par l'art. 2 ; ils varient suivant la classe pour les capitaines de 3000 à 2500 ; pour les lieutenants de 2000 à 1500 ; pour les maîtres de 1000 à 100 ; cette dernière disposition a été modifiée par le décret du 21 décembre 1859 : désormais, dans aucun cas, le traitement des maîtres de port ne pourra être inférieur à 200 francs. En outre du traitement fixe, l'art. 3 attribue aux officiers et maîtres de port les allocations dont la perception serait autorisée par la loi annuelle des finances et qui leur seraient accordées en vertu des réglements particuliers du port homologués par le ministère des travaux publics sur l'avis des Chambres de commerce ; ils peuvent également recevoir les rétributions qui leur seraient allouées soit par les Chambres de commerce ou les communes pour supplément de traitement et indemnités de logement, soit par l'autorité chargée de la police sanitaire lorsqu'ils sont appelés à remplir les fonctions d'agents sanitaires. Il leur est encore permis de réclamer des honoraires : 1° lorsqu'ils sont désignés pour des arbitrages par l'autorité compétente ; 2° lorsque sur la demande des particuliers ou dans un intérêt privé, ils sont chargés de visiter les navires en partance ; dans l'un et l'autre cas, leurs honoraires sont fixés conformément au tarif légal. Toute perception ou rémunération autres que celles indiquées leur est formellement in-

terdite ; il leur est également interdit de prendre aucun intérêt dans les entreprises ou opérations qu'ils sont appelés
à contrôler. Les art. 7-9 traitent de la discipline à observer
par les officiers et maîtres de port : tout manquement à la
subordination, toute inexactitude ou négligence dans le service sont punis de l'avertissement, de la réprimande, de la
suspension avec privation de traitement pendant un temps
qui ne pourra excéder quinze jours. Les deux premières peines sont infligées par l'ingénieur en chef des ponts et chaussées, sur le rapport de l'ingénieur ordinaire et la proposition du chef de service. La suspension est prononcée par le
préfet sur le rapport de l'ingénieur en chef : le préfet doit
immédiatement rendre compte au ministre des travaux publics des motifs de la suspension et de sa durée. Quant aux
suspensions de plus de quinze jours, elles ne peuvent être
prononcées que par le ministre d'après le rapport des ingénieurs et l'avis des préfets. L'art. 11 réserve au ministre le
droit d'accorder les congés sur l'avis des ingénieurs et la
proposition des préfets. — Un décret du 13 avril 1855 détermine l'uniforme que portent les officiers et maîtres de port;
nous n'avons à citer que l'art. 2 : « L'uniforme de petite
tenue est obligatoire pour tous les officiers et maîtres de
port. Ils devront en être toujours revêtus dans l'exercice de
leurs fonctions. »

194. Outre les attributions spécialement mentionnées par
le réglement de 1867, les officiers et maîtres de port sont
chargés : 1° de surveiller et de contrôler l'éclairage des phares et fanaux et les signaux, tant de jour que de nuit, dans
l'étendue du port (art. 13, 1°); 2° de signaler aux ingénieurs
des ponts et chaussées tous les faits qui peuvent intéresser
l'entretien et la conservation des ouvrages dépendant du
port, la situation des passes, le placement des bouées, balises et tonnes de halage (art. 15); 3° de surveiller les
pilotes et la police du pilotage dans les ports où il

n'existe ni officier militaire directeur des mouvements, ni agent spécial de l'autorité maritime (art. 16) ; 4° de requérir, dans les cas et conditions prévus par l'art. 15 de la loi des 9-13 août 1791, les navigateurs, pêcheurs et autres personnes pour exécuter les travaux reconnus urgents (art. 17 in fine). En cas de nécessité, poursuit l'art. 18, ils peuvent, sans autre formalité que deux injonctions verbales, couper ou faire couper les amarres que les capitaines, patrons ou autres, étant dans les navires, refuseraient de larguer ; ils ont le droit aussi, dans le cas d'urgence ou d'inexécution des ordres qu'ils auraient donnés, de se rendre à bord, et d'y prendre aux frais des contrevenants, toutes les mesures nécessaires à la manœuvre des navires. D'après l'art. 21, les officiers et maîtres de port sont soumis à l'autorité du ministre des travaux publics et placés sous les ordres immédiats des ingénieurs des ponts et chaussées du port, en ce qui concerne la police des quais, la surveillance de l'éclairage des phares et fanaux, les mesures à observer pour la construction, la conservation et la manœuvre des ouvrages dépendant du port, les lieux d'extraction ou de dépôt de lest des navires : ils se conforment aux ordres des maires pour tout ce qui intéresse la salubrité et la petite voirie ; pour tous les autres cas, ils se trouvent placés sous la surveillance immédiate du sous-préfet de l'arrondissement. Agents assermentés devant le tribunal de première instance du lieu de leur résidence, ils dressent des procès-verbaux contre tous ceux qui se sont rendus coupables de délits ou de contraventions aux réglements. Les procès-verbaux constatant des contraventions de simple police sont transmis au commissaire de police, remplissant les fonctions de ministère public près le tribunal de simple police ; ceux constatant des délits de nature à entraîner des peines correctionnelles sont transmis directement au procureur impérial ; ceux constatant des contraventions assimilées par le décret du 10 avril

1812, aux contraventions de grande voirie, sont transmis à l'ingénieur des ponts et chaussées. L'art. 18 termine en disant que si les officiers ou maîtres de port ont été injuriés, menacés et maltraités dans l'exercice de leurs fonctions ou s'ils ont, en conformité de la loi du 13 août 1791 (art. 16), requis la force publique et ordonné l'arrestation provisoire des coupables, ils doivent immédiatement dresser un procès-verbal et le transmettre directement au procureur impérial. L'art. 19 leur enjoint encore de remettre à l'autorité maritime copie de tout procès-verbal adressé contre un pilote dans l'exercice de ses fonctions. Cette autorité donnera un reçu de la copie qui lui sera remise : dans les quinze jours elle devra transmettre son avis à l'officier ou maître de port qui aura dressé le procès-verbal; passé ce délai, ce dernier donnera suite au procès-verbal en y joignant, soit l'avis de l'autorité maritime, soit un certificat constatant qu'elle n'a fait aucune réponse.

195. Des ports de commerce dépend le service du pilotage organisé par le décret du 12 décembre 1806, qui s'est surtout inspiré de l'Ordonnance de 1681. Le ministre de la marine et des colonies fixe le nombre des pilotes-lamaneurs dans chaque port où il est nécessaire d'en établir, sur la proposition des chefs de service de la marine, et l'avis des Chambres de commerce (art. 1). Les art. 2 à 5, traitent de la réception des pilotes-lamaneurs ; jadis on ne recevait en cette qualité que les gens de mer qui, par leur âge avancé, ou par l'effet de quelque infirmité, se trouvaient hors d'état de servir sur les vaisseaux du roi ; c'est ce que nous trouvons énoncé dans une dépêche de M. de Maurepas, en date du 26 juillet 1742. Le décret de 1806 n'exige aucune condition de ce genre ; il se borne à dire que nul ne pourra être reçu pilote-lamaneur s'il n'est âgé de vingt-quatre ans, s'il n'a au moins six mois de navigation pendant lesquels il aura fait deux campagnes de trois mois au moins au service de

l'Etat, et s'il n'a satisfait à un examen sur la manœuvre, la connaissance des marées, des bancs, courants, écueils et autres empêchements qui peuvent rendre difficiles l'entrée et la sortie des rivières, ports et havres du lieu de son établissement; les états de services sur les bâtiments de l'Etat comme ceux sur les navires du commerce, devront être extraits des rôles d'armement et certifiés par les administrateurs de la marine. Nous rappellerons que le décret du 22 octobre 1863 est venu dispenser les pilotes de justifier d'un service quelconque à bord des bâtiments de guerre. L'examen des pilotes est fait en présence de l'administration du quartier maritime, par un officier de la marine ou un officier de port, deux anciens pilotes-lamaneurs et deux capitaines du commerce, qui sont nommés par l'officier commandant le port; cet examen est gratuit et il est interdit à ceux qui se font recevoir pilotes-lamaneurs, de payer aucun droit ni rétribution aux examinateurs, et à ceux-ci d'en recevoir, sous peine de destitution. Le ministre de la marine fait expédier une lettre d'admission à chacun des pilotes-lamaneurs; cette lettre est enregistrée au bureau de l'inscription maritime. A côté des pilotes proprement dits, l'art. 8 établit des aspirants pilotes dont le nombre ne pourra excéder le quart des pilotes-lamaneurs et qui seront destinés à les suppléer et à les remplacer; les marins admis à servir en qualité d'aspirants, devront avoir subi l'examen imposé aux pilotes. Tout pilote que son grand âge ou ses infirmités empêcheraient de suffire à son service, est obligé de prévenir le préposé à l'inscription maritime qui l'autorisera s'il y a lieu, à se faire suppléer par l'aspirant le plus ancien; ce dernier est tenu de faire le service et de donner au pilote titulaire le tiers de ses bénéfices (art. 9). Le plus ancien des aspirants pilotes a droit à toute place qui deviendrait vacante par suite de mort ou de démission; le pilote suppléant promu titulaire est remplacé auprès du pilote qu'il suppléait, par celui des aspirants qui, sur la liste, vient immédiatement après lui (art. 10 et 11). Les anciens réglements exemptaient déjà les pilotes du service des classes ; c'est ce que répète l'art. 11 ; ils ne peuvent être commandés pour le service de l'Etat ou pour tout autre service personnel ; nous pouvons même dire d'une manière générale qu'ils cessent d'être considérés comme de véritables matelots ; leurs salaires notamment ne sont plus insaisissables dans les termes de l'Ord. du 1er nov. 1745 (Rouen, 25 mars 1859. Journ. de Marseille, 37, 2, 147.) Les fonctions des pilotes exigent une présence continuelle ; aussi l'art. 14 leur fait-il défense, sous peine de huit jours de prison, de s'écarter du lieu de leur domicile ou de leur arrondissement, sans un congé par écrit que leur délivrera le préposé à l'inscription maritime, et qui ne devra être accordé que pour des causes d'absolue nécessité. Le ministre de la marine peut seul statuer sur le sort des pilotes qui se trouveraient en état de récidive ou dont l'absence légalement autorisée se serait prolongée au-delà de huit jours. Les pilotes qui abandonneraient leurs fonctions pour naviguer au petit cabotage ou pour pratiquer les pêches lointaines, seraient, par décision du ministre, déchus de leur qualité de pilotes-lamaneurs et inscrits de nouveau sur la matricule des gens de mer ; ils pourraient alors être commandés à leur tour pour servir sur les bâtiments de l'Etat. Pour assurer la régularité du service, l'art. 16 veut qu'il soit tenu au bureau de l'inscription maritime de chaque port, une matricule particulière, où seront enregistrés les pilotes-lamaneurs, leur âge, la date de leur admission comme aspirants et comme pilotes, les services signalés qu'ils auront rendus, les récompenses qui en auront été la suite, leurs manquements, leurs fautes graves, les punitions qu'ils auront subies ; enfin la cessation de leur service soit par mort, démission ou infirmité.

196. Tout bâtiment entrant ou sortant d'un port doit

avoir un pilote à bord ; le capitaine qui se refuserait à prendre le pilote, serait tenu de le payer comme s'il s'en était servi. L'art. 34 déclare ce capitaine responsable de tous les événements et ajoute que s'il perd le bâtiment, il sera jugé conformément à l'art. 40 de la loi du 22 août 1790. Sont seuls exceptés de l'obligation de prendre un pilote, les maîtres au grand et au petit cabotage, commandant des bâtiments français au-dessous de quatre-vingts tonneaux, lorsqu'ils font habituellement la navigation de port en port, et qu'ils pratiquent l'embouchure des rivières ; mais, même dans ce cas, les propriétaires des navires, chargeurs, ou tous autres intéressés pourront contraindre les capitaines, maîtres et patrons à prendre des pilotes : ils auront la faculté de les poursuivre devant les tribunaux en cas d'avaries, échouements et naufrages occasionnés par le refus de prendre un pilote. L'étendue de mer dans laquelle l'emploi d'un pilote est obligatoire, se trouve fixée par les réglements de chaque arrondissement ; et nous remarquerons qu'assez souvent ces réglements soumettent à l'obligation du pilotage les navires à destination de France, alors qu'ils se trouvent encore dans des eaux étrangères ; c'est ainsi que les pilotes de Honfleur peuvent aborder les navires en destination de ce port sur la rade des Dunes en Angleterre, le rayon du pilotage étant fixé par le décret du 29 août 1854 à 40 milles à l'O. du port de la Hève (Civ. Cass. 16 janv. 1866. Dev. 66, 1, 112). Dans chaque station les pilotes font leur service à tour de rôle ; l'art. 24 porte en conséquence qu'ils sont obligés de tenir toujours leurs chaloupes garnies d'avirons, voiles et ancres, et d'être en état d'aller au secours de ces bâtiments au premier ordre ou signal et lorsqu'ils les verront en danger, à peine contre ceux qui s'y refuseraient, d'être condamnés à un mois de prison, ou à la peine d'interdiction, ou même à une punition plus grave s'il y échet ; sauf à faire taxer particulièrement par le tri-

bunal de commerce le salaire qui leur serait dû en cas de
tempête et eu égard aux dangers qu'ils auraient courus. Le
simple refus de marcher est puni de quinze jours de prison
et en cas de récidive entraîne l'interdiction du pilote.
Enfin, d'après l'art. 360 de la loi du 4 juin 1858, le pilote
qui abandonnerait un bâtiment après s'être chargé de le
conduire, serait puni d'un emprisonnement de deux ans à
cinq ans ; si l'abandon avait eu lieu en présence d'un danger imminent, la peine serait celle de la réclusion. Les la-
maneurs doivent piloter les bâtiments qui se présentent les
premiers ; il leur est défendu, à peine de vingt-cinq francs
d'amende, de préférer les plus éloignés aux plus proches. Il
n'y a d'exception que : 1° pour les navires en danger qui
doivent être secourus de préférence à tout autre ; 2° pour
les bâtiments de l'Etat : le pilote qui, pouvant monter à bord
d'un de ces bâtiments, se chargerait de la conduite d'un autre
navire, serait puni d'un mois de prison. La même peine est
infligée au pilote qui aura évité de conduire un bâtiment
de l'Etat lorsqu'il en sera requis ; en cas de récidive, ce
pilote peut être interdit et levé comme matelot de classe
inférieure pour le service de l'armée de mer (art. 26 et 30).
L'art. 17 conserve aux capitaines le droit de prendre un pilote de leur choix, mais à condition de payer son salaire
entier au pilote évincé ; de plus, le pilote choisi perd *ipso
facto* son tour de rôle. L'art. 33 dit également qu'il est libre
aux capitaines de navires français ou étrangers de choisir
les pilotes-lamaneurs que bon leur semblera, pour entrer
dans les ports et les rivières, sans que pour en sortir, ils
puissent être contraints de se servir de ceux qui les auront
fait entrer. Les art. 18 et 19 prévoient le cas où un pilote
doit aller relever à bord d'un navire le pilote d'une station
voisine ; ce dernier est tenu : 1° de faire le signal annonçant la demande d'un pilote ; 2° de faire la manœuvre convenable pour permettre à la chaloupe du pilote qui le rem-

placera d'accoster facilement le navire. Lorsque le signal a été fait, si aucun pilote ne vient accoster le navire, le pilote qui se trouve à bord peut le conduire jusqu'à la station suivante, les droits de pilotage lui demeurant définitivement acquis.

197. L'art. 20 détermine le signal qui annoncera le besoin d'un pilote ; pour les bâtiments de l'Etat, pavillon français à la tête du grand mât ; pour les bâtiments de commerce, pavillon à la tête du mât de misaine ; pour l'un et l'autre, pavillon en berne à la poupe. Aussitôt que le pilote est à bord, il fait amener ces pavillons, faute de quoi, il est tenu de payer 12 francs à titre de dédommagement aux pilotes qui se présenteraient pour monter à bord (art. 21). Le capitaine doit déclarer sur-le-champ combien son navire tire d'eau, sous peine de répondre des événements s'il a celé plus de trois décimètres ; il fait également connaître la marche du navire, ses qualités et ses défauts. (art. 32). Les devoirs imposés aux pilotes sont énumérés dans les art. 22, 23, 35, 36, 37, 38 et 39 du décret : 1° Il leur est expressément défendu de quitter les navires qu'ils conduisent avant qu'ils soient ancrés dans les rades ou amarrés dans les ports, ainsi que d'abandonner ceux qu'ils sortiront avant qu'ils soient en pleine mer et hors de danger, à peine de perte de leur salaire, de 30 francs d'amende, d'interdiction pendant quinze jours, et de plus forte punition s'il y échet ; en sens inverse, il est défendu aux capitaines de retenir les pilotes au delà des passages dangereux. 2° Lorsqu'un pilote aura abordé un navire, destiné à entrer dans un port, il lui fera arborer de suite le pavillon de sa nation, et il préviendra le capitaine qu'il doit faire éteindre tous ses feux avant d'être en dedans du port ; il sera puni de huit jours de prison, si, avant de mettre un navire à quai, il ne lui a pas fait décharger ses fusils et ses canons et transporter ses poudres à terre. 3° Tout pilote qui con-

duira un navire entrant sur son lest, ne souffrira pas qu'il soit mis du lest sur le pont, ni à portée d'être jeté à l'eau ; il s'opposera formellement à ce qu'il en soit versé dans les passes, rades, ports et rivières ; s'il s'apercevait que, malgré sa défense, il en eût été jeté à l'eau, aussitôt sa mission remplie, il en rendrait compte à l'officier militaire, chef des mouvements maritimes, à l'officier chef du pilotage, ou à l'officier de port du commerce. Les pilotes qui négligeraient de faire de suite leur rapport sur cette contravention, de la part des capitaines, seraient punis de huit jours de prison ; les capitaines délinquants seraient condamnés conformément à l'art. 6, liv. IV, tit. IV de l'Ordonnance de 1681 à une amende de 500 francs ; en cas de récidive, leurs bâtiments seraient saisis et confisqués. 4° Si le bâtiment amené par un pilote dans un port provient d'un pays suspect de contagion et ne peut en conséquence être admis à la libre pratique, le pilote conduira le bâtiment à l'endroit fixé pour les visites et précautions sanitaires, sans communiquer avec lui, s'il est possible. 5° Les pilotes lèvent, en temps opportun, les ancres qui auraient été abandonnées par les capitaines des navires du commerce ; nous verrons plus tard à quelle rémunération spéciale ils ont droit dans cette hypothèse. 6° Il est expressément enjoint aux pilotes-lamaneurs de visiter journellement les rivières, rades ou entrées des ports dans lesquels ils sont établis ; s'ils reconnaissent quelques changements dans les fonds et parages ordinaires des bâtiments, ou bien s'ils constatent que les bouées, tonnes ou balises ne sont pas bien placées, ils sont tenus, dans le délai de vingt-quatre heures, de déclarer le fait à l'officier militaire chef du mouvement maritime, au bureau du pilotage et au capitaine de port. — Le pilote qui monte à bord d'un bâtiment y exerce, de plein droit, le commandement tant que dure l'exercice de ses fonctions ; le capitaine se trouve vis à vis des armateurs déchargé de toute responsabilité ;

mais, d'un autre côté, malgré la présence d'un pilote à bord, le navire est, vis à vis des tiers, responsable de toutes les conséquences d'un abordage qui surviendrait par suite d'une fausse manœuvre ; le capitaine de ce navire pourrait être directement poursuivi, sauf à lui à appeler son pilote en garantie ou à venir plus tard réclamer de lui des dommages-intérêts. Mais ce qu'il ne faut pas perdre de vue, c'est que cette demande en garantie ne pourrait être appréciée par l'autorité judiciaire, tant que l'autorité administrative, seule compétente, n'aurait pas tranché la question préjudicielle de savoir si le pilote s'est ou ne s'est pas conformé aux réglements et aux instructions sur le lamanage. (Cass. Req. 17 janvier 1842, Dev., 42, 1, 432 ; C. d'Etat, 23 avril 1807. Dev., C. N, 2, 2, 232 ; ibid., 6 septembre 1826. Macarel, 26, 574.) Dans certains cas particulièrement graves, le pilote devient justiciable des tribunaux de répression ; nous voyons dans l'art. 31, que tout pilote qui, s'étant chargé de conduire un bâtiment de l'Etat et ayant déclaré en répondre, l'aura échoué ou perdu par négligence, par ignorance ou volontairement, sera jugé conformément à l'art. 40 de la loi du 22 août 1790 ; aujourd'hui nous aurons à appliquer l'art. 360 de la loi du 4 juin 1858 : « Tout pilote, coupable d'avoir perdu volontairement un bâtiment de l'Etat ou un navire de commerce convoyé, est puni de mort ; si c'est par négligence, d'un emprisonnement d'un an à cinq ans. S'il a échoué volontairement le bâtiment, il est puni des travaux forcés à temps ; si c'est par négligence, d'un emprisonnement de six mois à deux ans. »

198. L'inspection du pilotage est confiée par l'art. 12 aux officiers militaires, chefs des mouvements maritimes, aux officiers spéciaux préposés à ces fonctions ou aux officiers de port ; ces derniers rendent compte du résultat de leur inspection à l'administrateur de la marine en résidence dans les ports. Il n'y aura d'exception que dans le cas où

les armateurs et les pilotes se seraient concertés entre eux pour fixer les conditions d'après lesquelles le service du pilotage serait réglé dans le port auquel ils appartiennent ; une commission spéciale, formée de trois négociants ou armateurs, de l'officier d'administration préposé à l'inscription maritime et de l'officier de marine chef des mouvements maritimes, ou de l'officier chef du pilotage, est alors chargée de maintenir la régularité et le bon ordre du service ; elle peut prendre toutes les mesures qu'elle jugera convenables, et elle est autorisée à prélever sur le salaire des pilotes les sommes nécessaires pour la création d'une caisse de retraite. (art. 48). — Un tarif spécial fixe, pour chaque port, les sommes qui sont dues aux pilotes ; l'art. 41 veut que l'administration de la marine et le Tribunal de commerce concourent à la rédaction de ce tarif qui, ensuite, est examiné par le Conseil d'administration de la marine, établi au chef-lieu de chaque préfecture maritime, et finalement est approuvé par un réglement d'administration publique. Tout pilote, convaincu d'avoir exigé une somme plus forte que celle portée au tarif, peut être obligé à restituer la totalité du pilotage perçu, en outre, il doit être interdit pour un mois ; toute récidive de sa part entraînerait l'interdiction à perpétuité (art. 40). Il n'y aura lieu à rémunération extraordinaire que dans l'hypothèse de tempête et de péril évident ; une indemnité particulière, fixée par le Tribunal de commerce, et réglée suivant les dangers courus, pourra être accordée au pilote (art. 43). L'art. 44, reproduisant une disposition de l'Ordonnance de 1681, porte que toutes promesses faites aux pilotes-lamaneurs et autres mariniers, dans le danger du naufrage, sont absolument nulles : « Telles gens, disait un ancien auteur, sont tenus de faire leur devoir et de sauver les passagers sans marchander. » D'après l'art. 45, aussitôt que le pilote est rendu à bord du navire, il peut renvoyer de suite sa chaloupe, à moins que le capi-

taine ne lui remette sur-le-champ une demande écrite de la
laisser pour le service du navire ; il est alloué au pilote la
somme portée au tarif pour chaque journée durant laquelle
sa chaloupe aura été employée à ce service. Lors d'un gros
temps, si la chaloupe d'un pilote, en abordant un navire à
la mer, reçoit quelques avaries, elle sera réparée aux frais
du navire et de la cargaison ; une indemnité sera légalement
accordée si la chaloupe se perd en totalité. Le pilote qui
réclame cette indemnité est tenu de produire un certificat du
capitaine, constatant la perte de la chaloupe ou ses avaries ;
si le capitaine s'y refusait, le fait serait constaté par une enquête faite dans l'équipage du navire et dans celui de ladite
chaloupe. Les expressions des art. 46 et 47 ne doivent pas être
considérées comme limitatives ; ainsi, par exemple, le pilote
aurait droit à une indemnité, quoique sa chaloupe eût péri,
non en abordant le navire, mais en le précédant pour le
guider dans les passes qu'il avait à franchir; quoique la perte
de sa chaloupe n'eût été constatée ni par un certificat, ni
par une enquête, mais seulement par un rapport adressé par
le capitaine au commissaire de l'inscription maritime (Bordeaux, 17 mai 1847. J. de Marseille, 27, 2, 75.) Les art. 48
et 49 indiquent les personnes contre lesquelles pourront
être poursuivis soit le paiement des frais de pilotage, soit les
indemnités au cas de perte de la chaloupe. Les pilotes
peuvent poursuivre non-seulement le capitaine, mais encore
les courtiers et consignataires des navires étrangers. C'est
une question délicate que de savoir si ces capitaines, courtiers et consignataires doivent être réputés débiteurs soli-
daires ; l'affirmative avait été admise par un jugement du
Tribunal de commerce de Marseille, du 28 juin 1848 (Rec.
de Marseille, 28, 1, 71) ; mais un second jugement du
10 fév. 1854 (ibid., 32, 1, 95) consacre l'opinion contraire ;
et, en effet, la solidarité ne peut résulter que d'un texte de
loi ; or, l'art. 48 n'établit pas cette solidarité en termes

formels : le pilote ne pourra agir contre le courtier et le consignataire qu'après avoir épuisé son droit vis-à-vis du capitaine. L'art. 191, 2° C. Co., déclare privilégiés tous ces droits de pilotage ; d'après la jurisprudence, les courtiers maritimes responsables du paiement de ces droits se trouvent, par le fait seul de ce paiement, légalement subrogés au privilége attaché à cette créance, sauf à eux à faire les justifications exigées par l'art. 192, C. Co. (Trib. Civ. de Marseille, 27 mars 1866, J. de Marseille, 45, 2, 32.) L'art. 49 du décret de 1806, dans le but d'assurer la perception des frais de pilotage, ordonne à tout consignataire, dans les vingt-quatre heures de l'arrivée du navire à lui adressé ou dont il aura la consignation, de faire au bureau du pilotage ou au bureau du capitaine du port, s'il n'y a pas de bureau du pilotage, une déclaration par écrit, signée de lui, contenant les noms, espèce, pavillon et tonnage du navire, son tirant d'eau sous charge et lége, le nom du capitaine, maître ou patron, le lieu d'où il a été expédié, la date de son arrivée, le nombre de tonneaux chargés, et s'il est arrivé en relâche où s'il est destiné pour le port ; les consignataires seront tenus de faire pareille déclaration à la sortie.

199. Toutes contestations relatives aux droits de pilotage, indemnités et salaires des pilotes, seront jugés par le tribunal de commerce du port ; la rédaction de l'art. 50 laisse, en cette matière, quelque peu à désirer. On se demande d'abord si le tribunal de commerce est compétent, au cas où le litige porte, non pas sur la quotité du droit à percevoir, mais sur la légitimité même de ce droit ; n'y a-t-il pas, dans ce dernier cas, nécessité d'interpréter un acte administratif ? Sans entrer sur ce point dans plus de détails, nous constaterons que les arrêts considèrent les termes de l'art. 50 comme ayant la portée la plus large et s'appliquant à toute contestation quelle qu'elle soit ; les actes qui

ont établi ces droits participent, disent-ils, de la nature législative, et il appartient essentiellement aux tribunaux judiciaires de les interpréter comme d'en assurer l'application.
tion. (Bastia, 30 mars 1857. Dev. 57, 2, 435.) En second
lieu, quel est le port dont a entendu parler l'art. 50 ? Est-
ce le port où est immatriculé le pilote ? Est-ce le port où il
a conduit le bâtiment ? La première interprétation nous
semble préférable à tous égards ; en effet, le but du législateur est de favoriser un prompt réglement : attribuer
compétence au tribunal du port de destination, ce serait
exposer les pilotes à aller plaider au loin, alors que le décret de 1806 leur interdit de s'absenter de leur domicile ; on comprend quelles difficultés amènerait la doctrine contraire, dans le cas où il s'agirait d'un pilote qui
n'aurait pas été relevé par celui de la station voisine, et
aurait dû continuer sa route jusqu'à une distance souvent
considérable. (Poitiers, 3 mai 1843. Dev., 44, 2, 70.) En
matière correctionnelle, l'art. 50 reconnaît une double compétence. 1° Compétence de l'officier chef des mouvements
maritimes ou de l'officier préposé à la direction du pilotage
pour les délits entraînant la prison ou l'interdiction pendant moins d'un mois ; en cas d'absence, ces officiers sont
suppléés sous l'autorisation de l'administrateur supérieur de
la marine par l'officier de port ou par l'officier préposé à
l'inscription maritime. 2° Compétence des tribunaux ordinaires pour tout délit devant donner lieu à une amende ou
à une peine plus grave. Enfin, les crimes proprement dits,
ressortiront à la Cour d'assises. Le décret ne parle pas de
la compétence administrative ; cependant, dans certaines
hypothèses, les pilotes ne pourront être justiciables que des
Conseils de préfecture ; on peut supposer que, par suite
d'une fausse manœuvre du pilote, le bâtiment qu'il guidait
sera venu aborder les jetées et aura causé un dommage quelconque aux ouvrages du port. (C. d'Etat, 1er juin 1849.

Lebon, 49, 313.) L'art. 51 veut que les délits qui auraient été commis à bord d'un bâtiment de l'Etat, ou qui seraient par leur nature de la compétence de l'autorité maritime et intéresseraient le service de la marine, soient jugés suivant les lois et réglements de la marine ; de plus, suivant l'art. 52, la peine sera toujours double, lorsqu'un bâtiment de l'Etat sera l'objet du délit. Les amendes encourues seront versées dans la Caisse des Invalides de la marine du port où le délit aura été commis, quel que soit le tribunal qui les aura prononcées ; enfin une expédition de tous les jugements intervenus sera adressée à l'administrateur de la marine dans le quartier sur les registres duquel le pilote sera inscrit, pour qu'il en soit pris note sur la matricule des pilotes. (art. 53, 54.)

200. Le décret du 12 décembre 1806 a été complété depuis par des réglements spéciaux, destinés à en assurer l'exécution ; pour le premier arrondissement maritime, décrets des 29 août 1854, 18 février, 6 septembre 1857, 2 et 27 février 1861, 13 août 1864 et 2 août 1865 ; pour le deuxième arrondissement, décrets des 25 avril 1857 et 22 avril 1867 ; pour le troisième arrondissement, décrets des 13 août 1853 et 30 avril 1865 ; pour le quatrième arrondissement, décrets des 3 mars 1858, 31 août 1860, 18 juillet 1864, 18 janvier 1865 ; pour le cinquième arrondissement, ordonnances des 29 mars 1846 et 7 février 1848, décrets des 15 février 1862 et 29 août 1863. La constitutionnalité de ces décrets nous semble quant à nous incontestable, et c'est ce que la jurisprudence a maintes fois reconnu ; on admet même qu'ils ont pu, à raison des difficultés que présente l'abordage de certains ports, déroger à certaines dispositions secondaires du décret de 1806, ainsi soumettre à la nécessité du pilotage tout bâtiment français quel que soit d'ailleurs son tonnage. (Montpellier, 3 juin 1861. Dev. 61, 2, 560 ; Req. Rej., 11 août 1862.

Dev., 63, 1, 38.) On comprendra facilement qu'il nous est impossible d'analyser les dispositions si diverses de ces réglements ; nous nous bornerons à dire que, pour la plupart, ils comprennent deux parties bien distinctes. La première partie reproduit d'abord les règles sur la police du pilotage, telles qu'elles se trouvent dans le décret de 1806, et rappelle aux pilotes toutes les obligations qui leur sont imposées, quant à la conduite du navire. Puis on les autorise à s'engager au mois sur les bâtiments à vapeur faisant un service régulier entre deux ports de France, ou entre un port de France et entre un port étranger peu éloigné, à condition que cet engagement ne puisse excéder la durée de six mois. C'est là une faveur réservée aux pilotes les plus âgés ; la liste des pilotes qui peuvent obtenir l'autorisation nécessaire est dressée soit par le chef du pilotage, soit par le commissaire de l'inscription maritime, et affichée dans les bureaux du pilotage et de l'inscription. La suppléance des pilotes est organisée sur de nouvelles bases ; ainsi, lorsque les signaux réglementaires ayant été faits, aucune pilote ou aspirant pilote ne se présente, les capitaines peuvent demander l'assistance d'un pratique ou pêcheur qui, en montant à bord, est tenu de faire arborer à nouveau le signal d'usage pour appeler un pilote, et de céder la conduite à ce dernier dès qu'il se présente. La seconde partie des réglements comprend les tarifs spéciaux à chaque localité ; ces tarifs sont applicables à tous les bâtiments français ; les bâtiments étrangers doivent payer moitié du prix fixé pour les bâtiments français. Il n'y a de dérogation que pour les pavillons assimilés : l'assimilation a lieu, dans certains cas, sans restriction aucune ; dans d'autres cas, les traités internationaux n'admettent d'assimilation qu'en faveur des navires remplissant certaines conditions ; c'est ce qui a lieu pour les pavillons d'Angleterre, de Portugal, de la République Dominicaine, de Russie et d'Italie. Généralement ces traités exigent que les na-

vires, mouillant dans le port, aient chargement complet, et
arrivent directement d'un des ports de la nation à laquelle
ils appartiennent ; quelquefois ils accordent l'assimilation
aux paquebots à vapeur, destinés à un service de navigation
régulière et faisant périodiquement escale dans les ports de
France, notamment dans ceux de Bordeaux et du Havre.
Enfin ce privilége est souvent conféré aux bâtiments naviguant sur lest ; nous le trouvons établi en faveur des bâtiments russes venant de tous ports quelconques, autres que
ceux de la mer Noire et de la mer d'Azow, et des bâtiments
italiens, quelle que soit leur provenance.

201. La loi du 3 mars 1822 laissait au gouvernement
le soin de déterminer les mesures de police sanitaire qui
devraient être observées dans les ports ; le titre VI de la
convention internationale du 3 février 1852 est venu postérieurement réglementer le régime et l'institution des lazarets. En premier lieu, les art. 73 à 78 s'occupent de leur
installation matérielle ; leur distribution intérieure doit être
telle que les personnes et les choses appartenant à des qua-
rantaines différentes puissent être facilement séparées ; des
parloirs vastes et commodes seront organisés pour recevoir
les personnes du dehors qui voudraient visiter les quaran-
taines, en se soumettant aux prescriptions ordonnées
dans l'intérêt de la santé publique ; des corps de bâtiments
séparés seront réservés aux malades, et devront être disposés dans les meilleures conditions d'hygiène et d'aération.
Tout lazaret sera pourvu d'eau saine en quantité suffisante
pour tous les besoins du service ; enfin, il y aura dans chaque lazaret ou dans ses dépendances un endroit convenable
destiné aux inhumations. Suivent des dispositions sur le
personnel de la surveillance et du service intérieur des lazarets ; les ports et endroits réservés affectés à la quaran-
taine des navires, les lazarets destinés à celle des passagers
et des marchandises et les établissements quarantenaires en

général, sont placés sous l'autorité immédiate des administrations sanitaires (art. 79). A chaque lazaret sont attachés
1° un directeur ou agent responsable ; 2° un médecin chargé
de soigner les quarantenaires et de concourir par ses conseils à l'exécution des mesures sanitaires ; 3° des employés
en nombre suffisant pour assurer la discipline ; 4° des gardes
de santé chargés d'exécuter ou de faire exécuter toutes les
mesures prescrites. Les malades reçoivent tous les soins qui,
sous le rapport médical et religieux, leur seraient donnés
dans les établissements hospitaliers les mieux organisés ;
ils conservent la faculté de se faire soigner par le médecin
de leur choix, sauf le droit pour l'administration de surveiller la visite des médecins étrangers, d'exiger d'eux des rapports, et de faire visiter les malades par ses propres médecins, afin d'arriver à connaître la nature de la maladie
(art. 80 à 84). Les indigents sont reçus et nourris gratuitement ; le service médical est absolument gratuit pour toute
personne indistinctement ; les quarantenaires aisés ne paieront jamais que les soins étrangers à ce service. Chaque
lazaret aura un tarif établi par l'autorité et révisé trimes-
triellement, dans lequel le prix des vivres sera taxé au taux
le plus modéré ; les meubles et les objets de première nécessité, à l'usage des quarantenaires leur sont fournis gratis
par l'administration dès leur entrée au lazaret ; quant aux
autres conditions nécessaires pour assurer leur bien-être,
elles seront déterminées par des arrêtés spéciaux qui varie-
ront suivant les différentes localités (art. 84 à 88). Les marchandises, effets à usage et dépêches, doivent également
être déposés dans les lazarets ; ils y sont soumis à tel
moyen de purification que l'on jugera nécessaire ; les art. 89
à 95 tracent la conduite que doivent suivre en pareil cas les
autorités sanitaires. Les lettres et dépêches ne peuvent, en
aucun cas, être purifiées hors la présence du directeur du
lazaret ; les consuls et représentants des puissances étran-

gères peuvent assister à l'ouverture et à la purification des dépêches qui leur seraient adressées ou qui seraient destinées à leurs nationaux ; le même droit est réservé à l'administration des postes (art. 96 à 98).

202. L'Ordonnance du 14 juin 1844 organise d'une manière toute spéciale l'administration des ports de guerre. A la tête du service se trouve le préfet maritime, ayant rang et honneurs de vice-amiral commandant en chef une escadre ; la sûreté des ports militaires et des arsenaux, la police de ces ports, la surveillance des fortifications et des batteries qui les défendent lui sont confiés ; lui seul peut autoriser le stationnement dans le port de bâtiments qui ne dépendent pas de la marine militaire ; lui seul peut autoriser l'établissement de services réguliers destinés à relier le port militaire au port de commerce voisin. (C. d'Etat, 2 juin 1859. Lebon, 59, 406). Le préfet règle en conseil d'administration les achats et les travaux de manière à ne pas excéder la quotité des fonds assignés par le ministre, d'après le budget, aux différentes parties du service ; il statue sur le nombre d'ouvriers qu'exigent les travaux ordonnés ; il fixe, d'après les propositions qui lui sont soumises, la répartition des condamnés dans les divers bagnes. Il est responsable de toutes les dépenses en deniers, matières et main-d'œuvre qu'il aurait ordonnées ou sciemment tolérées, et qui seraient contraires, soit aux lois, ordonnances et décrets, soit aux ordres du ministre de la marine et des colonies. Au-dessous du préfet maritime, l'Ordonnance établit : 1° un major-général de la marine commandant les officiers de la marine de tout grade, les élèves et les volontaires, et la division des équipages de ligne établie dans le port ; il est spécialement chargé de la garde militaire et de la sûreté du port, chef lieu de l'arrondissement, et des forts, batteries et postes qui dépendent de la marine ; enfin, il est préposé à la garde des prisons de la marine et à l'inspection de ces établis-

sements, en ce qui concerne leur sûreté ; 2° un commissaire-général centralisant la comptabilité générale du matériel du port et des bâtiments armés ; le commissaire liquide la solde de toutes personnes employées par l'Etat, soit sur les bâtiments de guerre, soit dans les arsenaux ; il surveille toutes les adjudications ou marchés passés pour fournitures, travaux et autres ouvrages ; les détails du service sont réglés, sous sa haute direction, par le commissaire des approvisionnements, le garde-magasin général, le commissaire des revues, armements et prises, le commissaire des travaux, le commissaire des hôpitaux, le commissaire des chiourmes, le directeur des subsistances, le commissaire des fonds et le commissaire de l'inscription maritime ; 3° un directeur des constructions navales ; 4° un directeur des mouvements du port, chargé de la garde et conservation des bâtiments flottants, du mouvement et amarrage, du mâtement et démâtement, du lestage et délestage des bâtiments, de leur abattage en carène, de leur entrée dans le port et les bassins, de leur sortie et de toutes les manœuvres à faire dans les ports ; du curage ordinaire des ports et rades ; du placement et de la surveillance des ancres et des chaînes d'amarrage, des tonnes et balises dans les dépendances de la marine et de la surveillance de l'éclairage des phares entretenus par le département ; enfin, de la surveillance du service des pilotes-lamaneurs ; 5° un directeur d'artillerie ; 6° un directeur des travaux hydrauliques. Aucun ouvrage ne peut être exécuté dans les chantiers et ateliers qu'en vertu d'un ordre de l'autorité compétente ; les constructions neuves, refontes et grosses réparations sont ordonnées par le ministre ; les ouvrages d'entretien courant sont exécutés sur les autorisations du préfet maritime : dans les cinq premiers jours de chaque mois, un relevé des autorisations de cette nature, données pendant le mois expiré, est dressé par chacun des chefs de service en ce qui le concerne, et transmis au ministre par le préfet maritime. L'Ordonnance de 1844 traite ensuite du service de santé, du contrôle, du conseil d'administration des ports, en dernier lieu de la comptabilité des travaux ; la plupart de ses articles ont trait aux formalités qui doivent précéder les fournitures et marchés, à la réception des travaux entrepris, à la vérification des comptes fournis par les divers agents de la marine, à l'administration de la Caisse des Invalides, etc., etc..... Nous mentionnerons, à raison de son importance spéciale, la décision de l'art. 128, d'après lequel sont soumises à l'examen préalable du Conseil d'amirauté les propositions relatives à la création de nouveaux ateliers dans les ports, les projets de nouveaux ports ou autres établissements à créer, d'édifices à élever dans les ports existants, des bassins de radoub, cales, jetées et autres ouvrages hydrauliques, sauf exception, pour toutes les hypothèses dans lesquelles le ministre jugerait qu'un secret absolu est nécessaire.

§ III

Des havres et des rades.

203. On désigne sous le nom de havres des enfoncements de mer dans les terres propres à recevoir et à abriter des navires sans ouvrages ni constructions notables de la main des hommes ; suivant les expressions fort justes de M. Gaudry (t. I, p. 217), le havre est un petit port naturel qui devient un port véritable par des travaux destinés à l'agrandir ou à protéger les navires. — Les rades sont de vastes espaces de mer à portée des côtes et offrant par leur peu de profondeur un mouillage aux vaisseaux. Le plus souvent,

elles s'étendent devant les ports et en sont considérées comme une véritable dépendance. Il est dans ce cas assez difficile de préciser le point où cesse la rade et où commence le port proprement dit. La rade n'est plus soumise aux mêmes réglements de police que le port; l'autorité des officiers de port ne peut s'y étendre ; la question offre donc un certain intérêt pratique. Elle se présentait en 1859 dans des conditions curieuses; un sieur T... avait amarré le bâtiment qu'il commandait dans le chenal du port de Honfleur, mais en dehors des jetées et avait résisté à toutes les injonctions du lieutenant de port. Le Conseil de préfecture des Côtes-du-Nord avait refusé de donner suite au procès verbal dressé à cette occasion, sous prétexte que le bâtiment du sieur T... était mouillé dans la rade et non dans le port ; mais cette décision fut infirmée par arrêt du 18 avril 1860 (Lebon, 60, 331). « Le chenal du port de Honfleur, avait dit M. le ministre des travaux publics, est évidemment une dépendance du port et ne peut être considéré comme une rade. Ce chenal est d'ailleurs entretenu par une chasse, aussi bien que le port et les bassins eux-mêmes. J'ajouterai que le chenal est du domaine de la grande voirie ; en effet, les lois qui sont destinées à assurer la liberté et la sûreté de la navigation dans les ports et qui chargent l'administration de veiller à ce que l'abri du port soit toujours ouvert à quiconque viendra s'y réfugier, ne peuvent laisser au premier venu la liberté de barrer l'unique entrée d'un port et de refuser absolument d'obéir aux injonctions qui lui sont faites de débarrasser le passage. » Ainsi la limite de la rade et du port doit être fixée à l'endroit où débouche le chenal, c'est-à-dire la passe que suivent les bâtiments pour pénétrer dans l'intérieur du port. Les préfets maritimes avaient déjà été investis de la surveillance des rades par la loi du 7 floréal an VIII; cette attribution lui est maintenue par l'art. 11 de l'Ordonnance

du 14 juin 1844. Ils peuvent, en conséquence, et en vertu
de leur pouvoir réglementaire, prendre toutes les mesures
que nécessitent la disposition des côtes et la configuration
particulière de chaque localité. Comme réglement général,
nous ne trouvons guère que les dispositions de l'Ordonnance de 1681. L'art. I, tit. VIII, liv. IV, décide que les
rades sont libres à tous bâtiments, quelle que soit leur nationalité ; défense est faite à toute personne d'y apporter
aucun trouble ni empêchement, à peine de punition corporelle. Les capitaines de navires forcés par la tempête de
couper leurs cables et de laisser quelques ancres dans les
rades, doivent y mettre des oirins, bouées ou gaviteaux à
peine de perte de leurs ancres qui appartiendraient à ceux
qui les auraient pêchées, et d'amende arbitraire (art. 2).
Les navires venant prendre rade mouilleront à telle distance les uns des autres, que les ancres et les cables ne
puissent se mêler et se porter dommage, à peine d'en répondre
et d'amende arbitraire (art. 3). Lorsqu'il y aura plusieurs
bâtiments en même rade, celui qui se trouvera le plus avancé
vers l'eau, sera tenu d'avoir pendant la nuit un feu au fa-
nal, pour avertir les vaisseaux venant de la mer (art. 4).
Enfin, suivant l'art. 5, quand un vaisseau en rade voudra
faire voile pendant la nuit, le capitaine sera tenu, dès le
jour précédent, de se mettre en lieu propre pour sortir, sans
aborder ou faire dommage à aucun de ceux qui seront en
même rade, à peine de tous dépens, dommages-intérêts et
amende arbitraire.

CHAPITRE V

---

204. Les lais de la mer sont les alluvions que forme la mer aux propriétés riveraines : les relais sont les portions du rivage que la mer abandonne successivement et im- perceptiblement en se portant ailleurs. De tout temps, ces terrains ont été considérés comme n'ayant aucune

destination publique et comme pouvant en conséquence entrer par voie de concession dans le domaine des particuliers : des lettres patentes du 21 novembre 1463 en accordaient déjà à la commune de Rue une certaine quantité, à la charge de payer une redevance annuelle. En février 1566, lorsque prévalut le principe de l'inaliénabilité du domaine public, les lais et relais de la mer furent rangés dans le petit domaine, et par conséquent restèrent susceptibles d'aliénation. Une ordonnance, rendue immédiatement après celle de Moulins, voulait qu'ils fussent accensés ou baillés à rente. On les assimilait alors aux marais ; c'est sous ce nom que nous les voyons figurer dans les édits du 8 avril 1599 et de janvier 1607, qui concèdent un grand nombre de terrains domaniaux desséchés ; dans les lettres patentes du 4 mai 1641, sur le desséchement des marais qui subsistaient encore dans les provinces d'Aunis, de Saintonge et de Poitou ; enfin, dans les deux déclarations des 20 juillet 1643 et 14 juin 1764. — Dans le droit intermédiaire, nous rencontrons tout d'abord la loi des 22 novembre, 1er décembre 1790 (art. 2), qui range les lais et relais de la mer dans les biens faisant partie du *domaine public*. L'emploi de cette expression « domaine public » ne doit pas nous étonner ; la loi l'emploie dans son sens le plus général : domaine public, par opposition au domaine des particuliers, mais non au domaine privé de l'Etat ; cette distinction entre le domaine public et le domaine privé de l'Etat paraît avoir complétement échappé aux législateurs de 1790. Un décret du 11 nivôse an II, rendu sur une pétition adressée à la Convention par des concessionnaires de lais et relais de la mer, maintenait provisoirement ces concessionnaires dans leur jouissance et chargeait en même temps les comités d'agriculture et des domaines : 1° de vérifier la légitimité des concessions intervenues jusqu'à cette époque ; 2° de chercher le moyen d'utiliser les nouvelles propriétés nationales que les eaux de la mer laisseraient à découvert. Quelques années plus tard, la loi du 14 ventôse an XII (art. 33 in fine) se bornait à annoncer sur notre matière des réglements spéciaux. L'art. 538 C. N. qui copie mot à mot la loi de 1790, range également les lais et relais de la mer parmi les biens du domaine public ; nous retrouvons l'expression impropre que nous avons signalée, mais ici la méprise des rédacteurs du Code avait une conséquence des plus graves ; ils avaient parfaitement saisi et indiqué la différence entre les biens du domaine public de l'Etat et ceux du domaine privé, seuls aliénables et prescriptibles. Les anciennes traditions étaient donc abandonnées : désormais les lais et relais de la mer allaient être soumis aux mêmes règles que les rivages de la mer ; ils ne pourraient en aucun cas entrer dans le domaine des particuliers. Les inconvénients de cet état de choses n'avaient pas tardé à se faire sentir ; aussi la loi du 16 septembre 1807 (art. 41), abrogeant sur ce point l'article 538, vint-elle autoriser le gouvernement à concéder les lais et relais de la mer aux conditions qu'il jugerait convenables, c'est-à-dire les placer en dehors du domaine public proprement dit.

206. On s'est demandé plusieurs fois si l'ordonnance de 1566 en déclarant aliénables les lais et relais de la mer, les avait ipso facto déclarés prescriptibles ; un arrêt de la Cour de Bourges en date du 3 avril 1837 (Pal. 37, 2, 71), soutient la négative et invoque le silence absolu que gardent sur ce point tous les textes législatifs : en accordant à l'Etat la faculté d'aliéner un bien qui lui appartient, l'ordonnance a dérogé au droit commun ; or « exceptiones sunt strictissimæ interpretationis. » Cette décision nous semble bien téméraire : en effet, Dunod (Prescr. Part. I, ch. XII) enseigne parfaitement que dès qu'un terrain appartenant à une ville peut être aliéné, il se trouve prescriptible par le

laps de temps ordinaire. Pourquoi donner ici une solution différente ? Nous n'en trouvons, quant à nous, aucune raison logique ; et nous nous bornerons à faire observer que l'arrêt de la Cour de Bourges est resté isolé dans la jurisprudence (V. not. Civ. Rej. 2 janv. 1844. Dev. 44, 1, 321). Que statuer maintenant sous l'empire du Code Napoléon ? Nous trouvons un texte général, l'art. 2227 : « L'Etat, les établissements publics, et les communes sont soumis aux mêmes prescriptions que les particuliers, et peuvent également les opposer. » Il semble donc qu'aucune difficulté ne puisse s'élever : conformément au droit commun, les lais et relais de la mer étant aliénables, sont également susceptibles de prescription ; telle est, en effet, la doctrine générale. Toutefois, quelques objections ont été présentées : ainsi, M. Gaudry (t. I, p. 191), tout en se réunissant à la majorité des auteurs, manifeste certains doutes. La loi de 1807, dit-il, en autorisant l'aliénation des lais et relais de la mer ne les rend pas aliénables : elle accorde seulement au gouvernement le droit de reconnaître s'ils peuvent le devenir ; il en est ainsi d'un grand nombre de biens dépendant du domaine public : ainsi les routes, les rues, les places font incontestablement partie du domaine public et sont comme telles inaliénables et imprescriptibles et néanmoins, elles peuvent devenir aliénables et prescriptibles par des actes du gouvernement : or en conclura-t-on qu'elles soient toujours prescriptibles parce que le gouvernement peut les rendre telles ? Nullement ; dès lors, ne devrait-il pas en être de même pour les lais et relais de la mer ? Le savant jurisconsulte insiste ensuite sur les inconvénients que présenterait la prescriptibilité des lais et relais de la mer : comment ! des formalités nombreuses sont imposées à l'administration avant d'user du bénéfice que lui confère la loi de 1807 ; on exige l'avis du ministre de la marine, l'avis de la commission

mixte des travaux publics, et voici qu'un particulier viendrait, par le seul effet de sa propre initiative, déjouer toutes
ces précautions! Il est possible qu'il soit nécessaire de conserver les lais et relais pour l'usage même du rivage de la
mer, que par un retour assez fréquent le rivage soit menacé d'un nouvel envahissement des eaux, et que par suite
les lais et relais redeviennent partie du rivage : c'est dans
ces circonstances qu'une prescription, c'est-à-dire une véritable aliénation tacite enlèverait au public l'usage de son
domaine.— Cette argumentation si subtile ne peut prévaloir
contre l'art. 2227 ; il est clair que le législateur a entendu
soumettre les biens qui ne sont pas affectés entre les mains
de l'Etat à une destination publique, aux mêmes règles que
les biens appartenant à un particulier : « Par l'art. 41 de la
loi du 16 septembre 1807, dit un arrêt déjà ancien, les lais
et relais de la mer sont déclarés aliénables ; par conséquent, ils sont susceptibles de prescription. » (Civ. Cass.
3 nov. 1824. Dev. C. N. 7, 1, 548. Req. Rej. 17 nov. 1852.
Dev. 52, 1, 789 ; ibid. 18 avril 1855. Dev. 55, 1, 735 ; Civ.
Cass. 21 juin 1859. Dev. 59, 1, 744).

206. Pour que des terrains domaniaux voisins de la mer
soient considérés comme des lais et relais, faut-il exiger que
l'Etat ait, par une sorte de déclaration préalable, tracé la
limite où finit le rivage qui ne peut être aliéné et où commence la portion du domaine susceptible de propriété privée? Dans des hypothèses tout à fait analogues à la nôtre,
une déclaration de ce genre est absolument nécessaire pour
que la prescription puisse courir contre l'Etat; ainsi, le
remparts des anciennes places de guerre ne deviennent prescriptibles que du jour où la place a été déclassée, conformément à l'art. 4, tit. Ier de la loi des 8-10 juillet 1791. De
même, d'après une doctrine assez accréditée, le sol d'une
route devient prescriptible non pas du jour où elle a été abandonnée, mais seulement du jour où son déclassement a été

ordonné. Malgré ces analogies, nous n'hésitons pas à dire
que du moment où des terrains ont pris le caractère de lais
et relais de la mer, l'art. 2227 leur est devenu applicable
et ce, sans qu'il y ait eu besoin d'aucun acte administratif ; à quelle époque les terrains dont il s'agit ont-ils
pris définitivement ce caractère? voilà le point unique qu'il
suffira de vérifier.. Nous ne nous trouvons pas en présence de la même difficulté que dans les deux hypothèses
citées plus haut : comment, en effet, serait-on arrivé à reconnaître le moment précis où on aurait pu commencer, soit
le non usage de la route ou du rempart, soit la possibilité
d'un usage contraire à sa destination publique? Autant
de questions dont la solution eût été des plus délicates
tandis qu'en prenant pour point de départ le décret ou
l'arrêté qui auront ordonné le déclassement, tous ces embarras seront supprimés. Dans notre espèce, au contraire,
rien de plus simple que ces constatations matérielles : en
cas de dissentiment entre les possesseurs et le domaine, une
enquête auprès des marins, des douaniers, des gens du pays
établirait facilement à quel temps on doit faire remonter le
point de départ de la prescription. Aussi, la jurisprudence
admet-elle que ces terrains peuvent être aliénés sans
qu'un acte spécial de l'autorité les ait séparés du domaine
public : récemment encore, la Cour de cassation décidait
que des lais et relais de la mer avaient été concédés à une
compagnie de chemins de fer par cela seul qu'ils avaient
été compris dans le tracé approuvé par le ministère des
travaux publics ; la compagnie en était devenue propriétaire incommutable bien qu'ils n'eussent pas été administrativement distingués du rivage ; dès lors l'Etat pouvait
se regarder comme dépossédé d'une manière définitive
et demander le réglement de son indemnité dans les termes de la loi du 3 mai 1841 (Req. Rej. 30 déc. 1868.
Droit des 4-5 janvier 1869). Quant à la question de compé-

tence, nous n'avons qu'un mot à dire : il est aujourd'hui universellement reconnu que ces constatations matérielles rentrent dans le domaine exclusif de l'autorité judiciaire ; ainsi que le fait observer la Cour de cassation, les questions qui peuvent se soulever à ce propos doivent trouver leur solution dans les principes du droit commun, sans qu'il y ait lieu d'interpréter aucun acte émané de l'administration (Req. Rej. 18 avril 1860, Dev. 60, 1, 524 ; Cpr. C. d'Etat 14 déc. 1857. Lebon 57, 725 ; ibid. 10 juin 1860. Lebon, 60, 498).

207. L'Etat utilise les lais et relais de la mer, soit en les affectant à un service public, soit en les concédant à des particuliers. L'affectation d'un immeuble domanial à un service public est régie par de nombreux textes de lois qui, naturellement, s'appliqueront à l'espèce dont nous nous occupons. Suivant la remarque fort juste de M. Chalvet (Journ. du Dr. adm., t. IX, p. 391), l'Etat doit donner aux terrains domaniaux la destination la plus convenable aux intérêts généraux de la nation ; il y fera creuser des ports pour abriter ses flottes ; dans le but de favoriser le commerce maritime, il y fera bâtir des phares pour la sûreté des navigateurs ; il y élèvera des batteries de côte ou des forteresses nécessaires à la sécurité du territoire. Mais, d'un autre côté, il est inadmissible qu'un service public puisse, sans formalité aucune, s'emparer de ces terrains pour en changer la nature et la destination ; ainsi, il ne suffira pas que l'Etat ait envoyé ses ingénieurs sur les lieux, que les administrations des Ponts et Chaussées, de la Marine, de la Guerre, en aient pris possession et y aient établi leurs chantiers de construction ; ce fait seul n'aura jamais pour conséquence d'affecter les lais et relais de la mer, à telle ou telle destination. Toutefois, ajoute M. Chalvet, ce principe n'a été consacré qu'à une époque relativement récente ; jusqu'au commencement de ce siècle

les diverses administrations s'emparaient sans contrôle, sans surveillance aucune des terrains qui leur convenaient ; de 1791 à l'an X, notamment, les ministres, les autorités départementales et les préfets s'attribuaient le droit d'en disposer par de simples arrêtés , ce qui avait pour résultat de diminuer d'une manière singulière, le nombre de lais et relais pouvant être concédés aux particuliers. L'art. 5 de l'arrêté du 13 messidor an X essaya de réagir contre cette pratique, en décidant que, désormais, aucun immeuble national ne pourrait, même en cas d'urgence, être mis à la disposition d'aucun ministre, sans un arrêté des consuls. La procédure à suivre fut fixée par une ordonnance du 14 juin 1833, qui exigeait : 1° le concours du ministre des finances avec le ministre chargé du service spécial auquel le bien domanial serait désormais affecté ; 2° l'insertion au Bulletin des Lois de l'ordonnance portant affectation. L'art. 4 de la loi du 18 mai 1850 vint apporter, en cette matière, une innovation considérable : « A l'avenir, l'affectation d'un immeuble national à un service public ne pourra avoir lieu qu'en vertu d'une loi. » « La commission, disait le rapport de M. Gouin, a porté son attention sur une lacune que présente la législation, en ce qui concerne l'affectation d'un immeuble national à un service public : jusqu'à ce jour, ces sortes d'affectations n'ont été soumises à aucune sanction ou autorisation législative ; elles ont lieu par une simple décision de l'administration, et elles ne sont pas toujours justifiées par un besoin d'intérêt général ; ces affectations une fois admises, ne cessent que difficilement et constituent une sorte d'aliénation temporaire. Nous pensons qu'il y a utilité à faire intervenir, dans cette circonstance, l'autorité législative ; les propositions de l'administration, devant être soumises à ce contrôle, seront mieux étudiées et mieux motivées ; ce sera une amélioration dans la conservation ou l'emploi de la fortune publique. » Mais ce régime ne devait

être que de courte durée ; un décret-loi du 24 mars 1852,
s'appuyant sur ce que les nécessités des services sont souvent urgentes, et sur ce que l'affectation d'un immeuble à
un service public n'affecte en rien son caractère domanial,
déclara purement et simplement que l'art. 4 de la loi du
18 mai 1850 était abrogé ; on en revenait donc à l'Ordonnance de 1833. — « Le caractère domanial de l'immeuble n'est
altéré en aucune manière, » porte le considérant du décret:
cette expression pourrait donner lieu à quelque méprise ;
entendue à la lettre, elle signifierait que les lais et relais de
la mer, affectés à un service public, n'ont pas cessé de faire
partie du domaine de l'Etat, en ce sens qu'ils continuent à
être aliénables et prescriptibles. Ce serait là une doctrine
inacceptable ; l'affectation d'un immeuble à un service public ne le fait pas passer du domaine de l'Etat dans le domaine des particuliers ; voilà quel est le sens du décret ;
mais il n'en résulte pas que l'immeuble continue à appartenir au domaine privé proprement dit. Le port de mer
creusé sur des lais et relais de mer, la forteresse qui y
aura été assise, dépendront du domaine public inaliénable
et imprescriptible ; la nature des lais et relais de la mer se
trouvera modifiée, et l'Etat ne les possédera plus au même
titre que par le passé. Les prescriptions qui étaient en train
de s'accomplir seront suspendues ; les possesseurs pourront
être expulsés par l'Etat, sans pouvoir élever contre lui
aucune réclamation. Que si, postérieurement, l'administra-
tration, à l'usage de laquelle avaient été affectés les lais et
relais de mer, venait soit à abandonner son projet, soit à
laisser une partie de ces terrains en dehors du périmètre de
ses constructions, les terrains inoccupés recouvreraient
leur ancien caractère ; ils redeviendraient aliénables et
prescriptibles. D'après le témoignage de M. Chalvet, il n'y
a point de règle proprement dite, pour faire ainsi cesser
l'affectation d'un immeuble à un service public, et il n'est

nullement nécessaire qu'un décret intervienne, ni que le ministre des finances soit consulté ; le service public déclare de lui-même l'inutilité du terrain pour son usage, et l'administration des domaines intervient alors pour le reprendre ; toutes les formalités se bornent à un procès-verbal contradictoire, dressé entre les agents des deux services et constatant la remise des terrains entre les mains de l'administration des domaines.

208. Les lais et relais de la mer peuvent être l'objet de tous les contrats qu'autorise le droit commun ; la loi de 1807, nous le répétons, laisse ce point à la discrétion absolue de l'administration : ainsi, possibilité de concéder sur eux des droits d'usufruit, d'usage, d'emphytéose, possibilité de les grever de servitudes au profit des particuliers. On comprend, du reste, que ces conventions n'interviennent que dans des circonstances extrêmement rares, et lorsque les terrains sur lesquels elles portent ne peuvent recevoir une destination plus avantageuse. Au contraire, rien de plus fréquent que les baux passés entre l'Etat et les particuliers : l'administration y trouve l'avantage de pouvoir transformer sans frais aucuns de vastes espaces couverts de sables et d'amendements marins ; elle stipule que les grèves lui seront rendues en bon état de culture : à la fin du bail, la valeur de ces terrains aura augmenté dans une notable proportion, et le trésor retirera de leur vente un bénéfice certain. De quelle manière ces contrats pourront-ils être passés ? Ici encore nous n'avons qu'à résumer les principes généraux sur la matière des baux administratifs ; nous dirons par conséquent qu'il peut y être procédé de deux manières différentes : ou bien l'on suivra la voie indiquée par les art. 13 et 14 de la loi des 23 octobre-5 novembre 1792 ; ou bien le bail aura lieu à l'amiable, conformément à la circulaire du ministre des finances du 9 floréal an VI et au décret du 25 mars 1852. Dans le premier cas, d'assez nombreuses for-

malités doivent être remplies ; ainsi, les baux seront
annoncés un mois d'avance, par des publications faites chaque dimanche, à la porte des mairies, de la
situation des lieux ou des communes les plus voisines ; de plus, des affiches seront apposées, de quinzaine
en quinzaine, aux lieux accoutumés ; l'adjudication sera
indiquée à un jour de marché avec le lieu ou l'heure où
elle se fera ; il y sera procédé publiquement, par devant
le sous-préfet ou un maire délégué, à la diligence de
l'administration des domaines, qui remplit aujourd'hui le
rôle confié en 1790 aux directoires de district ; si les
enchères ne donnent pas de résultats satisfaisants, la
vente pourra être remise à un autre jour ultérieurement
indiqué. La durée de ces baux est de trois, six ou neuf
ans ; l'administration conserve, en cas de vente de la chose
louée, le droit d'expulser le preneur ; toutefois, si la quatrième année est commencée au moment de la vente, cette
expulsion ne pourra jamais avoir lieu avant la sixième année
du bail ; de même, le preneur devra être maintenu en possession jusqu'à la neuvième année, si la sixième était déjà
commencée au moment de la vente. A un autre point de vue,
aucune diminution de prix ne pourra être demandée pour
quelque cause que ce soit, même pour inondation ou autres
cas fortuits. — Les baux amiables ne sont jamais consentis
que dans des circonstances toutes spéciales ; le ministère
des finances a pour règle de ne les autoriser que dans les
cas où l'adjudication publique ne pourrait évidemment donner aucun résultat satisfaisant. La circulaire du 9 floréal
an VI qui, pour la première fois autorisait les administrations départementales à se départir des formalités rigoureuses imposées par la loi de 1790 voulait que ces baux
ne fussent passés qu'après une estimation rigoureuse
portant le prix des loyers à la même somme qu'il serait possible de retirer si l'immeuble était loué aux enchères. Le

décret du 25 mars 1852 (art. 3 et tableau G, 2°) autorise le préfet à statuer en Conseil de préfecture sur les locations amiables de biens domaniaux, lorsque le prix annuel du bail n'excède pas la somme de 500 fr.; on exige seulement que ces locations n'interviennent que sur l'avis ou la proposition du directeur des domaines et qu'antérieurement les biens sur lesquels porte le contrat aient été l'objet d'une estimation contradictoire. Pour les baux dont le prix annuel excédera 500 fr., l'autorisation ministérielle est absolument nécessaire ; généralement, ce sont dans les bureaux mêmes du ministère que sont arrêtées toutes les clauses et conditions. De plus, dans la pratique, les préfets sont dans l'habitude de demander également une autorisation ministérielle toutes les fois que la durée de ces baux dépasse trois années.

209. C'est encore dans le droit commun que nous devons rechercher la sanction des stipulations intervenues entre l'Etat et les locataires de lais et relais de la mer. D'abord, d'après l'art. 21 de la loi du 28 octobre 1790, l'adjudicataire est tenu de fournir une caution habitant le département ; cette caution peut, dans la huitaine de l'adjudication, se présenter aux bureaux de la préfecture pour y faire sa soumission : passé ce délai de huitaine, son engagement ne sera valablement constaté que par acte notarié. Si l'adjudicataire se trouvait dans l'impossibilité de fournir caution, le bail serait considéré comme non avenu ; il serait procédé à une réadjudication sur folle-enchère, aux risques et périls de l'adjudicataire. En second lieu, le procès-verbal d'adjudication a tous les caractères d'un acte authentique. L'art. 14 décide que, quand il sera revêtu de toutes les formalités requises, c'est-à-dire quand la minute, signée par les parties, le sous-préfet et le secrétaire, aura été soumise à l'enregistrement, cet acte emportera de plein droit exécution parée ; donc, en cas de retard des adjudicataires,

le directeur des domaines du département pourra décerner une contrainte, visée par le Tribunal de la situation des biens sur la représentation du titre du bail et qui sera mise à exécution sans autre forme de procédure. Cette contrainte conformément à l'avis du Conseil d'Etat des 16-25 thermidor an XII, produira les mêmes effets qu'un jugement de condamnation proprement dit ; les biens immobiliers de l'adjudicataire se trouveront grevés d'une véritable hypothèque judiciaire. L'opposition qui pourrait être formée à cette contrainte devra être instruite et jugée de la même manière que s'il s'agissait d'une question d'enregistrement ; l'art. 17 de la loi des 29 septembre-9 octobre 1791 est formel sur ce point : l'instruction se fera par simples mémoires écrits ; le Tribunal prononcera sans l'intervention d'avoués et sans audition de plaidoiries orales. La loi de 1791 accordait à l'administration des domaines un droit plus considérable encore : les baux qu'elle avait passés emportaient hypothèque sur tous les biens présents et à venir du débiteur ; ce n'était là que l'application du principe admis dans notre ancienne jurisprudence et suivant lequel tout acte passé en la forme notariée entraînait hypothèque : la loi de 1790 disait elle-même qu'elle entendait assimiler les baux passés devant les directoires de district à ceux qui seraient passés par devant notaires. Mais bientôt ce principe général disparut lors de la promulgation de la loi du 11 brumaire an VII et de l'art. 2127 C. N. ; l'hypothèque ne résulte plus des actes notariés qu'autant qu'elle y a été stipulée : d'où question de savoir si la même règle ne doit pas s'appliquer aux actes administratifs. La doctrine est unanime pour décider que, depuis la loi de brumaire, les baux administratifs ne produisent plus de plein droit ni hypothèque générale sur tous les biens présents et à venir du débiteur, ni même hypothèque spéciale sur ses biens présents. Quelques auteurs vont plus loin encore : ainsi

M. Troplong (Hypoth., t. II, n° 505 bis), M. Pont (Hypoth., t. II, n° 663), soutiennent que l'administration des domaines ne pourrait valablement stipuler une hypothèque dans un bail passé en la forme administrative ; ils s'appuient sur l'art. 2127 C. N. qui, statuant en termes prohibitifs, ne dit point que la constitution d'hypothèque pourra avoir lieu dans tout acte authentique quel qu'il soit, mais qui, au contraire, exige impérieusement que l'authenticité de l'acte vienne, du ministère d'un notaire. La portée véritable de cet article disent-ils, devient plus évidente encore, si on le compare avec l'art. 17 de la loi du 9 messidor an III, permettant la constitution d'hypothèque dans tout acte public de la juridiction volontaire ou contentieuse : en ne reproduisant pas ces expressions, les législateurs de l'an VII et de l'an XI ont enlevé aux autorités administratives le droit d'insérer dans leurs actes des conventions d'hypothèque. Ils ajoutent que ce grave changement a été reconnu d'une manière implicite par le décret du 12 août 1807 qui a cru nécessaire, dans certains cas spéciaux, de renvoyer aux notaires pour la réception des baux administratifs et des stipulations hypothécaires qu'il serait utile d'y insérer. Nous ne saurions nous rallier à cette opinion ; l'avis du Conseil d'Etat des 16-25 thermidor an XII considère en effet les baux administratifs comme de véritables actes notariés ; ils ont les mêmes caractères, et entraînent les mêmes conséquences ; les baux administratifs n'emportent exécution parée que parce qu'ils sont réputés actes notariés. Si cette assimilation des baux administratifs et des actes notariés est exacte en ce qui touche l'exécution parée, comment serait-elle inexacte en ce qui touche la possibilité de contenir une constitution d'hypothèque ? Nous en concluons que l'art. 2127 n'a entendu en rien restreindre les droits antérieurs de l'administration ; tel est d'ailleurs, le sens dans lequel avait toujours été entendue la loi de brumaire ; ainsi nous lisons dans une décision du ministère de la justice, en date du 24 messidor an VII : « Il aurait été sans doute à désirer que la loi du 11 brumaire an VII se fût expliquée positivement sur ce point, au lieu de ne faire mention que des créances résultant d'actes notariés ; mais, il est évidemment dans le vœu de la loi de ne point refuser à des actes passés par des corps administratifs pour des objets de leur compétence, toute l'authenticité et la force qu'elle reconnaît à ceux des notaires et des Tribunaux. »

210. L'aliénation des lais et relais de la mer n'est soumise à aucune de ces règles si nombreuses et si compliquées qui président à la vente des biens domaniaux ; ainsi point d'intervention du pouvoir législatif, quand même la valeur des lais et relais concédés dépasserait un million : la loi du 1er juin 1864 est inapplicable. La loi du 16 septembre 1807 dispose que le gouvernement, investi dans notre espèce d'un pouvoir exceptionnel, concède les lais et relais de la mer aux conditions qu'il aura jugées convenables. L'orateur du tribunal justifiait ainsi cette dérogation au droit commun : « Si l'on considère que la nature des biens désignés dans cet article ne permet pas de les soumettre aux hasards de la concurrence, soit parce qu'ils sont dépendants de travaux faits ou à faire, soit parce qu'ils ne peuvent être acquis que par ceux qui jouissent des propriétés adjacentes, on sentira la nécessité de donner au gouvernement la faculté d'en disposer d'une manière utile au trésor public et avantageuse aux particuliers. » Mais en même temps, l'instruction des demandes en concession est soumise à des formalités minutieuses que rappelle l'ordonnance du 23 septembre 1825. Les concessions doivent être précédées, aux frais des demandeurs, 1° de plans levés, vérifiés et approuvés par les ingénieurs des ponts et chaussées ; 2° d'un mesurage et d'une prescription exacte avec l'évaluation en revenu et en capital ; 3° d'une enquête administrative de commodo et incom-

modo ; l'ordonnance ne dit pas dans quelles communes aura lieu cette enquête et combien de temps elle durera ; l'administration se regarde comme investie sur ce point du pouvoir le plus large ; 4° d'un arrêté pris par le préfet, après avoir entendu les ingénieurs des ponts et chaussées ainsi que le directeur du génie militaire, lorsque les terrains à concéder seront situés dans la zône des frontières ou aux abords des places fortes ; 5° de l'avis respectif des directeurs généraux des ponts et chaussées et des domaines ; 6° de l'avis du ministre de la guerre dans l'intérêt de la défense nationale ; 7° d'un examen en Conseil d'Etat (Comité des finances) des demandes en concession, ainsi que des charges et conditions proposées de part et d'autre. Le décret-loi du 21 février 1852 (art. 3) veut en outre que l'on ait pris l'avis du ministre de la marine : il y avait là une lacune regrettable dans l'ordonnance de 1825 ; toutefois, comme l'attestait le rapport de M. Ducos, des dispositions amiables avaient été concertées pour obvier autant que possible aux inconvénients qui auraient pu en résulter pour les intérêts maritimes. Enfin, d'après le décret du 16 août 1853, les concessions de lais et relais de la mer doivent être soumises à la commission mixte des travaux publics, mais seulement au point de vue des réserves à faire ou des conditions à imposer dans l'intérêt de la défense du territoire ; toute demande de concession comporte à ce titre deux degrés d'instruction dans les localités : au premier degré, l'examen de l'affaire est confié pour le ministère de la guerre au commandant du génie ; pour le ministère des travaux publics aux ingénieurs ordinaires des ponts et chaussées ; pour le ministère de la marine à l'ingénieur des ponts et chaussées attaché au service des travaux hydrauliques et bâtiments civils de la marine et désigné par le directeur de ce service ; pour le ministère des finances par le receveur des domaines. Le résultat des conférences qui interviennent entre ces divers agents est constaté par un procès-verbal présentant le résumé des avis communs ou des opinions respectives avec motifs à l'appui. Sont compétents au second degré les directeurs des fortifications, les ingénieurs en chef des ponts et chaussées, les directeurs des travaux hydrauliques et des bâtiments civils de la marine, les directeurs des domaines ; leur rôle se borne à examiner les pièces transmises par leurs subordonnés et à les apostiller en y ajoutant leurs observations : des conférences n'ont lieu entre eux qu'à titre exceptionnel et sur la proposition d'un des membres de la commission. Les dossiers de l'affaire sont ensuite transmis par eux aux divers ministres qu'elle intéresse. En fait, on admet que si les chefs de service peuvent directement se mettre d'accord sur les conditions dans lesquelles doit être accordée la concession, il est inutile de procéder à l'instruction au premier degré : ils peuvent se saisir directement de la connaissance de l'affaire et transmettre aux ministres les propositions qu'ils auront arrêtées eux-mêmes.

211. Les concessions de lais et relais de la mer peuvent intervenir à l'amiable entre l'Etat et les particuliers ; mais le plus souvent, l'administration n'use pas des facilités que lui confère la loi de 1807. Un avis du Conseil d'Etat du 19 novembre 1841 déclare qu'il convient, dans l'intérêt de l'Etat, de s'en tenir autant que possible au mode d'aliénation par voie de concurrence et aux enchères publiques ; et le ministère des finances tient essentiellement à ce que les choses se passent ainsi dans la pratique ; la plupart du temps, elle repousse les propositions d'aliénations amiables même quand elles ont été approuvées par les ingénieurs et les agents du domaine. Les cahiers de charges qui servent de base aux adjudications de lais et relais de la mer reproduisent les principales dispositions des lois des 15 floréal an X, 3 ventôse an X et du 18 mai 1850. M. Chalvet (Journ. du dr. administ. t. IX, p. 400) rapporte en outre la plupart

des conditions accessoires qui s'y trouvent énumérées : en première ligne, réserve de certains droits au profit de l'Etat vendeur et établissement d'une servitude de passage sur la partie de la propriété qui borde le rivage : ce passage varie entre 4 et 8 mètres, selon la nature des côtes, l'élévation et la dépression du terrain. Puis viennent des clauses réglant la garantie dont l'état peut être tenu : toute vente étant précédée d'estimations rigoureuses, l'adjudicataire doit prendre l'immeuble dans l'Etat où il se trouve, étant censé le bien connaître ; l'état ne garantit pas la contenance, mais seulement les tenants ou aboutissants. En ce qui touche les formalités à remplir, on stipule généralement que l'acte sera passé dans la forme administrative devant le préfet ou un maire expressément délégué, en présence d'un préposé de l'administration des domaines. La mise à prix est ordinairement calculée d'une manière arbitraire ; on ne peut en effet, songer à appliquer les dispositions de la loi de l'an X qui la fixait à vingt années de revenus pour les biens ruraux ; à douze années pour les autres immeubles. La loi de l'an X divisait le prix par cinquièmes : le premier payable sans intérêts dans le mois de l'adjudication, les autres payables d'année en année et produisant intérêt à raison de 5 pour 100 ; si le prix n'excédait pas 100 francs, il était intégralement exigible dans le mois de l'adjudication. D'après la loi de 1850, les nouveaux cahiers de charges doivent stipuler, au contraire, que les intérêts du prix seront toujours dus à partir de l'entrée en possession du concessionnaire ; de même aucun délai de paiement ne sera nécessairement accordé ; le mode de paiement et les délais qu'il conviendra de consentir seront fixés par le ministre des finances comme il l'entendra : libre à lui d'exiger que le prix soit versé immédiatement, que le concessionnaire donne telle ou telle garantie. En cas de retard dans les paiements, l'acquéreur est soumis à l'application de l'art. 8 de la loi de floréal ; il demeure déchu de plein droit lorsque, dans la quinzaine de la contrainte à lui signifiée, il ne s'est pas libéré du terme échu ; si, en vertu d'une disposition spéciale de la loi, la folle-enchère ne peut être poursuivie contre lui, il est tenu, d'un autre côté, de payer par forme de dommages-intérêts, une amende égale au dixième du prix, dans le cas où il n'aurait fait encore aucun paiement, et au vingtième seulement si antérieurement il aurait délivré quelque à compte.

212. C'est une question assez délicate que celle de savoir jusqu'où peut s'étendre le droit de l'Etat relativement à la concession de lais et relais de la mer. Doit-il se borner à concéder les lais et relais déjà formés, ou bien peut-il concéder aussi ce que l'on appelle les *créments futurs?* Dans le premier sens, on a soutenu que ces lais et relais non encore formés n'étaient pas autre chose que le rivage ou le lit de la mer ; donc la concession n'en saurait être valable puisqu'elle aurait porté sur une chose faisant partie du domaine public et conséquemment hors du commerce (art. 1128 et 1598 C. N.) On a invoqué, à l'appui de cette prétention, l'opinion de Domat, déclarant formellement que le roi ne peut aliéner ses biens à venir, ses revenus casuels, qui dépendent d'événements incertains : ce serait par avance renoncer à son droit de souveraineté (Dr. Publ., liv. Ier, tit. VI, sect. I, n°s 6 et 19). D'où cette conclusion que sous l'empire de l'ordonnance de 1566, il n'était permis au roi de disposer que des lais et relais actuels qui avaient réellement accru son domaine et dont il était devenu le maître, et non pas des lais et relais à venir qui devaient appartenir à ses successeurs. Cet argument historique nous touche peu ; il suffit de lire en entier le passage de Domat, auquel il est fait allusion pour demeurer convaincu qu'il n'a aucun rapport avec notre hypothèse ; on en a à plaisir dénaturé le sens et les expressions. Nous n'insistons pas sur ce point ; en effet, quand même Domat eût enseigné la doc-

trine qu'on lui prête, il n'en serait pas moins certain que la pratique ancienne aurait donné à ce système le plus énergique démenti. Rien de plus fréquent, autrefois, que des arrêts du Conseil concédant des lais et relais de mer encore inexistants, et l'on en a vu récemment un exemple remarquable dans l'affaire Pallix, dont la durée et les incidents sont restés légendaires au Palais. Quant à l'argument tiré des art. 1128 et 1598, nous reconnaissons qu'il a, au premier abord, quelque chose de spécieux ; mais, d'un autre côté, il ne faut pas oublier que la concession dont il s'agit ne pourra avoir d'effet qu'au temps où le rivage concédé aurait cessé d'être rivage pour prendre la qualité de lais et relais de la mer ; par conséquent, on ne saurait dire que la chose concédée fût réellement une chose hors du commerce. Ajoutons que la prétention de nos adversaires nous paraîtrait difficile à concilier avec l'art. 3 de la loi des 3-21 septembre 1792 qui, dans le but d'engager les riverains à solliciter ces concessions de créments futurs, accorde une exemption pour le paiement de la contribution foncière à tout individu qui construira une digue à la mer en vue de cultiver un atterrissement. De même, que ferait-on de l'art. 41 de la loi du 15 septembre 1807 permettant au gouvernement de concéder le *droit d'endiguage*, c'est-à-dire précisément le droit d'autoriser les travaux qui hâteront la formation des lais et relais de la mer ? (Req. Rej. 15 nov. 1842. Dev. 43, 1, 72). On comprend sans peine les avantages que pourront présenter de semblables concessions ; nous nous bornerons à citer quelques lignes empruntées au rapport de M. le conseiller Lasagni : « Entre l'époque où les lais et relais de la mer commencent à se former, et celle où, laissés définitivement à découvert par la mer, ils ont atteint leur maturité, la distance est immense. Pendant ce temps, des marais se forment, une végétation malfaisante infecte les lieux ; ne serait-ce donc pas méconnaître toutes les règles d'une bonne administration publique que de lier, pour ainsi dire, les mains du gouvernement et de lui refuser le pouvoir d'accorder à des particuliers, sous les charges et conditions qu'il croirait nécessaires et utiles, les lais et relais même futurs de la mer, et d'autoriser ainsi des travaux qui, en conquérant les terres sur la mer et en les assainissant, les mettraient le plus promptement possible en état d'être livrées à la culture ? d'où un triple avantage : pour les concessionnaires, pour l'Etat, pour le public. »

213. Les concessions de créments futurs ayant lieu en vertu de la loi du 16 septembre 1807 (art. 41) peuvent être accordées par le gouvernement quand et comme il le juge à propos, sauf l'observation des formalités prescrites par l'ordonnance de 1825 et les décrets de 1851 et de 1853. L'attention des Chambres a été plusieurs fois appelée sur les inconvénients que ne manqueraient pas de présenter ces concessions si elles venaient à se multiplier ; on a demandé que le droit absolu de l'administration fût restreint dans de notables limites. A la séance du 21 février 1835, un député M. Luneau, d'accord avec un assez grand nombre de ses collègues, déposait sur le bureau de la Chambre une proposition tendant à l'abrogation de l'art. 41 de la loi du 16 septembre 1807. L'art. 1er du projet portait que les lais et relais de la mer ne pourraient être concédés qu'à la chaleur des enchères ; l'art. 2 exigeait en outre qu'aucune adjudication n'eût lieu sans que l'opportunité de la concession eût été constaté par une enquête ouverte dans les communes riveraines. On voulait autant que possible décourager les grandes compagnies qui s'étaient formées pour exploiter le littoral d'une partie de la France ; M. Luneau déclarait que l'endiguage successif des lais et relais de la mer était une cause de ruine pour les communes riveraines : c'est avec un vif chagrin, disait-il, qu'elles voient leurs côtes envahies par les alluvions ; par suite de ces atterrissements,

elles se trouveront bientôt reléguées à une grande distance de la mer et seront obligées d'abandonner l'industrie et le commerce qui les font vivre. Les riverains ne seront plus à proximité de recueillir les varechs et autres engrais que la mer leur apportait ; les eaux qu'ils recevront ne leur parviendront plus qu'après avoir déposé dans de longs canaux les sédiments qui venaient les féconder. Ce sont les nouveaux desséchements qui s'empareront de tous ces avantages ; il y aura, sous ce rapport, un véritable déplacement de richesse. Aussi les conseils généraux des départements intéressés se montraient-ils défavorables aux concessions gigantesques accordées à cette époque ; les Chambres de commerce, les communes et les propriétaires intéressés demandaient de quel droit on venait opérer la ruine des riverains en provoquant par des travaux artificiels des alluvions qui, peut-être, ne se seraient réalisées naturellement qu'au bout de plusieurs siècles. M. Luneau établissait ensuite que les aliénations faites par voie amiable et en faveur de compagnies puissantes étaient désastreuses pour le trésor, alors même que les adjudications donnaient en apparence les résultats les plus satisfaisants ; lors des ventes amiables, l'Etat n'obtenait guère que le dixième de la valeur réelle des terrains, tandis qu'en moyenne, les prix obtenus par la voie de la concurrence et de la publicité équivalaient à dix fois le montant de l'estimation servant de base aux enchères. En outre les grandes compagnies se dispensaient de remplir les obligations auxquelles elles s'étaient soumises : elles s'empressaient de revendre à des prix avantageux la meilleure partie des terrains qu'elles avaient obtenus presque pour rien ; puis, après avoir ainsi réalisé sans risques de gros bénéfices, elles abandonnaient le surplus et s'abstenaient de tout travail d'endiguage, sauf à revendiquer plus tard leur droit de propriété, lorsque les lais et relais seraient venus naturellement à maturité. En sens inverse, les statistiques démontraient que les acquéreurs des lais de mer vendus par lots et aux enchères les avaient promptement endigués et mis en culture. Le rapport de M. Langlois d'Amiely reproduisit, sous une forme nouvelle, les arguments donnés par M. Luneau et sur l'avis favorable de la commission, la Chambre vota la prise en considération. A la Chambre des pairs, la discussion entra dans une voie nouvelle: le ministre des finances, M. Humann, ne contestait pas la nécessité d'une révision de la loi de 1807 ; il demandait seulement le temps nécessaire pour la soumettre à un nouvel examen et s'engageait à proposer ultérieurement un projet de loi plus complet. La Chambre prit acte de cette déclaration et, dans la séance du 17 août 1836, le projet de la Chambre des députés fut rejeté par 82 voix sur 90 votants. Malgré les promesses de 1836, aucune proposition n'a été soumise au pouvoir législatif, et les abus signalés par M. Luneau se reproduisent tous les jours. Le ministre des finances se préoccupe exclusivement de l'intérêt du trésor ; sans doute, grâce au zèle et au dévouement des ingénieurs, les concessions n'ont lieu que moyennant le prix réel et véritable de la chose aliénée ; sans doute, l'administration tient rigoureusement la main à ce que les clauses du contrat soient exécutées dans leurs forme et teneur ; mais, malgré tout, les droits des riverains sont entièrement sacrifiés : aucun avantage ne leur est assuré en compensation des pertes qu'ils auront éprouvées. Ils ne pourraient même point réclamer le droit de prescription accordé aux riverains soit des chemins vicinaux, soit des grandes routes dont le tracé a été modifié ; les lois des 21 mai 1836 et 24 mai 1842 sont inapplicables dans l'espèce : en effet, d'après la jurisprudence actuelle, « ce droit de préemption est fondé sur la présomption que les propriétaires riverains ont dû céder dans un but d'utilité générale une partie de leur terrain pour l'ouverture du chemin qui le traverse ; que lorsque cet usage public vient à cesser, il est juste de leur restituer ce qui en a été détaché, et d'empêcher par le droit de préférence qui leur est accordé que des tiers ne puissent s'en rendre acquéreurs et ne viennent ainsi s'établir au centre d'une propriété privée. » (Req. Rej. 19 mai 1858. Dev. 59, 1, 152). Puis, l'étendue même de leurs concessions est pour les compagnies industrielles une cause de ruine ; les capitaux hésitent avant de se lancer dans ces entreprises qui n'offrent aucun revenu certain et dont la moindre tempête compromet l'avenir ; les appels que les Compagnies ont essayé de faire au crédit n'ont amené jusqu'ici que des résultats médiocres ; aussi au bout de quelques années sont-elles obligées de solliciter du gouvernement soit une subvention, soit une renonciation à certaines conditions particulièrement onéreuses ; le bénéfice que l'Etat espérait retirer de l'opération se trouve compromis ; il est obligé de soutenir les concessionnaires, sous peine de les voir abandonner les travaux en cours d'exécution.

214. Les cahiers de charges préparés par le ministère des finances sont pour la plupart conçus dans des termes identiques ; les mêmes stipulations s'y rencontrent d'une manière invariable. Nous avons en ce moment sous les yeux la plupart de ceux qui sont intervenus depuis 1856 et dont le texte est inséré au Bulletin des lois à la suite des décrets de concession. Avant tout, l'administration exige qu'il soit versé à Paris, dans les caisses du Trésor, un cautionnement en numéraire ; faute de versement opéré dans le délai fixé, la concession est annulée de plein droit. Les travaux devront être exécutés dans un laps de temps qui varie suivant leur étendue et leur importance ; mais, dans tous les cas, les concessionnaires doivent, avant l'expiration du délai d'un an, soumettre à l'administration supérieure le projet définitif des ouvrages à exécuter, sauf le droit pour eux de proposer toutes les modifications qu'ils jugeraient convenables ; tous ces

ouvrages devront être construits de manière à ce qu'ils ne puissent être détruits par la mer ou par les courants, le tout sous la responsabilité et aux frais, risques et périls des concessionnaires. L'entreprise étant d'utilité publique, les concessionnaires sont investis de tous les droits que les lois et réglements confèrent à l'administration pour les travaux de l'Etat; ils peuvent, en conséquence, se procurer par les mêmes voies les matériaux nécesssaires à la construction des travaux; ils jouissent tant pour l'extraction que pour le transport des matériaux, des priviléges accordés par les mêmes lois et réglements aux entrepreneurs de travaux publics à charge d'indemniser les propriétaires. Les cahiers de charges s'occupent ensuite du contrôle des travaux et de leur réception par les ingénieurs de l'Etat ; les procès-verbaux de réception ne sont valables qu'après l'homologation de l'autorité supérieure; enfin, les concessionnaires doivent procéder, contradictoirement avec les ingénieurs, au bornage des terrains du côté de la mer ; expédition du procès-verbal sera adressée à l'autorité supérieure : quant au bornage des terrains du côté des propriétés privées, il s'effectue aux risques et périls de la compagnie sans intervention du domaine. Les dispositions les plus intéressantes sont celles qui règlent les droits que les concessionnaires peuvent acquérir sur les créments futurs ; ordinairement, ils prennent possession des terrains concédés sans être tenus à aucune demande ou formalité ultérieure ; seulement, on leur impose la condition de respecter : 1° les baux passés par l'administration ; ils entrent en jouissance immédiate des locations, mais sans jamais pouvoir exiger de l'Etat la restitution des fermages qui auraient été perçus d'avance; 2° les aliénations antérieures : ils reçoivent toutes les sommes encore dues à l'état à charge de faire délivrance desdits terrains aux concessionnaires antérieurs ; ils peuvent exiger de ces derniers une indemnité de plus-value, dans les termes de la loi du 16 septem-

bre 1807, si leurs terrains n'étaient pas enclos antérieurement au décret de concession. Aucun terrain ne peut être
protégé par une digue insubmersible avant qu'il n'ait dépassé le niveau des hautes mers et des mortes eaux ; si,
dans le délai de 99 ans, certains terrains n'ont pas été endigués, ils font de plein droit retour à l'Etat ; en outre, tant
que les terrains n'ont pas été enclos, les concessionnaires
ne peuvent empêcher l'administration d'ouvrir sur ces terrains les chemins qu'elle jugerait nécessaires ; ils ne peuvent
non plus s'opposer à l'exercice des diverses opérations de
la pêche maritime, pêche à pied, cueillette de coquillages,
récolte d'herbes marines. Les terrains conquis sur la mer
sont grevés d'assez nombreuses servitudes : servitude de
pacage au profit des communes riveraines, servitude de passage au profit des douaniers et autres agents de l'administration. Ils sont, par rapport aux terrains déjà conquis,
considérés comme fonds inférieurs et doivent recevoir les
eaux qui en découlent. De plus, les concessionnaires s'engagent vis-à-vis de l'administration à entretenir constamment
en bon état les digues et autres ouvrages ; faute de ce faire,
ils sont déchus de tous les droits à eux conférés par l'adjudication, sauf le cas de force majeure bien et dûment constatée.
Comme compensation, ils jouissent, quant à la fixation de
l'impôt, tant pour les terrains concédés que pour les constructions qui y ont été élevées, des avantages accordés par
l'art. 3 de la loi du 3 frimaire an VII, à charge par eux
de faire la déclaration prescrite par l'art. 117 de cette dernière loi.

215. A partir de quelle époque la partie du rivage qui a
été concédée à titre de créments futurs cesse-t-elle de faire
partie du domaine public pour entrer dans le domaine de
l'Etat? On a longtemps admis que, du jour où soit par une
délimitation formelle, soit par un simple acte de concession,
l'Etat avait compris tels ou tels terrains dont les lais et re-

lais de la mer, ces terrains avaient immédiatement cessé de
faire partie du domaine public et étaient devenus susceptibles
de propriété privée : peu importe, dans ce système, qu'en réalité ces prétendus lais et relais de mer soient encore périodiquement couverts par les eaux : les particuliers ont pu commencer à prescrire ou à posséder soit contre les concessionnaires, soit contre l'administration qui se trouverait liée par
sa propre déclaration. Un arrêt de Poitiers du 16 sept. 1851
décide en termes formels que « des concessions ont pu porter
sur des créments futurs ; tous les jours, quand l'utilité publique ne rend plus indispensable la grande étendue de certains rivages, quand on peut la diminuer sans dommage et en
contribuant au contraire au bien général par l'endiguement, la
mise en culture ou tout autre moyen, l'Etat vend comme lais
de la mer des terrains encore visités par les flots au moment
de la vente ; mais alors, l'acte officiel par lequel l'administration, après examen, trace l'étendue qu'il faut laisser au
rivage, la ligne que donne l'endiguement, les bornes qui devront séparer ce qui est conservé comme domaine public de
ce qui est destiné à la concession ou à l'adjudication publique, cet acte fait passer les terrains dans les lais et relais
aliénables et prescriptibles comme l'aurait fait plus tard l'a-
bandon entier des flots. » A l'origine, la jurisprudence de
la Cour suprême était conforme à celle des Cours impériales (Req. Rej. 17 nov. 1852. Dev. 52, 1, 789 ; Civ. Cass.
21 juin 1859. Dev, 59, 1, 744). Grâce à cette doctrine, l'E-
tat pouvait, par une simple déclaration, rendre le domaine
public aliénable et prescriptible ; bien que la nature du sol
n'eût changé en aucune manière, que les terrains en question fussent baignés par le plus grand flot de mars ou d'hiver, leur condition légale se trouvait modifiée du tout au
tout par l'effet de l'acte de concession. M. Chalvet (Journ.
du droit administratf, t. IV, p. 413), insistait sur les
conséquences qui en pouvaient résulter : si l'on sup-

pose que les concessionnaires ne réussissent pas dans leur entreprise, qu'ils soient obligés d'abandonner leurs travaux et qu'ils viennent à encourir une déchéance de l'Etat, il est bien certain que le sol de la concession quoique qualifiée dans les décrets de lais ou relais de la mer, redeviendra ce qu'il a toujours été, c'est-à-dire un rivage inaliénable et imprescriptible; et pourtant, si les tribunaux ont, antérieurement à la déchéance des concessionnaires, autorisé ou reconnu sur ce sol la possession de particuliers, on pourra voir un jour des terrains partie essentielle du domaine public acquis par prescription, soustraits par l'autorité de la chose jugée à l'usage de tous, en un mot, possédés à titre privatif et singulier! Aussi, en présence de ce résultat si exorbitant, l'administration des domaines a-t-elle soutenu de tout temps que les concessions de créments futurs ne sont que des concessions conditionnelles; les terrains ne cessent d'appartenir au domaine public que lorsqu'ils ont été définitivement soustraits à l'action des flots, que lorsqu'ils sont bien réellement devenus lais et relais de la mer, et nous rappellerons qu'une des clauses essentielles des cahiers de charges interdit à l'adjudicataire toute mise en vente des terrains avant leur endiguement définitif. Si cette condition vient à défaillir, la concession est réputée nulle et non avenue; donc le terrain n'a jamais cessé de faire partie du domaine public. La Cour de cassation paraît en ce moment vouloir revenir sur ses décisions antérieures; dans un de ses derniers arrêts, elle a jugé que des concessionnaires qui ne possédaient certains terrains que sous la condition de les endiguer se trouvaient sous l'incessante menace d'une révocation pour le cas où cette condition n'aurait pas été accomplie; que leur possession était donc précaire au regard de l'Etat et qu'ils ne pouvaient changer le titre de leur possession; que, dès lors, c'était à bon droit que la Cour de Douai avait repoussé le moyen de prescription invoqué dans la cause (Req. Rej. 11 mars 1868. Dev. 68, 1, 156). Les principes que l'arrêt applique aux concessionnaires doivent à fortiori s'appliquer aux tiers qui prétendraient avoir acquis un droit quelconque sur les terrains dont le domaine a recouvré la propriété ; ils n'ont pas cessé d'être hors du commerce et par conséquent d'être imprescriptibles.

216. Il arrive bien souvent que des contestations naissent à l'occasion de ces concessions de lais et relais de la mer. A quelle autorité appartient-il d'en connaître ? Tout d'abord nous supposerons le litige pendant entre deux particuliers ; ce seront, par exemple, deux concessionnaires en désaccord sur le point de savoir où doivent être fixées les limites de leurs concessions respectives ; ici aucun doute : les Tribunaux civils sont compétents pour statuer, et l'autorité administrative ne saurait revendiquer la connaissance de l'affaire ; il s'agit, en effet, non pas d'interpréter, mais simplement d'appliquer un acte administratif : c'est ce que le Conseil d'Etat a reconnu dans les considérants de son arrêt du 28 juillet 1864 (Lebon, 64, 718.) Que décider maintenant si le débat s'élève entre les concessionnaires et l'Etat, relativement au sens et à la portée de l'acte de concession ? Pour pouvoir répondre, nous sommes obligés d'entrer dans l'examen d'une question beaucoup plus générale et de nous demander si, en thèse générale, dans l'état actuel de notre législation, les difficultés que soulèvent soit les ventes de biens domaniaux, soit les concessions accordées par l'administration, doivent être portées devant les juges civils ou devant les juges administratifs. Lorsqu'il s'agit de concessions de lais et relais de la mer, cette question ne se présente qu'à d'assez rares intervalles. La plupart des cahiers de charges contiennent la formule suivante : « Les contestations qui pourraient s'élever entre l'administration et les concessionnaires, sur l'exécution ou l'interprétation

des clauses et conditions du présent cahier des charges, seront jugées administrativement par le Conseil de préfecture
du département de......, sauf recours au Conseil d'Etat. »
Cette clause compromissoire, ne fait guère défaut que dans
les actes remontant à une époque déjà éloignée ; jusqu'ici la
jurisprudence n'a eu à statuer que relativement à des concessions qui résultaient d'anciens arrêts du Conseil. Deux
théories complétement opposées sont en présence : l'une,
qui paraît définitivement adoptée en pratique, veut que ces
contestations soient portées devant les juges administratifs
(Trib. des conflits, 1er juillet 1850. Lebon, 50, 639.) La concession des lais et relais de la mer n'est pas autre chose qu'un
simple acte administratif ; l'Etat qui les concède agit comme
représentant d'un intérêt général ; c'est dans cet intérêt qu'il
a déterminé l'étendue de la concession, qu'il a imposé telles
ou telles charges et conditions ; ce sont donc là des points
d'un ordre tout à fait supérieur et dans l'examen desquels
les Tribunaux civils n'ont jamais à entrer. Ce raisonnement
est bien vague et bien peu solide ; aussi nous rattacherons-
nous au second système, malgré la défaveur dont il est généralement l'objet. Suivant nous, lorsque le gouvernement,
autorisé par une loi, concède une partie du domaine de
l'Etat, il ne figure pas au contrat comme pouvoir administratif, procurant l'exécution des lois par des décrets et des
décisions ; au contraire, il stipule comme représentant
l'Etat propriétaire et aliénant par une convention du droit
civil, une partie de ses biens ; il n'y a point là acte d'autorité, mais convention formée par le concours de deux volon-
tés ; par conséquent les questions que peut soulever entre
l'Etat et les tiers l'interprétation de cet acte sont éminem-
ment de la compétence des Tribunaux civils. On nous dit :
il y a compétence administrative parce que l'Etat a agi dans
un intérêt général ; mais ce fait suffit-il à lui seul pour ca-
ractériser la nature du contrat ? Evidemment non ; pour

que l'objection fût fondée, il faudrait démontrer que l'administration a agi en tant qu'administration et non comme
particulier ; on affirme bien cette proposition, mais on se
contente de l'affirmer, sans prouver quoique ce soit (Cpr.
Civ. Cass., 2 mai 1848. Dev. 48, 1, 250.) Il est vrai que
les partisans de la négative invoquent un texte qui semble
décisif en leur faveur : c'est l'art. 4 de la loi du 28 pluviôse
an VIII déclarant les Conseils de préfecture compétents
pour tout ce qui touche le contentieux des domaines nationaux. Reste à savoir si l'on peut interpréter ces mots « contentieux des domaines nationaux » d'une manière aussi étendue ; nous ne pouvons croire que le législateur de l'an VIII
ait entendu par là soustraire à la compétence judiciaire
l'appréciation de ces questions domaniales ; d'après les travaux préparatoires de la loi, il semblerait au contraire que
la compétence des tribunaux administratifs a été limitée
au contentieux des biens nationaux confisqués en vertu des
lois révolutionnaires et vendus ensuite administrativement
aux particuliers. « Une pensée politique a dicté cette disposition, dit M. Batbie (t. VII, p. 442.) La révolution était à
peine fermée et les passions s'agitaient encore avec violence
au sein de la société, plutôt lasse que pacifiée. Si l'on avait
remis à des Tribunaux inamovibles le soin de juger les questions de propriété qui se rattachaient à la vente des biens
nationaux, la conscience des juges aurait souvent été troublée par le souvenir d'événements trop présents à tous les
esprits. C'est avec raison que les ventes nationales furent
placées sous la protection de magistrats qui, par leur amo-
vibilité, la nature de leurs fonctions et leur origine administrative, s'associaient d'une manière complète à la politique du gouvernement. » Donc, si on l'envisage à ce point,
la jurisprudence du Conseil d'Etat est inacceptable ; elle ne
repose que sur une interprétation abusive de la loi de pluviôse ; elle ne peut s'appuyer ni sur le texte de l'art. 4, ni

sur l'esprit qui a présidé à sa rédaction. Nous ne nous dissimulons pas, toutefois, qu'une modification de cette jurisprudence est aujourd'hui chose bien improbable ; les décisions par lesquelles les tribunaux civils se déclareraient compétents seraient infailliblement annulées à la suite des arrê és de conflit que s'empresseraient de prendre les autorités administratives.

CHAPITRE VI

DES TRAVAUX PUBLICS A EXÉCUTER SUR LES CÔTES DE LA MER.

---

§ Ier.

Etablissement et entretien des digues de protection.

§ II.

Construction et entretien des phares.

§ III.

Ensemencement des dunes et des landes.

§ Ier.

Etablisssement et entretien des digues de protection.

217. L'établissement et l'entretien des digues de protection a été réglementé à l'origine par le décret des 2-21 septembre 1792 rendu par l'Assemblée législative sur une pétition des habitants de l'île de Noirmoutiers. Aux termes de
ce décret, les digues construites pour la défense des propriétés particulières continueront à être entretenues par les
propriétaires et à leurs frais, sous la surveillance immédiate des municipalités ; d'autre part, pour l'assiette de la
contribution foncière, il sera fait, à raison de cet entretien
sur le produit net de ces propriétés, les frais de culture pré-
levés, une déduction dont le taux, proposé par la munici-
palité, sera arrêté par le directoire du district, sauf recours au département (art. 1er). L'art. 2 est spécial à l'île
de Noirmoutiers ; l'entretien et la réparation des digues et
balises nécessaires à la sûreté des communications entre l'île
et le continent seront à la charge du département de la Vendée et devront être payés sur les centimes additionnels de
ses impositions. Pour les nouvelles constructions et augmen-
tations qui seraient jugées nécessaires à la sûreté de l'île,
il sera accordé au département de la Vendée des secours
fixés par le Corps législatif, d'après les estimations de l'ingénieur en chef et l'avis des corps constitués. Vient ensuite
la loi du 16 septembre 1307 dont quelques dispositions épar-
ses çà et là ont trait à notre matière. Lorsqu'il s'agira de
construire des digues à la mer, la nécessité en sera constatée par le gouvernement et la dépense supportée par les propriétés protégées dans la proportion de leur intérêt aux
travaux, sauf le cas où le gouvernement croirait utile et

juste d'accorder des secours sur les fonds publics (art. 32).
En d'autres termes, il doit intervenir un réglement d'administration publique ; en conséquence, un préfet excéderait
la limite de ses pouvoirs en ordonnant soit la construction
soit la réparation d'une digue : l'arrêté qu'il prendrait en
ces termes serait entaché d'une nullité absolue (C. d'Etat,
7 juin 1865. Lebon, 35, 615). Nous n'insisterons pas ici
sur les formalités qui doivent être remplies à l'occasion de
ces constructions, et nous retrouverons plus tard ce sujet
lorsque nous examinerons en détail la loi du 16 septembre
1807. En dernier lieu, la loi du 21 juin 1865 autorise la
formation d'associations syndicales dans le but d'entreprendre ces travaux d'endiguement. C'est là la seule hypothèse
dans laquelle l'initiative privée puisse se substituer à l'action administrative ; ainsi, il est universellement reconnu
qu'un particulier qui construirait sans autorisation une digue sur le rivage commettrait une contravention de grande
voirie, que les Conseils de préfecture seraient appelés à réprimer. Mais que décider au cas où une digue serait établie
sans autorisation, non plus sur le domaine public, mais sur
un terrain voisin de la mer et appartenant au constructeur
de la digue ? Un arrêt s'appuyant sur les termes généraux
de la loi de 1807 a décidé que la digue doit être démolie, et
les choses remises en leur ancien état ; seulement le fait incriminé ne peut être considéré comme une contravention de
voirie et motiver l'application d'une pénalité quelconque
(C. d'Etat, 1er février 1855. Lebon, 55, 109). Cette jurisprudence est extrêmement rigoureuse pour les propriétaires
qu'elle prive du droit de clore leurs héritages ; mais on peut
dire en sa faveur que la construction d'une digue à la mer,
n'est pas une de ces entreprises que l'on puisse abandonner
à la libre appréciation des propriétaires ; les mesures qu'ils
prendraient pour la protection de leurs terrains seraient bien
souvent de nature à nuire à d'autres terrains du voisinage.

218. Certains terrains endigués connus sous le nom de polders ou de wateringues sont soumis à une législation toute spéciale. Depuis longtemps, en Belgique et dans les Pays-Bas, des précautions extraordinaires ont été prises pour assurer la conservation des digues qui les défendent. Merlin (Rep. v° Dicage, § 1 à 8) rapporte la plupart des actes qui étaient intervenus à ce propos ; nous voyons que l'administration des polders était confiée à des chefs water-graves, c'est-à-dire aux baillis et échevins des lieux, et en sous-ordre à des dykgraves. Ces officiers ne pouvaient ni dépasser les bornes d'une administration ordinaire, ni introduire de nouveauté considérable, ni faire de réglement important sans prendre l'avis des propriétaires de watterin-gues. Dans certains pays, les propriétaires étaient repré-sentés dans les délibérations par des députés spéciaux ou grands maîtres des wateringues ; ailleurs, le droit d'inter-venir dans les délibérations était attaché à la possession d'une certaine quantité de terres fixée par exemple à trente mesures par un réglement de la Chambre des Comptes de Bruxelles en date du 22 mai 1632. Les propriétaires des terres contenues dans les wateringues contribuaient à leur entretien ; toutefois, un arrêt du grand Conseil de Malines du 23 décembre 16.5 avait admis que des propriétaires pou-vaient acquérir par prescription l'exemption de contribuer à ces frais et dépenses. Le droit de taxer les terres que con-tenaient les wateringues appartenait aux gens de loi con-jointement avec les propriétaires ; ce qui avait été reconnu dans des lettres patentes données par l'archiduc Philippe d'Autriche le 29 juillet 1500. Les impositions de waterin-gues jouissaient de plusieurs priviléges remarquables : 1° d'après la coutume de Bergues, elles venaient immédia-tement après les dettes de dernière maladie ; 2° elles empor-taient par elles-mêmes exécution parée ; 3° elles pouvaient être recouvrées tant contre les propriétaires que contre les

fermiers. En France, un arrêt du Conseil du 4 mars 1780 avait statué en termes analogues pour les wateringues du pays de Langle, canton de la province d'Artois, situé entre Saint-Omer et Gravelines ; un watergrave était institué pour diriger les travaux sous la surveillance des Etats d'Artois, chargés de régler sommairement et sans frais toutes les contestations qui pourraient survenir. Pendant la révolution, ces réglements furent considérés comme entachés de féodalité et par conséquent comme abrogés. Par suite, ces travaux des polders furent entièrement abandonnés : en l'an VI, l'administration du département du Pas-de-Calais constatait qu'une des plus fertiles vallées du département était en partie submergée depuis plus de trois ans, que plus de trois cent soixante hectares étaient perdus pour l'agriculture, que la route de Paris à Calais était sur le point d'être interceptée ; aussi les propriétaires du canton de Marquise invitèrent-ils le Directoire à solliciter du Corps législatif une loi qui les autorisât à imposer sur eux-mêmes une somme de 150,000 fr. pour subvenir au desséchement des terrains envahis par les eaux. Un arrêté du 15 nivôse an VI décida qu'il n'y avait lieu à proposer un projet de loi par ce motif que les anciens réglements étaient toujours en vigueur, et qu'en vertu des lettres patentes de 1500, les délibérations prises par les propriétaires relativement à la fixation des taxes devaient être exécutées selon leur forme et teneur. En l'an VIII, le préfet de l'Escaut ordonna, suivant les anciens usages, la levée sur les propriétés de polders des sommes nécessaires pour subvenir à leur conservation et organisa une caisse de secours où les fonds durent être versés : ces mesures furent approuvées par un arrêté consulaire du 23 thermidor an VIII. Une loi du 29 floréal an X accorda à cette caisse une subvention de 500,000 fr.; une seconde loi du 22 novembre 1808 accorda de même une seconde subvention de 230,000 fr. aux polders endommagés par les tempêtes. Pour faire cesser toutes les difficultés, l'administration résolut de réunir en un seul acte législatif les réglements particuliers aux diverses provinces; et, quelque temps après la réunion de la Hollande à la France, paraissaient les décrets des 11 janvier et 16 décembre 1811, sur l'administration et la police des polders dans les départements de l'Escaut, des Bouches-de-l'Escaut, de la Lys, des Deux-Nèthes, des Bouches-du-Rhin et de la Roer. Ces décrets n'offrent pas seulement pour nous un intérêt historique ; en vertu de textes postérieurs, leurs dispositions sont applicables à un assez grand nombre de polders compris dans les limites actuelles de la France (Décret du 28 mai 1809 et Ordonnance du 27 janvier 1837 sur les polders des arrondissements de Boulogne et de Saint-Omer, Décrets des 29 janvier et 2 avril 1852 sur les polders de l'arrondissement de Dunkerque) ; récemment encore une pétition adressée au Sénat signalait la rigueur avec laquelle sont exécutés les réglements de la wateringue de Saint-Omer.

219. D'abord, administration et entretien des polders. — Le décret du 11 janvier 1811 porte, dans ses art. 29 à 34, que chaque polder aura une association pour sa conservation et son administration particulière ; les règles de ces associations sont fixées par décret impérial, sur avis du préfet et du directeur général des ponts et chaussées, et sur le rapport du ministre des travaux publics. Plusieurs associations de polders peuvent être réunies en association d'arrondissement ; la constitution de ces associations aura lieu également par décret impérial. L'art. 5 affecte par privilége le revenu des polders et même la valeur du fonds à toutes les dépenses d'entretien, réparation et reconstruction. Au cas où les travaux nécessaires à l'entretien d'un polder seraient négligés, l'administration peut y faire procéder d'office au compte du Gouvernement ; les art. 7 à 12

organisent la procédure d'expropriation que le Gouvernement pourra suivre contre les détenteurs de polders, afin
d'arriver au recouvrement des sommes avancées. A un
autre point de vue, le décret de 1811 déclare que tout polder envahi par les eaux, depuis plus d'un an, cesse d'être
une propriété privée et rentre dans le domaine public, sauf
le cas où l'impossibilité actuelle du réendiguement serait
constaté par les ingénieurs des ponts et chaussées. En ce
qui touche les travaux et leur mode d'exécution, nous trouvons une distinction entre les travaux de simple entretien,
exécutés par les associations particulières de polders, et
les travaux exécutés au moyen du concours des polders
d'un même arrondissement ; dans cette dernière hypothèse,
les projets, devis et détails seront réglés par les ingénieurs,
et les adjudications passées par les préfets en Conseil de
préfecture dans les formes adoptées par l'administration
des ponts et chaussées. Les ingénieurs sont exclusivement chargés de la rédaction des projets de travaux
d'art, tels que constructions d'écluse, de nouvelles digues
ou de tous autres ouvrages qui tendraient à changer les
moyens de défense du polder (art. 34 à 38). Des magasins ou
dépôts de secours contenant les approvisionnements nécessaires, en cas de danger imminent, seront organisés
partout où besoin sera ; il ne pourra rien être délivré de
ces magasins que sur récépissés et à charge, pour les propriétaires, de remettre en nature ou en argent la valeur des
objets qu'ils y auront empruntés (art. 38 et 39). En dernier
lieu, nous signalerons l'art. 37 qui considère les travaux
de polders comme travaux publics, et en conclut qu'il sera
prononcé administrativement, dans les termes de la loi du
28 pluviôse an VIII, sur toutes difficultés entre particuliers
ou associations de polders, relatives aux travaux de construction, réparation ou entretien des digues et canaux
d'écoulement.

220. Les réglements de police édictés en 1811 prononçaient des pénalités extrêmement rigoureuses ; les actes législatifs qui ont étendu à certaines wateringues les décrets spéciaux aux départements de la Hollande ne maintiennent pas des dispositions aussi exorbitantes ; ils se bornent à déclarer applicables les dispositions ayant trait à l'entretien et à la conservation des wateringues. Donc, aucun fait ne pourra être poursuivi qu'en vertu de la loi du 16 septembre 1807, déclarant contraventions de grande voirie, tout dommage causé aux digues à la mer. En temps ordinaire, dit le décret du 16 décembre 1811, la surface des digues doit être entretenue de manière qu'elle soit unie et solide dans toutes ses parties, que la végétation soit favorisée, et que le gazon qui la recouvre soit conservé. Les rampes établies sur les talus des digues, dans les endroits destinés au passage des hommes et des voitures, devront former saillie sur le corps de la digue ; toute digue extérieure, servant de chemin vicinal, devra être appropriée à cet usage aux frais du polder (art. 1, 6, 8). Il est interdit : 1° de pratiquer des trous et fouilles dans le corps d'une digue extérieure (art. 2 et 3); 2° d'y laisser croître des arbres et des haies ; les arbres et haies, actuellement existants, doivent être arrachés par les propriétaires (art. 4 et 5); 3° de laisser subsister une construction quelconque dans le corps de la digue extérieure (art. 7) ; 4° de laisser vaguer des animaux domestiques sur la digue (art. 9 et 10); 5° de marcher sur le paillassonnage des digues, ainsi que sur les risbermes et les revêtements de leurs talus extérieurs (art. 11) ; 6° d'amarrer, ancrer ou échouer à dessein une barque sur le talus extérieur d'une digue ou sur un ouvrage de défense (art. 12) ; 7° de pêcher ou rechercher les coquillages devant le pied extérieur des digues et sur les ouvrages avancés (art. 13) ; 8° d'enlever les roseaux des alluvions avant le 1er mai, de ramasser le bois mort, la paille

ou le roseau sur les digues (art. 14 et 15). On s'occupe ensuite de l'intérieur des polders ; les art. 22 et 23 prohibent,
d'une manière formelle, toute fouille, toute dégradation.
Aucune plantation ne peut avoir lieu à l'intérieur des
digues ; aucun chemin n'y doit être établi ; enfin, est défendu l'établissement de moulins à vent sur les digues ou à
moins de 50 mètres de leur sommet (art. 24 et 25). Les art.
25 à 34 sont relatifs à l'entretien des canaux intérieurs et
des écluses, au droit de pêche dans ces canaux, et enfin à
la circulation des bateaux. Dans les moments de danger,
c'est-à-dire lorsqu'une marée ou une crue extraordinaire,
accompagnée de circonstances qui peuvent amener une
rupture de la digue, exigera le concours d'un grand
nombre de bras pour la défendre, tous les habitants
du polder, au-dessus de dix-huit ans, avertis par le son
du tocsin, seront tenus de se rendre sur les points qui
seront indiqués tous les ans par une publication du maire :
la direction du polder peut commander tous les travailleurs
et toutes les voitures attelées qu'elle jugera convenable.
Lorsqu'après avoir épuisé les ressources et les magasins de
secours disponibles sur un point menacé, la direction man-
quera des matériaux nécessaires pour prévenir une rupture
ou un débordement, elle pourra, sauf remboursement après
la cessation du danger, s'emparer de tout ce qui existera
en piquets, fascines et paille dans les environs de la digue,
dût-elle même faire enlever le chaume des maisons et les
chevrons de leur toiture (art. 35 à 39).

§ II.

Construction et entretien des phares.

221. L'entretien des phares, fanaux et balises a constitué pendant longtemps un service mixte, dépendant à la

fois du ministère de la marine et du ministère des travaux publics. Dans le système organisé par la loi des 15 et 20 septembre 1792, le ministre de la marine, sur le compte à lui rendu des réparations et réédifications à faire, et après présentation d'un état et d'un devis dressé par les ingénieurs des ponts et chaussées, requérait le ministère de l'intérieur de donner les ordres nécessaires pour l'exécution de ces travaux ; de plus, le ministre de la marine devait, tous les ans, prévenir le ministre de l'intérieur de l'étendue des dépenses présumées nécessaires, afin que ce dernier pût en former un chapitre spécial dans le compte des dépenses de son département. Les fonds devaient être votés chaque année par l'Assemblée nationale ; les corps administratifs étaient chargés spécialement de veiller à la conservation de ces établissements et à l'exécution des travaux qui devaient y être faits, de pourvoir à tout ce qui pouvait être relatif aux menues dépenses d'entretien, d'arrêter et certifier les comptes de dépense. Un décret du 20 pluviôse an III imposa plus tard au ministère de la marine l'obligation de subvenir aux frais d'éclairage des phares et au paiement des préposés qui dépendaient autrefois des communes et chambres de commerce. Aujourd'hui ce service dépend exclusivement du ministère des travaux publics et rentre dans les attributions des ingénieurs des ponts-et-chaussées. Nous avons à peine besoin d'ajouter qu'il a pris un développement énorme depuis les perfectionnements introduits au commencement de ce siècle par M. l'ingénieur Fresnel. Déjà une loi du 23 juin 1833 ouvrait un crédit de 2,500,000 francs pour être appliqué concurremment avec le fonds annuel des budgets à l'achèvement des phares et fanaux destinés à l'éclairage des côtes maritimes ; un nouveau crédit de 2,500,000 francs était alloué pour le même objet par la loi du 5 août 1844. Grâce à ces ressources, 313 phares et feux flottants ont pu être établis sur les points les plus dangereux de notre littoral. Tantôt l'éclairage des phares et feux flottants est donné à l'entreprise : les cahiers des charges règlent les conditions auxquelles se soumet l'adjudicataire ; tantôt, et c'est là le cas le plus fréquent, l'administration des ponts et chaussées se charge elle-même de ces détails du service. Suivant le décret du 17 août 1853, le personnel des agents attachés au service des phares se compose de maîtres de phares et de gardiens nommés par le préfet sur la proposition de l'ingénieur en chef. Les maîtres et gardiens de phares sont choisis de préférence parmi les anciens militaires des armées de terre et de mer ; ils doivent réunir les conditions suivantes : 1° être Français, âgés de 21 ans au moins et de 40 ans au plus ; 2° n'être atteints d'aucune infirmité qui s'oppose à un service actif et journalier ; 3° être porteurs d'un certificat de bonnes vie et mœurs ; 4° savoir et posséder les premiers éléments de l'arithmétique. Le traitement des maîtres de phares était fixé à 900 francs ; celui des gardiens variait entre 750 et 375 francs ; le décret du 21 décembre 1859 porte à 1,000 francs le traitement des maîtres ; celui des gardiens varie entre 850 et 475 francs. En outre du traitement régulier, chaque année, il peut être accordé par le préfet, et sur la proposition de l'ingénieur en chef, aux gardiens les plus méritants, une gratification qui n'excèdera jamais un mois de traitement. Le nombre des gardiens auxquels cette gratification pourra être accordée ne devra, en aucun cas, dépasser le cinquième du nombre total de ceux employés dans chaque département : dans les départements où il y a moins de cinq gardiens, cette gratification ne pourra être accordée qu'à un seul d'entre eux. Le nombre et les classes des gardiens attachés au service de chaque phare sont fixés par des décisions ministérielles sur la proposition de l'ingénieur en chef et sur l'avis du préfet et de l'inspecteur de la division. En cas de négligence dans le service ou d'actes répréhensibles, les punitions ré-

glementaires, c'est-à-dire la retenue d'une partie du traitement et la révocation, pourront être prononcées par le préfet sur la proposition de l'ingénieur en chef. — La surveillance des phares, fanaux et balises est en fait exercée par les
conducteurs des ponts et chaussées. Dans les ports maritimes, le décret du 15 juillet 1854 veut que leur éclairage
soit également contrôlé par les officiers et maîtres de port.
Les tournées d'inspection entraînent généralement des dépenses assez considérables : une circulaire du 28 novembre 1848 prescrivait de calculer d'après le taux le plus
élevé les frais de transport et de découcher à allouer aux
agents ; la circulaire du 5 avril 1867 assimile, au contraire,
les agents du service des phares et balises aux conducteurs
des autres services. Il suffit dès lors de se référer aux énonciations de la circulaire du 28 août 1862, contenant réglement des frais de déplacement et de découcher pour les
conducteurs et employés secondaires des ponts et chaussées.

§ III

Ensemencement des dunes et des landes.

222. On appelle dunes des masses de sable mouvant
amoncelées en monticules sur certaines parties du rivage
de la mer, et dont la forme et l'emplacement changent incessamment sous l'action des vents ou de la marée..C'est une question des plus délicates que de savoir à
qui appartient la propriété de ces dunes ; aujourd'hui surtout des difficultés considérables surgissent à chaque instant entre l'Etat, les communes et les concessionnaires des
seigneurs féodaux. Tout d'abord on ne saurait, comme l'a
récemment soutenu l'administration des domaines, assimi-

ler les dunes aux rivages mêmes de la mer : cette solution
qui les rangerait dans la classe des choses inaliénables et
imprescriptibles ne peut être admise en pratique. Suivant Proudhon (t. III, n° 721), les dunes devraient être
considérées comme de véritables lais et relais de la mer,
faisant partie du domaine privé de l'État et pouvant entrer
dans le domaine des particuliers, soit par prescription, soit
par concession. Des arrêts ont reproduit cette doctrine, non toutefois sans quelque hésitation (v. not. Bordeaux, 30 août 1848 ; Recueil des Arrêts de Bordeaux,
1848, p. 476). Que, dans certains cas exceptionnels, les
dunes présentent le caractère de véritables lais et relais de
la mer, nous le reconnaissons volontiers ; mais il est, suivant nous, impossible de généraliser ce fait anormal. La
nature même des choses résiste à cette prétention ; et, en
effet, les dunes s'avancent dans les terres ; la mer ne perd
rien, elle ronge au contraire le littoral, et les dunes vont
en avant recouvrir des terrains dont elles deviennent l'ac-
cessoire pour en suivre la condition. Ces deux premiers
systèmes écartés, nous entrons dans le vif du débat : d'un
côté, les communes soutiennent que ces dunes sont leur
propriété, sauf les droits des particuliers qui justifieraient
d'une concession ou de tout autre titre régulier. Les dunes,
disent-elles, sont des terres vaines et vagues : il suffit dès
lors d'appliquer l'adage que les terres vaines et vagues font
partie du domaine communal. Décret du 28 août 1792, article 9 : « Les terres vaines et vagues, ou gastes, landes,
biens hermes ou vacants, garrigues, dont les communautés
ne pourraient pas justifier avoir été anciennement en possession, sont censés leur appartenir, et leur seront adjugés
par les tribunaux, etc., etc. » Décret du 10 juin 1793,
art. 1er, tit. IV : « Tous les biens communaux en général,
connus dans toute la République sous les divers noms de
terres vaines et vagues, gastes, garrigues, landes, pacages,

pâtis, ajoncs, bruyères, bois communs, hermes, vacants, palus, marais, marécages, montagnes, et sous toute autre dénomination quelconque, sont et appartiennent de leur nature à la généralité des habitants ou membres des communes ou des sections de communes dans le territoire desquelles ces biens communaux sont situés ; et, comme tels, les dites communes ou sections de communes sont fondées et autorisées à les revendiquer..... » Mais jusqu'à quel point les dunes peuvent-elles être comprises dans cette expression générale de terres vaines et vagues? Il semble bien résulter des énonciations de l'art. 64 de la loi du 3 frimaire an VII, que le législateur de 1792 et de 1793 songeait surtout aux fonds qui, par la qualité inférieure de leur sol, ne peuvent servir que de pâturages tant qu'ils n'ont pas été défrichés ou améliorés par la main de l'homme. Les terres vaines et vagues sont donc celles qui, pour les habitants de la commune, peuvent offrir une utilité bornée sans doute, mais enfin une utilité quelconque, une utilité fixe et immuable ; les dunes, au contraire, présentent un caractère tout différent : la stérilité de leur sol, l'absence complète de toute végétation les rendent absolument improductives. Dès lors il eût été illogique de les attribuer aux communes, puisque leurs habitants n'auraient pu en tirer aucune jouissance, quelque restreinte qu'elle fût. La seule théorie exacte est, suivant nous, celle qui, appliquant aux dunes l'art. 713, C. N., les déclare biens vacants et sans maîtres et comme telles appartenant à l'Etat. Brémontier disait déjà, en 1791 : « Ces terres, aujourd'hui absolument incultes, envahies par les sables, ne peuvent être censées appartenir à personne, et peuvent être d'autant moins réclamées qu'elles deviendraient à charge à tout particulier qui serait dans le dessein de les améliorer. » Les sables ont envahi des terrains cultivés, ont recouvert des villages considérables ; les habitants ont dû abandonner leurs propriétés et se transporter dans des endroits où le fléau ne pourrait les atteindre. On lit dans un des considérants de l'arrêt de Bordeaux du 31 août 1848, que « les dunes, avant qu'elles n'eussent commencé à s'arrêter sous la main de Brémontier, et à la suite de longs travaux exécutés par l'Etat, n'avaient point d'assiette et de formes constantes, mais s'avançaient progressivement, couvrant, dans leur marche irrégulière, les champs cultivés et jusqu'à des villages entiers, en sorte qu'elles ne semblaient pas susceptibles d'occupation suivie. » Les dunes ne sont donc pas autre chose que des biens abandonnés, dont le propriétaire est inconnu, et par conséquent rentrent dans le domaine de l'Etat. Nous en conclurons donc que les communes ne peuvent être maintenues dans la jouissance des dunes, que si elles peuvent justifier, soit d'un titre qui leur aura été régulièrement octroyé, soit d'une prescription qui se sera accomplie en leur faveur : leur situation sera la même que celle d'un simple particulier (Cpr. sur tous ces points, l'article de M. Bouniceau-Gesmon ; Rev. Prat. 1870, t. XXIX, p. 113).

223. Vers le milieu du siècle dernier, l'envahissement successif et régulier des dunes faisait craindre que les côtes de Gascogne ne devinssent inhabitables dans un avenir prochain, lorsqu'en 1779, l'abbé Desbiey proposa de les fixer par des plantations de pins maritimes. Ce procédé était depuis longtemps connu des paysans de Flandre et de Picardie ; quelque temps auparavant, un arrêt du Conseil du 23 mars 1744 et une Ordonnance de l'intendant de la Rochelle du 21 octobre 1754 avaient prescrit de replanter les dunes de l'île d'Oléron, et avaient fait défense de défricher à l'avenir aucune dune et d'en arracher les arbrisseaux, sous peine d'une amende de 500 francs. Une seconde Ordonnance de l'intendant de la Rochelle, en date du 19 janvier 1777, défendait également d'endommager les tamaris et autres arbrisseaux qui sont sur les digues des îles de Ré

et d'Oléron, et sur les dunes de sable des mêmes îles, soit en les coupant, soit en les faisant pacager. Un inspecteur des ponts et chaussées, Bremontier, s'empara de l'idée émise par l'abbé Desbiey ; en 1786, il réussit à couvrir d'une forêt de pins une des dunes du bassin d'Arcachon ; plus tard, en l'an V, il publiait un ouvrage sur les moyens de fixer la mobilité des sables, et sur les avantages inappréciables qui devaient en résulter. De nombreux essais avaient eu lieu dès cette époque. « Ces essais, dit une circulaire du 18 décembre 1808, consistent en plantations de diverses espèces d'arbrisseaux ou herbes vivaces et aréneuses propres aux localités, telles qu'oyats ou roseaux des sables, tamaris, genêts, chiendents ou autres plantes qui, croissant très-vite sur les terrains sablonneux, et poussant en peu de temps un grande quantité de racines et de petits rameaux, recouvrent le sol, affaiblissent l'action des vents et fixent les sables. » Aujourd'hui, la physionomie des Landes s'est complétement transformée ; M. Walewski constatait, en 1862, que 60,000 hectares environ avaient été ensemencés et qu'il n'en restait plus environ que 10,000 dépourvus de toute plantation. Plus récemment encore, à l'époque où la guerre civile déchirait les Etats-Unis d'Amérique, les pinadas des Landes fournissaient de résines la plupart des marchés européens qui, jusque là, n'avaient connu que les produits d'outre-mer. — Le premier texte que nous rencontrons sur la matière est l'arrêté consulaire du 13 messidor an IX : on annonce qu'il sera pris des mesures pour continuer de fixer et de planter en bois les dunes des côtes de Gascogne, en commençant par celles de la Teste, d'après les plans présentés par le citoyen Brémontier, ingénieur en chef et le préfet de la Gironde ; une commission était nommée pour surveiller l'exécution des travaux et l'emploi des fonds qui y étaient affectés ; on autorisait, de plus, la nomination d'inspecteurs et de gardes-forestiers spéciaux.

Vient ensuite le décret célèbre du 14 décembre 1810 inséré au Bulletin des Lois le 24 décembre 1847 et que l'on peut appeler un véritable Code de la matière : nous nous proposons d'en examiner sommairement les principales dispositions.

224. 1° *Mesures destinées à assurer la plantation des dunes.* L'art. 1ᵉʳ reproduit à peu près les termes de l'arrêté de messidor ; il reconnaît la nécessité absolue de prendre des mesures pour l'ensemencement, la plantation et la culture des végétaux reconnus les plus favorables à la fixation des dunes. A cet effet, les préfets feront dresser par les ingénieurs des ponts et chaussées un plan des dunes existant dans leurs départements, et qui seraient susceptibles d'être fixées par des plantations appropriées à leur nature ; à l'appui de ces plans sera rédigé un mémoire sur la manière la plus avantageuse de procéder à cet ensemencement ; le préfet y joindra un projet de réglement contenant les mesures administratives les mieux appropriées à son département et qui pourront être le plus utilement employées pour arriver au but désiré (art. 2 à 4). Ici, deux hypothèses peuvent se présenter ; si les dunes ne renferment aucune propriété privée, le ministre pourra ordonner la plantation sur le rapport du directeur général des ponts et chaussées ; si, au contraire, elles renferment des propriétés privées, l'Empereur statuera lui-même, en Conseil d'Etat, dans la forme des réglements d'administration publique ; de plus, des plans devront avoir été publiés et affichés dans les formes prescrites par la loi du 8 mars 1810 ; il faut aujourd'hui se référer à la loi du 3 mai 1841. L'art. 5 suppose que des particuliers se trouvent hors d'état d'exécuter les travaux prescrits ou s'y refusent ; l'administration peut alors être autorisée à pourvoir à ses frais à la plantation ; elle conserve, en ce cas, la jouissance des dunes, et recueille les fruits des coupes qui pourront y être faites jusqu'à l'entier recouvrement des dépenses et des in-

térêts, après quoi les dunes retourneront aux propriétaires,
à charge d'entretenir convenablement les plantations ; il y a
là quelque chose de tout à fait analogue au contrat civil d'an-
tichrèse. Que de semblables travaux aient pour effet d'attribuer, même momentanément à l'Etat, la propriété pleine et
entière des dunes ensemencées par lui, c'est ce que personne
ne soutient aujourd'hui ; nous le répétons, il n'existe, à son
profit, qu'un simple droit de percevoir les fruits de la chose
(Req. Rej., 29 mai 1845. Dev., 46, 1, 41). Mais jusqu'où
peut aller l'exercice de ce droit? La question s'est posée sur
les art. 1 et 159, C. Forestier. D'après ces textes, sont
soumis au régime forestier les bois et forêts dans lesquels
l'Etat, les communes, et les établissements publics ont des
droits de propriété indivis avec des particuliers. On s'est
demandé si les dunes plantées par l'Etat, pour le compte
des particuliers, se trouvaient dès lors soumises au régime
forestier ; un arrêt de Bordeaux du 27 février 1867, maintenu le 2 août de la même année par la Chambre criminelle (Dev., 67, 1, 415) nous paraît exposer, de la manière
la plus nette, les véritables principes. « En cherchant à se
rendre compte, dans sa cause et dans ses effets, de la mesure d'ordre et d'intérêt public au premier chef par laquelle
les dunes du département de la Gironde et d'autres départements maritimes ont été placées sous la main de l'Etat,
on est amené à reconnaître que de toutes les manières de
définir la position vis à vis des propriétaires du sol même
de ces dunes, la plus juste et celle qui explique le mieux
cette position spéciale, est celle qui considère l'Etat comme
substitué à ces mêmes propriétaires, substitution temporaire sans doute et conditionnelle, puisqu'elle peut cesser
lorsqu'après le remboursement des avances de toute nature, faites pour leur mise en culture, les dunes sont restituées à leurs propriétaires dans l'ordinaire acception du
mot, mais substitution qui, tant qu'elle dure, investit l'Etat

de tous les droits inhérents à la propriété, quant à l'administration, à la préservation et à la jouissance de la chose
qui en fait l'objet. Par une conséquence nécessaire, cette
chose devient partie intégrante du domaine de l'Etat et
donne à celui-ci le droit de la régir comme telle : elle
se trouve participer, quant au mode de conservation,
aux règles de police établies pour celles des portions identiques du domaine, c'est-à-dire les forêts de l'Etat, et est
soumise, comme ces dernières et avec elles, au régime forestier. Il suit de là que l'Etat peut et doit même poursuivre
les délits commis sur les dépendances de son domaine
contre quiconque s'en est rendu coupable ; à cet égard,
il n'y a aucune distinction à faire entre les tiers, étrangers
à toute prétention passée ou future sur les dunes et leurs
propriétaires originaires. L'exception dont voudraient se
prévaloir ces derniers ne trouverait nulle part en droit sa
raison d'être ; loin de là, ils auraient encouru une application d'autant plus juste des peines répressives de leurs infractions, qu'ils auraient nui en les commettant au succès
de cette création de forêts, entreprise sans doute dans un
but d'utilité générale, mais qui devait, avant tout, leur profiter à eux-mêmes en particulier. »

225. 2° *Mesures destinées à assurer la conservation des
plantations*. — Aucune coupe de plants d'oyats, roseaux de
sable, épines maritimes, pins, sapins, mélèzes et autres
plantes aréneuses nécessaires à la conservation des dunes,
ne pourra être faite que d'après une autorisation spéciale
du directeur des ponts et chaussées, et sur l'avis des préfets. Cet article 6 s'applique aussi bien aux dunes qui font
partie de propriétés privées qu'aux dunes appartenant à
l'Etat (Crim. Cass., 7 mai 1835 ; Ch. réun. Cass., 1er juillet 1836 ; Dev. 36, 1, 665). D'après l'art. 7, il pourra être
établi des gardes pour la conservation des plantations existant actuellement sur les dunes, ou qui y seraient faites à

l'avenir; leur nomination, leur nombre, leurs fonctions, leur traitement, leur uniforme seront réglés d'après le mode usité pour les gardes des bois communaux : les délits seront poursuivis devant les tribunaux correctionnels et ce, conformément au Code pénal ; enfin, et pour achever l'œuvre du législateur de 1810, un décret du 29 avril 1862 décide que les travaux de fixation, d'entretien, de conservation et d'exploitation des dunes sont placés dans les attributions du ministère des finances et confiés à l'administration des eaux et forêts : il était urgent de donner à la surveillance des plantations l'unité de direction qui avait fait défaut jusque-là.

226. Les landes ou leyttes qui confinent aux dunes proprement dites en diffèrent par des caractères essentiels ; elles ne sont pas dépourvues de toute végétation naturelle, et sont jusqu'à un certain point susceptibles de culture ; aussi l'opinion commune les considère-t-elle comme de véritables terres vaines et vagues dans le sens qu'attachaient à cette expression les lois de 1792 et de 1793 : donc, en principe, et s'il n'y a titre contraire, elles appartiennent aux communes sur le territoire desquelles elles sont situées. La loi du 19 juin 1857, relative à l'assainissement et à la mise en culture des landes de Gascogne, ne fait que reproduire les dispositions du décret de 1810. Les biens communaux, actuellement soumis au parcours du bétail, seront assainis et ensemencés ou plantés en bois aux frais des communes qui en sont propriétaires ; seulement, pour ménager des habitudes anciennes et préparer la transition de l'ancien régime au nouveau, la loi décide que les ensemencements ou plantations ne pourront être faits annuellement dans chaque commune que sur le douzième au plus en superficie de ces terrains, à moins qu'une délibération du conseil municipal n'autorise les travaux sur une étendue plus considérable. L'Etat, en cas de refus de la commune

de procéder à ces travaux, ou en cas d'impossibilité, doit
avancer les sommes nécessaires, sauf à se rembourser desdites avances en principal et intérêts sur le montant des
coupes d'exploitations : dans aucun cas, le découvert, provenant de ces avances ne pourra excéder six millions de
francs. La forme dans laquelle seront autorisés ces travaux
est réglée par un décret du 28 avril 1858. Chaque projet
doit comprendre : 1° un plan général ; 2° les dispositions
principales des ouvrages ; 3° les profils avec l'indication des
sondages destinés à faire connaître la nature du sol et du
sous sol, et la qualité des eaux souterraines ; 4° l'estimation de la dépense ; 5° un mémoire descriptif indiquant le
but de l'entreprise et les avantages qu'on peut en tirer.
Aucun projet ne pourra être mis à exécution avant qu'une
enquête ait eu lieu dans les communes intéressées conformément aux art. 2 et 3 de l'Ordonnance du 23 août 1835 ;
de plus, le conseil municipal de chaque commune, augmenté des plus forts imposés, sera mis en demeure par un
arrêté préfectoral de délibérer dans le mois sur la question
de savoir si les travaux seront ou ne seront pas exécutés
aux frais de la commune ; en cas de non délibération du
conseil municipal, la commune sera réputée avoir refusé de
se charger de l'exécution desdits travaux. Puis un décret
impérial interviendra pour prescrire l'exécution des travaux, soit aux frais de la commune, soit aux frais de l'Etat,
et pour déterminer le délai dans lequel ils seront commen-
cés. Si les travaux ont lieu aux frais de la commune, le
conseil municipal doit allouer les fonds nécessaires pour les
mener à bonne fin, faute de quoi le préfet, après une mise
en demeure restée sans effet, inscrirait d'office l'allocation
au budget communal. Les travaux n'intéressant qu'une
seule commune sont dirigés par le maire ; ceux qui intéresseraient plusieurs communes seront exécutés suivant les
art. 72 et 73 de la loi du 18 juillet 1837 : en tout cas, ils

seront vérifiés par les agents du ministère de l'agriculture et du commerce. Si les travaux ont lieu aux frais de l'Etat, on suivra les règles usitées en matière de travaux publics : les états de dépenses seront dressés conformément aux règles de la comptabilité des travaux publics ; il en est de même des états annuels de dépenses et d'entretien. Les sommes avancées par l'Etat portent intérêt à 5 p. % à partir de l'achèvement des travaux. Le compte général de ces dépenses est arrêté par le ministre de l'agriculture et du commerce, et transmis aux communes intéressées qui, dans le délai de six mois, peuvent se pourvoir devant le conseil de préfecture. Après l'achèvement entier des travaux, un décret impérial statue sur l'époque à laquelle remise doit être faite des plantations et semis au département des finances pour être régis et administrés par lui : les comptes annuels d'entretien sont désormais fournis aux communes par ce département. Les communes peuvent toujours rentrer dans leurs propriétés en remboursant le montant des dépenses dont l'Etat est encore créancier. Lorsque l'Etat est entièrement remboursé de ses avances au moyen, soit des produits qu'il a perçus, soit des paiements faits par la commune, cette dernière rentre immédiatement en possession des terrains antérieurement administrés pour son compte.

CHAPITRE VII

DES ÉPAVES ET OBJETS QUE LA MER LAISSE SUR LES CÔTES EN SE RETIRANT.

----

§ Ier.

Des pierres précieuses, coquillages et choses du crû de la mer.

§ II.

Des ancres abandonnées.

§ III.

Des épaves maritimes.

235. De l'indemnité pour assistance maritime qui peut être due au sauveteur.
236. Des naufrages survenus en pleine mer et qui ne laissent aucune trace apparente.

§ IV.

Récolte des varechs ou goëmons.

237. Législation antérieure à la Révolution.
238. Arrêté du 12 vendémiaire an II. — Système établi par les décrets de 1852, 1853, 1859. — Décret du 2 février 1868.
239. Récolte des goëmons de rive. — Fixation de l'espace dans le périmètre duquel chaque commune peut récolter les goëmons.
240. Epoques auxquelles peut avoir lieu la récolte des goëmons de rive.
241. Dispositions relatives aux goëmons épaves ou poussant en pleine mer.

Art. 717 C. N. : « Les droits sur les effets jetés à la mer, sur les objets que la mer rejette, de quelque nature qu'ils soient, sur les plantes et herbages qui croissent sur les rivages de la mer, sont aussi réglés par des dispositions particulières. »

§ Ier.

Des pierres précieuses, coquillages et choses du crû de la mer.

227. Les coquillages, cailloux et pierres précieuses que l'on trouve sur les bords de la mer ou dans son sein appartiennent à celui qui les aura ramassés. » Lapilli et gemmæ et cætera quæ in littore inveniuntur, jure naturali statim inventoris fiunt. » (§ 18. Inst. de rer. divis., II, 1). Pothier (Propr., n° 58) nous dit qu'il y a là un cas d'invention : « L'invention est un genre d'occupation par lequel celui qui trouve une chose qui n'appartient à personne en acquiert le domaine en s'en emparant. On peut rapporter à ce genre

d'occupation les cailloux propres à être taillés qu'on trouve
sur les rivages de la mer et des rivières, aussi bien que les
différentes espèces de coquillages qu'on ramasse sur les bords
de la mer. Ces choses étant du nombre de celles qui sont
restées dans l'état de la communauté négative, dont la propriété, tant qu'elle demeure en cet état, n'appartient à personne, chacun a le droit d'en acquérir la propriété en les
ramassant. » Et il cite à ce propos la loi 3 ff. de divis. rer.,
qui reproduit à peu près le passage des Institutes.

228. L'Ordonnance de 1681 (liv. IV, tit. ix, art. 129)
désignait, sous cette appellation générique de choses du crû
de la mer, l'ambre, le corail, les poissons à lard et autres
semblables, qui n'auraient appartenu à personne. Ce texte
distingue deux hypothèses : 1° *Les choses du crû de la mer
ont été tirées du fond de la mer ou pêchées sur les flots* ; elles
appartiennent alors, pour la totalité, à celui qui les aura
trouvées. Valin, en commentant notre article, prévoyait le
cas où ces choses auraient antérieurement appartenu à
quelqu'un qui les aurait pêchées et ensuite perdues ; il déclare que le fait de cette possession antérieure étant démontré, le propriétaire précédent sera admis à les réclamer ; il
exige seulement que cette réclamation ait lieu dans le délai
d'an et jour, et il ajoute qu'elle ne pourra valoir que jusqu'à
concurrence des deux tiers seulement, l'autre tiers demeurant à ceux qui les auraient tirées du fond de l'eau ou pêchées
sur les flots. — 2° *Les choses du crû de la mer ont été trouvées sur les grèves* ; ici, la décision de l'Ordonnance est toute
différente : l'inventeur n'en aura que le tiers ; les deux autres
tiers devront être partagés entre le roi et ceux qui seraient
à ses droits, ou l'amiral ; aujourd'hui ces deux tiers appartiennent à l'Etat et tombent dans la caisse des Invalides de
la marine. Il n'y avait exception à cette règle que dans la
coutume de Normandie, maintenue par l'art. 4 de l'Ordonnance ; les objets venus naturellement à la côte étaient sou-

mis au droit seigneurial de *Varech* ; ils appartenaient, en conséquence, aux seigneurs des fiefs voisins de la mer, sans que l'inventeur pût exiger autre chose qu'un simple salaire. Les réclamations des anciens propriétaires sont, comme dans l'hypothèse précédente, recevables dans le délai d'an et jour ; mais, dans ce cas, par le fait seul de la réclamation aucun partage ne pourra avoir lieu entre l'Etat et l'inventeur ; le tout sera restitué au propriétaire sous déduction des frais de sauvetage et de garde. Du reste, Valin observait avec raison que le plus souvent on remettrait au propriétaire, non pas les choses mêmes, mais simplement leur valeur ; la présomption naturelle étant qu'elles n'appartiennent à personne, il serait difficile de les garder pendant une année entière ; aussi l'usage est-il de les vendre et même de partager par provision le prix de la vente entre l'Etat et l'inventeur, sauf à le restituer plus tard si quelque réclamation venait à se produire. — Le titre VII, liv. IV, de l'Ordonnance traite des poissons royaux et les distingue des autres choses du crû de la mer. « Art. 1er. Déclarons les dauphins, esturgeons, saumons et truites être poissons royaux, et, en cette qualité, nous appartenir quand ils sont trouvés échoués sur le bord de la mer, en payant les salaires de ceux qui les auront rencontrés et mis en lieu de sûreté. » Art. 3. « Lorsque les poissons royaux auront été pris en pleine mer, ils appartiendront à ceux qui les auront pêchés, sans que nos receveurs ni les seigneurs particuliers et leurs fermiers y puissent prétendre aucun droit, sous quelque prétexte que ce soit. » M. Beaussant (t. II, p. 166) estime que la première de ces dispositions a cessé d'être en vigueur comme inconciliable avec notre état social actuel ; au surplus, il paraît que, même sous l'ancienne monarchie, elle avait été considérée comme inapplicable ; grâce au défaut de surveillance, les inventeurs prétendaient invariablement que les poissons royaux trouvés sur les grèves avaient été pêchés en pleine mer : faute de preuves, on était obligé de les leur abandonner en toute propriété,

§ II

Des ancres abandonnées.

229. L'art. 27, liv. IV, tit. ix de l'Ord. de 1681 est ainsi conçu : « Les ancres tirées du fond de la mer, qui ne seront point réclamées dans deux mois après la déclaration qui en aura été faite, appartiendront entièrement à ceux qui les auront pêchées. » Nous citerons immédiatement l'art. 2, tit. viii, liv. IV : « Enjoignons aux maîtres et capitaines de navires qui seront forcés par la tempête de couper leurs câbles et de laisser quelques ancres dans les rades, d'y mettre des oirins, bouées ou gaviteaux, à peine de perte de leurs ancres, qui appartiendront à ceux qui les auront pêchées et d'amende arbitraire. » Le décret du 31 déc. 1806 est venu apporter en cette matière des modifications considérables ; d'abord, les capitaines forcés par la tempête ou quelque autre accident de couper leurs câbles et de laisser leurs ancres en rades, ne sont tenus d'y attacher des bouées que si cette opération n'est pas rendue impossible par l'état de la mer. En second lieu, le capitaine doit faire déclaration de cet abandon à l'officier chef du pilotage et à l'officier du port de commerce ; l'art. 39, en comblant ainsi une des lacunes de la législation antérieure, ne fait que reproduire les réglements particuliers de certains ports, et notamment le réglement de l'amirauté de La Rochelle, du 25 fév. 1751. Les ancres laissées avec bouées peuvent être levées par les pilotes ; on exigeait autrefois une permission spéciale des juges de l'amirauté, qui seuls étaient compétents pour apprécier si la position de l'ancre abandonnée était de

nature à mettre obstacle aux mouvements des navires ; le réglement du 25 février 1751 défendait notamment aux marins du port de La Rochelle « de toucher aux ancres qui auront une bouée ou gaviteau, ni de s'immiscer à les tirer du fond de la mer, comme aussi d'enlever les bouées, d'en séparer ou couper les oirins, sur peine de répondre de la perte des ancres et de cent livres d'amende. » Valin, qui nous rapporte ce réglement, regrettait seulement qu'il n'eût pas fixé un délai, durant lequel les capitaines fussent obligés de venir à la recousse de leurs ancres et passé lequel toute liberté eût été laissée aux pilotes et autres marins pour le repêchage de ces ancres. Le décret détermine ensuite le montant de l'indemnité qui sera attribuée aux pilotes et autres sauveteurs ; pour les bâtiments français, 1/4 de la valeur des ancres trouvées sans bouées ; 1/6 de la valeur des ancres trouvées avec bouées ; pour les bâtiments étrangers, 1/2 de la valeur des ancres trouvées sans bouées ; 1/3 de la valeur des ancres trouvées avec bouées. Par cela même se trouve abrogée la partie de l'Ordonnance qui attribuait aux sauveteurs le tiers si l'ancre était réclamée dans les deux mois, et la totalité à défaut de réclamation dans ce laps de temps. M. Beaussant (t. II, p. 88) fait remarquer quelle était l'injustice de cette décision ; le navire qui dérape sur ses ancres et que la bourrasque pousse, peut, dit-il, être jeté à plus de deux cents lieues des parages où il a perdu ses ancres ; il peut être désemparé, avarié au point d'être obligé de relâcher en pays étranger pour radouber ; les vents peuvent pendant plus de deux mois l'empêcher de revenir au point d'où il a été chassé ; le capitaine peut encore, s'il a été entraîné dans la direction de sa navigation, ne pas vouloir en retarder le cours et remettre ses réclamations à l'époque de son retour. — Suivant nous, le propriétaire de l'ancre pourra agir utilement dans le délai d'une année que le droit commun accorde au propriétaire d'une épave pour réclamer sa chose. Dans certains ports de mer, les ancres trouvées en rade ou en pleine mer doivent, durant ce délai, être transportées en lieu public ; mais dans tout endroit où soit un réglement des anciennes amirautés, soit une Ordonnance, n'ont pas prescrit une semblable mesure, les autorités locales ne pourraient enjoindre à l'inventeur de les remettre en un dépôt public ; ce dernier ne commettrait ni délit, ni contravention en refusant d'exécuter les ordres qui lui seraient donnés à ce sujet.

§ III

Des épaves maritimes.

230. Le mot *épaves*, pris dans son acceptation la plus large, désigne tout objet dont le propriétaire est inconnu ; ainsi, suivant Bacquet (Dr. de Justice, ch. XXXIII, n° 2) « les épaves sont les choses trouvées qui ne sont avouées par aucun, et on ne sait à qui elles appartiennent, quia nullum dominum nec assertorem habent, et hujusmodi res quarum dominus ignoratur et quæ dominis carent a quibusdam ἀδέσποτα et hermea vocantur. » Les épaves maritimes sont plus spécialement les marchandises et autres objets provenant de bris ou naufrages, et trouvés en mer sur les grèves ; la coutume de Normandie ne comprenait même, sous cette désignation d'épaves de mer ou de *varech*, que les objets arrivant assez près de terre pour qu'un homme à cheval y pût toucher avec sa lance (art. 597). « Les usages et les lois de tous les peuples, dit Basnage (t. II, p. 548), ont été différents en cette matière : elles ont été barbares et inhumaines en plusieurs lieux et durant plusieurs siècles. » Sans remonter à des temps plus reculés, nous rappellerons les

anciens textes du droit romain attribuant au fisc les effets des naufragés ; dans la loi 9 ff de lege Rhodia (XIV, 2) un marchand de Nicomédie, Eudémon, se plaint de ce que ses biens ont été pillés par les publicains « Domine imperator Antonine, naufragium in Italia facientes a publicanis Cyclades insulas habitantibus spoliati fuimus. » Une Constitution célèbre que certains éditeurs du Code attribuent à Constantin, mais dont la plupart des commentateurs modernes, Grotius, Godefroid, Saumaise font revenir l'honneur à Antonin-le-Pieux, ordonna pour la première fois que les objets sauvés d'un naufrage seraient conservés et restitués à leurs anciens maîtres. L. 5 C. de naufragiis (XI, 5) « Si quando naufragio navis expulsa fuerit ad littus, vel si quando aliquam terram attigerit, ad dominos pertineat, fiscus meus non sese interponat ; quod enim jus habet fiscus in aliena calamitate ut de re tam luctuosa compendium sectetur? » Au moyen âge, le droit coutumier, suivant l'expression de Basnage, n'avait pas de commisération pour ceux que la mer avait épargnés ; les seigneurs ne se saisissaient pas seulement des marchandises et des biens que la mer faisait échouer sur leurs terres ; les personnes elles-mêmes étaient réduites en captivité. « Quidquid evadebat ex naufragiis, totum fiscus lege patriæ vindicabat passosque naufragium miserabilius violentia principis vexabat quam procella. » Au XVIᵉ siècle, d'Argentré s'étonnait qu'un droit aussi odieux eût pu être universellement accepté : « Cum ferale et pæne crudele genus sit compendii, mirum est tamen pœne consensu provinciarum et regnorum omnium obtinuisse ut tam late regnet inclementia animi. « Sur Bretagne, art. 56, n° 44. En 1179, le concile de Latran avait cherché à faire cesser ce désordre en déclarant excommunié tout seigneur reconnu coupable d'un pillage de cette sorte ; en 1183, l'empereur Andronic Commène défendait « d'user de là en avant de pareilles pilleries sur les vaisseaux submergés, à peine d'être pendu et étranglé au plus haut du mât, et s'il n'y en avait pas, au plus haut d'un arbre qui serait pris en la prochaine forêt et mis sur l'orée de la mer afin que par ce spectacle, chacun se tînt assuré de quelle façon il se devait comporter en un tel cas. » En 1231, Saint Louis obligeait le duc de Bretagne, Pierre Mauclerc, de renoncer à ce droit ; à la même époque, les rôles d'Oléron proclamaient de nouveau le principe que la fortune de mer ne dépouille pas l'ancien propriétaire des choses submergées. Mais, malgré tout, ceux qui réclamaient les effets naufragés ne parvenaient guère à obtenir bonne et exacte justice ; le connétable de Montmorency répondait aux ambassadeurs impériaux réclamant des bâtiments échoués sur les côtes de France que « tout ce qui était jeté à la côte par la mer appartenait de plein droit au souverain. » La pratique ne fut définitivement fixée que par l'ordonnance de 1681 ; le droit des naufragés fut définitivement consacré, sauf à eux à abandonner une partie de la chose sauvée à ceux qui l'auraient recueillie. En même temps, on protégeait leur personne contre toute attaque et tout pillage. Art. 1er, liv. IV, tit. IX : « Déclarons que nous avons mis et mettons sous notre protection et sauvegarde les vaisseaux, leur équipage et chargement qui auront été jetés par la tempête sur les côtes de notre royaume, ou qui, autrement, y auront échoué, et généralement tout ce qui sera échappé du naufrage. » Art. 2 : « Enjoignons à nos sujets de faire tout devoir pour secourir les personnes qu'ils verront dans le danger du naufrage. Voulons que ceux qui auront attenté à leurs vie et biens soient punis de mort, sans qu'il en puisse être accordé aucune grâce, laquelle dès à présent nous avons déclarée nulle et défendons à tous juges d'y avoir aucun égard. » Les derniers articles de ce titre, spéciaux à la province de Normandie, nous montrent quelle était la nécessité de dispositions aussi sévères ; ainsi, on prévoit le cas où le seigneur d'un fief riverain de la mer aurait forcé un pilote de faire échouer un bâtiment sur les côtes, pour profiter du naufrage en vertu de son droit de varech : de même la peine de mort était prononcée contre ceux qui allumeraient la nuit des feux trompeurs sur les grèves de la mer et dans les lieux périlleux pour y attirer et y perdre les navires.

Nous nous demanderons successivement :

1° Quelles mesures doivent être prises en cas de naufrage.

2° A qui appartiennent les choses provenant de bris ou de naufrages.

I

231. Sur ce premier point, nous n'avons qu'à combiner les prescriptions de l'ordonnance de 1681 avec quelques textes postérieurs qui les ont complétées. L'art. 3 enjoignait aux seigneurs et habitants des paroisses voisines de la mer d'avertir incontinent les officiers de l'amirauté de tout naufrage ou échouement qui leur serait signalé ; aujourd'hui, d'après l'arrêté du 17 floréal an IX et le réglement du 17 juillet 1816, au premier avis d'un naufrage, les commissaires ou administrateurs de l'inscription maritime doivent se transporter sur les lieux pour procéder au sauvetage des personnes et des objets naufragés ; en attendant, l'arrêté de floréal charge les syndics des gens de mer de donner les premiers ordres et de requérir au besoin l'assistance des autorités locales, soit pour pourvoir au sauvetage, soit pour empêcher le pillage ; une circulaire du 19 avril 1822 autorise même le commissaire de l'inscription maritime à déléguer au syndic le soin de procéder au sauvetage, s'il ne s'agit que du relèvement de quelques effets ou débris venus à la côte. La plus grande économie doit être apportée dans les frais de sauvetage du matériel et de la cargaison;

l'art. 7 de l'ordonnance dispose, en conséquence, qu'à la première sommation, les voituriers, charretiers et mariniers seront tenus de se transporter avec chevaux, harnais et bateaux au lieu du naufrage à peine de 25 livres d'amende contre les refusants ; en outre, dans les cas exceptionnels, les gouverneurs des places et commandants militaires doivent se mettre à la disposition des communes et envoyer sur le lieu du sinistre le nombre d'officiers et de soldats que l'on aura jugé nécessaire (art. 30). Les travailleurs sont employés par marée ou journée, et il en est dressé un rôle exact ; défense est faite à ceux qui n'auront pas été désignés par les commissaires ou syndics de s'immiscer dans ce travail (art. 8). Conformément à ces rôles, il sera fait postérieurement taxe raisonnable aux ouvriers pour le montant de leurs salaires. Ces taxes, porte le décret des 9-18 août 1791, seront faites provisoirement par le juge de paix ; toutes contestations seront portées en dernier ressort devant le tribunal de commerce. Les objets remis aux voituriers sont désignés dans un état qui restera entre les mains du gardien chargé de surveiller les effets déposés dans les magasins (art. 9). Les personnes employées au sauvetage ne peuvent, en aucun cas, porter en leurs maisons ou ailleurs qu'aux lieux à cet effet destinés sur les dunes, grèves ou falaises, aucune portion des marchandises sauvées; suivant l'art. 26 du réglement du 18 juillet 1816, ces marchandises seront enfermées dans un magasin à deux clefs, dont l'une est remise à l'administrateur de la marine, et l'autre au chef du service des douanes. Pour mieux assurer leur conservation intégrale, on interdit à qui que ce soit de rompre les coffres, ouvrir les ballots et couper les cordages ou mâtures. Le commissaire de l'inscription maritime doit se saisir des chartes parties, papiers et autres renseignements du vaisseau échoué, recevoir les déclarations des maîtres, pilotes et autres personnes de l'équipage, dresser procès-verbal de l'état du navire, informer des pillages qui auraient pu être commis et transmettre le résultat de ses constatations à l'autorité judiciaire (art. 6). Les procès-verbaux de reconnaissance des effets sauvés sont faits en présence du capitaine ou maître, sinon du plus apparent de l'équipage et signé de lui, ainsi que du gardien qui en demeurera chargé. Les pouvoirs conférés aux commissaires de l'inscription maritime cesseront dès que les propriétaires, commissionnaires ou chargeurs des marchandises se seront présentés et auront déclaré vouloir eux-mêmes mettre ordre au sauvetage ; l'ordonnance autorise les commissaires à se retirer immédiatement ; mais néanmoins l'art. 16 les charge de s'assurer de la cause du naufrage, de la nationalité du capitaine et de l'équipage, de la qualité du bâtiment et des marchandises, du nom du propriétaire : au cas où l'échouement serait volontaire, où les vaisseaux seraient ennemis et pirates, où les marchandises seraient de contrebande, ils s'assureront des hommes, vaisseaux et marchandises.

232. Les art. 32 à 36 s'occupent des cadavres trouvés sur les grèves ; déclaration immédiate est faite soit à l'administrateur de la marine, soit au commissaire de l'inscription maritime. « Enjoignons, dit l'art. 32, à tous ceux qui trouveront sur les grèves des corps noyés, de les mettre en lieu d'où le flot ne les puisse emporter, et d'en donner incontinent avis aux officiers de l'amirauté, auxquels ils feront rapport des choses trouvées sur les cadavres ; leur défendons de les dépouiller ou enfouir dans les sables, sous peine de punition corporelle. » Aussitôt l'avis reçu, le commissaire de l'inscription maritime se transporte sur les lieux pour dresser procès-verbal de l'état du cadavre et des choses trouvées avec le corps. L'Ordonnance prescrivait ensuite aux curés d'inhumer les cadavres dans le cimetière de leur paroisse, s'il était reconnu que les personnes fussent

de la religion catholique, apostolique et romaine, à quoi ils pouvaient être contraints par saisie de leur temporel. Valin, commentant l'art. 34, observait que les officiers de l'amirauté devaient, autant que possible, se dispenser d'en venir à de pareilles extrémités ; en fait, les curés accordaient toujours la sépulture ecclésiastique aux cadavres s'il n'y avait quelque circonstance particulière indiquant que le défunt ne fût pas de la religion catholique ; l'appréciation de cette circonstance appartenait incontestablement au juge laïque. L'enterrement avait toujours lieu par charité et gratuitement, lorsqu'il ne se trouvait pas sur le cadavre de quoi en faire les frais « quand le corps est trouvé noyé dans le havre de cette ville de la Rochelle, ajoutait Valin, comme il y a alors une affluence prodigieuse de monde que la curiosité appelle à la levée du cadavre, on a coutume de faire une quête pour les frais de l'enterrement, du produit de laquelle quête, on achète un suaire et le surplus est remis au curé pour le luminaire et les droits curiaux. Mais il est rare qu'il y ait de quoi suffire à tout. » Actuellement, d'après les instructions ministérielles et notamment les circulaires des 18 août 1851 et 16 novembre 1852, lorsque le cadavre est trouvé au siége du chef-lieu du quartier ou du sous-quartier, le commissaire de l'inscription maritime ou l'administrateur de la marine s'entend avec l'autorité judiciaire pour la levée et la reconnaissance, avec l'autorité municipale pour l'inhumation ; s'il est recueilli sur une autre partie du littoral, le syndic des gens de mer supplée le commissaire ou l'administrateur de l'inscription maritime. En second lieu, il est pourvu aux frais d'inhumation des cadavres recueillis sur la côte : 1° au moyen des produits du sauvetage, s'il est reconnu que les corps proviennent d'un bâtiment naufragé ; 2° au moyen de valeurs trouvées sur les cadavres s'ils sont inconnus ; 3° à défaut, sur les fonds de la caisse des Invalides de la marine. — L'art. 35 attribue

les vêtements trouvés sur le cadavre à ceux qui l'auront tiré
sur les grèves et transporté au cimetière ; l'argent mon-
nayé, les bagues ou autres choses de prix, seront, conformément à l'art. 36, déposés entre les mains du commissaire de l'inscription maritime, pour être rendus à ceux à
qui il appartiendra, c'est-à-dire aux créanciers, héritiers ou
légataires du défunt ; faute de réclamation dans le délai
d'an et jour, ces objets devaient être également partagés
entre le roi, l'amiral et l'inventeur ; les deux tiers appartenant au roi et à l'amiral sont aujourd'hui versés dans la
caisse des Invalides de la marine.

II

233. L'art. 24 de l'Ordonnance pose en principe que
les vaisseaux échoués et les marchandises et autres effets
provenant des bris ou naufrages, trouvés en mer, ou sur
les grèves pourront être réclamés dans l'an et jour de la
publication qui en aura été faite, et qu'ils seront rendus aux
propriétaires ou à leurs commissionnaires en payant les
frais faits pour les sauver. D'après l'art. 26 : « Si les
vaisseaux et effets échoués ou trouvés sur le rivage ne sont
point réclamés dans l'an et jour, ils seront partagés entre
Nous ou les seigneurs auxquels nous aurons cédé notre droit
et l'amiral, les frais de sauvement et de justice préalablement pris sur le tout. » De ces textes nous pouvons dé-
duire les trois propositions suivantes : 1° Le propriétaire
conserve son droit plein et entier sur les objets naufragés,
à la charge de prouver qu'ils lui appartiennent réellement ;
suivant l'art. 25, la preuve résultera des connaissements,
polices de chargement, factures et autres pièces semblables ;
les commissionnaires devront, en outre, justifier de leur
qualité par un pouvoir suffisant. Il ne doit y avoir d'exception que dans l'hypothèse où les papiers du navire auraient

disparu lors du naufrage ; malgré l'opinion de Valin, nous admettrons volontiers que la preuve testimoniale peut être admise en semblable occurence. 2° La réclamation doit intervenir dans le délai d'an et jour, faute de quoi les objets naufragés seront vendus au profit de la caisse des Invalides, subsituée aux droits du roi et de l'amiral. 3° Le délai d'an et jour court de l'époque où ont lieu les publications légales. Les formes de ces publications étaient tracées par les art. 21 et 22 ; les effets provenant de naufrages et échouements trouvés en mer ou sur les grèves, devaient être proclamés aux prônes des paroisses du port et de la ville maritime la plus proche , à la diligence du procureur du roi au siége de l'amirauté ; les billets de proclamation contenaient la qualité des effets, le lieu et le temps auxquels ils avaient été trouvés ; les curés étaient tenus d'en faire la publication à peine de saisie de leur temporel. Cette dernière disposition avait été abrogée par l'édit du mois d'avril 1695 qui dispensait les curés de publier aux prônes les actes de justice et ceux qui regardent les intérêts des particuliers ; il n'avait pas même été suppléé à cette formalité par celle de faire faire une publication par huissier ou sergent à l'issue de la messe paroissiale comme il se pratiquait au sujet des criées et autres proclamations. L'usage des publications avait donc complétement disparu : aussi Valin se demandait-il quel devait être le point de départ du délai d'an et jour ; il proposait de le fixer au jour de la déclaration faite au greffe de l'amirauté ou, dans le cas de transport des officiers sur le lieu du naufrage, au jour où aurait eu lieu la clôture du procès-verbal. Toutes les difficultés ont été depuis levées par l'art. 5 de l'Ordonnance du 16 janvier 1770 ; le commissaire doit faire afficher au lieu le plus apparent de l'échouement, ainsi qu'à la porte de son bureau le nom du navire naufragé, de sa nation, de son capitaine, du lieu de son départ, de celui de sa destination, l'indication sommaire de sa cargaison ; le délai de revendication courra naturellement du jour où auront été apposées les affiches. En outre, suivant l'art. 23 de l'Ordonnance de 1681, les chartes-parties, connaissements et autres écrits en langue étrangère, trouvés parmi les effets seront communiqués aux consuls étrangers et aux interprètes ; avis en sera donné aux personnes que concernent ces pièces et aux autorités du pays où le navire a été armé. Jusqu'à l'expiration du délai de revendication, les objets naufragés et recueillis sur les grèves devront être conservés en nature dans les magasins où ils auront été déposés ; toutefois l'art. 13 autorise les commissaires de l'inscription maritime à vendre quelques-unes des marchandises les plus périssables, s'il n'y a point eu de réclamation dans le mois qui aura suivi le sauvetage ; les deniers en provenant seront employés immédiatement au payement des ouvriers qui auront travaillé au sauvetage. Enfin, les art. 14 et 15 prévoient le cas où les marchandises déposées dans les magasins viendraient à se gâter ; le gardien est tenu, après visite et par permission du commissaire de l'inscription maritime, de faire travailler par gens à ce connaissant pour les remettre en état, autant que faire se pourra. Si le dommage était irréparable, et si les marchandises ne pouvaient être gardées sans perte considérable, les commissaires seraient tenus de les faire vendre et de mettre les deniers en lieu sûr sous leur propre responsabilité ; le plus prudent pour eux sera de les déposer, au profit de qui de droit, dans la caisse des Invalides de la marine.

234. Si les effets naufragés ont été trouvés en pleine mer, les règles sont toutes différentes. Art. 27 : « Si toutefois les effets naufragés ont été trouvés en pleine mer ou tirés de son fond, la troisième partie en sera délivrée incessamment et sans frais en espèces ou en deniers à ceux qui les auront sauvés, et les deux autres tiers seront dépo-

sés pour être rendus aux propriétaires s'ils les réclament dans le temps ci-dessus, après lequel ils seront partagés entre nous et l'amiral. » Ainsi que le propriétaire des objets, naufragés se présente ou ne se présente pas, l'inventeur aura droit au tiers de ces objets ; sa part pourra même s'élever aux deux tiers, lorsque les objets trouvés sont propriété ennemie ; on peut consulter sur ce point l'art. 1er du décret du 26 nivôse an VI. On comprend que l'application de l'art. 27 donne lieu dans la pratique à d'incessantes difficultés entre les propriétaires ou armateurs et ceux qui auront recueilli les effets naufragés. Il est bien certain que si le naufrage avait eu lieu en vue des côtes, si le navire naufragé pouvait être facilement secouru, il n'y aurait pas lieu à la délivrance du tiers (Poitiers, 12 thermidor an X. Dev., C. N. 1, 2, 85 ; C. des Prises, 20 janvier 1813. Dev., C. N., ibid., ad notam ; Aix, 26 juillet 1866. Dev., 67, 2, 227). Mais faut-il en outre que la découverte des objets naufragés ait eu lieu fortuitement ? M. Beaussant (t. II, p. 84 à 86) enseigne avec raison l'affirmative ; il n'y a pas d'épaves, de choses abandonnées, dit-il, quand il s'agit d'un naufrage connu et auquel on travaille, tout comme quand il s'agit d'un homme qu'on sait s'être noyé et dont on cherche le cadavre ; d'où cette conséquence, que tout homme qui part du rivage pour secourir un navire qu'il sait en danger n'en acquiert pas le tiers ; que la découverte doit être faite en mer par un autre navigateur se trouvant là par hasard, dont le secours inespéré n'eût pu être suppléé par personne et dont l'arrivée ait eu lieu avant que personne ne s'inquiétât du nufarage. Comme seconde condition, nous exigerons que les objets recueillis aient été, lors du sauvetage, réellement abandonnés ; donc le sauveteur ne peut invoquer le bénéfice de l'Ordonnance : 1° lorsque le capitaine et l'équipage n'ont abandonné le bâtiment naufragé que pour aller à terre chercher du secours. (Douai, 20 mai 1863. Journ. de Marseille, 63, 2, 172.) 2° lorsqu'il reste à bord du bâtiment une personne de l'équipage ayant encore les moyens de faire quelques manœuvres pour le diriger, d'essayer quelque tentative de salut, d'appeler des secours, ou enfin de faire des signaux de détresse. (Rennes, 22 mai 1867. Dev., 68, 2, 114.) Mais il en serait tout autrement si les hommes de l'équipage, trouvés à bord, étaient dans un état de faiblesse qui ne leur permît plus de faire aucun effort pour sauver le bâtiment : peu importerait qu'au moment où il a été rencontré par le navire sauveteur ce bâtiment ne se trouvât pas dans un état d'innavigabilité absolue, que sa cargaison fût intacte, qu'aucun indice ne permît de supposer qu'il dût bientôt être englouti par la mer, etc., etc. (Rouen, 2 décembre 1840, Dev., 41, 2, 38) Enfin dernière question : à quelles personnes doit appartenir le tiers que l'Ordonnance attribue au sauveteur des effets naufragés? Le plus souvent, l'inventeur des objets sera dans l'impossibilité de les recueillir à lui seul et de les ramener à terre ; il sera obligé d'aller au port voisin chercher des hommes qui puissent l'aider à recueillir les épaves, quelquefois même d'employer un remorqueur qui puisse prendre à sa suite le navire abandonné. L'inventeur pourra-t-il se contenter de payer un salaire proportionnel à ceux qui lui ont prêté leur concours, ou bien sera-t-il tenu de partager avec eux les sommes qui auront été allouées pour le fait du sauvetage? Oui, répond l'arrêt de Rouen du 2 décembre 1840; et pour toute discussion, nous nous bornerons à mettre sous les yeux du lecteur un des considérants de cette décision rédigée avec une précision remarquable. « Attendu qu'il ressort en définitive des faits de la cause et des discussions qui ont eu lieu devant la Cour, que le navire l'*Aimable-Marie* était en état bien constaté de naufrage et abandonné lorsque les patrons l'ont aperçu et abordé ; que ceux-ci, après avoir fait pour en opérer le sauvetage, tout ce qui était en

leur pouvoir, ayant fini par reconnaître leur impuissance
d'y parvenir avec leurs seules ressources, se sont adressés
à plusieurs propriétaires de bateaux à vapeur, pour réclamer l'assistance qui leur était indispensable ; qu'il ne s'agit
point d'un simple remorquage qui, dans des conditions ordinaires et à la distance où l'*Aimable-Marie* se trouvait du
port du Hàvre, eût pu s'effectuer en moins d'une heure ; qu'il
ne faut pas d'ailleurs perdre de vue et les dangers de l'entreprise, et la grande valeur des bateaux qui y prenaient
part ; qu'il y a donc eu et naufrage consommé et sauvetage
accompli ; que le titre et la qualité de sauveteur n'appartiennent exclusivement ni au patron Romain et joints, ni
au capitaine Mallet, ni au capitaine Lécuyer, mais à eux
tous collectivement ; que collectivement ils doivent toucher
le tiers réservé aux sauveteurs; que toutefois, à titre d'inventeurs, sans lesquels il n'y aurait point eu lieu au partage de ce bénéfice, et à raison de la distance qu'ils lui ont
fait parcourir, la plus forte part doit être réservée aux patrons Romain et joints, etc., etc... »

235. Dans tous les cas où le sauveteur ne pourra, pour un
motif quelconque, réclamer le tiers de la valeur des objets
naufragés, il pourra néanmoins obtenir une indemnité pour
assistance maritime. Ce principe est universellement accepté, et l'on décide qu'il doit s'entendre de la manière la
plus large. Ainsi, tout individu qui, prévenu d'un naufrage
à portée des côtes, aura prêté aide et secours aux gens de
l'équipage pour renflouer le navire, pour sauver la cargaison, aura action pour obtenir cette indemnité ; il en sera de
même du bâtiment à vapeur qui sera sorti du port, aura
pris à sa remorque le navire en détresse et l'aura conduit
en lieu de sûreté. (Trib. de Comm. de Marseille, 1er mai
1865; journ. de Marseille, 65, 1, 151.) Le montant de la
rémunération qui est due sera apprécié *ex æquo et bono* par
les tribunaux compétents ; et cette appréciation aura lieu

suivant les bases les plus larges. Comme le dit l'arrêt d'Aix
du 23 août 1865 (journ. de Marseille, 66, 1, 153), il est
d'une bonne justice, et de l'intérêt du commerce maritime,
d'encourager, en la récompensant, la conduite des capitaines et marins qui vont au secours des navires en péril
au détriment de leurs propres intérêts. Le juge ne se bornera pas à indemniser les bâtiments s'entr'aidant ou se portant secours à raison des pertes essuyées de ce chef ; la rémunération qu'il leur accordera doit être proportionnée au
résultat obtenu ; il tiendra compte de la valeur du navire et
de sa cargaison et des difficultés éprouvées lors du sauvetage ; de ce fait que le capitaine du bâtiment qui a opéré le
sauvetage engageait sa responsabilité vis-à-vis de ses affré-
teurs ou des propriétaires de son navire, soit en interrom-
pant son voyage, soit en exposant son propre bâtiment
(Rouen, 7 janvier 1853 ; Aix, 3 juillet 1854 et 23 août
1865 ; Dev. 67, 2, 227 ad notam). De même, si le bâtiment
sauveteur a été construit et armé dans le but de porter
aide aux autres navires, il y aura lieu de prendre en considération les sacrifices que se sont imposés les constructeurs, et les soins qu'a dû leur coûter la formation de l'équipage spécial destiné à le monter (trib. d'Anvers, 16 mars
1867 : Ald. Caumont, vº Epaves nº 6 §. 3). A un autre
point de vue, nous devons ajouter qu'il est loisible au sauveteur de réclamer cette indemnité d'assistance maritime,
alors même qu'il aurait droit au tiers des objets sauvés. Il
nous suffira de supposer que cette récompense du tiers se
trouverait trop mesquine, ou bien qu'elle ne couvrirait pas
le bâtiment sauveteur des avaries qu'il aurait pu éprouver.
Mais ici ce sera le cas pour le juge de se montrer extrêmement rigoureux et d'empêcher que le danger ou la détresse
d'un navire devienne une cause d'enrichissement pour ceux
qui auront été mis dans le cas de le secourir et de le sauver. C'est ainsi, par exemple, que le sauveteur des mar-

chandises, s'il renonçait à son tiers pour s'en tenir à l'indemnité, ne pourrait réclamer une somme quelconque à
titre de fret pour le transport des marchandises, depuis le
lieu du sinistre jusqu'au magasin où elles ont été déposées :
le fret serait un bénéfice, alors que le sauveteur, pour
avoir droit à une rémunération, est tenu de mettre en lieu
de sûreté les objets qu'il a trouvés (v. l'arrêt de la Cour de
Rouen du 14 juillet 1832, rapporté par M. Beaussant,
t. II, p. 79).

236. L'ordonnance de 1681 ne contenait aucune disposition relative aux naufrages qui surviennent en pleine
mer ou à portée des côtes et qui ne laissent aucun signe apparent. Les navires qui ont ainsi sombré sont la plupart
du temps abandonnés, sans que leurs propriétaires essaient
de prendre les mesures nécessaires pour les ramener à flot,
et quelquefois, lorsqu'ils ont échoué dans des passes peu
profondes, ils deviennent un véritable danger pour la navigation. En tout cas, il y a là une richesse perdue, et l'on
comprend que l'administration ait cherché à encourager
ceux qui se présenteraient pour les relever. La déclaration
du 15 juin 1735 a eu pour but de concilier le droit des propriétaires et chargeurs avec la nécessité de faire procéder,
dans un bref délai, à l'opération du relevage. Nous lisons
dans son préambule, que « sans cette attention, tout ce qui
se trouve ainsi submergé demeure totalement perdu, sans
aucune ressource pour les parties intéressées, au lieu qu'en
excitant l'émulation de ceux de nos sujets qui se trouveront
capables et en état de faire ces sortes d'entreprises, tout ce
qui se trouvera ainsi sauvé peut former un objet d'utilité
réel pour notre état. » Dans le délai de deux mois, à compter de la nouvelle du naufrage, les propriétaires, chargeurs
ou commissionnaires doivent déclarer au bureau de l'inscription maritime, qu'ils entendent entreprendre le relèvement et le sauvetage des bâtiments, marchandises et effets

submergés ; en outre, ils sont tenus d'y faire travailler dans le délai de six mois, à partir également du jour où le naufrage leur a été connu : faute de ce faire, lesdits propriétaires et intéressés demeurent déchus de toute réclamation. Une dépêche ministérielle du mois de septembre 1832 reconnaît, au surplus, que les propriétaires et chargeurs doivent être mis en demeure d'entreprendre les travaux ; que la déchéance n'a pas lieu de plano, et qu'elle doit, au contraire, être prononcée par les tribunaux. Une fois ce délai expiré, la déclaration de 1735 voulait qu'il fût loisible à toute personne ayant permission du roi et brevet expédié par le secrétaire d'Etat de la marine et enregistré au greffe de l'amirauté, de faire construire les vaisseaux et machines nécessaires pour entreprendre le relèvement des bâtiments et marchandises naufragés. Aujourd'hui, le ministre accorde, à qui bon lui semble, l'autorisation voulue par la déclaration, à la charge de faire viser cette autorisation au bureau de l'inscription maritime. Les effets tirés du fond de la mer appartiennent en totalité à l'entrepreneur, sauf deux dixièmes réservés autrefois au roi et à l'amiral, et qui, depuis 1791, appartiennent exclusivement à la caisse des Invalides de la marine. Du reste, le ministère de la marine, en raison des difficultés spéciales que présente tel ou tel sauvetage, peut, aux termes de la déclaration, gratifier les entrepreneurs de partie ou totalité de ces deux dixièmes. Pour assurer la perception des deux dixièmes, la déclaration exige qu'il y ait à bord des bâtiments de sauvetage un écrivain qui fasse un inventaire exact des choses sauvées, et qui remette un double dudit inventaire au bureau de l'inscription maritime. Elle prescrit, en outre, que la vente des objets provenant du sauvetage, ainsi que la liquidation du prix, ait lieu en la forme accoutumée, par les soins du commissaire de l'inscription maritime. En cas de contestation, quelle qu'elle fût, compétence exclusive était reconnue aux officiers de l'amirauté ; donc, dans l'état actuel de notre législation, les tribunaux de commerce pourraient seuls connaître des difficultés qui viendraient à s'élever ; en effet, ainsi que le remarque M. Beaussant (t. II, p. 95), les entrepreneurs ne pourraient, à aucun titre, être assimilés à des entrepreneurs de travaux publics pour les procès qu'ils auraient avec des tiers : ils sont concessionnaires d'un droit du fisc devenu propriétaire du navire par suite de la déchéance de l'armateur, et qui leur a transmis ces droits ; mais ils agis‑ sent dans leur seul intérêt ; il n'y a, de leur part, qu'une spéculation commerciale et maritime.

§ IV.

Récolte des varechs ou goëmons.

237. Les rochers situés sur les bords de la mer produisent une herbe, appelées *goëmon*, sur les côtes de Bretagne, *sart* sur celles de Saintonge et *varech* ou *vraicq* sur celles de Normandie. L'Ordonnance de 1681 faisait une distinction entre les vraicqs jetés par le flot sur les grèves et le sart vif ou varech qui tient par sa racine aux rochers ; les premiers pouvaient être indifféremment pris par toute personne en tout temps et en tous lieux, et transportés partout où bon semblerait à ceux qui les auraient récoltés ; le second était considéré comme une dépendance du sol : il appartenait aux habitants de la commune, sur le territoire de laquelle il se trouvait, et défense était faite à tout autre de les troubler dans l'exercice de ce droit. Suivaient de nombreuses dispositions réglementant la manière dont aurait lieu la coupe du varech ; les habitants devaient s'assembler à une époque déterminée pour décider les jours auxquels cette coupe aurait lieu ; le résultat de leur délibération était

publié et affiché à la porte de l'église paroissiale, à la diligence des syndics, marguilliers et trésoriers de la paroisse. Les habitants ne pouvaient ni couper les varechs de nuit et hors les temps indiqués par la délibération de leur communauté, ni les vendre aux forains ou transporter hors de leur territoire, à peine de 50 livres d'amende et de confiscation des chevaux et harnais. La législation postérieure enchérissait encore sur ces prescriptions déjà sévères ; ainsi une déclaration du 31 mai 1731, enregistrée le 28 juin au Parlement de Paris, déterminait limitativement les communes de Flandre, de Boulonnais, de Picardie, de Normandie, qui, seules, étaient désormais autorisées à récolter le varech sur leurs côtes ; elle précisait les époques auxquelles la coupe pouvait être faite, et réduisait le rôle des communautés à fixer le nombre de jours pendant lequel elle aurait lieu. On avait voulu, ainsi que le témoigne le préambule même de cette déclaration, concilier les intérêts de l'agriculture à qui ces sortes d'herbes sont nécessaires pour l'engrais des terres avec ceux de l'industrie qui les convertit en soude ; de plus, on s'était imaginé que ces herbes favorisaient la conservation du poisson en lui offrant un abri et une pâture assurée. Ces exagérations provoquèrent des plaintes unanimes, et, au milieu du siècle dernier, la disette des soudes était devenue telle que le chômage des grandes verreries de Normandie semblait chose inévitable. De leur côté, les cultivateurs affirmaient que la fumée du varech causait des maladies épidémiques, nuisait aux grains et aux fruits, et que son enlèvement priverait les laboureurs d'un engrais nécessaire. Le Gouvernement accueillit ces réclamations contradictoires et chargea trois membres de l'Académie des sciences d'examiner la question. Sur leur rapport fut rendue la déclaration du 30 octobre 1772 ; deux coupes de varech pouvaient avoir lieu chaque année ; la coupe des varechs nécessaires à l'engrais des terres était

faite par les habitants de chaque paroisse pendant les mois
de janvier, février et mars ; la récolte des herbes, dans l'intérêt de la fabrication des soudes, était permise du 1er juillet au 1er octobre : au cas où les riverains ne voudraient
pas user de la faculté de récolter les varechs pour en extraire
la soude, tous autres particuliers pouvaient les arracher et
s'en servir dans ce but après avoir, au préalable, fait constater le refus des habitants par les officiers de l'amirauté.
Enfin, les fabricants de soude ne pouvaient allumer leurs
fourneaux dans les moments où les vents, venant de la
mer, emporteraient la fumée du côté de terre ; on voulait
ainsi rassurer l'agriculture contre les craintes qu'elle avait
manifestées à plusieurs reprises.

238. Tel était le système qui se maintint jusqu'à l'époque révolutionnaire. Le 12 vendémiaire an II, un arrêté du
représentant du peuple Lecarpentier alors en mission dans
les départements de l'ouest, enleva aux habitants des communes riveraines le privilége de recueillir le varech sur les
rochers. On regardait l'exclusion des communes non limitrophes de la mer comme injurieuse à l'égalité, préjudiciable à la fécondité de la terre ; il en résultait une déperdi-
tion sensible du varech, dont le surplus n'était pas consommé par les privilégiés. Ce nouveau régime ne devait
avoir qu'une existence éphémère ; consultées en 1795,
1797, 1798 et 1802, les administrations des départements
maritimes demandaient le retour pur et simple à l'ancien
ordre des choses. Les terres riveraines de l'Océan, disaient-
elles, sont sujettes à être dévastées par des orages qui n'atteignent jamais les communes plus éloignées de la côte ; il
est donc juste que les riverains trouvent un dédommagement
assuré dans la récolte d'un engrais nécessaire à leur sol. Le
préfet du département de la Manche ajoutait qu'il serait logique de charger les préfets de déterminer par des réglements particuliers les époques auxquelles pourrait avoir

lieu la récolte du varech, et de faire entrer dans ces réglements toutes les mesures nécessaires pour prévenir les abus. Ces dispositions furent adoptées purement et simplement par un arrêté consulaire daté du 18 thermidor an X. On déclarait abrogé l'arrêté rendu en l'an II par Lecarpentier, et l'on donnait aux préfets le pouvoir de statuer sur tout ce qui concernait la récolte du varech. L'effet de cet arrêté était, tout naturellement, de faire renaître l'ancienne législation, telle qu'elle résultait de l'Ordonnance de la marine et de la déclaration de 1772 combinées. En présence des difficultés que présentait la conciliation de ces divers textes, leur révision complète ne tarda pas à devenir indispensable. Le décret-loi du 9 janvier 1852, que nous avons tant de fois cité dans le cours de ce travail, annonça que des décrets spéciaux interviendraient dans le délai d'une année, et détermineraient, pour chaque arrondissement, les dispositions relatives à la récolte des herbes maritimes. Cette promesse fut tenue par les décrets réglementaires de 1853 et de 1859. Les goëmons étaient divisés en trois classes, soumises chacune à des règles particulières : 1° Goëmons de rive, c'est-à-dire goëmons attenant à la partie du littoral qui se trouve découverte aux basses mers d'équinoxe; 2° goëmons épaves, c'est-à-dire goëmons qui, détachés par la mer, sont journellement portés à la côte par le flot ; 3° goëmons poussant en mer, c'est-à-dire goëmons qui, tenant aux fonds et aux rochers, ne peuvent être atteints de pied sec aux basses mers d'équinoxe. Les règles sur la récolte des herbes marines viennent de recevoir une dernière modification par le décret récent du 8 février 1868, conçu dans un esprit plus libéral encore que les décrets de 1853 et de 1859 ; le rapport qui le précède insiste sur la nécessité d'accorder aux individus, intéressés à la récolte de ces herbes, des facilités plus en rapport avec les usages variés auxquels elles sont aujourd'hui destinées. « Les mesures dont je propose l'adoption, disait M. le ministre de la marine, répondent à des vœux exprimés dans l'interêt de l'agriculture, et en ce qui concerne les époques de couper, elles peuvent être consacrées, sans inconvénient, pour la conservation du poisson. »

239. Après avoir rappelé l'ancienne distinction entre les goëmons de rive, les goëmons épaves et les goëmons poussant en mer, le décret du 8 février 1868 commence par traiter dans ses art. 2 et 3 de la récolte des goëmons de rive. Règle générale : cette récolte appartient aux habitants des communes riveraines et aux propriétaires des terres situées sur les communes du littoral, sans que ces derniers soient tenus de justifier du fait de leur habitation, Quant aux goëmons attenant au sol dans l'intérieur des pêcheries à poissons, ils appartiennent aux habitants des communes riveraines ; il n'y a d'exception que pour les goëmons poussant dans l'intérieur des parcs et dépôts de coquillages ; le décret les déclare propriété de ceux qui détiennent ces établissements. Ces articles, qui se contentent de reproduire les réglements antérieurs, ont donné lieu dans la jurisprudence à d'assez vives controverses. Ainsi, c'est une question que de savoir si une commune peut acquérir par convention ou par prescription le droit de récolter le varech qui croît en dehors de son territoire ; un arrêt des requêtes du 2 février 1842 (Dev. 42, 1, 548) a mis fin aux discussions qui s'étaient élevées sur ce point en décidant qne les dispositions prohibitives des ordonnances, arrêtés et décrets s'opposaient à ce que le droit de récolter le varech fût considéré comme un droit dans le commerce, et partant susceptible de prescription. L'annotateur de Devilleneuve cite comme rendu en sens inverse un arrêt de rejet de la Chambre civile du 5 juin 1839 (Dev. 39, 1, 621) et qui aurait jugé qu'une commune peut acquérir par possession le droit de récolter le varech sur le territoire d'une autre com-

mune. Mais en examinant avec soin les motifs de cette dernière décision, on demeure convaincu que la contradiction signalée n'existe en aucune manière ; et, en effet, l'arrêt de 1839 se fonde sur cette considération qu'en fait il y avait doute sur le point de savoir quelle était celle des deux communes vis à vis le territoire de laquelle se trouvait le rocher litigieux ; que le jugement attaqué n'avait point attribué à une commune un droit quelconque à la propriété des varechs situés sur le territoire d'une autre commune ; qu'il s'était borné à reconnaître quelle était celle des deux communes qui était en possession de ce rocher; que dès lors il n'avait point méconnu, ainsi qu'on le soutenait, le droit exclusif de chaque commune riveraine de recueillir le varech sur les rochers bordant son territoire. — Autre difficulté : la délimitation des parties de la mer correspondant au territoire de chaque commune n'est, dans le décret de 1868, l'objet d'aucune prévision. Un point que l'on ne conteste pas, c'est que l'autorité judiciaire ne peut, sous aucun prétexte, s'immiscer dans ces questions de délimitation (C. d'Etat, 14 déc. 1857. Lebon, 57, 823). Reste à rechercher par quelle autorité administrative elles peuvent être tranchées ; antérieurement à 1789, la compétence des amirautés ne faisait pas doute quant aux débats soulevés entre les paroisses riveraines ; de même sous l'empire de l'arrêté de thermidor, les préfets, investis du droit de statuer sur tout ce qui était relatif à la récolte du varech et du goëmon, fixaient par leurs arrêtés le point précis où cessait la jouissance de chaque commune (C. d'Etat, 3 août 1849. Lebon, 49, 455). Mais depuis les décrets de 1853 et de 1859 l'arrêté de thermidor est définitivement abrogé ; en ne nommant le préfet que pour lui confier le soin de contrôler les réglements de police faits par les maires, ces décrets montraient clairement que c'était là le seul pouvoir qu'ils entendaient lui confier. Malgré l'argument décisif que l'on peut tirer de ces textes, quelques personnes persistent à soutenir comme par le passé que ces délimitations rentrent dans les attributions préfectorales. Elles invoquent l'art. 2 de la loi des 19-20 avril 1790 qui attribue aux administrations de district le soin de fixer les limites des territoires des communes. M. Aucoc a parfaitement montré que cette loi de 1790 était inapplicable à notre espèce : 1° elle attribue le soin de fixer les limites des communes aux directoires de district : donc ce ne serait pas aux préfets, mais aux sous-préfets à intervenir dans les délimitations; 2° il s'agit non de fixer les limites entre deux communes, mais de fixer la portion du rivage de la mer, c'est-à-dire du domaine public, qui correspond au territoire de chaque commune. Le préfet n'a donc aucun pouvoir pour opérer de semblables délimitations, et la pratique actuelle admet que le ministre de la marine a seul qualité pour trancher la difficulté qui s'élèverait entre les deux communes (C. d'Etat, 31 mars 1865. Lebon, 65, 371).

240. A quelles époques doit avoir lieu la récolte des goëmons de rive ? L'art. 4 se borne à dire que deux coupes pourront être autorisées chaque année ; le jour de ces coupes est fixé par l'autorité municipale, qui en donne avis au commissaire du quartier de l'inscription maritime dans lequel est située la commune : des affiches, apposées au moins dix jours à l'avance, doivent faire connaître l'époque de cette récolte. Sur ce point, les autorités municipales jouissent de la liberté la plus absolue : on n'exige plus que les récoltes aient lieu uniformément de telle à telle époque, que les habitants ne se servent que de tels ou tels instruments ; on exige seulement que la coupe ne puisse jamais avoir lieu pendant la nuit ; sauf cette dernière prohibition, le maire est seul juge de toutes les mesures d'ordre et de police qu'il croirait nécessaires, sauf à soumettre ses arrêtés à l'homologation préfectorale. Les dispositions des arrêtés

municipaux peuvent varier à l'infini ; ainsi, dans certaines communes, les maires imposent aux habitants qui, à l'époque des coupes, voudraient récolter le varech, l'obligation de se munir d'une permission spéciale (Crim. Cass., 31 déc. 1852. Dev. 32, 1, 853). Quelquefois il est interdit aux habitants de se livrer le dimanche à cette récolte. Des doutes se sont élevés sur la légalité de semblables arrêtés ; pour notre part, nous leur accorderions volontiers force obligatoire dans le cas où l'autorité municipale aurait surtout pris en considération l'impossibilité de surveiller les dimanches et jours de fête l'intérêt du bon ordre et de la sécurité publique ; c'est ainsi que l'on a maintenu l'arrêté du maire de Clèves, en date du 14 juin 1848, qui, « à cause des rixes qui pourraient s'élever entre gens armés de crocs et autres instruments propres à faire des blessures ou à donner la mort, » interdisait la pêche du goëmon les fêtes et les dimanches. (Crim. Rej., 24 nov. 1848. Dev. 49, 1, 543). Mais que décider, si l'on s'était contenté de viser les dispositions de la loi du 18 novembre 1814 sur le repos du dimanche ? Suivant la jurisprudence, il n'y a pas à examiner ici si la loi de 1814 est oui ou non en vigueur aujourd'hui ; il suffit de se référer à l'art. 8 de cette loi : la coupe du goëmon doit être considérée comme un véritable travail de récolte autorisé même les jours de dimanche et de fête ; donc, les Tribunaux ne pourraient accorder force exécutoire à l'arrêté ainsi motivé (Crim. Rej., 28 juillet 1864. Dev. 65, 1, 269) Les arrêtés pris par les maires dans les limites de leurs pouvoirs sont sanctionnés par l'article 471, n° 15 ; les contrevenants ne seraient donc traduits que devant le tribunal de simple police ; toutefois, si la contravention incriminée consistait dans le fait d'avoir coupé le varech soit la nuit, soit hors des temps fixés, il y aurait lieu d'appliquer la pénalité de 50 livres prononcées par l'Ordonn. de 1681 et de renvoyer le contrevenant devant le tribunal de police correctionnelle. Aucune disposition de loi, aucun réglement ne spécifie le nombre maximum de voitures et d'ouvriers que chaque habitant peut employer à la récolte du varech ; on doit seulement exiger que les ouvriers soient eux-mêmes habitants de la commune et ne résident pas dans une localité étrangère. C'est ce qui résultait en termes formels de la déclaration de 1731 et, bien que les textes postérieurs ne reproduisent pas cette prohibition, les arrêts n'ont pas hésité à la maintenir (Ch. réunies, Cass., 17 juillet 1839. Dev. 39, 1, 718 ; Crim. Cass., 28 août 1857. Dev. 57, 1, 791). On objecterait vainement que le varech étant destiné à l'amélioration des terres situées dans les communes limitrophes de la mer, le propriétaire d'un domaine dont l'étendue exige une grande quantité d'engrais, devrait avoir le droit d'employer les ouvriers qu'il jugerait convenable, sans quoi il se trouverait exposé à être privé de l'engrais nécessaire, chaque habitant pouvant être occupé pour son compte personnel. « Quel intérêt ont eu en vue les dispositions précitées de l'Ordonnance de la marine ? disait le rapport de M. le conseiller Félix Faure. Celui de tous les habitants même non propriétaires de terre, puisque ces derniers ont droit de participer à la coupe. Le vœu du législateur ne serait-il pas méconnu si les riches propriétaires pouvaient salarier des étrangers pour cueillir le varech et s'approprier ainsi toute la récolte ? Un spéculateur avide ne pourrait-il pas en faire trafic ? Le riche propriétaire peut employer ses garçons de ferme, toute personne notamment attachée à l'exploitation des terres qu'il possède dans la commune ; il a donc un avantage réel sur l'habitant moins riche ; la loi ne saurait souffrir une autre inégalité entre les habitants d'une commune. » Les anciens réglements imposaient encore aux habitants une seconde restriction : défense de vendre les goëmons de rive aux forains et de les transporter hors du territoire de la commune, à moins d'avoir obtenu une autorisation du Conseil municipal. L'art. 5 du décret porte : « Les dispositions des réglements antérieurs, portant défense de vendre les goëmons de rive aux forains et de les transporter hors du territoire de la commune, sont et demeurent abrogées. » Les fabricants de soude peuvent donc se pourvoir librement des herbes qui leur sont nécessaires, sans être obligés d'installer leurs fabriques dans les communes riveraines de la mer ; ils ont, en réalité la faculté de récolter telle quantité de varech que bon leur semble. pourvu qu'ils n'emploient comme ouvriers que les habitants des communes riveraines.

241. Les dispositions touchant la récolte des goëmons, soit épaves, soit poussant en mer, n'offrent qu'un intérêt tout à fait secondaire. La récolte des goëmons épaves est permise en tout temps et à toute personne ; quant aux goëmons épaves que la mer dépose dans l'intérieur des pêcheries, parcs et dépôts de coquillages, ils appartiennent aux détenteurs de ces établissements (art. 7). La récolte des goëmons poussant en pleine mer est également permise toute l'année ; mais l'art. 6 veut qu'elle soit faite au moyen de bateaux pourvus de rôles d'équipage : néanmoins, le décret admet, à titre de tolérance, que pour la récolte des goëmons destinés aux besoins particuliers des cultivateurs, ces derniers et leurs valets de ferme peuvent, accidentellement, s'adjoindre aux équipages réguliers des bateaux, sans toutefois que leur nombre excède deux individus par tonneau, non compris les hommes du bord.

TABLE DES MATIÈRES

§ II.

De la navigation maritime.

D

§ III.

Des droits de navigation et des priviléges du pavillon français.

A

B

§ IV.

De la condition des gens de mer.

A. — *Du recrutement de la flotte.*

B. — *Avantages assurés aux gens de mer par des textes*
spéciaux.

C. *Des agents préposés à la surveillance et à la police*
de l'inscription maritime.

A

CHAPITRE III.

DE LA PÊCHE MARITIME.

§ Ier.

De la pêche côtière.

§ II.

Des pêches internationales.

A. — *Réglements internationaux sur la pêche le long
du littoral de la Manche.*

B. — *Pêche du corail sur les côtes de l'Algérie.*

C. — *Droits de pêche reconnus aux Catalans dans le
port de Marseille.*

A

¹ Dans quelques exemplaires seulement, se trouve une faute d'impression que
nous croyons devoir signaler au lecteur : le n° 123 est indiqué comme étant le
n° 124; — le n° 124 comme étant le n° 125; — le n° 125 comme étant le
125 *bis*. — Rien de plus facile de rectifier cette erreur.

§ IV.

De la pêche en temps de guerre.

CHAPITRE IV.

DU DOMAINE PUBLIC.

§ Ier.

Des rivages de la mer.

A. — *Inaliénabilité des rivages de la mer.*
B. — *Etendue des rivages de la mer.*

A

§ II.

Des ports, rades et havres.

§ III.

Des havres et des rades.

CHAPITRE V

DES LAIS ET RELAIS DE LA MER.

CHAPITRE VI

DES TRAVAUX PUBLICS A EXÉCUTER SUR LES CÔTES DE LA MER.

§ Ier.

Etablissement et entretien des digues de protection.

¿ II.

Construction et entretien des phares.

§ III.

Ensemencement des dunes et des landes.

CHAPITRE VII

DES ÉPAVES ET OBJETS QUE LA MER LAISSE SUR LES CÔTES EN SE RETIRANT.

¿ Ier.

Des pierres précieuses, coquillages et choses du crû de la mer.

¿ II.

Des ancres abandonnées.

§ III.

Des épaves maritimes.

§ IV.

Récolte des varechs ou goëmons.

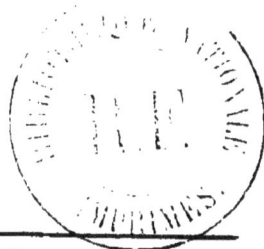

CHAUMONT. — TYP. CH. CAVANIOL.